张其成讲易经

张其成 —著

天地出版社 | TIANDI PRESS

图书在版编目（CIP）数据

张其成讲易经 / 张其成著 . —成都：天地出版社，2020.9
ISBN 978-7-5455-5553-0

Ⅰ.①张… Ⅱ.①张… Ⅲ.①《周易》—研究
Ⅳ.①B221.5

中国版本图书馆CIP数据核字（2020）第038515号

ZHANG QICHENG JIANG YIJING

张其成讲易经

出 品 人	陈小雨　杨　政
作　　者	张其成
责任编辑	柳　媛
装帧设计	今亮后声 HOPESOUND pankouyugu@163.com
责任印制	董建臣

出版发行	天地出版社 （成都市锦江区三色路238号　邮政编码：610023） （北京市方庄芳群园3区3号　邮政编码：100078）
网　　址	http://www.tiandiph.com
电子邮箱	tianditg@163.com
经　　销	新华文轩出版传媒股份有限公司

印　　刷	北京文昌阁彩色印刷有限责任公司
版　　次	2020年9月第1版
印　　次	2024年12月第22次印刷
开　　本	710mm×1000mm 1/16
印　　张	29.25
字　　数	410千字
定　　价	88.00元
书　　号	ISBN 978-7-5455-5553-0

版权所有◆违者必究

咨询电话：（028）86361282（总编室）
购书热线：（010）67693207（营销中心）

如有印装错误，请与本社联系调换

目录

—— 序言 《易经》：百姓日用而不知 //001

—— 前言 我学习《易经》的经历 //001

第一部分 《易经》入门

一 《易经》的文化地位 - 003
《易经》是本什么书？- 003
学习《易经》有什么用？- 007
《易经》的文化地位 - 010

二 《易经》的作者 - 015
三皇与《易经》- 015
神农炎帝与《连山易》- 017
轩辕黄帝与《归藏易》- 019
周文王与《周易》- 020
孔子与《易传》- 022

三 四象和八卦 - 025
四象的秘密 - 025
伏羲与八卦 - 027
八卦是怎么画出来的？- 029
先天八卦的次序之谜 - 031
怎样从八卦中推出自然事物？- 034
后天八卦的方位之谜 - 038

第二部分 《易经》六十四卦解读

导言　六十四卦排列次序的秘密 - 045

一　乾卦——自强不息，龙马精神 - 049

二　坤卦——阴柔美好，承载万物 - 065

三　屯卦——万物始生，克难向前 - 078

四　蒙卦——启蒙奋发，因材施教 - 084

五　需卦——保持耐心，善于等待 - 090

六　讼卦——慎争戒讼，化解矛盾 - 096

七　师卦——统众之道，顺应人心 - 101

八　比卦——处世之道，创造和谐 - 107

九　小畜卦——守住自我，走向成功 - 113

十　履卦——按礼行事，谨慎小心 - 120

十一　泰卦——天地交泰，互相沟通 - 126

十二　否卦——打通否塞，学会包容 - 133

十三　同人卦——同民同德，会同和谐 - 139

十四　大有卦——保有美德，实现富有 - 145

十五　谦卦——永葆谦虚，方得善终 - 151

十六　豫卦——有所节制，快乐之道 - 156

十七　随卦——择善而从，慎选时机 - 162

十八　蛊卦——解除蛊惑，纠正过错 - 168

十九　临卦——领导艺术，智慧管理 - 174

二十　观卦——观察之道，符合本心 - 180

二十一　噬嗑卦——严明刑法，刚柔相济 - 187

二十二　贲卦——修饰之美，人文化成 - 193

二十三　剥卦——防止剥落，分享共赢 - 199

二十四　复卦——万物复兴，回归正道 - 205

二十五　无妄卦——顺其自然，不可妄为 - 211

二十六　大畜卦——积善积德，防微杜渐 - 217

二十七　颐卦——颐养之道，为人为己 - 224

二十八　大过卦——改过纠错，互相帮助 - 230

二十九　坎卦——化险为夷，趋吉避凶 - 236

三十　离卦——散发光明，美丽人生 - 243

三十一　咸卦——感应之心，贵在和合 - 248

三十二　恒卦——持之以恒，长久之道 - 254

三十三　遁卦——退隐之道，以退为进 - 261

三十四　大壮卦——强盛法则，坚守正道 - 266

三十五　晋卦——晋升之道，彰显德行 - 271

三十六　明夷卦——韬光养晦，转暗为明 - 278

三十七　家人卦——治家有方，推及天下 - 285

三十八　睽卦——解除背离，化分为合 - 292

三十九　蹇卦——进退合宜，渡过艰险 - 299

四十　解卦——忧患意识，解除艰难 - 306

四十一　损卦——减损私欲，利己利人 - 312

四十二　益卦——损己益人，合乎时机 - 319

四十三　夬卦——果断决策，明辨是非 - 326

四十四　姤卦——相遇相知，中正包容 - 333

四十五　萃卦——会聚之道，在人在德 - 340

四十六　升卦——积小成大，顺势上升 - 345

四十七　困卦——困境奋起，不改志向 - 351

四十八　井卦——修身养己，施惠别人 - 356

四十九　革卦——革除旧弊，创立新制 - 361

五十　鼎卦——打破惯性，破旧立新 - 367

五十一　震卦——谨慎行事，勿犯天道 - 373

五十二　艮卦——抑制私邪，安于本分 - 378

五十三　渐卦——循序渐进，按矩前行 - 383

五十四　归妹卦——男婚女嫁，天地和谐 - 388

五十五　丰卦——丰盛硕大，又中又正 - 394

五十六　旅卦——行旅客居，谨慎安宁 - 400

五十七　巽卦——谦虚顺从，有节有度 - 405

五十八　兑卦——真诚平和，快乐之道 - 411

五十九　涣卦——挽救涣散，凝聚人心 - 416

六十　节卦——节制之道，合理适中 - 421

六十一　中孚卦——保有底线，诚信立身 - 427

六十二　小过卦——小处入手，小事可为 - 433

六十三　既济卦——沉稳冷静，谨慎守成 - 439

六十四　未济卦——事业未竟，周而复始 - 445

序言

《易经》：百姓日用而不知

大家一定都听说过《易经》这本书。毫无疑问，每个人心中都有一本自己的《易经》。

《易经》究竟是一本什么书呢？是占卜的书，还是历史的书？是哲学的书，还是科学的书？是管理的书，还是养生的书？或许它什么都是，又或许它什么都不是。当你静下心来，真正走入《易经》，你会发现这部距离今天这么遥远的古书，原来离我们是这么的近。在不经意的一餐一饭、一呼一吸、一言一行当中，或许你已经在运用《易经》了。正如《易经》所说的"百姓日用而不知"，老百姓每天都在使用《易经》，但自己却不知道。

自古以来，我们中国人的所思所想、所作所为，其实都与这部书有千丝万缕的联系。然而，我们对它却有太多的不解和误解。其实我和大家一样，也是从这种不解和误解中慢慢走出来的。

经过几十年的研读，我发现：《易经》是一部"天书"，一部蕴藏天道大规律的书；《易经》是一部"人书"，一部教人做人做事、健康快乐生活的人生指南。它不仅告诉我们什么时候吉、什么时候凶，更重要的是告诉我们怎样趋吉避凶、趋利避害。

西方有《圣经》，东方有《易经》，《易经》是中华文化的第一经典。任何一个伟大的民族都有一部原创的伟大经典，这部经典奠定了这个民族的性格和精神，而如果只能选一部奠定我们中华民族的性格和精神的经典的话，那肯定就是《易经》了。因为《易经》奠定了我们中华民族的文明基因，所以作为中华儿女、炎黄子孙，不可以不读《易经》。

《易经》是中华文明的源头，相传三皇中的伏羲创作了八卦，神农炎帝创作了《连山易》，轩辕黄帝创作了《归藏易》，直到周文王姬昌才给我们留下了《周易》。因为《连山易》《归藏易》早已失传，现在我们所说的《易经》就是指《周易》。

《易经》对春秋战国时诸子百家的形成起到了关键性的作用。孔子明解《易经》而开创儒家，老子暗解《易经》而开创道家。西汉末年，佛教传到中国以后，与以《易经》为代表的中华本土文化融合，形成了中国化的佛家。从此，中华文化就被称为"一源三流，三教合易"，"一源"就是《易经》，"三流"就是儒家、道家和中国化的佛家。

《易经》不仅是中华文明的源头，而且是中华文明的灵魂，它倡导的"天人合一、阴阳中和"构成了中华民族的基本精神。

《易经》中的八卦、六十四卦究竟潜藏着什么秘密？阴阳五行、河图洛书、太极图又究竟暗藏着怎样的人生密码？让我们静下心来慢慢体悟来自远古的智慧，体悟古圣先贤对宇宙人生的感悟。学习《易经》，我们会有什么收获呢？我想至少会有三点收获。

第一，穿越时空，感悟远古文明的大智慧。当今社会人心浮躁不安，如果你能用余暇的片刻看一看这部来自远古的经典，你就会不知不觉地进入另一个奇妙的世界。当你的心慢慢静下来的时候，你会遇见远古祖先的大爱、大智、大美，你会和古圣先贤进行生命的沟通、灵魂的对话，真切地感受那远古文明的神奇和温暖。

第二，敬畏天道，感知宇宙变化的大规律。"举头三尺有神明"，宇宙是浩瀚的，天道是威严的，古圣先贤用六十四卦神秘符号展现了宇宙周期变化的大规律，孔子称之为"天命"，老子称之为"天道"。当你静下心来细细品味《易经》的一卦一爻时，你会惊奇地感受到原来天道距离我们并不遥远。

第三，改变命运，掌握趋吉避凶的大法则。《易经》的魅力不是算命，而是"改命"。孔子五十岁读懂了《易经》而知天命。今天，当我们读懂了《易经》，也可以尽早一点"知天命，改人命"——"我命在我不在天"——人的命运原来是可以改变的。

我想很多人都试着读过《易经》，可是一看到《易经》里那些难懂的卦爻符号和古奥文字就读不下去了。《易经》本来是容易读的经典，现在却变成了"难经"——最难读的经。可是，当你换一种阅读方式，当你有恰当的引领，你会有意想不到的感受，你会发现原来看不懂的《易经》却可以看懂了。《易经》真的很容易，它其实是在唤醒我们灵魂深处的简单、容易和纯粹。

最后，衷心地欢迎对中华传统文化有兴趣的人，对宇宙生命有好奇心的人，对人生有困惑、烦恼的人，能和我一起走入《易经》，走入远古文明，也一起走入生命的深处，与古圣先贤来一场亲密的对话。

我学习《易经》的经历

首先,欢迎大家走入《易经》的神妙世界。《易经》看起来离我们很远,其实离我们很近。日常生活的点点滴滴都可能与《易经》有着密切的关系,比如,在雾霾的天气下要怎么呼吸,我们会呼吸吗?我们的一菜一饭要怎样搭配?我们适合做什么工作,不适合做什么工作?适合与什么样的人交朋友、谈恋爱,不适合与什么样的人交朋友、谈恋爱?在职场上,和不同的上司要怎样相处?这些人生的问题,或许我们都可以从《易经》这本书里找到解答。

《易经》究竟是本什么样的书呢?为什么有这么大的魅力?我先说一说我是怎样接触到这本书的。

我上中学的时候,正值"文革",那时候像《易经》这类书是要被当作"四旧"烧掉的。听说《易经》是本算命的书,我特别好奇,就偷偷地看,但是看不懂,只看到里面有两种线,一种长线,一种短线,感觉特别神秘。我有一个远房亲戚,是个道士,"文革"的时候还俗了,我偷偷请教他关于《易经》的问题,他就给我讲阴阳五行、六爻、八卦。后来我父亲知道了,他告诉我《易经》不是用来算命的,《易经》可以用来看病。我父亲是第一届国医大师,他告诉我学中医有两本书是必须要读的,一本是《黄帝内经》,另一本就是《易经》。我国古代有个"药王",叫孙思邈,他就说过:"不知《易》,

不足以言大医。"①（不懂《易经》成不了一位好医生。）这样一来，我对《易经》就更感兴趣了。后来我读了大学、研究生，学习了古代文学、古代汉语，就可以比较轻松地读《易经》了。

1988年，研究生毕业后，我被分配到了南京。在南京，我面向社会开设了一门讲《易经》的课。这在当时是不常见的，没想到来听讲的人挤满了教室，不仅教室的后排空地、走廊站满了人，就连窗外都站满了人。我看到大家对《易经》这么感兴趣，感到非常高兴。

为了讲好《易经》，我开始大量收集有关《易经》的资料。我发现不仅我们中国人对这本书很着迷，还有很多外国的科学家对这本书也很着迷。比如，德国有一位数学家，叫莱布尼茨，他就从《易经》八卦里看出了二进制；丹麦有一位物理学家，诺贝尔奖的获得者，叫玻尔，他从太极图里看出了互补原理。

这本被很多中国人当作封建迷信、算命的书，却被外国人当作宝贝，这更加激发了我深入探究的兴趣。于是我萌发了要编一部《易学大辞典》的念头。当时，没有电脑，也没有互联网，收集资料完全靠人工。我查找了古今中外大量的资料，花了整整三年的时间，主编完成了《易学大辞典》，一共172万字，1992年出版，是我国第一部大型易学工具书。接着，我又花了两年的时间主编完成了《易经应用大百科》，1994年出版，这也是我国第一部《易经》应用的百科全书。

在学习《易经》的过程中，一方面，我渐渐发现《易经》非常博大精深；另一方面，我也发现自己还有很多不足，觉得还是应该跟随名师学习。当时有一位研究《易经》的泰斗，就是北京大学哲学系的著名教授朱伯崑。朱先生在我编写《易经大辞典》的时候，曾经指导过我，于是我就给他写了一封信

---

① 此语出自明代医家张介宾的著作《类经附翼·卷一·医易义》："宾尝闻之孙真人曰：'不知《易》，不足以言太（大）医。'"——编者注

说："我想报考您的博士。"他说："我已经不招生了。"我说："那我特别想跟您学，怎么办呢？"他说："那你问问北大研究生院吧，看看我还能不能招？"于是我马上打电话问北大研究生院，研究生院负责招生的同志说："只要朱先生想带，就可以招。"听到这个回答，我十分高兴，也十分感动，所以我马上就把这个消息告诉了朱先生，朱先生淡淡地说了句："那好吧，你就准备考试吧。"1994年，我考取了朱伯崑先生的博士生，也成了朱先生的"关门弟子"。

在北大攻读博士的三年中，我的收获是巨大的。朱先生一生的主要精力都花在了易学上面，他的代表作是四卷本的《易学哲学史》。他发现，我国历代著名的思想家基本都受到了《易经》的影响。有的是对《易经》进行了研究，有的是借《易经》来阐发道理。他还告诉我，他的老师冯友兰先生一生都特别重视《易经》。冯友兰先生是中国哲学史的开创性人物，他把《易经》看成宇宙代数学，是最高的哲学。

冯先生对《易经》的评价对我触动很大，本来我和大家一样，以为《易经》就是讲占卜、算命的书，没想到它在中国哲学史上有这么高的地位。冯先生晚年曾说过，他最大的遗憾就是没有好好研究《易经》哲学，而朱伯崑先生恰恰就在这一点上弥补了冯先生的遗憾。可以说朱先生几乎是用一生的精力在研究《易经》、易学哲学。

我在跟随朱先生学习《易经》的日子里，深深为朱先生独到的见解所折服。朱先生的易学哲学研究使他成为中国哲学史这一学科的第三代带头人。1998年，在朱先生七十五周岁生日时，北京大学哲学系为朱先生办了一次研讨会，会上中国哲学教研室主任陈来教授深情地说："朱先生是继冯友兰先生、张岱年先生之后的第三代中国哲学的代表，希望朱先生一个人写一部中国哲学史。"

会后，我就问朱先生："您写吗？"朱先生说："我不写。"我说："为什么？"他说："我再写也写不过冯先生。"我听了之后感到非常震撼，这就是朱先生，他知道要全面超过他的老师是不可能的，所以他就在易学哲学上下功夫,在易学研究上超过了他的老师。我也深深地知道,我要在易学研究上超过朱先生是不可能的,所以只能一辈子潜心学习《易经》,希望在不断地学习中有所收获。

博士毕业后,我一直跟着朱先生。朱先生先后领衔成立了中国易学与科学委员会、国际易学联合会。我就帮朱先生做一些筹备的事和学术活动的事,不仅能常常听到朱先生的真知灼见,而且还切实地感受到了朱先生那一份忧国忧民的情怀和振兴中华的强烈使命感。

2005年,他把中国易学与科学委员会理事长的重任交给了我,没想到2007年5月他就去世了。2017年,朱先生仙逝十周年的时候,为了缅怀朱先生,北京大学召开"易学与中国哲学学术研讨会暨朱伯崑先生逝世十周年纪念会"。

朱先生天国有灵,我相信,这次我关于《易经》的解读,一定会得到他的加持。《易经》一定也会随着中华民族的伟大复兴放射出璀璨的光芒。

第一部分

《易经》入门

一 《易经》的文化地位

《易经》是本什么书？

我不知道各位为什么要学《易经》，但我知道各位都对《易经》充满了好奇。《易经》究竟是本什么书？我们从《易经》里究竟能学到什么？我想每个人的答案可能都不一样。鲁迅先生就曾指出：一部《红楼梦》，经学家看到的是《易》，就是《易经》；道学家看到的是"淫"，就是淫乱；才子看到的是缠绵；革命家看到的是排满；流言家看到的是宫闱秘史。一部《红楼梦》尚且如此，何况一部《易经》呢？那更是仁者见仁、智者见智了。围绕这一问题，古往今来，一直争论不休，我给大家总结了一下，主要有这几种观点。

第一种观点，《易经》是一本卜筮书。

好多人一提到《易经》，马上想到的就是算命。《易经》为什么在大家看来是算命的书呢？因为看过《易经》的人都知道，《易经》的内容一般是这样的：什么什么，吉；什么什么，凶。一般前面那部分"什么什么"我们看不懂，而后面的吉和凶都知道是什么意思。所以，大家就认为，《易经》不就是讲吉凶的吗？讲吉凶不就是算命吗？

1899年，国子监祭酒王懿荣偶然发现了甲骨文。甲骨文是刻在龟甲、兽骨上的，甲骨文写的也是这样的内容：什么吉，什么凶。《易经》的内容和甲骨文的内容基本上是一样的，甲骨文是远古的占卜、巫术的记载，所以《易经》也是占卜的书。

宋代理学家朱熹也说过："《易》本卜筮之书。"(《易经》就是本占卜的书。)现当代的许多学者，如郭沫若、高亨等都认为《易经》就是一本占卜的书，是远古巫术资料的汇编。当然，《易经》最早是可以用于占卜的，但是我认为把《易经》仅仅看成是一本占卜算命的书，那就是中华文明史上第一桩冤假错案了。

第二种观点，《易经》是一本哲学书。

持这种观点的最有代表性的人物就是我的师爷冯友兰先生。1984年，中国召开了第一届中国《周易》学术讨论会，冯友兰先生给学术讨论会发了一封贺信，他说："《周易》是中国古代一部真正的哲学著作，至少是儒家最有哲学意义的经典，是一部辩证的宇宙代数学。"冯先生说的"宇宙代数"其实就是"宇宙哲学"的概念。冯先生是中国哲学史的开创者，一辈子都在研究中国哲学，写了三部《中国哲学史》，有一卷本的，有两卷本的，还有七卷本的，他都提到了《易经》，但没有很深入地去研究《易经》的哲学。

冯先生的学生、我的导师朱伯崑先生就用一辈子的生命来研究《易经》的哲学。朱先生的代表作是《易学哲学史》。《易经》《易传》构成了易学的哲学内涵。朱先生曾说："《周易》是一种文明的创造，这是世界上其他民族的文化没有的，它体现了中国古圣先贤的忧患意识和生活智慧。"当然现在还有一些易学家，如李景春、黄寿祺都说过《易经》是中国现存的最古老的一本哲学专著。《易经》不仅是中国最早的、最系统的哲学著作，而且也是世界最早的、最系统的哲学著作之一。

第三种观点，《易经》是一本历史书。

持这种观点的人，有我的祖师爷章太炎。章太炎先生是个很了不起的人物，他带了很多弟子，其中有一位弟子是鲁迅，但是鲁迅并不是章先生最得意的弟子。章先生最得意的弟子一共有五位，他们被称为南王、北王、东王、西王、天王。①谁最厉害呢？当然是天王黄侃最厉害。

黄侃先生又带了一些弟子，其中有一位非常有名，那就是陆宗达。陆宗达先生后来成为北师大的教授，专门研究文字训诂。陆宗达先生又带了一批弟子，其中有一位是现在非常有名的学者许嘉璐，还有一位是北师大非常有名的教授王宁，还有一位就是我的硕士研究生导师钱超尘。我们这一派被称为章黄学派，也就是章太炎、黄侃的学派，这个学派最大的特点就是文字训诂，也就是讲实证、讲考据。每说一个字、一句话，都要有文献的依据，不能随便说。

章太炎先生认为《易经》这本书是讲人类文化发展历史的，他还用这个观点解释了《易经》的前十二个卦。

近代还有一位历史学家胡朴安，他系统地论证了《易经》是一本历史书，他写了一本书叫《周易古史观》。《易经》六十四卦前面两个卦叫乾卦和坤卦，第六十三卦叫既济卦，第六十四卦叫未济卦，他认为这就是一部历史。因为人类是从天地开创后才有的，先有天（乾卦），后有地（坤卦），然后天地交合产生万事万物，再然后有了人类，继而进入了人类文明。就我们中国的历史而言，先是有了三皇五帝，然后到了夏商周。《易经》这本书就是写从天地开创到周朝初年这样一段历史，其中从屯卦到离卦，就是从蒙昧时代一直到商代末年的历史；从咸卦到小过卦，就是周朝初年（周文王、周武王、周成王）这个时代的历史。另外，还有一位学者李平心也提出："《易经》基本是用隐喻的文体和卜筮的外形写成的一部特殊的历史书。"

第四种观点，《易经》是一本科学书。

这个观点一开始是国外的科学家提出的，比如，德国著名的哲学家、数学家莱布尼茨。他在1703年4月1日看到了《易经》先天六十四卦图，看了之后特别惊讶：每个卦就两个符号，一个是一条长线，一个是两条短线，他认为这

---

① 章太炎先生为人戏谑，曾以太平天国为例，封黄侃为天王，汪东为东王，朱希祖为西王，钱玄同为南王，吴承仕为北王。——编者注

就是二进制。因为二进制只有两个数字：一个是1，一个是0。莱布尼茨早就有二进制的想法，但是一直没有写出来发表，看到这张图后，他就用二进制来替换这些卦爻的符号，替换之后他非常惊讶，因为它们全部成了一种有序的排列。先天六十四卦图排出来的数字排序刚好是从63到0，反过来就是从0、1、2、3……63，非常有次序。他非常激动，马上写了一篇论文，这篇论文就讲到了先天六十四卦和二进制的数学原理，投给法国科学院学报后被刊登出来，这就是二进制的第一篇论文。

另外还有一位诺贝尔奖获得者玻尔，他是丹麦的一位量子力学科学家。他从太极图里看出了《易经》的原理和量子力学的互补原理是相通的。所以他自己的徽章就选了太极图的图案，图案上面刻了一句话，翻译过来就是：对立即互补。互补的也就是可以变化的，白的可以变成黑的，黑的可以变成白的。

还有一些大家都很熟悉的西方科学家，如英国科学家李约瑟，他用自己毕生的经历写了一部《中国科技史》，里面充满了对《易经》的赞美之词。在中国也有一大批研究科学的人，他们用科学的方法研究《易经》的内涵，并形成了一个派别、学派，叫"科学易"派。

当然，除了以上几种，还有很多观点，有人认为《易经》是讲管理的书，尤其是它里面每一卦的《象传》里都有一句话："君子以……""先王以……"意思是我们做君子、先王、管理者要按照这个卦来做，这就是讲管理。

当然，也有人认为《易经》是讲养生的，它里面有很多卦跟养生有直接的关系。比如，有人说咸卦是讲怎样锻炼的，讲身体的运行从脚趾到小腿、大腿，再到腰、背、头，是一个循环的过程。

《易经》到底是本什么书？是占卜的书，哲学的书，历史的书，管理的书，养生的书，还是别的什么书？可能有的朋友就说了，《易经》是一部百科全书。这个观点也是对的，因为科学、管理、养生、历史、占卜它里面都有，它其实是一部易道广大、无所不包的百科全书。

但这个观点只是说《易经》的内容很广博，是从外延上说的。就它的内涵来说，它是一部什么性质、讲什么的书呢？从这个角度来说，我个人认为很简单，就两个字：天书！不是说它难懂，而是因为它是一本讲天道的书。

《易经·系辞传》里有一句话："六者非他也，三才之道也。"意思是《易经》不是一本其他的书，它是一本讲三才之道的书。哪三才？天、地、人。《易经》就是讲天道、地道、人道三才之道的书。三才之道里的核心是天道，因为天道可以统领地道和人道。天道其实就是天道、地道之和，那它和人道有什么关系呢？人道要服从天地之道，也就是要服从天道。所以，《易经》是一本讲天道的书，就是天书。

所谓天地之道就是天地万物的规律，所谓人道就是人生的指南，就是人应该怎么做。所以，《易经》不是讲算命，而是讲怎么改命，它提供给我们一种人生的指南。

好多人会说，你这个观点我不同意，命怎么能改呢！当然，我说的这个改命的命是指人的命运，不是天的命运（宇宙人生运转的法则）。天命是不能改的，但是人命是可以改的。人的命怎么改呢？按照天命来改！好多人为什么不顺，或者到最后受到报应？很简单，因为他违背了天命、天道。

最后，我们来概括一下，《易经》这本书从表面上看最早是讲占卜的，但这个占卜是古人用来探究宇宙也就是天地变化规律的。所以，占卜只是它的外衣，探求天地变化之规律，即天道规律，才是它的内核。

《易经》作为天人之学，是广大悉备、带有哲学色彩的一部天书。当然，它也含有科学道理、养生常识、管理智慧，还有很多符合现代科学原理的知识。总的来说，它是一本讲天道规律、人生指南的书。

学习《易经》有什么用？

《易经》就像是一部教人做人做事的人生手册、行动指南。《易经》认为无论做人还是做事，都不能违背天道。"人在做，天在看"，所以按照天道做就吉，不按照天道做就凶。

很多人都说看不懂《易经》，但是《易经》这本书里有两个字你肯定看得懂。哪两个字呢？有人说是"乾坤"，有人说是"阴阳"。我说："如果乾坤、阴阳你都懂了，我还讲什么？那我走了。"

那是哪两个字呢？是"吉凶"。《易经》的句式一般都是这样的：前面一句话是"什么什么"，后面一句话是"吉"或"凶"，就是前面一句话是描述，后面一句话是判断。前面那句话我们一般都看不懂，但后面的吉凶我们都看得懂，所以《易经》就是讲吉凶的吗？错了！《易经》的精华其实是前面那句你看不懂的"什么什么"，前面那句话和后面的"吉"或"凶"是因果关系，前面那句"什么什么"是因，后面的"吉"或"凶"是果，我们一定要重视因，轻视果。所以看到"吉"的时候，不要得意忘形，而是要注意因为什么而吉；言外之意就是你不遵循这个因就会凶。当然，看到"凶"的时候也不要紧张、害怕，要看它是因为什么而凶；相应地，你不这样做就会吉。所以，《易经》的重点不是讲什么时候会吉，什么时候会凶，而是讲怎么做才能趋吉避凶。所以，不能把《易经》简单地看作是一本讲如何算命的书，而应该把它看作是一本讲如何改命的书。

很多人问我："学了《易经》有什么用？"我经常这么回答："大的作用我不敢说，但至少有三个小的作用：不会郁闷，不会极端，不会痴呆。"这不纯粹是玩笑话，因为《易经》真的是人生指南。

你可能会说："《易经》是几千年以前的书，在现代社会还有用吗？现代社会发生了这么大的变化，古人哪能知道现代人的生活？现代人都使用高科技了，都有互联网了。"可是大家想过没有，我们的科技虽然在日新月异地变化，可是我们一日三餐要吃饭，晚上要睡觉，男女之间要谈恋爱，人活着要劳动、工作，人有喜怒哀乐，人一辈子有生老病死，这一切和古人有什么区别呢？和古代相比，现代有的东西是变了，但有的东西没有变，而且永远也不会变，所以《易经》就是告诉我们什么是变的，什么是不变的。

《易经》的"易"字有两种写法：一种写法的字形就像蜥蜴；另一种写法，

上面是一个"日"字，下面是一个"月"字，"日"就是太阳，"月"当然就是月亮，月亮也叫太阴，所以"易"字上面是阳，下面是阴，它是讲变化的。"易"字的本意指蜥蜴，后来演变出变化、变易的意思，原来蜥蜴的"易"就加了一个虫字旁。

《易经》很简单，就是讲阴阳变化的。"易"字有三种意思：第一是变易，第二是不易，第三是简易。变易就是变化，不易就是不变，简易就是简单、容易。因为《易经》其实是最简单的，它只有两种符号：一种是阴爻（- -），一种是阳爻（—）。阴爻和阳爻这两种符号的三次组合就是八卦，也就是2的3次方等于8；阴爻和阳爻这两种符号的六次组合就是六十四卦，也就是2的6次方等于64。

学习《易经》的目的就是抓住不易，随时变易，回归简易。也就是说，要抓住不变的，然后随机应变，最后回归至简至易、简单平易。

我们想一想，在生活中、工作中，在处理婚恋关系、同事以及上下级关系上，为什么会有那么多矛盾、烦恼、困惑呢？为什么有那么多的人不开心呢？根据2009年英国著名医学杂志《柳叶刀》（*The Lancet*）中的一篇流行病学调查估算，我国抑郁症患者已经达到9000多万人，并呈现继续攀升的趋势。世界卫生组织预计，到2020年，抑郁症可能会成为仅次于心脑血管病的人类第二大疾病。

当然，还有一种病，叫作焦虑症。现在可以说全民都处于焦虑的状态，只是或轻或重的不同而已。造成抑郁或焦虑的原因有很多，像竞争的激烈、压力的加大等。在当今变化多端的环境下，我们能不能找到不易、不变的东西呢？能不能让我们的心慢慢回归到简单平易呢？比如，有的人情场失恋、职场失意，痛苦不堪，无法解脱，那能不能静下心来用《易经》的智慧想一想婚恋中、职场中究竟什么是变的，什么是不变的；再进一步想一想人生中什么是变的，什么是不变的。只有找到不变的东西，我们才能随机应变、随时而变、随势而变。

这个不变的东西就是《易经》的第一个字，叫作"元"。《易经》乾卦一开始就说"元亨利贞"，就是说只有抓住了"元"这个不变的东西，才可以无往而不胜，才可以亨通、吉利。

《易经》是天道的规律、人生的指南，我用三句话来概括一下《易经》讲的是什么：《易经》是宇宙变化周期的大规律，是人类知变应变的大法则，是人生为人谋事的大智慧，简单地说就是大规律、大法则、大智慧。

那么，这么深奥的《易经》在现实生活中怎么应用呢？其实我们中国人日常生活中都在用《易经》。《易经》里就有一句话"百姓日用而不知"，就是老百姓天天都在用，但是却不自知。我们都听说过阴阳、五行、八卦，我们还经常说："昨天你还说得好好的，今天怎么就变卦了？""变卦"就是《易经》里的概念。

《易经》了不起的地方就在于，它能把我们在现实生活中遇到的所有复杂的问题简单化：阴阳就是把复杂的问题分成两大类，五行就是把复杂的问题分成五大类，八卦就是把复杂的问题分成八大类。阴阳、五行、八卦这三者其实是一回事，阴阳的细分就是五行，五行的细分就是八卦。把复杂的问题简单化就是智慧，反过来把简单的问题复杂化就是知识，《易经》是教我们智慧的，而不是教我们知识的。学会了"不易""简易""变易"这三个词，你就学会了《易经》。

《易经》的文化地位

《易经》这本书在中国文化史和世界文化史上究竟是什么地位呢？我用一句话来概括：《易经》是世界四大元典之一。什么叫"元典"呢？"元"就是"头"的意思，我们都知道正常情况下人出生时是头先出来的，头代表初始、第一的地位，《易经》是世界四大元典之一，也就是第一位的经典。

每个民族都有一部自己的元典，按时间先后来排，就是《吠陀经》《圣经》《易经》《古兰经》，这四部经典分别代表了四大文化。《吠陀经》是印度文化的第一经典，《圣经》是西方文化的第一经典，《古兰经》是伊斯兰文化的第一经典，而《易经》是中国文化乃至东亚文化的第一经典。因为《易经》不仅是我们中华民族的第一经典，而且也是日本、韩国等民族所共同推崇的经典。

我们来看看这四大经典。《吠陀经》是印度历史上一切文化的源头，也被称为《天启经》，是婆罗门教和现代印度教最重要、最根本的一部经典。《圣经》是犹太教和基督教的经典，它包括两部分：《旧约圣经》（或称《旧约全书》）和《新约圣经》（或称《新约全书》）。《旧约圣经》是犹太教的经典；《新约圣经》是基督教的经典，当然基督教也信奉《旧约》。《圣经》构成了西方的文化传统，成了西方文明的支柱。《古兰经》是伊斯兰教的经典，它把一盘散沙、四分五裂的阿拉伯民族连接成一个伟大的民族。

我们的《易经》很有意思，它没有发展出一个宗教，而是影响了儒家、道家等诸子百家。佛教传入中国以后，它又对中国化的佛教产生了重要影响。所以说《易经》是中华文化的元典、第一经典。

具体来说《易经》的文化地位，我用三个唯一来概括。

第一个唯一，《易经》是人类轴心时代唯一由符号系统和文字系统共同构成的书。

轴心时代指公元前500年左右，这是德国哲学家雅斯贝尔斯提出的。他发现，公元前800年到公元前200年之间，世界各主要民族历史上都出现了一个文化的高峰，雅斯贝尔斯把这个高峰称为"轴心"。轴心是什么意思呢？开车的人都知道，车轮的中间叫车轴，也就是说如果把文化比喻成车轮，那这个车轴就是在公元前500年左右形成的。后来的文化虽然有所发展，这个车轮越来越大，但是都没有偏离这个车轴（轴心）。也就是说到今天为止，还没有形成第二个轴心。

轴心时代的西方正值古希腊文明时期，古希腊文明也是西方文明的摇篮。古希腊时期出现了一批巨人、巨著：古希腊神话，如大家都知道的奥林匹斯山上的众神之首宙斯，生了一堆儿女，其中的一对双胞胎，一个是太阳神阿波罗，一个是酒神狄俄尼索斯，这两个神代表的日神文化与酒神文化就代表着西方文化中的理性精神与情感力量；古希腊史诗，如《荷马史诗》（包括《伊利亚特》和《奥德赛》）；古希腊悲剧，如三大悲剧作家；历史著作，如希罗多德的《历史》；古希腊医学，如希波克拉底的医学；当然最重要的，也是最伟大的就是古希腊哲学，古希腊出现了一批伟大的哲人，最有代表性的就是三大哲学家——苏格拉底、柏拉图、亚里士多德，亚里士多德的逻辑、概念判断推理AEIO这些理论至今没有被超越。

这一时期，两河流域诞生了希伯来经典——犹太教的《圣经》，而在东方的古印度则诞生了婆罗门教的经典，如《梵书》《吠陀经》等，还有古印度的史诗、哲学经典《奥义书》。在我们中国，轴心时代正值春秋战国时期，公元前1000年左右诞生了《易经》，公元前500年左右诞生了诸子百家的作品，包括《书经》《诗经》《礼经》《春秋》等。

这些经典是各个民族、文化的原创经典，它奠定了其民族的文化精神，到后来也都没有偏离，还都在按照这种文化精神持续发展。这么多经典只有一部是由符号系统和文字系统共同构成的，这部经典就是《易经》。它的文字系统是对符号系统的解释，这两者是一种互动的、互补的、互为解释的关系。

第二个唯一，《易经》是中国文化史上唯一的儒家、道家和中国化的佛家共同信奉的书。

在先秦的典籍当中，除了《易经》，其实还有很多经典，如《书经》《诗经》《礼经》等。这些书都是非常古老的，但其中只有《易经》是儒家和道家都信奉的。比如《书经》《诗经》《礼经》这些书，道家就不怎么提。

《易经》被儒家尊为五经（《易》《诗》《书》《礼》《春秋》）之首，当然最早是六经（《易》《诗》《书》《礼》《乐》《春秋》），后来《乐经》失传了。你肯定要说了，我们背的顺序都是《诗》《书》《礼》《易》《乐》《春秋》，怎么我却说成《易》《诗》《书》《礼》《乐》《春秋》呢？其实，这是两种排列方式。这两种排列方式都是在汉代形成的：以《易经》为首的排列方式是以时间先后来排列的，所以《四库全书》中经部的第一经就是《易经》；而我们大家背的顺序把《诗经》排在第一位，是按照教学的先后顺序来排列的，因为诗歌读起来朗朗上口，所以小孩子可以先读，不能一开始就教他们《易经》。

道家信奉的三玄（三本玄妙的书）是哪三本呢？《道德经》（或称《老子》）、《庄子》（或称《南华经》）和《易经》。

儒家五经和道家三玄里都有《易经》，这是唯一一部他们都共同尊奉的经典。其他的古老经典要么是儒家尊奉，道家不尊奉；要么相反。汉代以后，儒家信奉《易经》，形成了"儒家易"学派，道家也信奉《易经》，形成了"道家易"学派。

汉代以后，儒家说理没有不根据《易经》的，比如董仲舒就按照易理来建构天人感应、阴阳五行的儒家系统。

北宋时，理学形成了，如大家都熟悉的周敦颐、程颐、程颢，他们的代表作很多都是解释《易经》的。

到了明代，心学大师王阳明的心学就是从易学里面来的，所以他把自己的住所叫"玩易窝"，就是在易学里面玩味出了心学的思想。所以，儒家可以分成两大元典系统：一个是以《易经》为代表的五经系统（《易经》的系统），另外一个是以四书为代表的元典系统（四书的系统）。

道家也是这样，比如汉代的《淮南子》、严君平的《老子指归》等，都和易学有关。东汉时期，有一本非常著名的书，叫《周易参同契》，这本书是讲怎么炼丹的，它就是把《易经》、老子和炉火这三者结合起来讲丹道的学说。后来道教中无论是全真道还是正一道，都跟《易经》有关系。

到了今天，我们在中华文化主干问题上仍有争论，有人说中华文化以儒家为主干，也有人说以道家为主干，这就形成了"儒家主干"和"道家主干"的两派观点。他们的主要依据就在于《易经》，儒家说《易经》是儒家的，道家说《易经》是道家的。

佛教从西汉末年传到中国之后，与中国本土文化相结合形成了中国化的佛教。它主要是与《易经》《老子》《庄子》及儒家的先秦典籍相结合，其中《易经》的作用非常大。当年佛教传入中国的时候，中国上层知识分子是排斥的。

为什么后来佛教一下子又在中国大地上生根开花结果了呢？有一个趣闻，据说佛教徒看到《易经》第二卦坤卦里面有一句话"积善之家必有余庆，积不善之家必有余殃"，非常兴奋，认为《易经》与佛教一样都是讲因果报应的，所以佛教一下就在中国大地上生根开花结果了。在隋唐时期佛教形成了八个宗派，非常鼎盛，其中最具中国特色的就是禅宗。所以说《易经》是唯一一本儒道佛都信奉的书。

第三个唯一，《易经》是中国科学史上唯一对人文科学、社会科学、自然科学、生命科学都产生了重要影响的书。

《四库全书总目提要》里就提到"易道广大，无所不包"，易道非常广大，包括了天文学、地理学、兵法、数学、历法学、音律学、医学、农学、化学（炼丹）、物理学等。这些都可以"援《易》以为说"，就是说都可以引用《易经》来解说；而"好异者又援以入《易》"，喜欢《易经》的人把多学科的知识都放到《易经》里面去，形成了易学这门学说，叫"易说愈繁"。

我们都知道先秦最早的经典（五经）对中国的人文社会科学的影响是巨大的，但除了《易经》，其他四部经典对自然科学、生命科学的影响非常小。《易经》不仅对汉代以及之后的政治、伦理、宗教、文学、艺术乃至经济、军事等都有重要的影响，而且对中国传统的自然科学，比如天文学、数学、历法学、化学、物理学等也都有重要的影响。

《易经》除了对自然科学有影响，还对生命科学有重大的影响，也就是对中医学有重大的影响。可以说中医学就是直接从《易经》的思维方式上产生出来的，有句话叫"医源于《易》"（中医源于《易经》）。所以，《易经》是唯一影响中国人文科学、社会科学、自然科学和生命科学的经典。

总结一下，如果把中华文化比喻成一条河流，《易经》就是这条长河的源头。它是一泓清泉，以奔腾不息的生命之水流汇成了悠悠五千年的中华文明。

二 《易经》的作者

三皇与《易经》

　　《易经》究竟是谁写的呢？围绕着《易经》的作者，有很多有趣的传说故事，而这些传说故事往往是和三皇五帝中的三皇连在一起的，这说明《易经》这本书的历史十分久远。

　　关于中华文明开创的历史，我们都听说过"盘古开天地""三皇五帝到如今"这两句话。一般认为三皇五帝是生活在距今五千年以前的时代，三皇究竟指哪三个人则众说纷纭，没有定论。历史上的说法很多，比如《史记》里记载的是天皇、地皇、泰皇，或是天皇、地皇、人皇；《尚书大传》里记载的是燧人氏、伏羲氏、神农氏；《风俗通义》里记载的是伏羲氏、女娲氏、神农氏；晋代的《帝王世纪》里记载的是伏羲氏、神农氏（炎帝）和轩辕氏（黄帝）；《三字经》里记载的是："自羲农，至黄帝。号三皇，居上世。"从此之后，三皇主要是指伏羲、神农和黄帝。现在不少道教的宫观里面还有三皇殿，供奉的就是：中间伏羲，左边神农炎帝，右边轩辕黄帝。

　　"三皇"这个名称最早见于《周礼》，三皇究竟是三个人还是三个神呢？先秦时期，三皇作为神的属性高于人的属性，所以三皇的故事就成了中国人的神话。一直到西汉的司马迁还是把三皇当作神，所以司马迁写《史记》的时候没有从三皇写起，而是从五帝写起。可是到后来，三皇作为人的属性慢慢发展了起来，伏羲、神农、黄帝被认为是上古时期三个部落的杰出首领，是中华民族的祖先、人文始祖。近代以来，随着考古遗迹和考古文物的大量出现，很多传说被证明是有根据的。

三皇和《易经》有三个著名的传说。第一个是伏羲作八卦，第二个是神农氏作《连山易》，第三个是轩辕黄帝作《归藏易》。历史上的《易经》不是只有一部，而是有三部，叫"三易"。《易经》除了《周易》以外，还有《连山易》《归藏易》。《周礼》里面就记载了："太卜掌三易之法，一曰《连山》，二曰《归藏》，三曰《周易》。"《三字经》也记载："有《连山》，有《归藏》，有《周易》，三易详。"

三易究竟是三皇作的呢，还是三代的《易经》呢？传说早在六七千年以前，伏羲就作了八卦，这点历史文献上有大量的记载。从《易经·系辞传》到司马迁的《史记·太史公自序》，再到班固的《汉书·艺文志》都说是伏羲作了八卦。而到了距今五千年以前，神农炎帝和轩辕黄帝分别作了《连山易》和《归藏易》，所以神农氏也被称为连山氏，轩辕氏也被称为归藏氏。

相传《连山易》《归藏易》和周文王作的《周易》都是六十四卦，不过六十四卦的次序是不同的。《连山易》的第一卦是艮卦，艮卦代表山，是山连着山，所以叫"连山"；《归藏易》的第一卦是坤卦，坤卦代表地，大地能收藏万物，万物回归于大地，所以叫"归藏"。遗憾的是，这两部《易经》早就失传了，所以这两部《易经》六十四卦的完整排列次序就不知道了。现在唯一保存下来的《易经》只有《周易》，它的第一卦是乾卦，最后一挂是未济卦，六十四卦的完整排列次序保存下来了。

当然，历史中也有文献说三易和三皇是没有关系的，不是三皇作的，而是夏商周三代的。比如，《山海经》、东汉郑玄的《易赞》《易论》都认为三易分别是三代的《易经》：夏代作《连山易》，商代作《归藏易》，周代作《周易》。

那么究竟是三皇作的《易经》，还是三代的《易经》呢？我综合一下各家的说法，可能是这样：三皇作了《易经》，可是他们没有写下来，一开始是口耳相传，到了三代的时候才汇编成书。具体地说，就是伏羲创造了八卦以后，神农炎帝作了《连山易》，然后口耳相传到了夏代把它汇编成书；轩辕黄帝作了《归藏易》，然后口耳相传到了商代把它汇编成书。

如果问你，三皇作《易经》究竟是有还是没有呢？如果你说有，那你要拿出证据来；如果你说没有，你也要拿出证据来。有人回答："不知道。"对了，真聪明！所以孔子说："知之为知之，不知为不知，是知也。"我们对古人的说法可以怀疑，但千万不要轻易否定。

《易经》成书的历史和中华文明早期形成的历史是同步的，也就是说《易经》是中华民族最早的原创著作，是中国先民的智慧结晶，承载着中华文明的基因。

神农炎帝与《连山易》

传说神农炎帝出生在距今五千年以前，他的模样很奇特，是牛首人身。三岁的时候他就知道怎么种庄稼、收庄稼，他还教人农耕，是农业的发明者，所以被人尊称为"五谷之王，神农大地"。他还是医药的发明者，是医药之神，传说神农氏尝遍百草，一日而遇七十毒。

传说他的另一项伟大贡献就是创作了第一部《易经》——《连山易》。

《连山易》究竟有没有呢？贵州有一个水族自治县——三都县，2004年年底，有一个中央电视台的记者到这个地方去采访，他听说这个地方有一位叫谢朝海的老人收藏了《连山易》。央视记者和谢朝海谈论《连山易》的时候发生了严重的争论，后来谢朝海说他家里藏了一部水书的《连山易》，有五册。

央视记者不相信，后来谢朝海就把自己家里收藏的完整的水书《连山易》捐给了贵州省民族图书馆，现藏于荔波县档案局。当时不少媒体对此事都有相关报道，比如《中国民族报》《贵州商报》，报上说"失传的夏代《连山易》现身贵州荔波"。

这本书究竟是真是假？有人说是假的，有人说是真的。当然，说真的的理由是东汉时期有一个大学者叫桓谭,他说《连山易》有八万字,而水书《连山易》恰好就是八万字。

通过专家的研究,这部水书《连山易》大概有三个方面的内容:

一、以各种动物为象征,以图画、形象的符号为表现形式,主要记载了日月星辰、二十八星宿等天文历法的情况;

二、以天文历法为基础,推演出阴阳五行、天干地支之间的关系、法则、原理;

三、根据这些原理来预测指导各类活动,标明什么日期是吉的,什么日期是凶的。包含的活动非常多,如出行、经商、劳动、打猎、婚嫁等各方面。

这部水书《连山易》还有一张非常奇妙的图——太极八卦图。图上有八个方位,每个方位都有两个字,其中的一个字都是"山"。可想而知,是山连着山,所以是《连山易》。这部《连山易》的文字和符号与偃师二里头出土的陶器符号是同类的,水书《连山易》中有二十二个符号和二里头出土的陶器符号完全一样,这证明水书是一种原始文字,比殷商甲骨文还古老。

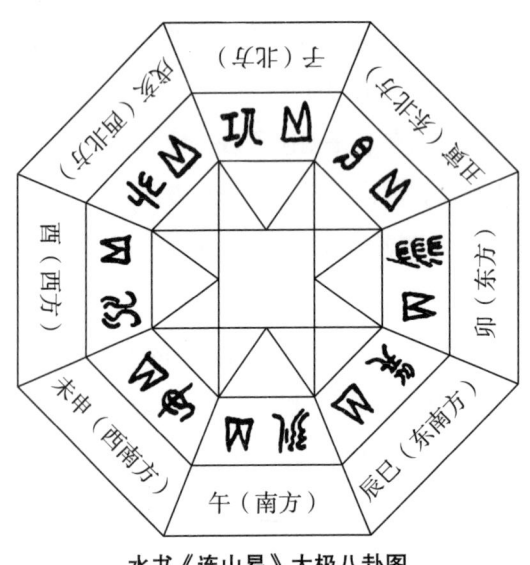

水书《连山易》太极八卦图

轩辕黄帝与《归藏易》

提到黄帝，我想多说几句。都说中华民族是华夏儿女，黄帝不仅是三皇之一，而且是五帝之首，是中国远古时代华夏民族的共主，是华夏部落联盟的首领。传说他是少典与附宝的儿子，本姓公孙，后改姬姓，居轩辕之丘，所以号轩辕氏。我们说的中华文明五千年就是从黄帝算起的。

黄帝在二十岁即位后，先战胜了炎帝，后又打败了蚩尤，一统天下。他命令大臣大桡（亦作大挠）制作了甲子，也就是天干地支；又命令大臣荣成制定了历法。

我们现在都非常熟悉一本书，叫《黄帝内经》，还有一部叫《黄帝四经》，1973年长沙马王堆三号汉墓都有出土。这两本书都是托名黄帝的，其中《黄帝内经》主要讲治人治病，《黄帝四经》主要讲治国。

除了这两部经典，还有一部经典托名黄帝，就是《归藏易》。从书名上看，大地能收藏万物，万物回归大地，能归藏，所以《归藏易》的第一卦是坤卦，坤卦代表大地。黄帝的"黄"是土地的颜色，说明黄帝崇尚大地，具有包容、宽广、稳重、公正的美德，这其实就是中华民族的品格。相传黄帝作的《归藏易》口耳相传到了商代才汇编成书。

东汉学者桓谭在《新论·正经》中说："《归藏》四千三百言。"宋代学者家铉翁说："《归藏》之书作于黄帝。"但是《归藏易》在汉代应该就消失了，因为《汉书·艺文志》上没有著录。《隋书·经籍志》也说了《归藏易》在汉初就消亡了。很有意思的是，1993年3月，湖北江陵王家台15号秦墓中出土了三百九十四字的竹简，是用《易经》来占卜的简，经专家考证，认为这些竹简就是《归藏易》。所以，有的学者称它为秦简《归藏易》，有的学者认为它是《归藏易》中的一部分。虽然学术界还有争议，但是随着长眠地下的文物陆续出土，随着研究不断地深入，我相信在未来的某一天，《连山易》和《归藏易》的秘密终将被揭开。

周文王与《周易》

如果说伏羲作八卦、神农炎帝作《连山易》、轩辕黄帝作《归藏易》这三件事有传说的色彩,那么周文王作《周易》就是千真万确的,就不是传说了。

司马迁在《报任安书》里说过"文王拘而演《周易》"(文王被囚禁以后演算了《周易》)。班固在《汉书·艺文志》里也说是周文王作的《周易》,他说:"人更三圣,世历三古。"意思是《易经》这本书经历了三个圣人,其中周文王姬昌创作了《周易》。

姬昌是商朝最后一个王——商纣王时期的人。他是商朝末年一个叫周的诸侯国的首领,周国在今天陕西省宝鸡市岐山县。因为周国地处商朝领土的西边,所以姬昌被称为西伯侯。西伯侯行的是仁政,而当朝天子商纣王行的是暴政。因为西伯侯行仁政,天下很多小的诸侯国纷纷归附于他,这引起了商纣王的嫉恨。

商纣王有一个大臣鬼侯,鬼侯有一个漂亮的女儿,他把女儿献给了商纣王。但是鬼侯的女儿不喜欢商纣王的荒淫无度,不讨商纣王的欢心,所以商纣王一怒之下就把鬼侯和他女儿都杀了。西伯侯听说这件事后,就叹了一口气。崇侯虎把这件事夸大其词地报告给了商纣王,商纣王就把西伯侯囚禁在了羑里(今河南省安阳市汤阴县北)。

羑里其实是一个高台,叫羑里台,它高出地面5米,长106米,宽103米,现在还保存着,是现存最早的国家监狱。羑里长一种叫蓍草的草,很有意思的是,蓍草只长在此处,其他地方都没有。

西伯侯姬昌被关进那里时八十二岁,放出来的时候八十九岁。因为这里只长了蓍草,所以他就用观天象地理、玩草来打发时间。怎么玩草呢?把草拔下来,折断成一根根的草棍,然后把它们排列起来。当时已经有八卦了,西伯侯就在八卦的基础上推演,突然有一天推演出了六十四卦。推演出六十四卦以后,西伯侯大吃一惊，他看出六十四卦蕴含着宇宙万事万物运行的大规律，就把它写了下来，这就是现在《周易》的经文部分（《周易》分为两部分：一部分是经文，叫卦爻辞；一部分是传文，即解释经文的部分）。

西伯侯在写《周易》的过程中还发生了一件事。西伯侯演绎六十四卦的事被商纣王知道了，商纣王为试探真假，就把他的大儿子伯邑考杀了，并做成一碗肉汤送给他吃。西伯侯知道是他儿子的肉，但为了保住性命，最终推翻商纣王，就忍痛吃下去了。

商纣王知道西伯侯喝下肉汤的事后哈哈大笑，说："还说西伯侯能掐会算，连吃的是自己儿子的肉都不知道。"于是放松警惕，就把西伯侯放出来了。

西伯侯被放出来后，遇到了姜尚（姜太公），并拜他为军师。在姜尚的辅佐下，西伯侯分化瓦解了商朝的许多附属国，所以当时有句话叫"天下三分，其二为周"，天下如果一分为三的话，其中有三分之二的人都归附于周国。后来西伯侯把政治中心迁到丰这个地方，也就是现在的西安。

西伯侯在位五十年，享寿九十七岁。他去世以后，他的第二个儿子——姬发继续与商纣王抗争。十年以后，也就是公元前1046年，姬发和商纣王打了最后一仗——牧野之战。姬发打胜了，商纣王打败了，商纣王最后在鹿台点了一把火自焚了。周朝建立之后，姬发追尊他的父亲西伯侯姬昌为周文王。

从文字内容上看，《周易》是在西周初期形成，这是我们现在的一些历史学家、考古学家都公认的。《周易》的卦爻辞，也就是文字里面所记载的基本事件都发生在西周初期和前期，没有晚于西周前期的。比如六十四卦的晋卦卦辞里面出现了一个叫康侯的人物，康侯是卫康叔，是周武王的弟弟，周文王的儿子，这个事件发生在周武王之后，所以有人认为卦爻辞不是文王写的。有人说它是周公姬旦（周文王的第四个儿子）写的。

《周易》这本书究竟是不是周文王写的呢？《周易》这本书分为两部分：一部分是它的符号——六十四卦，我认为它们肯定是周文王当初在羑里排列出来的；另一部分是文字系统，也就是卦爻辞，有的是周文王写的，有的是周文王的儿子周公写的。不管怎么说,《周易》这本书是周文王和周公父子写的,成书于西周初期,也就是说《周易》一书距今有三千年了。这本书对后世的影响是巨大的,尤其是对春秋战国时期的影响,它促使了诸子百家的形成。

孔子与《易传》

《易经》原文是很难懂的,周文王作的《周易》是经文的部分,内容一般是这样的:什么什么,吉;什么什么,凶。前面是一句描述性的话,后面是一个"吉"或"凶"的判断语,当然还有其他判断语。这个判断语大家都看得懂,但前面的"什么什么"看不懂,不仅我们看不懂,孔子也看不懂。但是孔子毕竟是孔子,他看不懂,就下功夫看。下多大的功夫呢?《史记·孔子世家》里说了一个词叫"韦编三绝",就是说孔子晚年喜欢《易经》,他读《易经》的时候"韦编三绝"。

"韦"就是牛皮绳,当时还没有纸,书都是竹简做的。竹简是一片片的,所以中间要用"韦"(牛皮绳)把它穿起来。"绝"就是断了,"三"不是三次,而是多次,"韦"(牛皮绳)断掉了多次。突然有一天,孔子看懂了,然后他说了句:"哇,原来《易经》不是讲算命的,而是讲天命的。"这一年孔子五十岁。

我们都知道,按照孔子自己的说法是"五十而知天命"。他是怎么知的天命呢?就是看懂了《易经》而知的天命,这也是孔子说的:"加我数年,五十以学《易》,可以无大过矣。"五十岁读懂了《易经》,从此再没有大的过错。

孔子五十岁知道了天命、天道,五十五岁开始周游列国,十四年后回到鲁国,这中间他是去传播天命、天道了。孔子发现《易经》六十四卦讲的就是天道规律,于是就把这些天道规律写了下来,写了十篇,叫"十翼"。"翼"是翅膀的意思,也就是孔子给《易经》插上了十个翅膀,《易经》一下子就飞起来了。从迷信到理性,从巫术到哲学,《易经》完成了质的伟大飞跃。

孔子写的"十翼"也叫《易传》。"传"是解释的意思,是对经文的解释,如《左传》是左丘明给《春秋经》作的解释，《易传》就是孔子给《易经》作的解释。

究竟《易传》是不是孔子写的呢？一开始人们并不怀疑，但到宋代，欧阳修在《易童子问》中第一个提出了怀疑，他说《易传·系辞传》可能不是孔子写的。到后来怀疑的人越来越多，到清代时，大家基本都否定《易传》是孔子作的。比如，清代崔述不仅认为《系辞传》不是孔子作的，甚至《彖传》《象传》都不是孔子作的。到现在，多数人认为"十翼"都不是孔子作的。

直到1973年，湖南长沙马王堆挖出了一个汉代的陵墓，这个陵墓是西汉初期长沙王丞相利苍及其家属的陵墓。马王堆三号汉墓出土了一大堆竹简，还有帛书，其中有一本帛书就是《易经》。这本《易经》是在公元前168年抄写的，是先秦的文献，比现在通行的版本要早。它和现在通行的版本有两大不同：一、六十四卦的排列次序不同；二、《易传》除《系辞传》部分，很多经文部分是现今通行版本所没有的，如《二三子问》《系辞》《易之义》《要》《缪和》《昭力》等篇章。

这里有个非常有意思的发现，马王堆出土的帛书《易经》里的"子曰"很多地方明确写作"孔子曰"或"夫子曰"。古人否定孔子作《易传》的理由之一就是《易传》里的"子曰"不一定是孔子说。当然，我们也不能就此臆断《易传》是孔子一个字一个字写出来的，但是它反映了孔子的思想，这些思想也可能是孔子的弟子或其弟子的弟子推及而成的。其实，《易传》每一篇的成书时间也是不一样的，从战国早期到后期都有。

过了二十多年，也就是1993年，又有了新的发现，湖北荆门郭店和荆州江门一带出土了一批战国时期的简书，被称为楚简。1994年，在香港发现了一批战国的楚简，上海博物馆的馆长听说后，马上到香港去看，后来花了重金买回了绝大部分的楚简，其中有一本就是《易经》。这个《易经》的版本比马王堆的版本还要早，它里面只有经文没有传文。经文六十四卦的次序和我们现在通行版的排列次序是一样的。

所以，从版本来看，《易经》主要有三个版本：第一个版本是上博简（上海博物馆收藏的战国楚简），第二个版本是马王堆西汉初年的帛书本，第三个版本就是我们讲的通行版本——三国时期王弼作的注本以及在此基础上东晋时期韩康伯的补注，这个注本在唐代时又被孔颖达作了注释。我们讲《易经》就是按照这个版本，同时还要比对上博本和马王堆本。

最后，我们把《易经》的成书历史和作者做一个总结：《易经》这本书经过三位圣人的创作，伏羲作八卦，周文王作《易经》的经文部分，孔子作《易经》的传文部分。所以，《易经》这本书形成的历史非常悠久。

三　四象和八卦

四象的秘密

我们很多人肯定都听说过"左青龙、右白虎、南朱雀、北玄武"。青龙、白虎、朱雀、玄武，就叫四象，也叫四神、四灵。它们的排列是有规律的，那就是左青龙、右白虎、南朱雀、北玄武。四象为什么这么排列？这就需要搞清楚四象的来源了。

《易经·系辞传》说得很清楚："《易》有太极，是生两仪，两仪生四象，四象生八卦。"说明四象是从两仪里面分出来的。大易是虚空的，如果用数字来表示，就好比是0；大易生出太极，太极用数字来表示，就好比是1，其实太极就是气，但这个气还是混沌合一的、没有分开的；太极的气一分开就分出了两仪，也就是生出了阴阳，两仪（阴阳）用数字来表示，就好比是2；两仪生出了四象，四象用数字来表示，就好比是4；四象生出了八卦，八卦用数字来表示，就好比是8。如果用数字来表示这个过程就是：0→1→2→4→8；如果从太极算起，从太极到产生万事万物的过程就是：太极→两仪（阴阳）→四象→八卦。

从阴阳分出的四象就是少阳、太阳、少阴、太阴。阴和阳是性质不同，太阴和少阴、太阳和少阳是数量、程度不同。太阳就是阳气多一些，少阳就是阳气少一些；太阴就是阴气多一些，少阴就是阴气少一些。太阳也叫老阳，太阴也叫老阴。用一个人的生长过程来类比就是：少阳、少阴还处在少年阶段，还没有成熟；到了老阳、老阴，就是老年阶段了。

我们来看一看四象在空间的排列布局。我们把空间分为东南西北四个方位，我们北半球，是南边热、北边冷，热是阳，冷是阴；再看东和西，太阳从东边升起，从西边落下，东边是太阳升起的方位，太阳刚升起的时候是温暖的，西边是太阳落下的方位，太阳落下了，我们会感到有凉意；这样四个方位就是南边热、北边冷、东边温、西边凉。从阴阳角度看，热和温为阳，冷和凉为阴。比较一下，热就是太阳，温就是少阳，冷就是太阴，凉就是少阴。所以，南边就是太阳，北边是太阴，东边是少阳，西边是少阴。

为什么南边是朱雀，北边是玄武，东边是青龙，西边是白虎？这个说法最早源于中国古代人们对天文的观察与神话结合所得。中国古代将天空分成东、北、西、南四个方位，人们发现四个方位的天空都有七个星宿，合起来就是二十八星宿。古人将每一个方位的七宿连起来的形象加以想象，就是这四种动物的形象。

东方七宿：角、亢、氐（dī）、房、心、尾、箕（jī）。东方七宿组成的形象如同飞舞在深春初夏夜空中的巨龙，故而称为东宫苍龙。东宫苍龙（也叫青龙），角宿像龙角，氐、房宿像龙身，尾宿像龙尾。

北方七宿：斗（dǒu）、牛、女、虚、危、室、壁。非常有名的就是北斗。北方七宿组成的形象似蛇、龟出现在寒冬早春的夜空，龟、蛇合体就是玄武，故而称为北宫玄武。玄武也叫真武、神武。

西方七宿：奎、娄（lóu）、胃、昴（mǎo）、毕、觜（zī）、参（shēn）。西方七宿组成的形象犹如猛虎跃出深秋初冬的夜空，故而称为西宫白虎。

南方七宿：井、鬼、柳、星、张、翼、轸（zhěn）。南方七宿组成的形象像一只展翅飞翔的朱雀（有人说朱雀就是凤凰或红色的鸟），出现在深夏初秋的夜空，故而称为南宫朱雀。

有一句话是"前有照，后有靠，左青龙，右白虎"，其实就是说中国传统房屋布局观念的，这种观念就是天文的落地，是天地人合一思维方式的体现。前面就是南边，后边就是北边，左边就是东边，右边就是西边。"前有照"，因为在北半球，房屋正常的布局应该要朝南，南边要通透、敞亮。"照"有两个意思，第一个意思是要有光，该字下面的四点不是水，而是火，也就是要有阳光，要通透、敞亮；第二个意思是要有水，因为水能把人照出来，要山环水抱。"后有靠"，北边要有高一些的山。因为西北风吹来时，北边有山能抵挡住风。"左青龙，右白虎"，左边、右边都要有山，左边的山要比右边的山略高一些，因为左边是东边，是太阳上升的方向，就好比龙要抬头；而右边是西边，是白虎，它住在山上，运动方式是往下走，好比太阳落山这种运动方式。这就是中国古代房屋布局的文化传统。

简单总结一下，我们讲了四象的来源和四象的应用。四象来源于阴阳（两仪），是阴阳的细分。四象应用在天文、地理上就是：南边是太阳，也叫朱雀；北边是太阴，也叫玄武；东边是少阳，也叫青龙；西边是少阴，也叫白虎。

伏羲与八卦

伏羲是传说中的中华民族的人文始祖，也是中国古籍当中记载的最早的帝王，被称为三皇之首。

伏羲生活在距今七千年左右的时代，他出生在成纪（今甘肃天水秦安），也就是今天甘肃天水一带。传说伏羲是人首蛇身，和女娲是兄妹，两人结婚并生儿育女。伏羲有很多发明创造，历史上记载他创造了文字，结束了结绳记事的历史。他把绳子编成渔网，用来打鱼，还可以捕猎、狩猎，还发明了一种叫瑟的乐器。在他所有的发明创造中，最重要的就是八卦。《易经·系辞传》上记载："古者包牺氏（伏羲氏）之王天下也……于是始作八卦。"意思是在上古的时候，伏羲统治天下时创造了八卦。司马迁在《史记·太史公自序》中也说："伏羲至纯厚，作《易》八卦。"

传说上古的时候，伏羲在卦台山上创造了八卦。卦台山是在距天水十五公里左右的三阳川西北端，这个卦台山地貌很奇特，好像一条巨龙在山峰中突然探出头来。登临卦台山山顶，俯瞰三阳川，会发现古老的渭河从东向西弯曲成一个"S"形，把椭圆形的三阳川盆地一分为二，形成了一个天然的太极图。

与卦台山隔河相望处，有一个龙马洞。伏羲当年看到龙马洞的河里出了一张图，就按照这张图画了八卦。

伏羲生在天水，画了八卦以后，为了追赶太阳，就从西北高原走出了山洞、森林，出渭河，沿着黄河的南岸往东走，经过长途跋涉，最后来到了黄河下游的黄淮大平原上，融合了东方强大的太昊部落，形成了太昊伏羲部落。太昊伏羲建都在陈，就是今天的河南淮阳。现在淮阳还有一个伏羲的陵墓，叫太昊陵。

太昊伏羲不仅是一个部族的首领，还担当着通过八卦和上天沟通的使命。所以伏羲实际上结束了远古的母系时代，开辟了中国的父系时代。在中国的历史长河里面，历代皇帝都被称为真龙天子，其实就是从伏羲开始的，因为伏羲以龙为图腾进行崇拜。伏羲的后代、各兄弟民族都称为龙的子孙。伏羲一统天下，建立了中国远古的第一个原始的大统政权。伏羲作的八卦就成为中华文化的基因，所以我经常开玩笑地说，自从伏羲作了八卦，于是就有了中华文化。

伏羲究竟有没有创作八卦呢？伏羲八卦究竟是怎么作的呢？伏羲八卦有什么样的秘密呢？严格地说，到今天为止，出土的文物中还没有发现七千多年前的八卦。不过很有意思的是，在伏羲出生的地方——甘肃天水秦安县——发现了距今八千年到五千年的大地湾遗址，这和伏羲所处的时代是一样的。这个遗址中的原始文字、艺术、建筑、宗教等都是中华文明悠久的、博大的、先进的典型代表。

大地湾遗址中出土的陶器上发现了十多个刻画符号，有的像水波的波纹，有的像生长的植物，还有的是直线和曲线相交的样子，这些符号介于图画和文字之间，是一种彩色的符号，可以说这与中国文字的起源有关。虽然这些陶器上面还没有发现八卦，但是八卦和文字有密切的关系，随着研究的深入、出土文物的发现，说不定哪一天就发现了八卦。

还有一个和伏羲密切相关的地方，就是伏羲建都的地方——河南淮阳。在淮阳县城东南边四公里左右的地方，有一座平粮台古城址，属于龙山文化时期。2006年5月，在平粮台古城址的东北角，采集到了一件黑陶的纺轮，上面就刻画了一个符号：上面一横，下面一横，中间像个"人"字。著名的考古专家李学勤先生认为这就是八卦当中的离卦。这件文物距今有四千三百年的历史，虽然还没到七千年，还不是伏羲时代的符号，但是说不定哪一天就挖掘到了一件考古文物，上面刻画了一个八卦，碳十四一测定，就是七千年左右。所以对古人说的东西，怀疑是可以的，但不要轻易否定，我们期待着奇迹的发生。

八卦是怎么画出来的？

不知道大家听到"八卦"会想到什么，我每次去门户网站做节目的时候，总要浏览一下他们的网站。当我看到网站上有"八卦"栏目时，都会点开看看，结果总是看到一个男明星和一个女明星之间的什么事情。我就问他们，这里的"八卦"是什么意思呀？他们说是男女之间不太靠谱的事情。我说这怎么能叫"八卦"呢！能不能换一个名称？他们说那怎么改？老百姓都知道这就叫八卦，所以"八卦"变成了胡编乱造的代名词，而在过去一段时间里，"八卦"还是封建迷信的代名词。

一听他们这样说，我欲哭无泪。所以，我现在到处去讲课，因为我有一个目标：我想让大家都知道八卦究竟是怎么回事。

首先，我们来看看八卦的起源是什么。我们只有知道了它的起源，才能知道它是怎么回事，它有什么秘密。

关于八卦的起源有很多说法。有人说它起源于上古时代的结绳图画，也有人说它起源于古代占卜时烧灼龟甲的裂纹，还有人说它起源于古人用土圭观测日影（晷影）的变化符号。其实《易经·系辞传》早已说清楚了八卦的来源："古者包牺氏（伏羲氏）之王天下也，仰则观象于天，俯则观法于地，观鸟兽之文与地之宜，近取诸身，远取诸物，于是始作八卦，以通神明之德，以类万物之情。"意思是说当年伏羲统治天下的时候，他观察了天文、地理、鸟兽、大地、自己的身体等万事万物，才作出了八卦。总结一下，他主要观察了三个事物：天、地、人。

我们来看一看天上有什么呢？有云彩、太阳、月亮、星星等，最重要的是太阳和月亮。再看大地，大地上我们能看到什么呢？山、树、水、房子等，最重要的是山和水。再看人，人的身体有什么呢？有五官、四肢等，人分男人和女人，男女最大的区别是生殖器，所以人身上最重要的是男女生殖器。

当年伏羲就是观察了日月（天）、山水（地）、男女（人）这三对东西，然后画出了八卦中的两个基本符号：阳爻和阴爻。

阳爻　　阴爻

跟伏羲同时代的外国人，也就是六七千年前的外国人，能不能看到这三对东西？当然，他们也能看到。那为什么外国人到今天也没有画出这两个符号，而伏羲画出了这两个符号？原因其实很简单，因为中国人和外国人的思维方式是不同的。同样是看到自然界的这三对东西，西方人以分析性的思维来看，看到一件事物之后，往细节里去看，越分越细，这种思维的结果就产生了科学，可以量化、重复，可以通过实验验证。而我们中国人采用整体思维去看事物，看到这三对东西以后，不是把它们分开，而是把它们整合起来，一整合，发现这三对东西是一回事，也因此产生了中国文化的核心概念：天人合一。

它们合起来怎么是一回事呢？为什么天上的太阳和月亮分别是一根长线和两根短线？因为太阳每天都东升西降，但它的大小是不变的，每天都那么大，而月亮在一个月中有阴晴圆缺的阶段，缺了不是没有，所以就用两根短线（中间是空的）来表示。再看大地上的山和水，山是实的，水是柔的。为什么呢？你看手伸不进山里吧。水不是空的，是柔的，手可以伸进去，所以用两根短线来表示。再看人身上，一根长线表示男性，两根短线表示女性。

所以，当年伏羲考察了这三对东西后，一整合作出了这对最基本的符号：阴爻和阳爻。我把阴爻和阳爻称为中华文化的基因。虽然《易经》没有说到"阴""阳"这两个字，但是阴爻和阳爻这两个符号就是这两个概念最形象的表达方式。

现在有人问："这两根符号是怎么产生的？"有人说是根据男女生殖器产生的，比如说大文豪郭沫若、闻一多就持这种看法。我认为这种说法不对，因为《易经》已经说得很清楚了，它是观察了三对东西整合而成的，绝不是一对东西。这种思维我们一定要搞清楚，也就是说合起来就对，分开来就错。你们说1+1=2对不对？肯定是对的。但你能说2就是1+1吗？显然是不能的。

这种思维就是中国人的原创思维——整体思维。举个例子，后来的中医就是这种思维。中医和西医最大的区别在哪里？西医治病是"头疼治头，脚痛治脚"，但中医治病很可能是"头疼治脚，脚痛治头"。我们中国人观察所有事物都是按照这种整体思维来观察，这一点大家千万不要忘了。

我们总结一下，八卦中最主要的两个符号：阴爻和阳爻。它们是怎么来的呢？是古圣先贤从天、地、人当中观察后归纳得出来的，这两个基本符号就是中华文明的文化基因。

先天八卦的次序之谜

《易经》的八卦实际上反映了宇宙万事万物的生长变化规律，八卦的形成是一个生生不息的过程，《易经·系辞传》说"生生之谓易"。我们已经知道了太极生两仪、两仪生四象，从四象再生一次就是八卦了。

那么，八卦是怎么从两仪、四象中生出来的呢？它是按照宇宙自然、万事万物生成的规律生出来的。我先问大家一个问题，地球上的事物是从下往上生，还是从上往下生？当然是从下往上生，比如一棵草是从地下慢慢往上长，一棵树也是从地下往上越长越高，人也是从矮慢慢长高。我再问大家一个问题，自然界中两个最大的事物是什么？当然是天和地。那是先生天，还是先生地，还是一起生？当然是先生天后生地，因为天就是茫茫苍穹，地就是地球。天和地这对关系里面谁是阳，谁是阴？天为阳，地为阴。所以，先天后地就是先阳后阴。这就是事物生成的两大规律：从下往上、先阳后阴。按照这两大规律生成三次就得到八卦了。

从太极开始，第一次生是在太极的基础之上按照从下往上、先阳后阴的法则生出两仪。两仪就是阳和阴：阳的符号是一根长线，叫阳爻（—）；阴的符号是两根短线，叫阴爻（--）。

第二次生是在两仪的基础之上按照从下往上、先阳后阴的法则生出四象。在阳爻的基础上先生阳，后生阴，也就是阳上面加阳得到太阳（⚌）、阳上面加阴得到少阴（⚍）；在阴爻的基础上先生阳，后生阴，也就是阴上面加阳得到少阳（⚎）、阴上面加阴得到太阴（⚏）。太阳两根都是阳爻，是阳中之阳；太阴两根都是阴爻，是阴中之阴；少阳下面是阴上面是阳，是阴中之阳；少阴下面是阳上面是阴，是阳中之阴。

第三次生是在四象的基础之上按照从下往上、先阳后阴的法则生出八卦。具体说就是在太阳的基础上先生阳，后生阴，也就是在太阳上面生阳得到乾卦（☰）、生阴得到兑卦（☱）；在少阴的基础上先生阳，后生阴，也就是在少阴上面生阳得到离卦（☲）、生阴得到震卦（☳）；在少阳的基础上先生阳，后生阴，也就是在少阳上面生阳得到巽卦（☴）、生阴得到坎卦（☵）；在太阴的基础上先生阳，后生阴，也就是太阴上面生阳得到艮卦（☶）、生阴得到坤卦（☷）。这样就得到八个符号，也就是八卦。

先天八卦图（伏羲八卦图）

这样生出来的八卦的次序就是：乾一、兑二、离三、震四、巽五、坎六、艮七、坤八。请大家一定要牢牢记住这个次序，这就是先天八卦的次序。传说这个八卦次序是当年伏羲创造的，所以也叫伏羲八卦次序。请大家算一算，八卦的排列次序一共有多少种？好比8个人坐座位，不停地换位子，但不能重复，有多少种排列方式？64种？错！有40320种排列方式。怎么计算的呢？是通过8的阶乘，从1乘到8，即$1\times2\times3\times4\times5\times6\times7\times8=40320$。在这么多的排列方式里面最重要的有两种，一种是乾一、兑二为代表的先天八卦，也就是伏羲八卦；另一种是后天八卦，也就是文王八卦。八卦的这两种次序、两种方位，各有其蕴藏的秘密。

我们先看一看先天八卦的次序。这里有一个十分有趣、真实的故事。17世纪，德国有一位伟大的哲学家、数学家莱布尼茨，他在1679年完成了《论二进制》的初稿，他发现了二进制但是一直没有发表。1701年2月15日，他致信给他在北京的好朋友、传教士白晋，介绍了自己的二进制原理。11月4日，白晋给莱布尼茨回信，说他发现六爻易卦与二进制之间有关系，并寄给莱布尼茨两张易图：伏羲六十四卦次序图与伏羲六十四卦方位图。可是，这封信几经周转一直到1703年4月1日莱布尼茨才收到。莱布尼茨看到八卦符号以后特别惊讶，他用二进制一换算，一下子惊呆了，没想到伏羲八卦和二进制完全吻合，难道六七千年以前的伏羲就算出二进制了吗？我们来看一看二进制和八卦符号：二进制只有两个数字——0和1，八卦也只有两个基本符号——阴爻和阳爻。

如果我们用二进制的0和1替换一下伏羲八卦的阴阳爻，那么阴爻就是0，阳爻就是1。伏羲八卦第一卦乾卦是阳阳阳，用二进制表示就是111；第二卦兑卦是阳阳阴，就是110；第三卦离卦是阳阴阳，也就是101；第四卦震卦阳阴阴，就是100。

我们先看这四卦，如果把二进制换算成十进制，就会发现一个奇迹！二进制换算成十进制很简单，二进制的0换算成十进制仍然是0，二进制个位数的1换算成十进制是$2^0=1$，二进制十位数的1换算成十进制是$2^1=2$，二进制百位数的1换算成十进制是$2^2=4$。所以，乾卦111换算成十进制就是$2^0+2^1+2^2$，也就是1+2+4=7；兑卦110换算成十进制等于6；离卦换算成十进制等于5；震卦换算成十进制等于4。伏羲八卦是乾一、兑二、离三、震四、巽五、坎六、艮七、坤八，换算之后刚好就是7、6、5、4、3、2、1、0。所以，当时莱布尼茨一下子就惊呆了，顿时升起无限崇敬的心情。

于是他在4月7日完成了一篇论文，论文题目是《关于仅用0与1两个符号的二进制算术的说明，并附其应用以及据此解释古代中国伏羲图的探讨》，这篇论文后来发表在《法国科学院学报》上。从这个故事可以看出，没有二进制肯定没有计算机，而二进制又与八卦有着十分密切的关系，所以有人说没有八卦就没有计算机。当然，我们不能说莱布尼茨是根据八卦发明的二进制，但是如果他没有看到八卦，他绝对不会这么迅速地把二进制写成论文拿出去发表。

怎样从八卦中推出自然事物？

八卦之所以有那么大的魅力，是因为从这八个简单的符号里可以推导出自然界和我们人生中的所有事物、所有现象。自然万物是那么复杂，要想一个一个穷尽地探索太不容易了，古人发现这些看起来毫不相关的事物，其实是有联系的，是可以分类的，八卦就是把自然万物分为八类。

我们首先要记住这八个符号，要硬记比较困难，如果把它们想象成八个有趣的形象就容易多了。我们得感谢南宋的伟大理学家朱熹，他替我们给八卦编了一句顺口溜，非常形象，记住这句顺口溜就记住八卦的符号了：乾三连，坤六断，震仰盂，艮覆碗，离中虚，坎中满，兑上缺，巽下断。

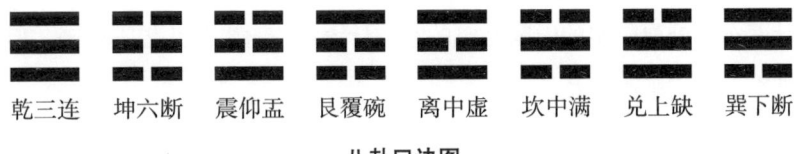

乾三连　坤六断　震仰盂　艮覆碗　离中虚　坎中满　兑上缺　巽下断

八卦口诀图

下面我们就来学习一下八卦取象，也就是怎么从八卦中推出自然界的事物。通过这个学习，你会发现，原来八卦这么有趣！在学习之前，我要说一个原则，叫作"异类不比"，也就是不同类的事物不能放在一起比较，比如自然界的事物和人为的事物不能放在一起比较。

现在我们就开始学习自然事物的八卦取象。自然界有哪些事物？有哪些现象？大家想一想，比如有日月水火，风雨雷电，等等。在这些事物当中，有两个最大的事物，那就是天、地。而八卦当中呢，有两个最主要的卦，就是乾卦、坤卦。乾卦就代表天，坤卦就代表地。这是从功能出发来总结的，因为乾卦主导着坤卦，天主导着地。

再看中间六个卦。先看兑卦，它下面两根爻是实的，是阳爻，上面一根爻是虚的，是阴爻。我们想象一下，大地上什么东西上面是虚的，也就是说如果人站上去的话会陷下去，这是什么东西？这是水吗？水当然可以，但是我们一般不会站在水上。那除了水还有什么往上一站就会往下陷？对了，就是沼泽，所以兑为沼泽。那除了沼泽还有什么东西人往上一站会陷下去呢？还有沙，所以兑也为沙。在方位上这个卦是在西边，看一看我们中国的西部新疆。新疆曾经就有沼泽，现在大部分是沙漠，这就告诉我们沼泽可以变为沙漠。

离卦的卦象是外面两根爻是实的，中间一根爻是空的，也就是外边两根阳爻，中间一根阴爻。大家想一想，自然界里什么东西外面是实的中间是空的？有人说是竹子，竹子的确是，如果说动物的话，乌龟、老鳖或者带蚌壳的动物也都是。除了植物、动物，自然现象可以是什么？就是火。如果有打火机可以把它拿出来打着，你会发现火的外面是实的中间是空的。所以，你要点一根火柴，从两边一下就点着了，从中间是点不着的。所以，离卦就代表火。除了火，还有什么东西外面是实的中间是空的？估计大家一时半会儿想不出来，但是古人早就发现了，那就是太阳。

震卦是下面实、上面空。我们先来看一看坤卦，坤卦三根爻都是阴爻，坤卦代表大地，那么震卦是什么呢？就是大地下方有一团阳气，大地的下方有一根阳爻。古人认为，这团阳气每到春天就要从地底下冒出来，当它冒出来的时候就会发出"轰"的一声，就是打雷，所以震卦是打雷，把冬眠的动物惊醒了，节气就是惊蛰。如果这团阳气在春天的时候没有从地下冒出来，它冒不出来是被阴气压住了，会发生什么情况呢？那就是地震，所以《国语》中记载地震就是："阳伏而不能出，阴迫而不能蒸。"也就是说阳气被压在那里出不来，阴气也被压在那个地方，阴阳二气交错了，就会地震。

巽卦是乾卦最下面的一根阳爻换成阴爻。乾卦是天，巽卦就是天下面有个虚的东西，就是云；云再虚掉就是风，所以巽可以为云、为风。

坎卦和离卦恰好相反，坎卦中间是实的，两边是空的，或者叫虚的、柔的。自然界什么东西外面看起来是柔弱的，但内在是刚强的？对了，就是水。水看上去柔弱，实际上很刚强。所以老子在《道德经》里说："天下之至柔，驰骋天下之至坚。"天地间至柔的东西是水，至坚的东西是石头，可是水可以把石头滴穿，但石头不能把水斩断，所以坎卦代表水。除了水，自然界还有什么东西外面是柔弱的（或缺掉的）、中间是实的？那就是月亮，它有阴晴圆缺，所以坎卦也可以表示月亮。离卦为太阳，坎卦为月亮；离卦为火，坎卦为水。

艮卦是坤卦最上面的一根阴爻换成阳爻，坤卦是地，地上面有一个实的东西，那就是山。

按照先天八卦的次序，用一个字来概括一下八卦的自然取象，就是：乾为天，兑为泽，离为火，震为雷，巽为风，坎为水，艮为山，坤为地。

当然八卦不是只代表这八种具体事物或者现象，而是代表这八类现象。所以《易经·说卦传》第四章概括说："雷以动之，风以散之，雨以润之，日以烜（xuǎn）之，艮以止之，兑以说（yuè）之，乾以君之，坤以藏之。"就是说从这八种现象里面可以概括出八种功能：震为雷，雷是鼓动、震动万物的；巽为风，风是吹散流通的；坎为水、为雨，雨是润泽万物的；离为日，日即太阳，烜是照明之意，太阳是照明天下的；艮为山、为止，山是静止的，是安静的；兑为泽、为悦，是喜悦的，是用以使万物和悦生长的；乾为君、为天，天君临万物，是高高在上的；坤为地，大地在最下方，是用以储藏万事万物的。

《说卦传》的第六章里写道："动万物者莫疾乎雷，挠（náo）万物者莫疾乎风，燥万物者莫熯（hàn）乎火，说万物者莫说乎泽，润万物者莫润乎水，终万物始万物者莫盛乎艮。""动万物者莫疾乎雷"，是说天地万物中，能够动荡万物的，没有比雷（震为雷）更厉害的了；"挠万物者莫疾乎风"，能够挠动万物的，没有比风（巽为风）更厉害的了；"燥万物者莫熯乎火"，能够使万物干燥的，没有比火（离为火）更强烈的了；"说万物者莫说乎泽"，能够和悦万物的，没有比泽（兑为泽）更令人喜悦的了；"润万物者莫润乎水"，能够滋润万物的，没有比水（坎为水）更好的了；"终万物始万物者莫盛乎艮"，能够终止万物，能够创始万物的，既是开始又是终止的，没有比山（艮为山）更盛明的了。

《说卦传》第七章里也有一个总结，各用一个字来概括八卦的功能，这一句话是："乾，健也；坤，顺也；震，动也；巽，入也；坎，陷也，离，丽也；艮，止也；兑，说也。"就是说乾卦是刚健的；坤卦是和顺的，是柔顺的；震卦是震动的，巽卦是进入的，其实震卦和巽卦两个都是动，但是震卦是从里往外动，巽卦是从外往里动；坎卦是危险的，是下陷的；离卦是美丽的，是附着的；艮卦是静止的、停止的；兑卦是喜悦的。

所以，八卦是从观察宇宙万事万物进而总结而来的，同时它也可以推及宇宙的万事万物。这难道是八卦新闻吗？是胡编乱造吗？不是，这是古人的形象思维、灵感思维的发明创造。

后天八卦的方位之谜

后天八卦（文王八卦）的方位出自《易经·说卦传》的第五章："帝出乎震，齐乎巽，相见乎离，致役乎坤，说言乎兑，战乎乾，劳乎坎，成言乎艮。万物出乎震，震，东方也。齐乎巽，巽，东南也，齐也者，言万物之絜齐也。离也者，明也，万物皆相见，南方之卦也。圣人南面而听天下，向明而治，盖取诸此也。坤也者，地也，万物皆致养焉，故曰致役乎坤。兑，正秋也，万物之所说也，故曰说言乎兑。战乎乾，乾，西北之卦也，言阴阳相薄也。坎者，水也，正北方之卦也，劳卦也，万物之所归也，故曰劳乎坎。艮，东北之卦也，万物之所成终而所成始也，故曰成言乎艮。"这里先说了八卦的次序，然后说了震卦在东方、巽卦在东南等每个卦的方位。

后天八卦图（文王八卦图）

这段文字反映了，至迟在战国时期就形成了离南、坎北、震东、兑西的方位布局。这个方位与时间的顺序紧密相配，说明万物产生和发展的时空合一的规律。一开始说"帝出乎震"，震居正东，于时为正春，"帝"有人说指天帝、上帝，有人说指北极星、北斗星，我认为是指代表万物的元气、创生力，这句话是说万物的元气、生机从东方开始萌发；"齐乎巽"，巽居东南，于时为春末夏初，表示万物出于地上，一片新鲜整齐；"相见乎离"，离居正南，于时为正夏，表示万物彼此见面，互相接触；"致役乎坤"，坤居西南，于时为夏末秋初，表示万物得到养分而茁壮成长；"说言乎兑"，兑居正西，于时为正秋，表示万物成熟，人们因而喜悦；"战乎乾"，乾居西北，于时为秋末冬初，表示万物由成熟而枯老，阴阳相搏；"劳乎坎"，坎居正北，于时为正冬，表示万物极度疲劳衰竭；"成言乎艮"，艮居东北，于时为冬末春初，表示万物的旧生命停止，新生命开始。

我们分析一下这个八卦的空间方位排列，就会觉得古人太了不起了，因为它完全就是中国大地八个空间方位的大规律。中国大地以中原，也就是今天的河南省为中央，看八个方位，先看正东边的震卦，像上海、山东南部、浙江北部这一带都属于正东方。东方是太阳上升的地方，震卦表示打雷，所以这个地方先打雷。怎么会东边先打雷呢？不是同时打雷吗？其实不对，中国大地从东到西是有时差的。古人认为打雷是春天到了的现象，是阳气从大地上生发出来。太阳从东边先升起，所以东边先打雷。

再看东南边的巽卦，如福建沿海一带，巽卦为风，表示这个地方多台风。南边是离卦，离为火，所以南边的广东就热，温度就高。西南边为什么是坤卦呢？坤卦是大地，大地属土，所以西南方属土。中国的西南方，比如四川、云南、西藏都是多山的地区，像西藏就有喜马拉雅山。西边是兑卦，兑卦五行属金。西北是乾卦，乾卦三根阳爻，代表阳刚。也就是西边和西北边都属金，所以中国西边和西北边的金属矿物就很多。北边为什么是坎卦？坎卦为水，北边寒冷，所以为水，是坎卦。东北边是艮卦，艮卦是山，所以东北边有大兴安岭、长白山。东北和西南两个方位都属土，因为艮卦为山，山是土做的，而坤卦是大地，也是土。我们中国的地理构造很有意思，东北边和西南边都有很高的山，所以这两个方位都为土。

后天八卦的方位实际代表了我们中华大地这八个方位的气候特征、地理特征、物产特征，以及人文特征。

从这里我们可以看出，《易经》伟大的地方是认为时空是合一的，后天八卦不仅反映了空间方位的规律，而且还反映了时间流变的规律。万物周期循环，如水流行。随四时的推移，万物春生、夏长、秋收、冬藏，配上这八个卦，就很清楚了。一年又分二十四个节气，每年360天有余（准确地说是365又1/4天），八卦每一个卦主45天。每卦有三爻，每根爻主一个节气，就是二十四节气。如果按照卦来说，东方的震卦为春分，东南方的巽卦为立夏，南方的离卦为夏至，西南方的坤卦为立秋，西方的兑卦为秋分，西北方的乾卦为立冬，北方的坎卦为冬至，东北方的艮卦为立春。当然关于时间的变化规律，我们一般是用先天八卦。

先天伏羲八卦、后天文王八卦，是北宋邵雍明确提出来的，他根据《易经·说卦传》中关于八卦方位的两个不同的说法，认为"天地定位"一节说明伏羲八卦的四个正位是乾南坤北、离东坎西；而"帝出乎震"一节说明文王八卦的方位。伏羲八卦是先天八卦，文王八卦是后天八卦，我们这一章讲的方位是后天文王八卦。这两种八卦究竟是怎么回事呢？先天、后天是根据人出生之前和出生之后而言的。伏羲先天八卦说的是自然的本然原则，说明天地起源、自然演化的必然规律，而文王后天八卦是人用之位，是"王者之法"，是人为的规定。

对于这两种八卦的方位，好多人都搞糊涂了，两种怎么不一样啊？南北东西配的卦都不一样，那我究竟要用哪一种啊？我经常开玩笑说，谁叫你遇到我了呢？我告诉你两句话你就明白了，记住：先天八卦看时间，后天八卦看空间。也就是，要看时间问题就看先天八卦，要看方位布局就看后天八卦。虽然先、后天八卦都可以看时间、看空间，但使用的时候还是有区别的，先记住这两句话，然后我会告诉你一个秘密：其实先天、后天是一回事。

总结一下，后天八卦的四个正位：南边离卦，北边坎卦，东边震卦，西边兑卦；四个隅位：东南巽卦，东北艮卦，西南坤卦，西北乾卦。

到这里，我们讲了两仪（阴阳）、四象、八卦等《易经》的基础知识。接下来，我们将要进入《易经》六十四卦的神妙世界。

第二部分

《易经》六十四卦解读

导言　六十四卦排列次序的秘密

从这一部分开始，我们就要进入《易经》六十四卦的神秘世界了。六十四卦的每一卦其实都是由阴爻和阳爻两个基本符号构成的。符号就两个，非常简单：阳爻（一根长线）和阴爻（两根短线）。这两个符号三次组合就是八卦，六次组合就是六十四卦。

八卦有40320种排列方式，那六十四卦有多少种排列方式呢？那就是64的阶乘，有多少亿种排法！现在问题来了，六十四个符号怎么排列呢？谁排第一位，谁排第二位，谁排第六十三位，谁排第六十四位？

据说当年周文王花了七年的时间，排成了现在这个《易经》六十四卦的次序。这个次序从乾卦开始，一直到未济卦结束。

六十四卦的排列究竟有什么秘密呢？我们先来看一看《易经》六十四卦是怎么排列的。南宋有一个伟大的理学家朱熹，他写了一本书叫《周易本义》，里面有一首卦序歌，把六十四卦编成了一首歌，便于大家记忆。

这首歌把六十四卦分成上经和下经，上经三十卦，下经三十四卦。上经为"乾坤屯蒙需讼师，比小畜兮履泰否。同人大有谦豫随，蛊临观兮噬嗑贲。剥复无妄大畜颐，大过坎离三十备"。下经为"咸恒遁兮及大壮，晋与明夷家人睽。蹇解损益夬姤萃，升困井革鼎震继。艮渐归妹丰旅巽，兑涣节兮中孚至。小过既济兼未济，是为下经三十四"。这么一编排就很好读了，也便于记忆。

从这里我们可以看出，六十四卦大部分是一个字的卦名，比如"乾""坤""屯""蒙"都是一个字。有的是两个字构成一个卦名，带大中小的肯定是两个字，比如"大过""小过""大畜""小畜""大有""中孚"；也有个别的是由两个字构成一个卦名的，比如"噬嗑""同人""归妹""家人""明夷""既济""未济"。

为什么要从乾、坤一直排到既济、未济呢？六十四个符号排列有没有秘密？我告诉大家：有！因为六十四卦排列次序实际上就是宇宙万事万物排列、变化的大规律。宇宙万事万物变化规律都还没有解开，所以六十四卦排列次序的秘密也解不开，当现代科学把宇宙中所有的秘密都解开了，那么六十四卦排列次序的秘密也就解开了。

老子在《道德经》里面说了一句话："反者，道之动。"就是反向的规律是运动变化的一个大规律。我们把六十四卦的六十四个符号分成三十二组，就可以发现这个秘密：后面一卦是前面一卦的反卦，即后面一卦是把前面一卦颠倒过来的。

直接说出这个秘密的是唐代的孔颖达，他第一次明确地提出六十四卦符号排列次序的法则是八个字："二二相耦，非覆即变。""二二相耦"就是两个为一组，六十四卦就是三十二组。比如，乾和坤是一组，屯和蒙是一组，需和讼是一组。每一组后面这个卦就是前面这个卦颠倒过来的卦，也就是反卦。比如，屯卦反过来就是蒙卦。

但是有的卦反不过来，乾卦的六根爻都是阳爻，把它颠倒过来，六根爻还都是阳爻，这个时候怎么办呢？这时就要采用"变"的方法，比如乾卦六根都是阳爻，就变成六根都是阴爻，就是坤卦了。六十四卦当中有八个卦，也就是四组，它们反过来是不变的，就要采用变的方法。其实这反映了一个大规律：万事万物颠倒、反向运动的规律。

六十四卦的符号结合卦的名称、卦爻辞的意思，其排列的秘密就解开了。第一个解开六十四卦排列秘密的人是孔子，他在《易经·序卦传》中就解释了这个秘密。当然，《易经·序卦传》不一定是孔子写的，也可能是孔子的弟子或者弟子的弟子写的。

那我们来简单地看一下，《易经·序卦传》是怎么讲六十四卦排列次序的秘密的。"有天地，然后万物生焉"，先有天，后有地，然后产生万物。所以，先有乾卦，后有坤卦，因为乾为天，坤为地。第三卦"盈天地之间者唯万物，故受之以屯"，屯卦表示一种艰难的局面，就是天地交合产生万物那一刻的艰难局面。万事万物的产生，刚开始的时候都是艰难的，所以第三卦就是屯卦。我们也可以打一个比喻，比如乾卦为父亲，坤卦为母亲，父母交合以后生子女，孩子刚生出来那一刻就是第三卦屯卦，"屯"字念zhūn，现在也念tún，"屯"有一个意思是"困屯"，就是艰难的意思。

第四卦是蒙卦。想象一下，孩子刚生出来时蒙昧无知，这个时候就要发蒙、启蒙。所以《序卦传》说蒙是"物之稚也"，就是幼小的时候蒙昧，所以"不可不养也"，所以要养育、启蒙他。要怎样养育他呢？接着第五卦，也就是需卦。"需"就是"饮食之道也"，就是要用食物来喂养他。"饮食必有讼"，食物太少了，吃的又不够了，会怎么样呢？产生争讼。大家都在争抢，所以接下来这一卦就是讼卦。

讼卦之后"必有众起"，先是个人在争，一个一个地争。后来我们一拨人、你们一拨人，一拨一拨地争，这就到了第七卦师卦。"师"就是众人的意思。争的结果要么我多你少，要么我少你多，就有了比较，所以第八卦就是比卦。

最后两个卦是既济卦和未济卦，第六十三卦是既济，"济"表示渡过河流，"既"是已经的意思，表明已经渡过河流了，表示这一个周期已经结束了。但是最后一个卦又说未济，没有渡过河流，怎么理解呢？很简单，就是下一个周期又开始了。于是，周而复始，这是《易经·序卦传》作的解释。

现在我用两句话把《易经》六十四卦排列次序的秘密做一个概括。

第一句是，宇宙周期变化的大规律就是天道。宇宙、自然的周期变化是一个大的规律。六十四卦以乾坤开头意味着天地开创，也意味着乾坤在整个宇宙万物当中起决定作用，反映天和地的矛盾运动是构成整个宇宙生生不息过程的根本原因。上经很有意思，是从乾坤开始到坎离结束，这主要反映的是天道变化的规律，当然里面也蕴含着人道变化的规律，体现了世间万事万物是矛盾双方相推相摩的变化过程。下经从咸恒开始，既济未济结束。咸卦很有意思，"咸"就是感应的"感"，它下面有一个"心"字，表示少男少女在一起就会冒出火花，然后会到"恒"，也就是结婚。结婚之后，要恒久、持久。所以下经主要反映人类进化的历史，主要说的是人道。当然了，《易经》是天人合一的，不能断然分开。这个规律里面还可以看出时间、空间、人事的变化。

第二句是，人类知变应变的大法则就是人道。从自然界的普遍规律可以看出，人类社会也普遍存在着这种阴阳变化的现象。人类社会有男女、长幼、尊卑，人类的事情里面有吉凶、祸福、进退、往来、得失、存亡、生死等对立面的交替变化。这些都是事物内部的阴阳、刚柔相推相摩、互相作用的结果。我们要认识到，人类社会和自然界是一样的，也是相反相成的，也是物极必反的。历史上，有一治一乱、一盛一衰，有循环往复，都离不开阴阳消长的这种规律。所以，圣人所说的"修身、齐家、治国、平天下"的道理就是要化否为泰，也就是否极泰来，转损为益；当然，也要从泰卦当中看出否，也就是要有忧患意识；然后变这个不好的否为同人；再由同人进入到大有，实现大同。

就个人而言，只要我们意识到自然规律都是否极泰来、相反相成的，我们就可以去顺应它。明白了事物的真相之后就不会执着，这样我们就可以离苦得乐。学《易经》主要是学习人生的指南，学习我们应该怎么去做。所以古人从卦序当中总结了很多成语，比如"否极泰来""物极必反""损益盈虚""革故鼎新"，这里面都是卦名。我们按照这个大规律来做的话，就会有一种大智慧，希望大家都能从《易经》当中得到大智慧。

一　乾卦——自强不息，龙马精神

下乾上乾，乾为天

乾，元亨利贞。

上九，亢龙有悔。

九五，飞龙在天，利见大人。

九四，或跃在渊，无咎。

九三，君子终日乾乾，夕惕若，厉无咎。

九二，见龙在田，利见大人。

初九，潜龙勿用。

《易经》的卦爻辞传说是周文王或者周公写的，距今三千年了。很多人读到乾卦的卦爻辞会说，这不就是金庸的小说《射雕英雄传》里面的降龙十八掌吗！洪七公教给郭靖的降龙十八掌里面就有"潜龙勿用""亢龙有悔""见龙在田"等。其实，是金庸老先生按照《易经·乾卦》来编的降龙十八掌。

首先，"乾"字表示这个卦的名称叫作乾卦。其次，初九、九二、九三、九四、九五、上九这几个词是指爻的名称，因为每一爻都是两个基本符号之一，或者是阴爻，或者是阳爻。阳爻叫作九，阴爻叫作六。大家以后看到六十四卦当中的爻辞有九的，肯定是阳爻，有六的，肯定是阴爻。

乾卦六根爻都是阳爻，那就是九九九、九九九。虽然都是阳爻，但是它们的位置是不同的，从下往上一共六个位置。数的时候一定是从下往上数，这表明事物的规律是从下往上长，我们地球上的生物也都是从下往上长的。

第一个位置不叫一，叫初。初就是开始，是最下面的位置。第二到第五个位置，由下往上叫二、三、四、五。第六个位置也不叫六，叫上。这样就比较清楚了，第一根爻是阳爻，叫初九；最上面一根爻也是阳爻，叫上九。中间四根阳爻从下往上是不是叫二九、三九、四九、五九呢？不是，把它倒过来，叫九二、九三、九四、九五。

如果是坤卦，它六根爻都是阴爻，也很简单，从下往上就是初六、六二、六三、六四、六五、上六。

乾，元亨利贞。

我们先来看一看乾卦的卦辞。很简单，四个字"元亨利贞"。"元"就是头，"亨"就是亨通、通畅，"利"就是有利的，"贞"原意是指你问的问题。事情一开头就通畅，有利于你问的问题。

初九，潜龙勿用。
九二，见龙在田，利见大人。
九三，君子终日乾乾，夕惕若，厉无咎。
九四，或跃在渊，无咎。
九五，飞龙在天，利见大人。
上九，亢龙有悔。
用九，见群龙无首，吉。

我们一根一根爻来看乾卦的爻辞。

如果你处在第一个时空点、第一个时位，"潜龙勿用"这个龙要潜伏在水里，不要乱动。

到了第二个时空点叫"见龙在田，利见大人"。"见"就是"现"，这个时候龙可以浮现出水面了。浮出水面在哪里呢？在田野。"利见大人"，对大人来说是有利的。"利见大人"有两种解释：一种解释是有利于出现一个大人；第二种解释"见"字作"于"字讲，就是有利于做一个大人。

到第三爻，也就是九三的时候，君子要整天前进又前进。"乾乾"有两种解释：一种解释是前进，也就是要前进两步，因为第三爻前进一步的话是第四爻，第四爻还是不好的，再前进一步到第五爻——九五至尊——是最好的；第二种解释是要刚健又刚健，这个"乾"字当"健"字讲，也就是要付出比平常多一倍的努力。"夕惕若，厉无咎"，现在有的断句是"夕惕若厉，无咎"，但我认为是"夕惕若，厉无咎"，也就是到傍晚要警惕。"若"意思是样子，你要警惕、要反思、要反省。"厉"是危险，因为第三爻大多危险；"咎"是灾祸。"厉无咎"，虽然危险，但没有灾祸。

古汉语的"或"当"有的"讲，表示有的时候、有的地方、有的人、有的事，这里作"有的时候"讲。这条龙可以"跃在渊"，什么意思？现在解释《易经》的书很多，绝大部分都是这么解释的：有的时候，龙可以在深渊里面跳跃。这条龙没事在深渊里面蹦来蹦去干吗？所以，不是这个意思。我们学古汉语要学古文字，"或跃在渊"的"在"不是"在哪里"的"在"，而是"从"的意思。这句话连起来就是：有的时候，龙可以从深渊里面跃出来，它就没有灾祸。你看这个卦多了不起，"跃"这个动词表明一种速度，这种速度也表明一种高度。

第二个时空点的"见龙在田"，速度慢，浮现一下，所以达到的高度就低，达到田野。第四爻的"跃"肯定比第二爻的"见"快，所以达到的高度一定高于田野；但是它没有后面第五爻"飞龙在天"的"飞"快，所以肯定不如"飞"那么高。"飞"是最快的，达到的高度最高，那就是天上。第四爻"跃"是从深渊里面跃出来，一定要注意它是跃在高于田、低于天的地方，就是半空中。

龙在这个时候可以飞到天上。第二爻和第五爻都有"利见大人"，第五爻的"利见大人"同样也有两种意思：一是有利于出现一个大人，一是有利于做一个大人。那言外之意是什么？利不见小人！虽然这个时候非常好，但是要做个小人照样不利。

那我问问大家，你们想一想第二爻的"利见大人"和第五爻的"利见大人"

有没有区别？有区别，第二爻的"利见大人"指有利于出现一个大人，偏于讲别人；而第五爻的"利见大人"偏于讲自己，就是自己要做一个大人。

这条龙飞得太过了，就要反悔、后悔。因为第五爻已经是最好的，不是说越往上就越好，而是不能再高了。如果此时反悔、后悔了，那就吉了。

这六根爻都讲完了，但是乾卦多出了一条："用九，见群龙无首，吉。""用九"就是通观这六根阳爻，会出现群龙无首、大吉大利的局面。大家可能就不明白了，"群龙无首"不是形容没有一个领导，一片混乱的局面吗，怎么还大吉大利呢？这就是《易经》非常伟大的地方，只有出现群龙无首了才大吉大利，你看前面六根阳爻都没有一个"吉"字，到这里却出现了"吉"。对于人类社会来说，"群龙无首，大吉大利"就是一个没有阶级、没有压迫、没有等级、一片大吉大利的社会。

《彖》曰：大哉乾元，万物资始，乃统天。云行雨施，品物流形。大明终始，六位时成，时乘六龙以御天。乾道变化，各正性命，保合太和，乃利贞。首出庶物，万国咸宁。

我们已经学了《易经》的第一卦——乾卦。我们知道乾卦的卦辞和爻辞其实很少，一共才六十七个字。它有一条卦辞，七条爻辞。在爻辞里面，大家印象最深的一个字应该就是"龙"，七条爻辞里面有五条直接说到了"龙"。除了龙，乾卦还表示什么呢？《说卦传》里面说，乾卦还表示马，"乾为马"。《说卦传》说它是老马、瘠马、驳马。所以乾卦为龙，乾卦为马，就是龙马，这种龙马精神就成了中华民族的基本精神。

龙马精神是刚强的、向上的。龙腾云驾雾，是向上的；马也是刚健的，跑起来非常快，自强不息、刚健坚毅、勇往直前、百折不挠、与时俱进、变异创新，这就是一种龙马精神。这种精神使我们中华民族生生不息，使我们中华文明成为世界四大古文明之一，并且是唯一延续到今天而没有中断的文明。

龙马精神是怎么传承下来的呢？又是谁赋予了乾卦这种龙马精神，或者把它解读出来的呢？这里我们得感谢一个人，那就是孔子。孔子在《易传》里面明确提出了乾卦就是"龙马"：为龙，为马。孔子作的《易传》一共有七种十篇。为什么七种有十篇呢？因为七种里面有三种分为上篇和下篇，加起来就是十篇。这十篇也叫作十翼。

这七种里面，有三种是随文解释的，分别是《彖传》《象传》《文言传》，有四种是独立成篇的，分别是《系辞传》《说卦传》《序卦传》《杂卦传》。这三种随文解释的传文里面，第一种叫《彖传》，这个"彖"是判断的意思，但是《彖传》只对卦辞进行判断、解释，不解释爻辞。乾卦的卦辞是"元亨利贞"，《彖传》就解释这四个字。

"大哉乾元"，这一句解释"元"，伟大啊乾卦这个"元"；"万物资始"，万事万物是靠它开始的，"资"就是依靠的意思，"资"后面省略了一个宾语"乾元"，也就是说万事万物是靠乾这个"元"而开始的；"乃统天"，所以它可以统领天道。原来那个卦辞就是"元亨利贞"，"元亨"的字面意思是一开头就亨通，是指这件事的开头。可是孔子把它看成是万事万物的本源，这个"元"已经变成哲学本体、本源了，就是万事万物都靠这个乾元，也就是靠天开始的。天是第一位的，这是哲学的一个本体论，也就是我们今天常说的一个词——"初心"。所以，我认为整部《易经》的第一个字"元"是提醒我们要回归本源、初心。所以抓住了这个"元"，就抓住了事物的根本，这才是最重要的。万事万物就是因为有了这个"元"才有了"始"——开始。

这个"始"非常重要，我们将会在坤卦里面对比来看。坤卦也说了"元"："至哉坤元，万物资生，乃顺承天。""乾元"主始，"坤元"主生。"始"，字面的意思就是开始，那这个"始"为什么是女字旁？《说文解字》解释"始"："女之初也。"就是女人刚生下来，叫作始，就是童女、少女。童女不能生孩子，所以乾卦不能直接生出万物，它还只是一个开始，到了坤卦才开始生出万物，这个关系非常有意思，在讲坤卦的时候再对比讲解。

"云行雨施，品物流形"，这句话一般字面的解释是什么呢？"云行雨施"，乾卦代表天，天道就是万事万物的开始，就是万事万物的本源，做任何事情都不能违背天道。天上有云，云密集了之后，就要下雨，雨下到地上，万事万物就流动成形了，就滋润着万物；"品物流形"，"品"的意思就是"类"，"品物"就是众多的事物，各类事物流动成形了就有了形体。我认为这种解释是有问题的，乾卦代表天、阳气、男人，但是男人自己不能生孩子，女人当然也不能自己生孩子。男人和女人要"云行雨施"才能生孩子，"品物"才能"流形"。易学开创了阴阳要交合的观念，《易经·系辞传》有一句十六字的总论："天地氤氲，万物化醇。男女构精，万物化生。"这就是说，光是乾卦、天，还不能产生万事万物，必须要阴阳、天地交合才能产生万事万物，因为"独阳不生，孤阴不长"，只有阴阳交合了，才能产生万事万物。这就是中国文化的和合思想，也是中国文化的特点。

"大明终始，六位时成，时乘六龙以御天"，"日"和"月"两个字，左右结构就是明，上下结构就是易。太阳和月亮是怎么运行的呢？都是"终始"——终而复始，也就是周而复始。每一天太阳都要东升西降，这个过程是周而复始的。一个月当中月亮有阴晴圆缺，一年有春夏秋冬，都是周而复始的，这个规律其实就是天道规律的一种表现方式。要注意无论什么时候，太阳和月亮、万事万物的周期性运动都按照"六位时成"运行："位"就是空间，"时"就是时间，就是按照六个空间、六个时间、六个阶段运行的，这个规律特别重要。

现代科学研究表明，你要找世界上任何一个人，只要通过六个人就可以找到。这个理论叫六度空间理论，这和《易经》"六位时成，时乘六龙以御天"的理论一致：六个时空点中每一个时空点都要乘六龙，然后"御天"，这就是驾驭天道，就是要符合天道规律。

一个卦分六根爻，就是六个时间、六个空间。"六龙"不是指六条龙，而是指一条龙在六个不同的时空点里面的六种不同的做法、行为。符合这个时空点的规律，就是符合天道，就能驾驭天道了。比如在第一个时空点就应该"潜"，在第四个时空点才可以"跃"。

"乾道变化，各正性命，保合太和，乃利贞"，这句里面有一个非常重要的词，这个词是中华民族的一个基本精神。我们先来具体分析一下。"乾道变化"，就是天道的变化；"各正性命"的"正"其实就是解释"元亨利贞"的"贞"，它把"贞"解释为"正"，要守正道。"各正性命"就是如果按照乾道的变化规律来做，它可以使你的"性"和"命"都得到端正，都走正道。

"保合太和，乃利贞。""元亨利贞"，怎么才能有利？怎么才能走正道？四个字：保合太和。只有太和了，才能生生不息。"保合太和"可以组成几个和啊？以最后这个"和"为准，能组成三个和：太和、合和、保和，再加上《易经》推崇的中和，一共是四个和。

说到这里，大家都想到了故宫吧。故宫开四个门，这四个门就是文王八卦的四正卦。故宫的中轴线有六座建筑，就是《易经》的六根爻，"六位时成"，六个空间，六个时间。一个六爻的六十四卦可以拆成两个八卦，所以这六个建筑又分成两大部分，叫前三殿、后三宫。前面是办公区，后面是生活区。

前三殿就是太和殿、中和殿、保和殿，这就取自"保合太和，乃利贞"。后面三宫：第一座乾清宫是乾卦，第三座坤宁宫是坤卦。因为乾卦是皇帝，坤卦是皇后，所以本来设计时乾清宫是皇帝住，坤宁宫是皇后住。中间那座叫"交泰殿"，是泰卦，指乾坤的交合，取自于《易经·象传》的"保合太和，乃利贞"。

这里的四个和——太和、合和、保和、中和——里最重要的就是"太和"，就是圆满和谐的最终目标、最高境界。所以在前三殿里面，最主要的殿就是太和殿。那怎么实现这种境界、终极目标呢？前面的三个和——中和、保和、合和——是实现"太和"这个终极目标的手段和方法，也可以叫途径。这就是中华民族的基本精神，这个精神里面我认为主要的一个字就是"和"，还有一个字就是"中"，"中和"是最基本的精神。

"首出庶物，万国咸宁"，这个"首"毫无疑问是解释"元亨利贞"的

"元"。抓住了这个"元",就抓住了事物的本体,抓住了我们的初心、本性,就可以产生万事万物。"庶物"的"庶"就是众多的意思,什么样的东西都可以产生出来,前提是要抓住这个根本,抓住这个"首"。"万国咸宁","咸"是都的意思,"万国"都安宁,就能产生出万事万物,包括财物。要是掌握了这个"元"——天道、根本、万事万物的初心、人的本性本心,你就可以发财。"庶物"当然不仅仅是财物,而是所有的事物,包括精神的和物质的。用这个原则来治理国家,万国都能安宁。不仅治理国家是这样,管理企业、家庭、事业、行业等也一样,都能得到安宁,都能够大治。这就是《彖传》给"元亨利贞"这个卦辞的解释。

我们总结一下,《彖传》的解释一下就把乾卦的卦辞升华了。"元",是万事万物的本源;"亨",就是要按照六个时空点的六种不同的做法去做,才能亨通;"利贞",就是只有保和、太和,才能利贞。

《象》曰:天行健,君子以自强不息。
(初九)《象》曰:潜龙勿用,阳在下也。
(九二)《象》曰:见龙在田,德施普也。
(九三)《象》曰:终日乾乾,反复道也。
(九四)《象》曰:或跃在渊,进无咎也。
(九五)《象》曰:飞龙在天,大人造也。
(上九)《象》曰:亢龙有悔,盈不可久也。
(用九)《象》曰:用九,天德不可为首也。

孔子对《易经》卦爻辞的七种随文解释里,第一种叫《彖传》,只解释卦辞,不解释爻辞;第二种叫《象传》,既解释卦辞,又解释爻辞。解释卦辞的叫作《大象传》,解释爻辞的叫作《小象传》。《象传》的"象",简单理解就是形象,也就是从形象上解释卦爻辞。比如,乾卦的《象传》是"天行健,君子以自强不息",坤卦的《象传》是"地势坤,君子以厚德载物"。

《象传》说乾卦的形象像天一样，天的运行是刚健的，所以君子要"以自强不息"，"以"就是"按照"，君子要按照天道来自强不息。这句话说明了《大象传》的体例分为两部分：第一部分，从客观上来分析、解释卦的形象，比如乾卦就像天；第二部分，君子要按照什么来做，多数时候会说"君子以……"，有时也说"大人以……"，或"先王以……"，是一种行为规范。《象传》侧重于对天地万物规律的客观认知、把握，《象传》则侧重于对天地万物主观上的情感把握，并且把它化为一种行为规范，所以大部分《象传》都出现了"君子"。《易经》给我们树立了君子人格，六十四卦的《大象传》就是六十四条君子的行为规范。

　　"天行健，君子以自强不息。"这句话里最关键的一个字是"自"，一定要自强，别人让你强，是不能永远强下去的。天就是自己在运行，所以只有自己让自己强，才能强。怎样才能自己强呢？用西方心理学的理论，就是潜意识要强，比如冰山理论：浮在水面上的冰只是冰山一角，就是意识，占5%；大部分的冰都在水面下，也就是潜意识，占95%。怎样才能做到潜意识强？先说一个西方心理学的方法：一比五十。也就是一个意识符号重复五十遍，就变成潜意识了。但是要注意，进入潜意识的意识符号，是不能带否定词的，像"否""不""别"这种都不行。

　　《易经》里也有开发潜意识的方法。乾卦第一条爻辞"潜龙勿用"，"潜龙"不是单指潜伏的那条龙，而是指这一类事物，潜意识就好比是潜龙，"勿用"就是不要乱动，要静。不论儒家、道家，还是中国化的佛家，获得智慧的时候都要求"静"。《大学》里说止、定、静、安、虑、得："大学之道，在明明德，在亲民，在止于至善。知止而后有定，定而后能静，静而后能安，安而后能虑，虑而后能得。"《道德经》里也说"致虚极，守静笃"，要静到极点才能获得智慧，静能生慧。佛家也说戒、定、慧，戒就是五戒，定就是心灵的虚静，在禅定的情况下才能开般若智慧。但是无论如何都要符合天道，因为天的运行本来就是刚健的，所以人也应该模仿天道来做，这就形成了中华民族自强不息的精神，也就是龙马精神。龙、马都是形象。龙是一种意象：龙的头是骆驼头，眼睛是兔眼，角是鹿角，颈是蛇颈，腹是蜃腹，鳞是鱼鳞，爪是鹰爪，掌是虎掌，耳朵是牛耳，尾巴是马尾。龙的形象反映了中华文化是多元统一的文化，正是这种和谐的组合才能使龙可以腾云驾雾，上至天空，下至海底；马是一种实象，跟牛相比，马跑得快，是刚健、孔武有力、刚毅的体现，也就是天道的体现。

《小象传》解释了六根爻的爻象。第一根爻："潜龙勿用，阳在下也。"阳气在下面，就不要乱动。第二根爻："见龙在田，德施普也。"龙在田野，田野是广阔的，所以君子要品德宽广，普施大众。第三根爻："终日乾乾，反复道也。"要奋进又奋进，在这个时空点上要反反复复，奋发有为。第四根爻："或跃在渊，进无咎也。"前进一步，到第五个时空点——九五至尊——就没有灾祸。第五根爻："飞龙在天，大人造也。""造"是走之旁，就是"达到"的意思，就是达到"大人"的境界了。第六根爻："亢龙有悔，盈不可久也。""盈"是太满了，就不可能长久，所以要"有悔"，要倒过来走。最后多出来的这条《小象传》，也就是解释用九的："天德不可为首也。"就是按照天道来说，是不会有首尾之分的，因为天道是公平的，没有等级、高低、尊卑之分，所以群龙无首，大吉大利。

《大象传》是对卦象的解释，整部《易经》一共六十四条。《小象传》是对爻象的解释，整部《易经》一共三百八十六条。因为六十四卦，每卦六爻，共三百八十四条，但是乾卦和坤卦各多出一条爻辞（用九和用六），所以一共是三百八十六条。

《文言》曰：元者，善之长也。亨者，嘉之会也。利者，义之和也。贞者，事之干也。君子体仁足以长人，嘉会足以合礼，利物足以和义，贞固足以干事。君子行此四德者，故曰：乾，元亨利贞。

《易传》中对乾卦和坤卦的随文解释，除了《彖传》和《象传》，还有《文言传》。《文言传》是《易传》中最后产生的，不仅解释了乾卦和坤卦的卦爻辞，而且还解释了乾卦和坤卦的《彖传》和《象传》。但《文言传》只有乾卦和坤卦有，其他六十二卦都没有。小时候我父亲给我出了一个对子，让我对下联，上联是：《易经》六四卦，唯乾坤中有《文言》。后来我在给中成书院我的弟子班讲课的时候，就给他们出了这个上联，对出来下联才可以结业，很多人绞尽脑汁也对不出来。大家先思考一下，我到本篇最后再公布答案。

乾卦的《文言传》对乾卦进行了四次解释，说明乾卦非常重要，我们先看第一次。

这里对卦辞的"元""亨""利""贞"进行了解释，前面《彖传》的解释是"大哉乾元，万物资始，乃统天"，就是说这个"元"是万事万物的本源，跟《文言传》是不一样的。这里说"元者，善之长也"，意思是"元"是众善之首，各种善德里最大的善就是"仁"，所以"君子体仁足以长人"，"仁"是第一位的，它最基本的意思就是"爱"。"仁"字左边一个单人旁右边一个"二"，表示人与人之间要有"爱"。1993年湖北荆门出土的简书里，"仁"的写法是上面一个"身"，下面一个"心"，表示爱要从心里发出，然后在行为上表现出来，所以"元"就是要有一颗仁心、一颗善心。"亨者，嘉之会也"，"亨"就是亨通，"嘉"就是美好，亨通就是有美好的东西会合，美好的东西会合是什么呢？后面又说"嘉会足以合礼"，也就是符合礼仪的东西才是美好的，想亨通必须符合礼仪。"利者，义之和也"，"利"就是"有利"，财物也算一种利，要发财就必须符合"义"。"义"就是正义、道义，也就是正确的主张、观点或行为。《论语》里说"大人喻于义，小人喻于利"，将"义"和"利"对立了，追求"义"（道义、正义）的是大人，追求"利"（礼仪、财富）的是小人，而《易传》中孔子则将"义"和"利"统一起来了，这就是"君子爱财，取之有道"，只要是符合道义地追求利，也是大人。"贞者，事之干也"，"贞"的原义是"问"，这里孔子则将"贞"解释为"正"，是建功立业的主干和根本，"正"就是正确的事情，也就是符合天道、天地大义的规律的事情，坚守正道就可以建功立业，这就是

"贞固足以干事"。因此,"元亨利贞"在《文言传》里变成了四德——仁、礼、义、事。"元"就是"仁",居第一位,因为"仁"是做人的起点;"亨"就是"礼";"利"就是"义";"贞"就是"事","事"也可以理解为"智",就是智慧。君子有了这四种德行,就可以成就一番大业。

初九曰潜龙勿用。何谓也?子曰:"龙德而隐者也。不易乎世,不成乎名,遁世无闷,不见是而无闷。乐则行之,忧则违之,确乎其不可拔,潜龙也。"

初九的爻辞说"潜龙勿用",《文言传》对"潜"的解释是"龙德而隐者也",就是说龙的本性是要潜伏在水里,要归隐。"不易乎世,不成乎名","乎"就是"被",不被世人改变,不在世上成名,也就是自然无为,不表现出自我,不刻意去做,要自然而然地归隐。"乐则行之,忧则违之",高兴了就去做,不高兴了就不去做,这是龙的本性,它的本意就是不想表现,但是该表现的时候要表现出来。所以做人,一开始就要立志找到天理,找到人的本性,要按照天性去做,不要违背本性的意愿,这就叫潜龙。

九二曰见龙在田,利见大人。何谓也?子曰:"龙德而正中者也。庸言之信,庸行之谨,闲邪存其诚,善世而不伐,德博而化。《易》曰:见龙在田,利见大人。君德也。"

九二爻的爻辞说"见龙在田,利见大人",孔子是这么解释的:"龙德而正中者也。"因为九二爻位于下卦的中间,引申开来就叫"庸言之信,庸行之谨"。这是个宾语前置句,也就是"信庸言""谨庸行","庸"就是中庸、不偏不倚、合适、守中道,这是告诉我们守中道的行为言语要去做、去听、去信,平常的言谈要有信用,举止要谨慎。

九三曰君子终日乾乾,夕惕若,厉无咎。何谓也?子曰:"君子进德修业。忠信，所以进德也。修辞立其诚，所以居业也。知至至之，可与言几也。知终终之，可与存义也。是故，居上位而不骄，在下位而不忧。故乾乾因其时而惕，虽危无咎矣。"

《文言传》对九三爻和九四爻的解释都有"进德修业"，因为三和四的位置都是"不三不四的"——"三多凶""四多惧"，所以要"进德修业"。"进德"就是提升自己的品德，"修业"就是使自己的事业美好，"修"是美好。后面继续讲如何"进德修业"。"忠信，所以进德也。修辞立其诚，所以居业也。""居业"就是"修业"，就是要"忠信"，"修辞"就是要使自己的言辞美好，要说好话，出口伤人肯定不能成就大业，而且要诚心，这个"诚"是从我们的本心自然而然发出的，不是做作的。因此"忠""信""诚"都是提升品德，使自己事业美好的一些做法。

九四曰或跃在渊，无咎。何谓也？子曰："上下无常，非为邪也。进退无恒，非离群也。君子进德修业，欲及时也，故无咎。"

九四爻也说"进德修业"，而且又加了一句"欲及时也"，因为九四爻的时空点是人生第二个阶段的开始，是转折期，所以要抓住这个时机，抓紧修炼自己的品德，才能建功立业。

九五曰飞龙在天，利见大人。何谓也？子曰："同声相应，同气相求。水流湿，火就燥。云从龙，风从虎。圣人作而万物睹，本乎天者亲上，本乎地者亲下，则各从其类也。"

九五爻是乾卦的最佳之爻——"飞龙在天，利见大人"。《文言传》解释为"同声相应，同气相求"，这实际上是中国人的一种思维方式，就是类比，就像后面讲的"各从其类"，是取象比类的方法。九五爻是乾卦的最佳时位，九五至尊，又中又正，"飞龙"、"天"、最大的"利"、最大的"大人"，这些都是同类的东西，放在一起，就叫"同声相应，同气相求"。"水流湿，火就燥。云从龙，风从虎"，水流向湿的地方，火是燥的，"云"和"龙"，"凤"和"虎"都是同类，放在一起比较，跟"近朱者赤，近墨者黑"是一个道理。因此人在交友的时候要慎重，多和同类、同等志向的人在一起，才能在正向能量上有所提升。

上九曰亢龙有悔。何谓也？子曰："贵而无位，高而无民，贤人在下位而无辅，是以动而有悔也。"

上九爻"亢龙有悔"，孔子解释说"贵而无位"，本来九五爻是最好的，但上九爻超过九五了，就太高了，反而就没位置了。"高而无民"，太高高在上远离百姓，人民就不会拥戴你。"贤人在下位而无辅"，贤能的人在下面离你太远，就不会来辅佐你了。

潜龙勿用，下也。见龙在田，时舍也。终日乾乾，行事也。或跃在渊，自试也。飞龙在天，上治也。亢龙有悔，穷之灾也。乾元用九，天下治也。

这是《文言传》对乾卦的第二次解释，比较简练。初九爻"潜龙勿用，下也"，第一爻处在最下面，所以不要乱动。第二爻"见龙在田，时舍也"，这时有了转机，因此可以停留在这个时机。第三爻"终日乾乾，行事也"，就是要去做事了。第四爻"或跃在渊，自试也"，自己要试一试。第五爻"飞龙在天，上治也"，这是最佳之爻，"治"就是平安，天下大治。第六爻"亢龙有悔，穷之灾也"，"穷"就是到头了，因此就有灾祸了。多出的用九爻"群龙无首，吉"，这是"天下治也"。

潜龙勿用，阳气潜藏。见龙在田，天下文明。终日乾乾，与时偕行。或跃在渊，乾道乃革。飞龙在天，乃位乎天德。亢龙有悔，与时偕极，乾元用九，乃见天则。

这是《文言传》对乾卦的第三次解释，在解释九三爻"君子终日乾乾，夕惕若"的时候用了一个词叫"与时偕行",就是要与时俱进的意思。所以,"与时俱进"这个词其实出自《易传》。

乾元者,始而亨者也。利贞者,性情也。乾始能以美利利天下,不言所利,大矣哉。大哉乾乎,刚健中正,纯粹精也。六爻发挥,旁通情也。时乘六龙,以御天也。云行雨施,天下平也。

君子以成德为行,日可见之行也。潜之为言也,隐而未见,行而未成,是以君子弗用也。

君子学以聚之,问以辩之,宽以居之,仁以行之。《易》曰:"见龙在田,利见大人。"君德也。

九三,重刚而不中,上不在天,下不在田,故乾乾因其时而惕,虽危无咎矣。

九四,重刚而不中,上不在天,下不在田,中不在人,故或之。或之者,疑之也,故无咎。

夫大人者,与天地合其德,与日月合其明,与四时合其序,与鬼神合其吉凶。先天而天弗违,后天而奉天时。天且弗违,而况于人乎?况于鬼神乎?

亢之为言也,知进而不知退,知存而不知亡,知得而不知丧,其唯圣人乎?知进退存亡而不失其正者,其唯圣人乎?

这是《文言传》对乾卦的第四次解释。对九五爻"飞龙在天,利见大人"的解释非常精彩:"夫大人者,与天地合其德,与日月合其明,与四时合其序,与鬼神合其吉凶。"对"大人"的论述要达到四个"合";第一个"与天地合其德",是从伦理学角度来说,是要天人合一(德),人不能违背天命;第二个"与日月合其明",是从认知学角度来说,是要像日月那样光明,符合日月运行的规律;第三个"与四时合其序",是从行为学角度来说,做事一定要符合春夏秋冬四时的次序规律;第四个"与鬼神合其吉凶",是从神学角度来说,达到前面三个"合"之后就可以拥有超常的智慧，能像鬼神一样预知未来、把握吉凶，这样才能成为一个"大人"。因此，"利见大人"在九五爻是教我们做一个"大人"，需要达到这"四合"。

《文言传》对乾卦解释了四次，阐发了乾卦六根阳爻的大道，包括天道、人道，展现了人道应如何适应天道的大法则、大规律。

最后揭秘我父亲的对联：《易经》六四卦，唯乾坤中有《文言》；《论语》二十篇，独《乡党》中无"子曰"。因为《论语》一共二十篇，十九篇有"子曰"，只有《乡党第十》中没有"子曰"。

二　坤卦——阴柔美好，承载万物

| 下坤上坤，坤为地 | 坤，元亨，利牝马之贞。君子有攸往，先迷后得主，利。西南得朋，东北丧朋，安贞吉。 |

上六，龙战于野，其血玄黄。
六五，黄裳，元吉。
六四，括囊，无咎无誉。
六三，含章可贞，或从王事，无成有终。
六二，直方大，不习无不利。
初六，履霜，坚冰至。

《易经》的第二卦是坤卦。为什么坤卦排在第二位？其实这是按照天地万物生成规律的先后次序排列的。因为先天后地，乾卦为天，坤卦为地，故坤卦排在第二位。以人来说，"乾道成男，坤道成女"（《易经·系辞传》），男人在前，女人在后。所以，乾卦排在第一位，坤卦排在第二位。

坤，元亨，利牝马之贞。君子有攸往，先迷后得主，利。西南得朋，东北丧朋，安贞吉。

首先，来看坤卦的卦辞。"利牝马之贞"，"牝"的牛字旁代表动物，右边这个"匕"在甲骨文里的写法就像女性生殖器，所以"牝"是指女性、雌性、阴性，"牝马"就是雌马。"利牝马之贞"，就是有利于阴性事物或者女人的贞问。一般而言，男为乾、女为坤，男为阳、女为阴，但不是任何时候都这样。以性格来说，有的男人性格阴柔，他的性格就是阴性的；有的女人性格阳刚，她的性格就是阳性的，所以不同场合或关系可以进行阴阳的不同分类。以动物来说，乾卦为马，坤卦为牛；但单就马而言，当然公马为乾卦，母马为坤卦，所以"利牝马之贞"，就是对雌性的马有利。"君子有攸往"，这个君子具有坤卦之厚德，具有大地谦卑、宽广的胸怀。这样的君子按坤卦来做，就可以继续前往，就可以不断做下去。但是"先迷后得主"，即先要迷失方向，后来找到主人（方向），这是有利的。"先"可以理解为领先，"迷"为迷失，"先"就是如果领先在前面走就会迷失方向，这个"后"也可以理解为顺从，如果顺从就会找到主人，也就是找到方向。这是说，坤卦本来是阴柔的，好比大地，大地要顺从天道来做，就不会发生错误，会一直走下去，因为符合正道。"西南得朋，东北丧朋"，就是在西边、南边会得到朋友，在东边、北边会丧失朋友，这个原因我们会在下面的《象传》中揭秘。最后"安贞吉"，即按照坤卦来做，就会平安的，"贞吉"的意思是你问的问题是吉的。"安"也可以理解为安心，"贞"也可以理解为正，安心地守住正道就能大吉大利。

初六，履霜，坚冰至。
六二，直方大，不习无不利。
六三，含章可贞，或从王事，无成有终。
六四，括囊，无咎无誉。
六五，黄裳，元吉。
上六，龙战于野，其血玄黄。
用六，利永贞。

坤卦的爻辞，一共七条。初六爻的意思是踩在霜上，然后慢慢迎来坚冰。这代表阴气渐重，从霜到冰是事物发展的过程。因为坤卦全是阴爻，所以最下一爻表示阴气刚开始，要慢慢才有"冰"，要顺应这个过程，所以不要着急，也不要害怕。

坤卦代表大地，是直的、方的、大的。古人认为天圆地方，天是圆的，地是方的。这是告诉我们做人要"直"——正直、"方"——方正、"大"——大气。这样就会"不习无不利"，即使不去练习、不去学习也没有什么不利，因为大地的本性就是"直方大"，你只需发挥本性，不用刻意练习。

第三爻往往就凶险了，三和四都是转折点。因为第三爻是人生第一阶段到头了，这时候要"含章"。"含"就是隐藏，"章"通"彰"，即才华，要隐藏才华才能贞问，才能走正道，这里其实是告诉我们要掌握时机。"或从王事"，"或"就是有时候，有时候要跟随大王去做事。这个"王"就是卦辞里"先迷后得主"的"主"，也就是符合天道的人，谁具有这样的德行，谁就可以当王。这样就可以"无成有终"，没有成就，但可以善终。所以坤卦到了第三个阶段，要把才华隐藏住，懂得适时隐退，才可以善终。

"括"是扎起来，"囊"是口袋，"括囊"就是把口袋扎起来，到第四个阶段更要彻底归隐，才能"无咎无誉"，也就是不好不坏，没有过失，也没有赞誉，才能求得平安。六四爻的时位是最接近六五爻这个君位的，古时伴君如伴虎，随时会有凶险，所以要警惕，把自己的才华彻底隐藏起来。曾国藩打败洪秀全后，不但自己归隐，主动将湘军裁掉过半，而且劝说其战功赫赫的弟弟曾国荃同他一起归隐，以保平安。归隐前曾国藩曾赋诗一首，其中有两句是："千秋邈矣独留我，百战归来再读书。"

六五爻是最佳的时位，是上卦的中间。"黄裳，元吉"，字面意思是穿着黄色的衣裳，大吉大利。这个位置就是皇位，后来皇帝就穿黄色衣服。因为黄色是中央的颜色，按五行来说中央属土，所以黄色为中央大地的颜色。但这只是字面意思，衣裳指的是上衣下裳，上面的叫衣，下面的叫裳，这是说虽然这个时位佳，是君王的位置，但是一定要居下。"黄裳"的"裳"代表居下，"黄"代表中，要守中，这样才能"元吉"，"元"就是要符合人的本性，才能大吉大利。

上六爻是最高一爻，一般的解释是：龙和坤卦在野外打仗，流出来的血又玄又黄。这是错的。这里的"战"不是争斗，而是"采战"，也就是交合。"龙"代表乾卦，是阳性事物，而坤卦是纯阴的，到最高的时空点它们就会在野外交合。流出来的血是"玄黄"色的，玄色是黑色，天是玄色，大地是黄色，所以《千字文》说"天地玄黄，宇宙洪荒"，"玄黄"就是阴阳交合的颜色。到最高的时位就会产生这种变化：阴性的事物会向阳性的事物靠拢，叫"独阳不生，孤阴不长"，阴阳要交合，万物才能生生不息。

坤卦跟乾卦一样多出一条爻辞，乾卦叫"用九"，坤卦叫"用六"。"用六，利永贞"，问的事情永远有利，也可以理解为有利于永远坚守正道。因为大地是永远遵从天道的，所以会跟天一样永存下去。

《象》曰：至哉坤元，万物资生，乃顺承天。坤厚载物，德合无疆。含弘光大，品物咸亨。牝马地类，行地无疆。柔顺利贞，君子攸行。先迷失道，后顺得常。西南得朋，乃与类行。东北丧朋，乃终有庆。安贞之吉，应地无疆。

乾卦《象传》的开头是"大哉乾元，万物资始，乃统天"，坤卦《象传》的开头是"至哉坤元，万物资生，乃顺承天"，意思是到了坤元这个极点，万事万物是靠它而生的，所以它是顺应天道、承载天道的。乾代表天，乾元是万事万物的开始，而坤元是万事万物靠它而生。坤是地道，要顺应天道。乾卦的"始"有开始的意思，"始"是女字旁，指的是女孩子刚出生。刚出生的女孩子当然不能生孩子，女人必须要成熟了才能生孩子，也就是乾卦不能直接产生万事万物，要发展到坤卦才可以生孩子，所以"始"和"生"是不一样的。"始"是第一个阶段，好比是童女、少女，而"生"就不是童女了，是母亲。所以，孔子认为乾卦是第一位的，坤卦是第二位的：乾卦是"始"，是童女、少女；坤卦是"生"，是妇女、母亲，这是从女孩到女人的演变过程。

老子反对孔子的这种说法，老子认为坤卦是第一位的，乾卦是第二位的。不过《道德经》没有明解《易经》，没有提到八卦，但是说了阴阳，老子说阴是第一位的，阳是第二位的。《道德经》第四十二章写道："万物负阴而抱阳。"意思是先阴后阳。除此之外，在《道德经》第一章还写道："无，名天地之始；有，名万物之母。""无"是童女的阶段，是阴到极点，是"始"；"有"是妇女的阶段。在老子看来，"无"是第一位的，"有"是第二位的；女人是第一位的，男人是第二位的；坤卦是第一位的，乾卦是第二位的。而孔子认为，"有"是第一位的，"无"是第二位的；男人是第一位的，女人是第二位的；乾卦是第一位的，坤卦是第二位的。这就是儒家的男尊女卑、天尊地卑、君尊臣卑、父尊子卑思想的来源。

到底男人是第一位，还是女人是第一位呢？大家想一下，男人不能自己生孩子，女人也不能自己生孩子，男人和女人必须交合才能生孩子，《易经》的伟大之处就在于告诉我们阴阳要交合："天地氤氲，万物化醇。男女构精，万物化生。"这种阴阳中和的思想是中华文化的核心价值。所以，男人和女人是并列第一位的。男女并列或者阴阳相合就是"易"字，上面是"日"，下面是"月"，"日"为太阳，"月"为太阴。日月左右结构就是"明"，所以"知易为明"。佛家讲人生八苦，最重要的原因就是无明，老子说"知常曰明"，"易"就是"常"，这个"常"就是道，知道易道就可以"明"，明白宇宙万事万物的真相就可以没有痛苦。

"坤厚载物，德合无疆"，大地非常宽厚，最大的功能就是承载万事万物，所以它的品德可以无边无际。大地是无限宽广的，所以人的美德也应该无边无际。

"含弘光大，品物咸亨"，"含"是包容，"弘"是宽厚宏大，"光大"就是光明正大，这实际是指大地的品德，因为大地能包容、能弘扬，所以才光大；"品物"就是万事万物，"品"是"类"的意思，"咸"是"都"，"品物咸亨"就是万事万物都亨通，鲁迅的小说《孔乙己》中的咸亨酒店的店名就出自这里。

"牝马地类，行地无疆"，牝马和大地是一类的，都是阴性事物，"牝马"就是母马；"行地无疆"就是在大地上可以走得无边际，母马虽然没有公马跑得快，但是耐力好，能走得更远，人也是一样的，女人的耐力强，平均寿命也长。我们再来比较一下乾坤两卦，《系辞传》里说，乾卦和坤卦一个主"大生"，一个主"广生"，乾卦是："其静也专（抟），其动也直，是以大生焉。""抟"通"团"，意思是乾卦安静的时候是团在一起的，但是动的时候是直的，所以才能"大生"。而坤卦是："其静也翕，其动也辟，是以广生焉。""翕"是把羽毛合起来，也就是"合"的意思，"辟"是开辟，就是说坤卦安静的时候是合在一起的，但是动的时候就是张开的，所以才能"广生"——广泛地去生育。

"柔顺利贞，君子攸行。先迷失道，后顺得常。"君子可以继续前行，是因为他柔顺，按照乾卦（天道）的意愿来做，这就是走了正道，所以可以继续往前走。"先迷失道，后顺得常"，这是在解释卦辞"先迷后得主"，因为走得太靠前了，没有按照天道来做，所以就迷失了方向，但是后来意识到这个问题，于是就"顺"了。"顺"一是指品性柔顺，二是指要顺应天道，然后就能"得常"。"常"是恒常不变的，在《道德经》里"常"就是"道"，所以"得常"也就是得道。

"西南得朋，乃与类行。东北丧朋，乃终有庆。"坤卦在西边、南边能得到朋友，在东边、北边要丧失朋友。古代"朋"和"友"是不一样的，"同门曰朋，同志曰友"，"朋"是同一个师门出来的，是同学，"友"是有相同志向的人，是同道，现在"朋友"变成了一个词。为什么西边、南边能得到同类，东边、北边要丧失同类？我们可以从文王八卦方位图里找到答案：西边的兑卦（☱）和南边的离卦（☲）都只有一根阴爻，所以它们都是阴卦，坤卦也是阴卦，因此它们是同类，所以会得到同类；东边的震卦（☳）和北边的坎卦（☵）都只有一根阳爻，所以它们都是阳卦，跟坤卦不是同类，所以会丧失同类。但后面还有一句"乃终有庆"，意思是最终是一件好事，因为东边和北边虽然没找到同类，但是找到了异类，也就是"阳"，阴阳互补，"独阳不生，孤阴不长"，所以终究是一件好事。

"安贞之吉，应地无疆"，因为大地是宽广的，所以永远都是吉的。这就告诉我们，人也要像大地一样，具备这种宽广无边、承载万物的坤卦之德。

这就是《象传》对坤卦卦辞所作的解释。

《象》曰：地势坤，君子以厚德载物。

（初六）《象》曰：履霜坚冰，阴始凝也，驯致其道，至坚冰也。

（六二）《象》曰：六二之动，直以方也。不习无不利，地道光也。

（六三）《象》曰：含章可贞，以时发也。或从王事，知光大也。

（六四）《象》曰：括囊无咎，慎不害也。

（六五）《象》曰：黄裳元吉，文在中也。

（上六）《象》曰：龙战于野，其道穷也。

（用六）《象》曰：用六永贞，以大终也。

《象传》是解释卦所代表的形象的。乾卦的象为天，坤卦的象为地。《大象传》有两句话非常有名：一句话是乾卦的"天行健，君子以自强不息"，另一句话是坤卦的"地势坤，君子以厚德载物"。"地势坤，君子以厚德载物"，意思是大地的趋势构成了坤卦，所以君子要按照大地来厚德载物。"厚德载物"的"厚"是使动词，要使德加厚，"载物"就是承载万事万物，大地是宽广的、能承载万物的，在大地上，任何有形的东西都能被大地承载。君子也要有这样宽广的胸怀和包容万物的品性，才能生生不息。自强不息和厚德载物，构成了中华民族的两大精神。

清华大学的校训是：自强不息，厚德载物。清华大学最初是用一部分美国退还的庚子赔款建立的留美预备学校。1914年，当时清华大学还叫清华学校，国学大师梁启超先生被邀请去做了一场演讲，题目就是《君子》，意思是让清华大学的学生做君子。虽然是留美预备学校，但学生还是要懂中华文化，要知道自己是中国人。作为中国人，人人都可以达到的境界就叫君子。作为君子，必须具备两大品格：自强不息和厚德载物。自强不息，是让我们刚健、奋发、向上；厚德载物，是让我们包容宽厚、居下不争、自然无为、谦虚谨慎。自强不息是儒家的基本精神，厚德载物是道家的基本精神。所以，一乾一坤，一刚一柔，一儒一道，一个自强不息，一个厚德载物，两者都做到了至少可以成为君子。比君子再高一点，儒家叫圣贤，圣贤不是人人都可以做的，但君子是人人都可以做的，所以后来清华大学就把这八个字作为校训。厚德和载物表面上看是并列关系，加厚品德，承载万物，但实际上是一种因果关系。因为厚德，所以才能载物，厚德是因，载物是果。"物"可以理解为万事万物，财物也是一种物，想要发财，就必须厚德，具备包容、忍让、顺势、谨慎这些坤卦之德，再加上刚强、刚毅、创新这些乾卦之德，才能发财，也就是载物。当然这个"物"不一定是物质的，我们也可以做精神上的富翁。所以，万事不要求果，一定要求因，就像有的人穷困潦倒、事事不顺，就要想一想是不是德行不够，德做好了就会顺利，这就是厚德载物。

下面我们来看《小象传》对爻辞做的解释，六条爻辞加上用六一共七条。

在第一个时空点上，从"履霜"到"坚冰"是一个过程。阴气刚刚发生，天气刚刚变冷的时候，先有霜，然后慢慢才结冰。这是什么原因呢？"驯致其道"，指的是要顺从天道。天道就是万事万物都会经历由小到大、由少到多、由浅入深的过程，就像从霜到冰是一个过程。我们要顺应这个道，不能违背。现在好多人揠苗助长，比如对小孩子的教育过早，或者有的人一走向工作岗位就想建功立业，还有的人刚开始做企业就想拿重大项目发大财，这些都不符合道。

第二个时空点，"不习无不利"，因为地道是光明的、正直的、方正的、刚强的，"正大光明"这个成语就衍生自这里。故宫乾清宫的大殿里有一块正大光明匾，是顺治皇帝的御笔，就出自此处坤卦六二爻的《象传》。

六三爻到了第三个时空点，要"含章"，然后"以时发"，也就是要隐藏才华然后按时而发。因为这个时位不适合抛头露面，所以要隐藏才华。爻辞里说"或从王事，无成有终"，要跟随大王做事，没有成就，但是可以善终。《象传》这里解释为"或从王事，知光大也"，意思是跟随大王做事，才能光大自己的才华。这个"王"就是六五爻，也指天道，只有顺从六五爻的君王，按照天道来做，才能发挥自己的才华，心地光明。

六四爻这个时候是非常危险的，所以要彻底隐藏自己的才华，要"括囊"，就是把口袋扎起来。"慎不害也"，只有慎重才能没有危害。好多人就是因为不知道"括囊"才招致了灾祸。比如鳌拜，他就是骄傲致祸的典型。清顺治十八年（1661年），顺治帝驾崩，其子玄烨登基为帝，年号康熙。康熙六年（1667年），康熙十四岁的时候，四大辅臣的首辅索尼病故，康熙亲政。但仅仅十天之后，鳌拜就罗列了二十四条罪状杀害了另一位辅政大臣苏克萨哈，而后越来越猖狂，在朝廷上，如果与皇帝意见相左，他就会大喊大叫。有一次康熙任命了一位户部尚书，鳌拜却想推荐自己的亲信，于是康熙只好任命两位户部尚书，这是前所未有的。康熙八年（1669年），康熙十六岁，鳌拜装病不上朝，康熙亲自前往探视，发现鳌拜床下藏刀。结果康熙说刀不离身，是我们满族人的传统，没有治鳌拜的罪，鳌拜就越发猖狂。最后，康熙训练了一群少年侍卫，在武英殿智擒鳌拜，宣布了鳌拜的三十条罪状，念其功劳，赦死罪而拘禁，不久鳌拜死于禁所。这就是太猖狂，不知道要谨慎"括囊"的下场。

六五爻是最佳的时位，是君主的位置。"黄裳元吉"，就是不仅要穿黄色的衣服，而且要居中居下。"文在中也"，"文"指文采、美好的品德，就是大地美好的品格，因为大地是黄色的，而且居最下。这里告诉我们要发挥这种品德，守正道，居下位，就可以"元吉"（大吉大利）。

最后一爻上六爻的爻辞说"龙战于野，其血玄黄"，《象传》的解释是"龙战于野，其道穷也"，"穷"就是事物到头了。"穷"现在是贫穷的意思，但过去"贫"和"穷"是两个意思："贫"上面是"分"，下面是"贝"，"贝"就是钱，把钱分没了，就是贫、贫寒；"穷"的繁体字是"窮"，就是人走到头了，要把自己的身体弯下来，弯到山洞里，所以"穷"就是走到头了。穷则思变，《易经》就是讲周期变化的，按照《易经》的说法，一个周期结束、事物到头的时候一定要走到它的反面，叫物极必反，这就是说阴到极点就要转向阳的一面。

最后多出来的用六爻的爻辞是"利永贞"，《象传》的解释是"以大终也"。

我们可以把乾卦、坤卦看成一个天地周期。这个周期结束了，就要等下一个周期开始，这就是《易经》讲的周而复始。因为大地永远遵循天道变化的规律，所以是有利的。

《文言》曰：坤至柔而动也刚，至静而德方，后得主而有常，含万物而化光。坤道其顺乎，承天而时行。积善之家，必有余庆；积不善之家，必有余殃。臣弑其君，子弑其父，非一朝一夕之故，其所由来者渐矣，由辩之不早辩也。

乾卦的《文言传》把乾卦的卦爻辞解释了四次，而这里坤卦的《文言传》只解释了一次，既解释卦辞又解释爻辞，我们先来看《文言传》对卦辞的解释。

"坤至柔而动也刚"，坤卦是柔到极点的，六根爻都是阴爻，但是动起来的时候最为刚强，这就是物极必反。"至静而德方"，阴柔的东西是安静的，坤卦安静到极点，所以它的品德是极为方正的。内心越稳重越安静的人，表现出来的外在行为就越方正。"后得主而有常"，坤卦的卦辞说"先迷后得主"，先迷失方向，后来才找到主人，这就有了"常"。"常"就是永恒的，也就是天道，坤需要找到主人才能发挥出柔顺的品性，所以要顺应天。"含万物而化光"，含容万物化生出来的就会一片光明。"光"可以作"光明"讲，也可以作"广"讲，坤包容万物，所以极为广大，就像大地能承载万物，所以是最广大的。"坤道其顺乎"，坤之道大概是非常柔顺的。"承天而时行"，因为它顺应天道，按时而行。

然后是非常有名的两句话："积善之家，必有余庆；积不善之家，必有余殃。"意思是积累善德的人家必定会有福报，而积累恶行的人家必定会留下灾祸。古人是很少说"必"的，"必"就是一定，就是因果报应，这种因果观念就是从《易经》开始建立的。

"臣弑其君，子弑其父，非一朝一夕之故，其所由来者渐矣，由辩之不早辩也。"臣子杀君主，儿子杀父亲，并非一朝一夕的缘故，不是一时冲动，作恶是长期逐渐发展而来的，是由于没有早早地辨认出苗头，此处"辩"通"辨"。这句话实际上是解释"积善之家，必有余庆；积不善之家，必有余殃"的。所以坤卦讲的就是顺应的过程，任何事物都是从小到大、从少到多，善行和福报是慢慢积累的，恶行和恶报也是慢慢积累的。这里强调的就是要重视因，不要求果。出现一个果，也要去考察它的因。

下面我们来看《文言传》对坤卦爻辞的解释。

（初六）《易》曰，履霜坚冰至，盖言顺也。
这里说的是事物从小到大的过程，是有次序的。

（六二）直其正也，方其义也。君子敬以直内，义以方外，敬义立而德不孤。直方大，不习无不利，则不疑其所行也。

"直"是正直，"直其正也"就是品德正直高尚。"方"是义，"义者宜也"，所以"方"是适宜的意思，"方其义也"就是行为要符合道义。"君子敬以直内"，君子恭敬勤勉可以促使内心正直。"义以方外"，适当的行为可以促使外形端正。"敬义立而德不孤"，内心恭敬、行为适宜就能使美德广布而不孤立。"直方大，不习无不利"，就是说有了正直、端方、大气的品德，即使不学习也没有什么坏处，说明美德充沛，行为不必有疑虑。

"德不孤，必有邻"，这是《论语·里仁篇》里的句子，就是说有道德的人一定不会孤单，一定会有一些志同道合的人来跟他做邻居，跟他相伴。

（六三）阴虽有美，含之，以从王事，弗敢成也。地道也，妻道也，臣道也，地道无成，而代有终也。

"阴虽有美，含之，以从王事，弗敢成也。"阴柔是美好的，但是一定要隐藏住，要跟随大王做事，不能自己居功。因为这就是"地道也，妻道也，臣道也"，大地的美德——大地顺承天，妻子的美德——妻子顺从丈夫，臣子的美德——臣子忠于君主。所以"地道无成,而代有终也",虽然大地自己没有成就,但是能够一代一代地延续下去而得善终。

(六四)天地变化,草木蕃。天地闭,贤人隐。《易》曰,括囊无咎无誉,盖言谨也。

天地变化带来了草木的繁衍茂盛。而天地昏暗了,贤人就要隐退。

(六五)君子黄中通理,正位居体,美在其中,而畅于四支,发于事业,美之至也。

君子内在美好的品质好比"黄中通理",就是黄色居于中位,因为六五爻在中位,是最好的位置;"通理"就是通达文理。"正位居体,美在其中",身居正确的位置,美德才能蕴藏于内心,然后要把美德"畅于四支",顺畅地流布在四肢。"发于事业",再进一步推广到事业上,就会"美之至也",也就是美到极点。所以"黄裳元吉"是一种最美好的品德,先要蕴藏在心中,然后一点一点发挥出来。

(上六)阴疑于阳必战,为其嫌于无阳也,故称龙焉。犹未离其类也,故称血焉。夫玄黄者,天地之杂也,天玄而地黄。

"阴疑于阳必战",阴气凝聚到极点必然要和阳气"战",这个"战"不是打仗,是"采战"——交合,因为坤卦无阳,所以一定要招来阳气。"故称龙焉",就称为"龙",阳的东西就是龙。"犹未离其类也",还未离开阴类,因为坤卦是属阴的。"玄黄者,天地之杂也,天玄而地黄",天是黑色,地是黄色,"玄黄"是黑色与黄色交合的杂色,也是天地相交、阴阳相交时的颜色。最后这句的意识就是阴阳要相合,这就是《文言传》对坤卦的解释。

我们已经学习了乾卦和坤卦,这两个卦是中华民族的两大精神,乾卦阳刚,坤卦阴柔。到春秋战国时期，孔子发挥了乾卦的精神，老子发挥了坤卦的精神，这样一乾一坤、一刚一柔、一白一黑、一儒一道，这两者是融合的，不是对立的，正因为有这两大精神的融合，才形成了中华文化世代传承的核心价值，一直到今天也没有中断。

三 屯卦——万物始生，克难向前

下震上坎，水雷屯

屯，元亨利贞，勿用有攸往，利建侯。

上六，乘马班如，泣血涟如。

九五，屯其膏，小贞吉，大贞凶。

六四，乘马班如，求婚媾，往吉，无不利。

六三，即鹿无虞，惟入于林中，君子几，不如舍，往吝。

六二，屯如，邅如，乘马班如，匪寇婚媾，女子贞不字，十年乃字。

初九，磐桓，利居贞，利建侯。

屯卦是《易经》的第三卦，在乾卦的天、坤卦的地之后，表示天地交合产生万事万物的那一刻，也就是万物刚开始进入艰难局面。"屯"在屯卦里读zhūn，现在一般读tún，表示困顿、困难。先看这个字的写法，上面一横代表大地，下面是一棵草，草在长出地面的时候要破土，但是它没有力量，破不出来。这个时候怎么办呢？就像你要往上蹦，如果两条腿是直的，那是蹦不高的，所以腿要弯一下。"屯"下面那棵草就弯了一下，于是就破土而出了，就穿过上面代表大地的那一横，冒了出来。《说文解字》里说："屯，难也。象草木之初生。"就像草木刚刚生出来一样。

再看卦象，它由两部分组成，上面是坎卦，下面是震卦，坎卦代表水，震卦代表雷。这个卦象描述了狂风暴雨、响雷阵阵的场景，也就是万事万物开创时的艰难场景，这就是我们常说的"惊天地泣鬼神"。"惊天地"就是打雷把天地都惊醒了，"泣鬼神"就是鬼神都在哭，也就是下雨。古人说大事发生的时候都是惊天地泣鬼神的，比如当年仓颉造字的时候就是这样。据《淮南子·本经训》记载："昔者仓颉作书，而天雨粟，鬼夜哭。"我们的出生是不是最大的事情？你出生的时候有没有打雷下雨？有人说有，有人说没有。我告诉你，所有人出生那天都是打雷下雨的。有人说我出生的时候是晴空万里，没有打雷下雨。当然每天都有孩子出生，不可能每一天都打雷下雨，但是我们要知道，《易经》讲的这个卦象，不是指一种具体的景象，而是指一种象征的景象。我们出生时，打雷是指我们的第一声啼哭，下雨是指我们的母亲分娩时大汗淋漓的场景，表示艰难的局面。再比如我们刚走向工作岗位的时候，也是打雷下雨，好像有险阻，什么事都不顺，因为一切都是新的，就像是一种创生。

屯，元亨利贞，勿用有攸往，利建侯。

我们来看屯卦的卦辞。在这个艰难的局面里，卦辞一点没说艰难，而是说有利，也提到了"元亨利贞"，就是说抓住"元"——万事万物的本源——就能亨通、有利，而且要坚贞不移地守正道。接着又说"勿用有攸往"，"勿用"就是不要乱动，乾卦初九爻的爻辞也说"潜龙勿用"。"有攸往"，"攸"就是"所"，这是说不要乱动，但是要坚定志向继续前往，然后就能"利建侯"，有利于建功立业当王侯。

《彖》曰：屯，刚柔始交而难生，动乎险中，大亨贞。雷雨之动满盈，天造草昧，宜建侯而不宁。

"刚柔始交"，"刚"是阳，"柔"是阴，这是说前面的乾卦是纯阳的，坤卦是纯阴的，到了第三卦屯卦就开始有阴有阳了。屯卦的第一爻和第五爻都是阳爻，其他爻都是阴爻，这是刚开始阴阳相交，万事万物都很艰难。"动乎险中"，"动"是指下面的震卦在打雷，"险中"是指上面的坎卦是艰险的，一不小心就会掉到水里去。但是"大亨贞"，只要坚持"元"，就能亨通。

"雷雨之动满盈"，整个天地之间都充满着响雷，下着暴雨。"天造草昧"，万物刚好是生机勃发的草创时期，这是春天来了，这个节气叫惊蛰，意思是把冬眠的动物都惊醒了，万物复苏生机勃发，但也因为是万物初创期，所以是一种杂乱无序、蒙昧不明的状态。这个时候"宜建侯而不宁"，有利于去建功立业、安定人心，"不宁"也指自己不要贪图安宁，因为草创时期是要付出一番艰难的。

《象》曰：云雷屯，君子以经纶。

"云"是上面的坎卦，坎为水，因为云密集之后形成雨，雨就是水，再加上下面的震卦，也就是雷，云雷交杂即成屯卦。我们说过，《象传》是从形象上解释卦的，"君子以经纶"，君子处在这种万事万物刚刚发生的场景当中，可以"经纶"，就是可以经纬天地，也就是可以治理国家。这种万物创生的时候，刚好有利于君子建功立业。

初九，磐桓，利居贞，利建侯。

《象》曰：虽磐桓，志行正也。以贵下贱，大得民也。

初九爻的中心词是"磐桓"，"磐桓"就是徘徊，徘徊有两个意思：一个是被动的，因为遇到万事万物刚开始的艰难局面，所以不得不徘徊、犹豫不决；一个是主动的，意思是这时自己不要贸然做决定，要全面考察，这样就"利居贞"，"贞"就是正，意思是要居正位。所以，初九的阳爻是告诉我们要坚定自己的信念和目标，这样才有利于建功立业。

六二，屯如，邅（zhān）如，乘马班如，匪寇婚媾，女子贞不字，十年乃字。

《象》曰：六二之难，乘刚也。十年乃字，反常也。

这里给我们讲了一个故事，这个故事里有时间、有人物、有情景，还有结局。"屯如"是艰难的样子，"邅如"是迟疑不进的样子；"乘马班如"，古代四匹马为一乘，"班如"是原地打转，坐在四匹马拉的车上原地打转。这个场景就是有一大批人围着一个女子求婚，这些人都乘着马车绕着圈子盘旋不进，最后把这个女子抢过去了，这是抢婚；但是这个女子坚贞"不字"，"字"上面的宝盖头可以看作子宫，下面的"子"可以看作一个胎儿，"不字"就是不怀孕，"十年乃字"，十年后才怀孕生子，这个"十年"不一定就是确切的十年，它是指一个周期。这种场景告诉我们，到了六二爻是第二个时空点，也还是刚刚开始的时候，整个形势还不太适合干大事，要寻找机会而不要去抢。

"匪寇"的"匪"通"非"，"寇"是抢，"匪寇"就是不要去抢，而要求婚。比如企业刚刚开创的阶段，不要急着做项目，要寻找时机，好像寻求配偶，这个配偶不是抢来的，而是自然而然跟你结合的，所以要有耐力，而且要坚贞，不要着急追求成果。现在好多人太急功近利，刚开始就要挣一个亿，不要有这种心，要慢慢来，"十年乃字"，要有坚韧的毅力和坚强的决心。

六三，即鹿无虞，惟入于林中，君子几，不如舍，往吝。
《象》曰：即鹿无虞，以从禽也。君子舍之，往吝穷也。

好像在树林里追逐野鹿，但是没有向导，所以就只是追进了林子深处，这时就要抓住微妙的时机，见机行事。"不如舍"，就是该舍的时候要舍，比如说已经迷路了，还要继续追，就会有危险。

"即鹿"的"即"是追逐，追逐着鹿。"无虞"的"虞"本义是掌管打猎的官员，给贵族打猎做向导的人，这里"虞"就是指向导。这个场景的主题词就是"舍"，不要在没有人引导的艰难局面下继续茫然行动，比如在事业刚刚开始的时候，去追逐目标是对的，但一定要有人引导，所以我们要多听一听前辈的经验，做事情借势很重要。"君子几"的"几"太重要了，学《易经》就是要"研几"。"几"有两个意思：一个是微妙，一个是时机。连起来就是微妙的时机，要见机行事。这就是说要抓住苗头，要有观察力，这是非常微妙的，把它抓住了，将来就会有利。比如前面出现了一片树林，迷路了，这就是告诉你不要再贸然向前，该舍要舍。如果这个时候没有把握住时机，还继续往前走，就会破产或失败，因为这是第三个时空点，也就是第一个阶段到头了。

六四，乘马班如，求婚媾，往吉，无不利。
《象》曰：求而往，明也。

这里又举了这个乘着马在原地打转来求婚的例子。这个时候可以继续前往，没有不利。因为这是第四爻，也就是第二个阶段开始了。

前面一片光明，所以要继续前进，这个光明是指第五爻。这是告诉我们在艰难的时候要看到光明，不要一下子就停步了。

九五，屯其膏，小贞吉，大贞凶。
《象》曰：屯其膏，施未光也。

一般第五爻都是吉的，九五至尊，但这里说"小贞吉，大贞凶"，为什么呢？"屯其膏"，"屯"是积蓄，"膏"是财富，这是说九五爻可以积聚财富了，但"小贞吉，大贞凶"，"贞"是问的意思，就是从小处来问或者从小处来说是吉利的，但是从大处来问或者从大处来说是凶险的。因为到了九五这个地步，已经积蓄了财富，但如果大范围、大面积地把财富积累到自己的身上，就凶险了。

"光"是广大，"施未光"就是只是积累了财富、占为己有，还没有广施于民。身居尊位却不把恩泽施于百姓，那就凶险了。

上六，乘马班如，泣血涟如。
《象》曰：泣血涟如，何可长也。

"如"作"然"讲，"班如"就是在原地打转的样子。"泣血涟如"，是说从眼睛里不断流出带血的眼泪，表示穷困到极点了，是悲伤不已的艰难局面。

正因为到了极点，所以"何可长也"，就不能再长久了。

屯卦讲的是我们在刚开始做事情的艰难局面下，应该怎样建功立业。第一，要"磐桓"，也就是找准时机，不要贸然行动；第二，要有耐力，不要争强好胜，"女子贞不字，十年乃字"，要做好长期的准备，然后自然而然地得到，而不是抢；第三，要找准时机，该舍的时候一定要舍，不要总是索取，一味地向前，要见机行事；第四，取得成功了一定要跟大家共享，不能都据为己有，只有这样做，才能克服艰难的局面，走向光明。

四　蒙卦——启蒙奋发，因材施教

下坎上艮，山水蒙

蒙，亨。匪我求童蒙，童蒙求我。初筮告，再三渎，渎则不告，利贞。

上九，击蒙，不利为寇，利御寇。

六五，童蒙，吉。

六四，困蒙，吝。

六三，勿用取女，见金夫，不有躬，无攸利。

九二，包蒙，吉，纳妇，吉，子克家。

初六，发蒙，利用刑人，用说桎梏，以往，吝。

　　蒙卦是《易经》的第四卦，事物经过了乾、坤、屯三个阶段，就进入了第四个阶段。蒙是蒙昧、幼稚的意思，小孩子出生之后是蒙昧无知而且稚嫩的。就一个人来说，刚开始做一件事，对未来看得不是很清楚，处于懵懵懂懂的状态，就属于蒙卦。

　　我们来看蒙卦的卦象，山水蒙，上面是一座山——艮卦，下面是水——坎卦。我们来想象一下，山下流出来的水是泉水，水量是不大的，这个卦象说的就是泉水刚刚流出来的样子。既然是蒙昧的、稚小的，我们就要启蒙、发蒙，所以这个卦是教我们怎样做启蒙教育。就像山下刚流出来的水是很小的，这就告诉我们做启蒙教育不要过早、过度地开发儿童的智力，不要给孩子灌输太多的知识。还有山下流出来的水是非常清澈的，这是说我们做启蒙教育的时候一定要告诉孩子正确的、明白的知识。我们再想象一下，山下流出来的水遇到哪个方向的弯道就会往哪个方向流,这就告诉我们做启蒙教育一定要因材施教,不能用同样的教育方法,每个孩子的情况都不一样,不能一刀切。我们再来想,山下流出来的水无论怎么流,最终都会流向大海,这就说明我们做启蒙教育最重要的是给孩子确立志向、终极目标,要告诉他,百川最终都要归于大海,品德教育要贯穿人的一生。我们再来看,山下流出来的水是涓涓细流,也就是说做启蒙教育的时候一定要"随风潜入夜,润物细无声",不能用棍棒式的教育。现在有的人提倡虎爸虎妈,这种教育是错误的,不符合蒙卦的要求。我们再来想,山下流出来的水是有点甜的,这就是说做教育的时候一定要快乐地教育,千万不能逼着孩子学,让他们产生厌倦心理。除了上面这些,我们还可以从这个卦象中分析出很多意思来,大家慢慢去琢磨。

蒙,亨。匪我求童蒙,童蒙求我。初筮告,再三渎,渎则不告,利贞。

现在我们来看一看蒙卦的卦辞:这里说的是启蒙教育做好了,就是亨通的。"匪我求童蒙,童蒙求我","匪"通"非",不是的意思,不是我去求这个儿童来启蒙,而是要让这个儿童来求我给他发蒙。我们现在的教育完全违背了这一点,现在是家长逼着孩子学习,而蒙卦的卦辞告诉我们,不是大人去求孩子学习,而是孩子遇到困惑了再来求大人或老师,也就是说要让孩子主动学习、主动来请教,而不是被动学习,这样他才会有求知的欲望和解开困惑的想法,然后你再一点拨,他马上就能学会了。孔子就说过"不愤不启,不悱不发","愤"是心里想弄清楚,结果怎么都弄不清楚,不到这种情况就不要去启发他,"悱"是想说又说不出来,不到这种状态就不要去启发他。也就是说,启蒙教育是孩子自己想把问题搞清楚的时候再去教他,我们做家长的要想一想,是不是按照这个来做了。

"初筮告","筮"是一个竹字头加一个"巫",意思是用蓍草来占卜。用蓍草占卜叫"筮",用龟甲占卜叫"卜","卜"字一竖一点就像龟甲烧过以后的纹路。"初筮告"就是第一次来求问的时候可以告诉他;"再三渎","再"是第二次，跟"一鼓作气，再而衰，三而竭"的"再"是一个意思，那么第二次、第三次再来求问就是亵渎神明了。"渎则不告"，亵渎了就不告诉他。我的理解是，当孩子找老师问问题的时候，要相信老师，第一次求教，老师可以告诉他，如果再三来问同样的问题，就说明他对老师所说的话有怀疑，再告诉他也是没用的，这就叫亵渎，这时就不要告诉他了。这里讲的是一个启蒙、发蒙的心理状态。

《彖》曰：蒙，山下有险；险而止，蒙。蒙亨，以亨行，时中也。匪我求童蒙，童蒙求我，志应也。初筮告，以刚中也。再三渎，渎则不告，渎蒙也。蒙以养正，圣功也。

"蒙，山下有险"，蒙卦上面是山，下面是水，水可以作艰险讲，这句话的意思就是山下面有危险。"险而止，蒙"，蒙卦上面的艮卦是一座山，有"止"的意思，把艰险给克服掉、终止掉，就叫"蒙"。"蒙亨，以亨行，时中也"，为什么蒙卦这个时候是亨通的？因为它"时中"。"时中"这个词在《易经》中出现的频率很高，是一个非常重要的观点，是做事要符合时机、坚守中道的意思，指要用中正之教来启蒙孩子。

"匪我求童蒙，童蒙求我，志应也"，不是老师求学生，而是学生求老师，这样志向才能相应，相应才能解惑。"初筮告"，为什么第一次求问的时候要告诉他呢？"以刚中也"，因为第二根爻是阳爻，也叫刚爻，是居中位的，意志坚定又守在中位上，老师就可以把解决问题的方法告诉他。"再三渎，渎则不告，渎蒙也"，再三问老师同一个问题的时候就不要告诉他了，因为这是亵渎启蒙老师。

"蒙以"就是"以蒙"，"蒙以养正，圣功也"，这句话是说用"蒙"可以培养最纯正的品质，这是圣人最大的功劳，所以蒙卦是教我们养正气、养正道、养正德。如何判断是不是"正"？按照乾卦的说法，只要符合天道、符合自然规律和事物本来面目的东西就是"正"。教孩子首先要教他"正"，这样他一辈子都会受用，将来就不会走邪路了。

《象》曰：山下出泉，蒙。君子以果行育德。

蒙卦上面是一座山，从山里流出来泉水，君子要按照这个卦象来"果行育德"。"果"是果断，在这里作使动词，使行为果断，"育德"是培育出纯正的品德。"蒙以养正""果行育德"是我们做启蒙教育的目的。启蒙教育不是要教孩子多少知识，而是要教他确立正道，要有品德，然后他的行为就会果断，做事情就会坚韧不拔。

初六，发蒙，利用刑人，用说桎梏，以往，吝。
《象》曰：利用刑人，以正法也。

我们来看六条爻辞，很有意思，其中五条爻辞里面都有"蒙"，只有一条没有。这六条爻辞是做启蒙教育的一个过程，分为六个阶段。

第一个阶段叫发蒙。刚开始教育孩子的时候，要把他最初的那一点蒙昧启发掉，怎么做呢？要"利用刑人"，"刑"通"型"，就是要树立一个规范、一个模型、一个典范，然后用这个典范来教育孩子。"用说桎梏"，"说"通"脱"，脱离的意思，"桎梏"是脚镣和手铐，把脚镣和手铐摆脱掉，"用说桎梏"有两个意思：第一个是告诉孩子遵纪守法，不要触犯刑律，不要戴上脚镣手铐；第二个是告诉孩子要摆脱各种束缚。这就是说，教育孩子一方面要告诉他一些大的制度、道德的底线、不能触碰的东西，同时又不能太限制孩子，要发挥他的想象力、创造力。

九二，包蒙，吉，纳妇，吉，子克家。
《象》曰：子克家，刚柔接也。

"包蒙，吉"，意思是教孩子要有包容的心，包容蒙昧。九二爻是阳爻处在中位上，告诉我们要有宽容的胸怀，这也是教育孩子非常重要的一点，要包容别人。"纳妇，吉"，娶这个妇女是吉祥的。也可以说有了包容之心，夫妻间的关系就和谐了。"子克家"，这个孩子就可以来治理家庭。这里主要是强调包容的重要性。

儿子能够治家，是因为九二刚爻与六五柔爻可以相接应。家庭和睦，家庭成员都能顺服于他，所以他能够治家。

六三，勿用取女，见金夫，不有躬，无攸利。

《象》曰：勿用取女，行不顺也。

第三爻没有提到"蒙"，而是讲了一个故事：不要娶这样的女人——见到有钱的男人，就不顾自己的体统失身于他，娶了这种人之后是没有利的。一般到第三阶段大多凶险，而这里的六三爻又是阴爻处在阳位上，位置已经不正了，女人不守妇道，一看到"金夫"（有钱的男人）就不顾自己的体统，这个"金夫"就是指最上面那根爻——上九爻。

在《易经》里，上下卦是可以一一对应的：一和四发生关系、二和五发生关系、三和六发生关系。那么发生什么样的关系才好呢？一般来说，一阴一阳肯定是好的，这叫阴阳相合；但如果两个爻都是阳或者都是阴，那就不好了。蒙卦第三爻是阴爻，第六爻是阳爻，按说是好的，但爻辞上说不好，为什么呢？因为第三爻的这个女人，太见钱眼开了，所以是不能娶的。那这跟启蒙教育有什么关系呢？这实际上是一种比喻，在启蒙的时候要告诉孩子要"躬"，"躬"就是要自己亲身去做事，不要依靠别人，要顾及自己的体统，这是教育中非常重要的一点，要自食其力，不要依附有钱有势的人，这是品质问题。

六四，困蒙，吝。

《象》曰：困蒙之吝，独远实也。

第四个阶段说的是被蒙昧所困扰了，没有人能够去启蒙教育，这个时候是有遗憾的。这是到人生的第二个阶段了。

《象传》的意思是独自远离了阳刚之人。蒙卦的阳爻是第二爻和第六爻，第四爻上下都是阴爻，离阳爻比较远。这就告诉我们，如果你在这个上下都是阴的环境里面，也就是在困境里，就容易被蒙昧所困扰，所以要注意选择环境。

六五，童蒙，吉。
《象》曰：童蒙之吉，顺以巽也。
"童蒙"是幼稚的、蒙昧的人，为什么吉呢？因为到了第五个阶段，是相当成熟的一个阶段了，保持儿童天真烂漫的心态，反而会是吉的。

上九，击蒙，不利为寇，利御寇。
《象》曰：利用御寇，上下顺也。
最高一个阶段是阳爻，阳一般表示坚固，如果这时不仅蒙昧，还很顽固，就要"击蒙"——敲打他，用严厉的方式来进行启蒙教育，这样做是非常有利的。"不利为寇，利御寇"，"寇"是强盗，在这里指暴烈的启蒙教育方式，意思是不利于采用太暴烈的方式，而适合采用刚中有柔的方式。虽然这个时候要严厉一些，但也不能太暴烈。只有这样，上下意志才能互相顺应和谐，取得有利的结果。

蒙卦是讲启蒙教育的卦，它是从教和学两个方面来揭示启蒙教育的原则和规律。还有一点非常重要，它告诉了我们在不同的时间、地点，对不同的人要采用不同的教育方法。蒙卦一共包括六个阶段，从下到上分别为发蒙、包蒙、躬蒙、困蒙、童蒙、击蒙，如果按照这样的原则去做，就可以培养出正确的、符合正道的品德，这就叫作蒙以养正，果行育德。

五　需卦——保持耐心，善于等待

下乾上坎，水天需

需，有孚，光亨，贞吉，利涉大川。

上六，入于穴，有不速之客三人来，敬之，终吉。

九五，需于酒食，贞吉。

六四，需于血，出自穴。

九三，需于泥，致寇至。

九二，需于沙，小有言，终吉。

初九，需于郊，利用恒，无咎。

需卦是《易经》的第五卦。事物经过了先天后地，天地交合，产生了万物，就是第三卦屯卦；这个时候事物太小了，懵懵懂懂，还是蒙昧的状态，所以要启蒙、发蒙，就是第四卦蒙卦；启蒙、发蒙之后就需要等待，就是第五卦需卦。

我们先来看一看这个"需"字，上面是"雨"，下面是"而"。"而"在甲骨文里指人的胡子，意思是柔软的，因为胡子是软的、可以动的，所以"需"表示雨水温和地落下来。下的不是滂沱大雨而是柔软温和的雨，"需"字也就代表所有柔软温和的事物。比如"儒"字就是从"需"字来的，后来又指人在沐浴雨水，所以儒家就是一些尽人事听天命的人，也是一些掌握知识、为人们所需要的人；同时，儒家给人一种温和的感觉，叫"即之也温"。南怀瑾先生说儒家是粮食店，是人人所需要的，这是有道理的：所以需者，也是饮食之道，代表人们饮食的需求。

需卦的卦象是：下面是天，上面是雨，叫水天需。意思是水在天上还没有下下来，乌云密布，所以我们要耐心地等待它降下来。需卦是到了人生的第五个阶段，要耐心等待时机。

《易经》有两个卦是讲怎样实现梦想的，就是需卦和履卦。需卦教我们善于等待，不能以为有了梦想之后马上就能实现，这是不可能的；而履卦告诉我们还要脚踏实地地去做。所以需卦好比是仰望星空，履卦则是脚踏实地，这样两者相结合才可能实现梦想。

需，有孚，光亨，贞吉，利涉大川。

"有孚"的"孚"在《易经》里出现的次数非常多，"孚"表示诚信、恒心、坚定不移的志向，"有孚"就是有了诚信、坚定不移的志向，就可以"光亨"。这种场景说的是天上乌云密布，雨水还在天上，本来是不光明的，但是我们的心要光明，在等待的时候要坚信能看到阳光，这样才能亨通。"贞吉，利涉大川"，"贞"有坚贞的意思，也有正的意思，这句话的意思是，坚守正道才可能获得吉祥，有利于渡过大江大河。

需卦的卦辞告诉我们在等待的时候要注意两点：一是"孚"，一是"光"。要看到光明的前景，而且要坚定自己的志向。

《彖》曰：需，须也，险在前也。刚健而不陷，其义不困穷矣。需，有孚，光亨，贞吉，位乎天位，以正中也。利涉大川，往有功也。

"需"通"须"，"须"是等待的意思，因为"险在前也"，前方有危险，前方就是指上面的坎卦，因为是有危险的，所以要等待。我们讲过，看一个卦要从下往上看，越靠下面越近，越靠上面越远，所以这里的坎卦在前方、在远方。这个时候要"刚健而不陷"，因为刚健所以不会陷下去，不会遇到危险或者说能够渡过危险，所以"其义不困穷矣"。不会困穷，不会走投无路，这是指下面的乾卦，乾卦为刚健、自强不息。所以，我们在等待的时候，要有坚定不移的志向，要自强不息，不要怕遇到的艰险。

"需，有孚，光亨，贞吉，位乎天位，以正中也"，就是说你等待的这个事情必须要符合天道、符合自然规律。"以正中也"，又正又中指的是九五爻和九二爻，这两根爻刚好在中位，第二根爻是下卦的中间，第五根爻是上卦的中间，表示要守正道。当然最重要的还是九五爻，一般一个卦的第五爻都是比较重要的，决定这个卦的吉凶祸福。需卦的第五爻就是最重要的，这根爻是阳爻，五又是阳位（一三五为阳位，二四六为阴位），"正"就是阳爻处在阳位上，它是又中又正的，同时又走正道，所以一定能渡过艰难险阻，肯定会成功。

《象》曰：云上于天，需。君子以饮食宴乐。

"云上于天"是云在天的上面，这个"云"是指水。乌云密布，到一定程度会降下来，成为雨水，这就构成了"需"的形象。"君子以饮食宴乐"，做君子就要按照这个卦象来饮食宴乐，因为这个时候雨水还没降下来，我们要耐心等待，怎么做呢？就要"饮食宴乐"，"饮食"是说这个时候要去吃东西，不要急着做事情，要等待时机，吃东西在这里比喻养精蓄锐；"宴乐"，宴会欢乐，但并不是指我们在等待的时候大吃大喝、沉湎于酒色，而是指心态要平和，"乐"是平和的快乐，不是寻欢作乐。

六根爻，也就是六个时空点，除了最后一根爻没有"需"字，其他五根爻都有"需"字，从下往上"需于郊""需于沙""需于泥""需于血""需于酒食"，最后一根爻虽然没有"需"，但是它说"入于穴"，其实就是"需于穴"，这是讲在六个不同的时间、空间里等待会发生什么样的情况。

初九，需于郊，利用恒，无咎。
《象》曰：需于郊，不犯难行也。利用恒，无咎，未失常也。
刚开始是在郊外等待，位置比较远，所以需要等待的时间要长一些，这个时候要"利用恒",保持一颗恒常的心,这非常重要,这样的话就可以没有灾祸。在等待的第一个阶段,强调了开始的时候要有恒心,不急不躁,心中要镇静,不要一开始就去冒险。

九二,需于沙,小有言,终吉。

《象》曰:需于沙,衍在中也。虽小有言,以终吉也。

在沙滩上等待的时候要少说话,这样终究会吉。和第一个阶段初九爻相比,这是一个从远到近的过程,先在郊外然后到沙滩,沙滩就慢慢接近水了,这个时候离危险也就不太远了,所以这时要少说话,言多必失,要坚持到底。《易经》里经常说"小有言",一般就是指要少说话,这样往往是吉的。

九三,需于泥,致寇至。

《象》曰:需于泥,灾在外也。自我致寇,敬慎不败也。

九三爻是在泥汤中等待了,会招来强寇。这还是从远到近的过程,先是在郊外,然后在沙滩,然后在泥汤,这时更接近水了。作为下卦的最上爻,代表第一个阶段到头了,乾卦快走完了,马上要进入坎卦,更加凶险了,会招来一些强寇,所以要谨慎。

《象传》解释说"敬慎不败",是指要有敬畏心、加倍谨慎,这样可以避免灾祸,不会失败。

六四,需于血,出自穴。

《象》曰:需于血,顺以听也。

六四爻这个时候就已经进入坎卦了,这是一个危险的境地,所以用血来比喻,血泊和水都属于一类事物,这就更加危险。进入到危险的境地要怎么做呢?要"出自穴"。

从洞穴里想办法逃脱出来,要怎样逃脱呢?《象传》解释说"顺以听也",

要顺从并且要听命。顺从的是上面的九五爻，九五爻代表了一个守中道的刚健之人，所以在第四个时空点一定要听命于这个中正之人，这样可以避免危险。听命于时事和中道，也就是顺应天道。

九五，需于酒食，贞吉。
《象》曰：酒食贞吉，以中正也。

九五爻是最好的爻了，又中又正，代表符合天道的人可以在酒席的美食中等待，是"贞吉"的，守正道就能吉祥。前面讲过"酒食"不是沉湎于酒食，而是指在危险中要"宴乐"，要保持乐观的心态，所以"酒食"在这里指养精蓄锐，保持乐观的心态，并且要守正道，这样就可以吉祥，可以等到你真正所需要的东西，也就是你的梦想。

上六，入于穴，有不速之客三人来，敬之，终吉。
《象》曰：不速之客来，敬之终吉。虽不当位，未大失也。

"穴"是洞，这个时候掉到洞穴里去了，可能"有不速之客三人来"，"不速之客"后来成了一个成语。"速"是邀请的意思，"不速之客"就是没有邀请他，却自己来了的人。有三个"不速之客"，这个时候如果恭敬地对待他们，终究会吉祥。"入于穴"也可以理解为"需于穴"，在洞穴中等待，你会等到一个出乎意料的情况。三个不请自来的人是指下卦的三根阳爻，也就是乾卦。这个时候你会等到一个符合天道、符合正道的人出现，或者是等来这样的事情，你敬畏他、敬畏天道终究是会吉的，所以等待的结果是非常好的。

需卦讲的是事物刚刚发生的时候，经过屯卦、蒙卦之后，你要有耐心、要等待，等待是一个从远到近、从下到上的过程。等待的时候首先要有耐心、有恒心、有光明心，然后会逐渐接近危险，这时说话要谨慎、要少说话、要冷静、要善于思考、要恭敬，像二爻、三爻都是这样的，四爻也是，四爻都在血泊当中了，但是照样要不急不躁，听从天命，不要抗拒天理，然后到九五爻等待到正道了，但是到最后上六爻还是要敬畏天道，非常好的结果也就是"不速之客"自然而然就会到来。这是告诉我们在等待的时候，最重要的就是保持耐心，保持坚忍不拔的正心正念，保持恒心；其次是不要害怕艰难险阻，在任何时候都要守持正道，保持冷静，保持一颗恭敬心。所以等待实际上是一种人生智慧，现在的人都太急躁了，做什么事情都想一夜成功，这样耐心不够往往会导致失败。

六　讼卦——慎争戒讼，化解矛盾

下坎上乾，天水讼

讼，有孚窒惕，中吉，终凶。利见大人，不利涉大川。

上九，或锡之鞶带，终朝三褫之。

九五，讼，元吉。

九四，不克讼，复即命渝，安贞，吉。

六三，食旧德，贞厉，终吉。或从王事，无成。

九二，不克讼，归而逋，其邑人三百户，无眚。

初六，不永所事，小有言，终吉。

讼卦是《易经》的第六卦，经过了前面第五个阶段的需卦之后发生了一件意想不到的事情，就是争讼。需卦是等待，等待的结果为什么是争讼呢？我们可以从卦象上看，需卦下面是天，上面是水，就是水在天上还没有下下来，是等待的时候。到了讼卦就变成上面是天，下面是水，也就是水落下来了。但是水刚落下来的时候量很少，所以下面的人就要抢，这个局面就好像一个争讼的局面。我们再看讼卦上面的天是怎么运行的？天上的太阳、月亮都是从东向西运行的；而下面的水是怎么运行的？在中华大地上的水基本上都是从西往东流的。天和水的运行方向恰好相反，互相背离了，这就构成了争讼的局面。但是要注意讼卦不是教我们怎样去争讼、去争抢，而是教我们如何停止争讼、停止争抢。

讼，有孚窒惕，中吉，终凶。利见大人，不利涉大川。

需卦的开头是"需，有孚，光亨"，讼卦和需卦的卦辞都有"有孚"两个字，可见"孚"字很重要。"孚"就是一颗诚心、一颗坚韧不拔的心或者一颗正心，只要"有孚"，往往都是吉的。所以《易经》其实是讲洗心、修心的，《易经·系辞传》有句话说《易经》是"圣人以此洗心"，也就是圣人用《易经》把自己的心洗干净。"窒惕"就是恐惧，要恐惧、要警惕，因为争讼是一件令人恐惧的事情，对此我们要怀有一颗正心，同时保持一颗恐惧的心。"中吉，终凶"，中间是吉的，但是最后的结果是凶险的，如果老是去抗争、争讼，一开头是吉的，但是最终都是凶险的，这就教育我们不要去争讼。"利见大人，不利涉大川"，有利于出现一个大人，或者有利于做一个大人，真正的大人是不去抗争的，尤其不会跟天抗争，如果你去抗争就"不利于涉大川"，不利于渡过大江大河，争讼就好比是一次渡河、渡过天险，稍有不慎就会带来伤害，所以孔子说："听讼，吾犹人也。必也使无讼乎！"意思是说我自己在审理诉讼和断案方面和别人没有太大的区别，但我有一个最大的特点——"必也使无讼乎！"我尽量让大家不发生诉讼。打官司、争讼自古以来就是劳民伤财的事情，所以尽量不要让它发生，这就是讼卦的主旨。

《彖》曰：讼，上刚下险，险而健，讼。讼，有孚窒惕，中吉，刚来而得中也。终凶，讼不可成也。利见大人，尚中正也。不利涉大川，入于渊也。

讼卦上面的乾卦是刚健的，下面的坎卦是危险的，所以叫"上刚下险，险而健"。危险遇到刚健就会争讼，也就是天和水相遇就会争讼：天是从东向西运行，水是从西向东流，这两个相互违背，所以就争讼了。为什么中间吉呢？"刚来而得中也"，中间吉是由于刚爻居中位，中位是一个卦的第二位和第五位。讼卦的第二位和第五位都是刚爻，所以是吉的。为什么终究是凶的呢？"讼不可成也"，老是诉讼或者打官司是不可能成功的，所以最终是凶险的。"利见大人，尚中正也"，为什么能"利见大人"呢？因为九五爻又中又正。"不利涉大川，入于渊也",最后会掉到深渊里去,因为下面的坎卦既代表水又代表深渊。这就是《象传》对卦辞的解释。

《象》曰:天与水违行,讼。君子以作事谋始。

讼卦上面是天,下面是水,上下相背而行。君子看到这样的形象应该"作事谋始",做任何事情在开始的时候就要善于谋划。谋划什么呢?就是不能和天道相违,做任何事情的开始也叫起心动念,非常重要。不要跟天道相背,违背天道天理的事情千万不能去做,做了最终肯定是凶的。

初六,不永所事,小有言,终吉。
《象》曰:不永所事,讼不可长也。虽小有言,其辩明也。

刚开始的时候,不要长时间地纠缠争讼这件事,要少说话,终究是吉的。一开始打官司,难免要说话,会有一些口舌是非,但还是要少说话。说的话要符合真理,也就是天道,一开始就要跟天道相顺,不要跟天道相违,只有这样最终才是吉的。

九二,不克讼,归而逋,其邑人三百户,无眚。
《象》曰:不克讼,归逋,窜也。自下讼上,患至掇也。

"克"是能够的意思,"不克讼"意思是不能去争讼。到了九二爻这第二个阶段,是阳爻居阴位、中位,所以要按照中正之道做事,不要去争了。"归而逋",要与世无争地归隐,"逋"就是逃跑、逃亡,意思是不要去争,要归隐。"其邑人三百户,无眚",城堡中有三百户人家,没有"眚"。"眚"字上面一个"生",下面一个"目",原义是眼睛瞎了,在这里指灾祸,"无眚"就是没有灾祸,也就是说在日常生活工作中,你要尽力避免争讼、打官司,要考虑到你的一个不合适的举动、行为,很可能会连累很多人("三百户"非实指),所以你现在要归隐,归隐之后这些人就可以免于遭殃。

六三，食旧德，贞厉，终吉。或从王事，无成。

《象》曰：食旧德，从上吉也。

第三根爻也就是第三个时空点。"食"是遵循，"旧德"是过去的德，"食旧德"是要遵循旧有的道德修养。"贞厉，终吉"，虽然有危险，但是终究是吉的。"或从王事，无成"，要跟随大王去做事，没有成就，但可以善终。坤卦里也有"或从王事，无成有终"，这个王就是上面的乾卦，乾卦就是大王。六三爻是下卦到头了，它紧靠上面的乾卦，也就是大王、天，代表了正道、天道。所以，六三爻实际上就是在说不要与上面争讼，要顺从天道，这是一种旧有的美德，要遵循它。

九四，不克讼，复即命渝，安贞，吉。

《象》曰：复即命渝，安贞，不失也。

"复"是恢复，前面九二爻的"归而逋"是说要归隐，这里的"复"也是指要归来、回过头来。"命渝"，"渝"是改变，要安于正道、承认变化，改变争讼，不要再去争讼了，要服从天命。"安贞，吉"，安守正道是吉祥的。因为这个时候已经进入上卦了，第二个阶段刚刚开始，正是处于强势的时候，这时不要太逞强，要改变争讼的念头，安于正道，不要失去正位。

九五，讼，元吉。

《象》曰：讼元吉，以中正也。

九五爻这里教我们要去"讼"，在讼卦的六根爻里，唯独九五爻说要"讼"，其他爻都说不要"讼"。为什么九五爻可以"讼"，并且是"元吉"的呢？因为九五本身就代表了天道，九五至尊，又中又正，而且讼卦的上卦又是乾卦，这就是说符合天道的事情可以去争讼、据理力争。只要行为上不太偏激，守住中道、正位，就可以"元吉"，"元"就是初心、本源。在九五爻这里去争讼就能化解双方的矛盾，双方也不会受到损失，因为是按照天道来做的。

上九，或锡之鞶带，终朝三褫之。

《象》曰：以讼受服，亦不足敬也。

最后一爻上九爻，说的是争讼最后取得胜利了，就会被赐予腰带。"鞶"下面是"革"，表示一种皮带，"鞶"是一种带玉的皮带，象征尊贵的腰带，因为打赢了官司受到奖赏，所以被赐予珍贵的腰带。但是"终朝三褫之"，"终朝"代表一天，"褫"是剥夺，"三"代表多次，"终朝三褫之"就是一天之内腰带会被多次剥夺掉。虽然被赐给了珍贵的腰带，但是又会多次被夺回去。这是告诫我们在争讼取得胜利的时候，千万不能不依不饶，应该放人一马，因为即使取得胜利受到奖赏了，也终究会失去这种奖赏，所以万事不能做得太过，不失原则的前提下得饶人处且饶人。

通过争讼使别人服从你，终究是得不到尊敬的，所以我们要以理服人。

讼卦教我们不要去争讼，以及怎样停止争讼，我把它从下到上概括了一下：第一爻是不永讼，不要永远去争讼，一开始的时候不要说一定要把官司打下去，永远在打官司，这不行；第二爻是不克讼，不能够去争讼，要归隐，要想到还有众人，还有亲朋好友；第三爻是不与上讼，不要跟上面争讼，因为第三爻靠近乾卦，不要跟上位的人打官司；第四爻是不克讼，不要去争讼，要改变争讼的念头；第五爻是可以讼，要按照天道来争讼，但是也不能太过，要守中、守正；最后一爻是不可久讼，不能长久地争讼。

总的来说，讼卦告诉我们，要尽量避免矛盾激化，要按照天理化解矛盾，要"有孚"，保留诚心、恒心、中正之心，还要有警惕的心、恐惧的心；做事情不能得理不饶人，不要想持久地打官司，要"作事谋始"，开始的时候就不能与天道相违，这样才能善终。

七　师卦——统众之道，顺应人心

下坎上坤，地水师

师，贞，丈人吉，无咎。

上六，大君有命，开国承家，小人勿用。

六五，田有禽，利执言，无咎。长子帅师，弟子舆尸，贞凶。

六四，师左次，无咎。

六三，师或舆尸，凶。

九二，在师，中吉，无咎。王三锡命。

初六，师出以律，否臧凶。

师卦是《易经》的第七卦，从乾卦开始，我们经历了万事万物的创始、启蒙、等待、争讼，争讼之后就到师卦了。争讼是大家都在争，先是用嘴争，后来就动武争了，所以师卦有军队的意思。古代2500人为一师，12500人为一军，所以"师"又代表众人。师卦实际讲的就是怎么统领众人，具体到军队就是怎么领导军队打仗。

首先看师卦的卦象，五根阴爻一根阳爻，唯一的阳爻代表率领军队的将帅。师卦的卦象是，上面是大地，下面是水，意思是地上有好多积水，代表众多，所以师卦就是讲怎么带领一支人数众多的部队去打胜仗。放在今天，对于领导者来说，就是怎样领导好下属，提高领导力；对于普通人来说，就是在职场上怎么跟众人相处，获得众人的喜爱。

师，贞，丈人吉，无咎。

"贞"是"正"的意思。"丈人"在今天指岳父，因为五岳之首是泰山，所以岳父也叫泰山，不过这是唐玄宗以后的说法。《易经》里的"丈人"指的是老年人，在这里指德高望重的人，因为领导军队首先要"正"，是正义之师，所以最高统帅必须是个德高望重的人，这样就会吉而没有灾祸。

一般来说用兵打仗都不是什么好的事情，迫不得已才发生战争。《孙子兵法》就讲道："兵者，国之大事，死生之地，存亡之道，不可不察也。"用兵打仗是国家大事，涉及一个国家的生死存亡，所以不可以不明察。明察什么呢？有五件事非常重要：道、天、地、将、法。道是道义，用兵打仗首先要符合道义；天是天时；地是地理或者地势；将是帅，也就是这里的"丈人"；法是制度。将领作为五件重要的事情之一，应该具有五种品德，《孙子兵法》说这五种品德是：智、信、仁、勇、严。智，首先要有智慧；信，要诚信；仁，要仁义；勇，要勇敢；严，要严格、严厉。具备了这五种品德的人就是卦辞里说的"丈人"——德高望重的人，"丈人"领导下的军队才能打胜仗。对于不当将领的普通人，也要具备这五种品德：智慧、诚信、仁义、勇敢、严格。在职场的普通岗位上，也要这么去做，孔子就说过"子率以正，孰敢不正？"你自己都带头去正了，其他的人谁还敢不正？这就叫以德服人，以正服人。

《彖》曰：师，众也。贞，正也。能以众正，可以王矣。刚中而应，行险而顺，以此毒天下而民从之，吉又何咎矣。

"师，众也。贞，正也。能以众正，可以王矣。""师"是众人的意思；"贞"是正的意思；"王"是动词，做君王的意思：能够使众人都走正道，你就可以做君王。"刚中而应"，统帅首先要刚强、守中道、顺应时事；"行险而顺"，行动虽然有艰险，但能顺应天道，所以能化险为夷，这八个字实际是指师卦的卦象："刚中而应"，指师卦里唯一的阳爻第二爻处在中正的位置，"应"是跟第五爻阴爻相应，一阳一阴刚好相应；"行险而顺"，行动虽然很艰险，但是能"顺"，我们在战场上、职场上、商场上都会遇到危险，这个"险"实际是指下面的坎卦，坎卦就是危险，"顺"是指上面的坤卦，坤卦就是大地，坤卦是顺应的，大地顺应天。"以此毒天下而民从之，吉又何咎矣"，用这八个字来"毒天下"，老百姓就会服从你，这是吉的，没有什么危险。

"毒天下"的"毒"不是毒害，而是通"督"，意思是治理天下。我想起另外一句话"量小非君子，无毒不丈夫"，这句话大家都知道，但是可能都理解错了。"无毒不丈夫"不是说做男人就要狠毒、歹毒，不歹毒就不能成为大丈夫，这个"毒"通"度"，也就是"无度不丈夫"，意思是作为一个大丈夫应该有度量。这里的"毒天下"就是监督天下，那要用什么来监督、统治天下呢？要正。什么叫"正"？要获得老百姓的支持——"民从之"，这种行为才是正的。

我想起孟子在回答齐宣王的提问时说过：燕国暴虐老百姓，人民怨声载道，这时你前去征讨它，老百姓会以为你是"拯己于水火之中"，是正义的，所以老百姓会"箪食壶浆以迎王师"，用竹筐拿着食物、用酒壶装酒来迎接大王的军队，这符合百姓的利益，肯定是吉的。

那么普通人在职场上怎样才能得到认可呢？也是这样，做对单位或者企业终极任务的完成有好处的事，不要太计较那些鸡毛蒜皮的小事。

《象》曰：地中有水，师。君子以容民畜众。

《象传》从形象上解释卦象，师卦的上卦是坤卦，也就是大地，下卦是坎卦，也就是水，大地下方有水叫地中有水。大地下方的水肯定水量非常大，比如大海，这个水是慢慢积累而成的，这就告诉我们做君子也要按照这个卦象来"容民畜众"，宽容百姓、蓄养民众，"畜"通"蓄"。

作为将帅，带兵一定要有宽容之心、爱护士兵之心，这样士兵才会顺从你。不当领导的人也要用顺应、宽容的心对待周围的人，这样才能得到大家的认可，获得大家的喜爱。所以老子说"知常容，容乃公，公乃王"，"常"就是道，道是永恒的，了解掌握了道，自然就宽容了，做事情就能公正，公正了就可以统治天下当大王，这里其实是告诉我们做人要宽容。

初六，师出以律，否臧凶。

《象》曰：师出以律，失律凶也。

第一爻初六爻是刚刚开始，就是带兵打仗刚刚开始准备出发的时候，要"师出以律"，刚开始就要有严明的纪律。"否臧凶"，"否"是"不"，"臧"是"善"，如果不善就会凶险。当然，如果"否臧"倒过来变成"臧否"，那么"臧"就是表扬，"否"就是批评。初六爻这里是说军纪如果不严明，就会凶险。

一个管理者、一个领导首先要制定严明的纪律，这样才能打胜仗。为什么说"撼山易，撼岳家军难"，就是因为岳飞的岳家军有非常严明的纪律。对于不当将领的普通人，要想在工作岗位上获得大家的信任，首先就要确立规矩，自己就要严守纪律。

如果失去这个严明的纪律，或者不按照这个规矩做，是非常危险的。

九二，在师，中吉，无咎。王三锡命。

《象》曰：在师中吉，承天宠也。王三锡命，怀万邦也。

第二个时空点也就是九二爻，是师卦唯一的阳爻，代表最高统帅。这个最高统帅刚好处在军队的中位，意思是他要守中道就吉，没有灾祸。"三"是虚数，指多次，"王三锡命"，就是大王会多次提拔这个统帅。

因为走了中道所以会受到上天的宠爱。"王三锡命"，大王为什么这么赏识这个统领呢？"怀万邦也"，因为这个统领能够胸怀万邦。万邦就是万国，也就是说，这个九二爻的将领德才兼备，所以能安抚天下。这里强调做领导人一定要主持正义、坚守中道，要德才兼备、心怀天下，这样才会受到上层的赏识和下层的拥戴。

六三，师或舆尸，凶。

《象》曰：师或舆尸，大无功也。

到第三个时空点六三爻，就凶险了。如果出兵打仗，有可能会载一车尸体回来，这是非常凶险的。为什么这样的将帅会打败仗呢？因为六三爻是下卦到头了，第三爻是阳位，但是这个第三爻却是个阴爻，又不中又不正，没有中正之德，并且软弱无能，所以就会打败仗，会载一车尸体回来。这就告诉我们，任命统帅一定要考察他是不是刚强有为，因为第三爻是第一个阶段到头了，是比较凶险的时候。遇到紧急的事情，如果将帅太阴柔、柔弱无能，肯定会有凶险，会无功而返。

《象传》说"大无功也"，将领太贪大求功、不自量力，就会无功而返。

六四，师左次，无咎。

《象》曰：左次无咎，未失常也。

"次"是驻扎，第四爻这个时候军队要从左边驻扎，就没有灾祸。"左"是什么意思呢？老子《道德经》里面说："君子居则贵左，用兵则贵右。"意思是说平常的时候是以左为尊，以右为卑；可是打仗的时候却恰好相反，打仗是凶险的事情，凶险的事情是以右为贵，以左为卑。这里"师左次"是指军队应该退后驻扎，这样才能没有灾祸。

"左次"也没有失去常道，为什么呢？因为第四爻是第二个阶段刚刚开始，阴爻居阴位，是当位，没有离开常道，但因为是阴位，所以要退后驻扎，该退的时候要退。第三个时空点要刚强，到了第四个时空点就应该退守，这样的统帅肯定是能打胜仗的统帅，因为他懂得审时度势。

六五，田有禽，利执言，无咎。长子帅师，弟子舆尸，贞凶。

《象》曰：长子帅师，以中行也。弟子舆尸，使不当也。

六五爻这个位置应该是非常好的，因为第二爻和第五爻都是中位，但师卦的第五爻是阴爻。"田有禽"，"田"是打猎不是种田，打猎的时候有收获，会捕获到一些动物。就行军作战来说，会捕获到俘虏，这是非常好的。但是还要看具体情况，如果统帅是"长子"，肯定是有利的；如果统帅是"弟子"，就会"舆尸"，会载一车尸体回来。这个"长子"和"弟子"是相对而言的，"长子"是指刚正的、正直的、德高望重的人，也就是卦辞里面所说的"丈人"；"弟子"是指没有德也没有才的人，如果是这种人去统帅打仗，肯定会载一车尸体回来。这是告诉我们用人、带兵作战，不仅要看德也要看才，要德才兼备，当然德比才更加重要。

上六，大君有命，开国承家，小人勿用。
《象》曰：大君有命，以正功也。小人勿用，必乱邦也。

最上面一根爻表明战争已经取得胜利了，这时作为"大君"也就是最高国君，应该颁发命令论功封赏。功劳大的人封为诸侯，功劳小的人封为卿、大夫等，但是那些没有才能也没有德行的人千万不能奖赏，否则一定会有后患。

最高的天子，颁发封赏的命令要"正功"，即按照功劳和品德来封赏。"小人勿用"，否则将来一定会危害国家。

师卦讲的是怎样用兵打仗，统领众人。首先，对最高领导者的要求是德才兼备，具体的德就是刚健、中正，这就是"师，贞，丈人吉"。其次，一开始打仗的时候要"师出以律"，有严明的纪律、严格的制度，但是光严格也不行，还要有宽容的心，叫"容民畜众"，这样人民才能顺应你。最后，在不同的时空点、不同的情境之下，该刚强的时候要刚强，否则就会凶险，比如第三爻；应该退守的时候要退守，比如第四爻，这样做才是一个好的领导者。

八　比卦——处世之道，创造和谐

下坤上坎，水地比

比，吉。原筮，元永贞，无咎。不宁方来，后夫凶。

上六，比之无首，凶。

九五，显比，王用三驱，失前禽，邑人不诫，吉。

六四，外比之，贞吉。

六三，比之匪人。

六二，比之自内，贞吉。

初六，有孚，比之，无咎。有孚，盈缶，终来，有它吉。

　　比卦是《易经》的第八卦，在师卦之后。师卦讲的是怎么带领众人或者军队去打仗，但是战争不可能永远打下去，打完之后一定要比和。"比"有两个意思：第一个是比较，打仗之后肯定有胜负，还有战果如何分配的问题；第二个是和谐，比卦主要讲比和之道、和谐之道。

　　我想起《论语》里孔子说的两句话：一句是"君子和而不同，小人同而不和"，另一句是"君子周而不比，小人比而不周"。但这里的"比"是不好的意思，是一种片面的"比"。"君子周而不比"，是说做一个君子要团结不要勾结，"比"有勾结的意思。比卦的"比"不是勾结，而是全面比和，是亲和地比，相当于"君子和而不同"的"和"，虽然有不同，但是在一起要和谐、要合作，这才是君子。所以，比卦实际上是告诉我们人与人之间、领导与下属之间要怎样构建亲切和谐的关系，是教人为人处世之道。

比卦的卦象是：上面是坎卦，是水，下面是坤卦，是大地。前面的师卦上面是大地，下面是水，所以比卦的卦象是师卦的卦象颠倒过来。六十四卦可以分为三十二组，两个卦一组，后面一卦是前面一卦的反卦，也叫复卦。反卦就是把六根爻颠倒一下：前面一卦最上面的爻变成后面一卦最下面的爻，前面一卦最下面的爻就变成后面一卦最上面的爻。前后两卦的意思也是有关联的，前面的师卦是讲怎样带兵打仗的，后面的比卦是讲打仗之后要怎样比和的。

比，吉。原筮，元永贞，无咎。不宁方来，后夫凶。

"比，吉"，比和肯定是吉的，指人与人之间、上级与下级之间都建立了亲切和谐的关系。"原筮，元永贞，无咎"，"原"作动词，"筮"是占筮、占卜，要追问比和之道的本源，抓住本源，永远走正道，就没有灾祸了。"不宁方来"，"宁"是安宁，"方"是国，不安宁的小国都来归顺。"后夫凶"，但是后来的诸侯国就凶险了。因为比卦唯一的阳爻处在九五爻，九五爻下面四根爻都是阴爻，都来跟九五爻比和，所以都是吉的。而最上面的上六爻相当于最后来归附的诸侯国，"后夫凶"，所以上六爻是凶的。意思是说九五爻的君主，用了比和之道，大家会争先恐后地来归附，那些不服气、不来投奔或后来归附的就会有凶险。

《彖》曰：比，吉也。比，辅也。下顺从也。原筮，元永贞，无咎，以刚中也。不宁方来，上下应也。后夫凶，其道穷也。

"比"是吉的。"比"有辅佐、辅助的意思，所以"下顺从也"，指下面四根阴爻全部都来辅佐第五位的阳爻。"原筮，元永贞，无咎"是因为什么呢？因为"以刚中也"。刚爻居中位，这个君主刚健有为，又坚守中正之道，因为九五爻居于上卦的中间，又中又正，所谓正是指阳爻居阳位，所以是吉的。"不宁方来"是因为"上下应也"，不安宁的诸侯都来归顺是因为阴爻跟阳爻相应，这里第一爻到第四爻的阴爻都和上面的阳爻九五爻相应。"后夫凶"，为什么后来的小国会有凶险呢？"其道穷也"，因为它们太顽固了，走到头了必然会遭到灾害，也就是说它们不来比和就会有凶险。

《象》曰：地上有水，比。先王以建万国，亲诸侯。

"地上有水"，比卦上面是水，下面是地，所以是"地上有水"，而前面的师卦是"地中有水"，意思就是"地下有水"，这两个卦象刚好相反。地下的水是隐含的水，比如大地下面的暗河、暗流；地上的水指江河、湖泊，这些水是聚集在大地上的，跟大地非常和谐，形成了比和的趋势。地上的水如果与大地不和谐就会发洪水，而比卦这里是非常和谐的，所以这就是比和。"先王"就是大王，大王要按照这个卦象来建立万国、亲近诸侯。

《象传》这里不说君子而说"先王"，因为君子主要说的是每个人应该怎么做，而王不仅代表自己一个人，而且要领导万民，所以比卦还告诉我们怎样建功立业、建立国家、安抚天下。可见比和之道不仅是指普通人之间关系的亲和，也是指最高统治者和老百姓的比和，还是指最高统治者怎么跟其他国家建交，实现国与国之间的亲和、平等、友善。

初六，有孚，比之，无咎。有孚，盈缶，终来，有它吉。
《象》曰：比之初六，有它吉也。

比卦六根爻都讲了比。第一根爻告诉我们刚开始的时候首先要"有孚"，就是要有诚信，我们的心要很谦虚，这样肯定是"无咎"的，没有灾祸的。"有孚，盈缶，终来，有它吉"，又说了一遍"有孚"，要有诚信、要有诚意；"盈缶"的"缶"是器皿，可以装水，意思是有了诚信就好比酒缸里盛满了美酒或者水缸里盛满了水，内心充满幸福，怀着这种心情去比和就会格外吉祥。初六爻是说跟别人合作的时候，自己首先要心诚，这样才能赢得别人的信任。

"有它吉"，就是有意外的吉祥。能否"有它吉"的关键在于是否诚信，孔子就说过"人而无信，不知其可也"。春秋时期齐桓公非常守信用，他和鲁国的鲁庄公会见的时候被鲁庄公手下的曹刿持剑威胁，被要求归还鲁国的土地，齐桓公在情急之下答应了，并且与鲁庄公签订条约，将距离鲁国国都四百里以内的土地都归还给了鲁国。齐桓公回到齐国之后特别恼怒，想变卦，管仲劝他信守承诺，因为鲁庄公和曹刿都是齐国的仇人，如果对仇人都讲信用，那么对不是仇人的人更会讲信用，如果天下人都知道一个人是诚信的君子，那他们都会信任这个人。于是齐桓公决定遵守诺言，按照约定归还了鲁国的土地。这件事情传出去之后，齐桓公果然赢得了各诸侯的敬重，所以许多人都自愿归顺于他，齐桓公后来成了春秋五霸之首。所以，诚信非常重要，初六爻两次提到"有孚"，就是强调要有诚信。

六二，比之自内，贞吉。

《象》曰：比之自内，不自失也。

在第二个时空点、第二个阶段，要从内心来比和。第二爻和第五爻构成对应关系，第五爻是君主，也是比卦唯一的阳爻，第二爻的六二爻要从内心里归附于第五爻的九五爻的君主，跟这个君主比和，再加上守持正道，就会是吉的。

"不自失也"，没有从内心里失去自己。因为六二爻是阴爻居阴位，所以没有失去自我，这个比和是从内心发出来的，不是失去自我的比和，不是为了自己升官发财、拉关系、巴结领导的比和。所以不做那些丧失自我、没有原则的阿谀奉承，肯定会是吉的。

六三，比之匪人。

《象》曰：比之匪人，不亦伤乎。

"匪人"，指不正派的人。如果跟不正派的人相比和，肯定会凶。

如果跟不正派的人相比和，难道不会有伤害吗？肯定会受伤害。六三爻是和上六爻相对应的，上六爻就是那个不服气、不愿意来比和的小国，如果第三爻和第六爻比和，就变成了阴对阴，肯定是不好的。所以，比和的时候一定要有洞察力，不能什么人都去比和。

六四，外比之，贞吉。
《象》曰：外比于贤，以从上也。
向外去和那些有德的人比和的话，肯定是吉的。

外比于有才能、有品德的人，这个人是谁呢？是九五爻。第四爻上面就是第五爻了，它们紧挨着，所以是吉的。这就说明一定要找一个刚健有为、贤能英明的比和对象，顺从于这样的人，然后跟他比和，肯定会是吉利的。

九五，显比，王用三驱，失前禽，邑人不诫，吉。
《象》曰：显比之吉，位正中也。舍逆取顺，失前禽也。邑人不诫，上使中也。

九五爻是比卦唯一的阳爻，九五至尊又居于中位，指统治者。这告诉我们，领导的比和一定要"显比"，显示出领导比和的胸怀，广泛地去亲近他人。"王用三驱"，君王打猎的时候要三面驱赶，将正面空出来"失前禽"，让禽兽从空出来的地方逃走，这就叫网开一面，意思是追捕动物的时候不要赶尽杀绝，对他人、手下的人也应该网开一面，要惩罚叛逆者，但也要接纳顺从者。"邑人不诫，吉"，对自己人不要过分戒备、设防，这样才符合比和之道，说明比和的双方都要出自真心，互不设防，好像是一家人一样。

"失前禽"是要"舍逆取顺"，就是要舍弃那些叛逆的人，但是也要接纳归顺的人，所以要网开一面。"邑人不诫"的解释是"上使中也"，"上"是九五爻这个君主，"使中"说明这个领导要求下面的群众守正道，自己必须先用中正之道以身作则，这样才能上下志同道合，这是亲比的最高境界。

上六，比之无首，凶。
《象》曰：比之无首，无所终也。

最高的上六爻就是爻辞里的"后夫凶","后夫"是最后那个不愿意来归顺的。"比之无首",比和却找不到首领,这是凶险的。这句话还有另一种解释,"首"是首先,不首先、不领先而是慢慢腾腾地来比和就有凶险。

"比之无首"是没有好结局的。

比卦对我们的现实生活有非常重要的启发。第一,对领导者来说,一定要广泛地亲近他人,跟下属去比和,要广泛地接纳顺从自己的人,要远离离心离德的人,但是也要网开一面,不能斩尽杀绝。第二,对被领导者来说,要发自内心地去比和,而不是阿谀奉承,也不是做表面文章,一定要找到那个守正道的领导者去比和,同时行动要迅速,这样才能创造出和谐的局面,这才是真正的比和之道。

九　小畜卦——守住自我，走向成功

下乾上巽，风天小畜

小畜，亨。密云不雨，自我西郊。

上九，既雨既处，尚德载，妇贞厉。月几望，君子征凶。

九五，有孚，挛如，富以其邻。

六四，有孚，血去，惕出，无咎。

九三，舆说辐，夫妻反目。

九二，牵复，吉。

初九，复自道，何其咎，吉。

小畜卦是《易经》的第九卦，在比卦的比和之后，一定会走向成功，就到了小畜。小畜是指小小的积蓄，是成功的第一步，也指小有成就。这个卦是告诉我们怎样取得成功，以及成功之后要怎样保持成功。

我们先来看这个卦的卦象：上面是风，下面是天，风在天上吹，所以叫风天小畜。

小畜，亨。密云不雨，自我西郊。

小畜是亨通的，天上乌云密布，但是雨还没下下来，乌云从西边的郊外滚滚而来。"密云"指上面的巽卦，巽为风。巽卦的卦象是上面两根阳爻、下面一根阴爻，也就是天下面有虚的东西，这就是云，云再虚掉就是风，所以巽卦可以为云，也可以为风。云聚集在天上，但雨没有下下来，这就是一种积蓄。为什么云是从西边的天空来的呢？因为《易经》是周文王和他的儿子周公写的，周国就在现在陕西省宝鸡市岐山县，地处西方，所以从西边来是有所指的。

《彖》曰：小畜，柔得位而上下应之，曰小畜。健而巽，刚中而志行，乃亨。密云不雨，尚往也。自我西郊，施未行也。

小畜卦卦辞形容的状态是人生迈向成功的第一步，那应该怎么做呢？我们来看《彖传》的解释。

"柔得位而上下应之"，小畜卦六根爻只有一根阴爻，居第四位，是阴爻居阴位，这叫得位；阴爻又是柔的，所以是"柔得位"。六四这根阴爻下面的三根爻全是阳爻，上面的两根爻——九五爻和上九爻——也都是阳爻，它上上下下都是阳，只有自己是阴，那么上下都跟它呼应，叫"上下应之"。《易经》讲究阴阳要相应，"独阳不生，孤阴不长"，阴阳相应肯定是吉的。所以，要成功首先要得位，也就是要受到上上下下的呼应，得到大家的帮助才能小有成功。

"健而巽"，首先要刚健，然后要顺应。刚健指下面的乾卦，要想成功，首先要像乾卦那样勤奋、向上、刚健、努力；然后也要像上面的巽卦那样顺从，不能一味地刚强，要顺应九五爻，因为九五爻是在主位上最刚健的人。

"刚中而志行"，内心要刚强，要走中道，然后要立志而且要行动。立志是非常重要的，一个人想成功，第一步就是立志。孔夫子是多大立志的呢？他在晚年给自己做的总结里说："吾十有五而志于学，三十而立，四十而不惑，五十而知天命，六十而耳顺，七十而从心所欲，不逾矩。"所以孔子是十五岁立志的。"志于学"不是立志于学习，十五岁已经错过了人生最佳的记忆年龄，十五岁才立志学习就成不了孔子了，"志于学"是指孔子十五岁就立志于为学传道。古代的"学"和"道"是连在一起的，叫"大学之道"。孔子十五岁立志，这是成功的第一步。"志行"，立志之后还要努力去实现，成功不仅在于结果，更在于过程。如果最后实现了这个结果，当然是幸福的；如果没有实现，只要你认准志向并且为之奋斗了，照样是幸福的，这样"乃亨"，才是亨通的。

"密云不雨，尚往也"，乌云密布还没有下雨，这是要我们继续前进，预示着会有更大的成功。"自我西郊，施未行也"，乌云密布，雨还没有下，没有施行，现在还只是小小的积蓄，正是努力扩大成就的时候。要使自己的才能显露出来，绝不能浅尝辄止，也不能骄傲，而要更加谦虚。

《象》曰：风行天上，小畜。君子以懿文德。

"风行天上"，这是从卦象上来说的，小畜卦的上卦是风，下卦是天，本来天上是乌云密布的，现在风在上面吹，所以离下雨还有一段时间，这是指下雨前的酝酿期。因为有小小的积蓄，成功将会来临。君子应该按照这个卦象来"懿文德"，"懿"是美好，在这里作使动词，"文"是人文、文化，"懿文德"就是要使自己的品德美好，就要有人文修养和文化。文化是以文化人，文化的核心就是德。

初九，复自道，何其咎，吉。

《象》曰：复自道，其义吉也。

初九爻是刚开始的时候，想要成功就要"复自道"，一开始就应该复归于正道。"复"是恢复、复归的意思，表明原来可能有一段时间没有走正道，现在要回来走正道；"自道"是自然而然的道、本来样子的道，也就是正道。《道德经》上讲"道法自然"，这个"自然"不是大自然，而是本然、本来的样子。慧能在《六祖坛经》里说这叫"本来面目"，也就是现在人讲的初心，佛家叫佛心、佛性，道家叫元性、元神。所以我们要想成功，首先要正心，回到本来的样子，就像婴儿一样，老子在《道德经》里也强调要"复归于婴儿"，这样就不会有灾祸，就会吉。

九二，牵复，吉。

《象》曰：牵复在中，亦不自失也。

九二爻也用了一个"复"，意思是牵引着回复到正道是吉的。初九爻的

"复"是中间有一段时间迷失了，要复归；九二爻的"复"是要牵引着"复"，包括两种情况：一是自己要努力回复到正道，一是要带领着别人一起回复到正道，这样才能成功。

九二爻没有失去自我。九二爻是阳爻居阴位，所以本身要刚健有为，但是不要骄傲自满，要谦虚，要守着那个柔，因为阴位要柔，这样就顺应了事物发展的规律，离成功就更近了。

九三，舆说辐，夫妻反目。

《象》曰：夫妻反目，不能正室也。

九三爻比较凶险，说的是成功以后的情景。"舆说辐"，"舆"是车子，"辐"是辐条，"说"通"脱"，辐条脱离了车轮，所以车就不能用了。"夫妻反目"，如果用一辆车来比喻一个家庭的话，那么车的轮子和辐条就好比是夫妻，这两者是相辅相成连在一起的，只有和睦相处，车轮才能转起来。"舆说辐"比喻夫妻关系破裂了，所以夫妻就反目了。

小畜卦的第三爻和第四爻构成了夫妻：第三爻是阳爻，好比是丈夫；第四爻是这个卦里唯一的阴爻，好比是妻子。这对夫妻是男的在下面，女的在上面，女人骑到男人头上了，男人被女人所压制，比喻一种不正常的情况。

"夫妻反目"，这个家庭的关系就不正常了，对于积蓄当然是不利的。这里说的是成功以后的离心离德，我以前讲过有个"六同"现象：成功之前是同心同德、同舟共济、同甘共苦，成功之后是同床异梦、同室操戈，最后同归于尽。这个时候一定要警惕，在一个家里，做妻子的不能太过了，即便在上位，也不能欺压丈夫；丈夫在下位的时候，要有忧患意识，因为第三爻是第一个阶段到头了，这个时候是比较凶险的，需要继续努力，并且要处理好这种男人居下、女人居上的关系，跟六四爻的妻子和谐相处，这样一阴一阳才可以构成互补关系。

六四，有孚，血去，惕出，无咎。

《象》曰：有孚惕出，上合志也。

第四爻是小畜卦唯一的阴爻。"有孚"两字经常出现，意思是要有诚心、有信心、有慈悲心，"有孚"了就可以"血去"，免去血光之灾；"惕出"的"惕"是警惕，也代表一种恐惧，"惕出"就会解除忧患和恐惧；"无咎"是没有灾祸。第四爻要守柔，因为它是阴爻处在阴位上，是得位的，所以一定要守住这个位置。

"上合志也"，要跟上面的爻志同道合。上面是九五爻，又中又正，代表了天道，六四爻要遵循这个天道，心悦诚服地顺从于上面这个尊位。第四爻是第二个阶段的开始，所以会有艰难，又有"血"又有"惕"，有血光之灾，还有让人警惕、恐惧的事情发生。但是没关系，只要守住自己的位置就可以，因为阴爻在阴位是得位的，跟上面的领导或者有德的人相合，甘居下位顺从于他们，就会得到进一步的成功。

九五，有孚，挛如，富以其邻。

《象》曰：有孚，挛如，不独富也。

九五爻是这个卦的核心，讲的是成功之后应该怎么做。比如，人到中年事业达到鼎盛，是人生最成熟的阶段，这个时候就要"有孚，挛如"。"挛如"表示连续不断的样子，也就是说要继续保持诚心。"富以其邻"这四个字说得太好了，意思是要使自己的邻居也富裕。

"不独富也"，意思是不能自己独自富裕。这个时候你已经成功了，有很多财富了，但是不能独享，要帮助周围的人共同富裕。一个人"独富"肯定是不能长久的，只有大家都富足起来才能国泰民安，这是一种共富的思想。

当年孟子问过齐宣王一个非常有名的问题，孟子问："独乐乐，与人乐乐，孰乐？"孟子问独自欣赏音乐快乐，还是跟别人一起欣赏音乐快乐？齐宣王回答"不若与人"，（自己欣赏音乐）当然比不上跟别人一起欣赏音乐快乐。"乐乐"，第一个"乐"是欣赏音乐，第二个"乐"是快乐。当然现在有人理解为独乐和众乐也是对的，就是独自的快乐不如跟别人在一起分享快乐更加快乐。所以请大家好好记住一句话：痛苦越分越少，幸福越分越多。

上九，既雨既处，尚德载，妇贞厉。月几望，君子征凶。
《象》曰：既雨既处，德积载也。君子征凶，有所疑也。

最后一根爻上九爻，是到了成功的最高处，这个时候会"既雨既处"。"既……既……"的意思是"又……又……"，"处"是停止，又下雨又停止，就是说雨一会儿下一会儿停。卦辞说"密云不雨"，那个时候还没有开始下雨，到了最后上九爻的时候下雨了，但这个雨下下又停停，表明阴阳和合的程度还不够，下雨的时间不长，只是小小的成功。这个时候应该怎么做呢？"尚德载"，只有高尚的品德才能承载万物，所以这时要增加自己的德行。"妇贞厉"，妇人太过刚正就会有危险。前面说过如果六四爻骑到九三爻头上就会凶险，但如果六四爻顺应九五爻就会吉，这就告诉我们成功之后不能太刚烈，有钱之后不能为所欲为，这样会有危险，要谦逊、包容。

"月几望，君子征凶"，"几"通"既"，意思是已经，"望"是每月农历十五的月相，一个月的月相分别是晦、朔、弦、望，其中"望"是指月圆，"月几望"就是已经过了农历十五，月亮开始亏了，这时如果君子还要出征打仗就会凶险。做事不能太满，盈则亏，这告诉我们成功之后不能太过，否则就会走向反面而失败。所以人生的最高境界就是花未全放、月未满，我们有了小小的成功之后，就要去清空自己，这样财富反而会越来越多，这跟九五爻的道理是相通的：不要"独富"，而要"富以其邻"。

小畜卦给我们的启发主要有两个：一个是怎样才能成功，一个是成功之后应该怎么做。首先怎样才能成功呢？就是要走正道，还要"牵复"，不仅自己走正道而且要带领大家一起走正道，正道就是本来的样子、初心；另外还要安于自己所处的位置，处在阴位就按照阴柔的方式来做，服从于九五爻的天道，这样才能成功。成功之后要怎么做呢？非常重要的一点就是不要"独富"，要共同富裕；同时要做减法，不要太满，满则溢。

十　履卦——按礼行事，谨慎小心

下兑上乾，天泽履

履虎尾，不咥人，亨。

上九，视履考祥，其旋元吉。

九五，夬履，贞厉。

九四，履虎尾，愬愬，终吉。

六三，眇能视，跛能履，履虎尾，咥人，凶。武人为于大君。

九二，履道坦坦，幽人贞吉。

初九，素履往，无咎。

　　履卦是《易经》的第十卦，在小畜卦之后。小畜卦代表小小的积蓄、小小的成功，成功之后应该怎么做呢？要"履"。"履"的本意是鞋，可以引申为走路、行动。一般人在取得成功或者有了小积蓄、小成就之后，往往会出现两种倾向：一种是小富即安，安于已经取得的成就，不想再进取；一种是茫然，不知道下一步应该怎么做，应该朝什么方向走，走什么样的路，怎么走这条路，跟谁一起走。所以，履卦就是告诉我们成功之后怎么继续走好这条路。

　　"履"除了鞋之外还有一个意思：礼，就是礼仪，也指行为准则。所以，取得成功之后应该走一条合礼的路。礼在《说文解字》中的解释是"履也"，那么礼跟履究竟有什么关系呢？

　　我们知道有一则寓言《郑人买履》。郑国有个人要买鞋，先在家量好了自己脚的尺码，然后上集市买鞋的时候忘带尺码了，结果他说不行，我忘带尺码了得回家去取。等他跑回家拿了尺码再回到集市的时候，集市已经散了，他最终没有买到鞋子。这个故事告诉我们要会变通，不能因循守旧、故步自封。这个寓言也提到了尺码的问题，鞋子是有尺码的，鞋子合不合适只有自己的脚知道，尺码可以说就是一种准则，这个准则就是礼。所以要走好成功之后的这条路，最主要的就是合礼，也只有符合礼的路才是正确的路。

我们再来看一看履卦的卦象：上面是乾卦，为天，下面是兑卦，为沼泽，是天上泽下。我们可以想象一下，天上太阳的光照耀在下面的沼泽上，沼泽中的湿气会上升，然后上下就会呼应，这是各得其位、符合礼仪的景象，所以履卦的卦象就取了天上泽下各得其位的意思。

履虎尾，不咥（dié）人，亨。

"咥"是咬的意思，踩到老虎的尾巴上，老虎却没咬人，所以是亨通的。这里描述的卦象是：履卦上面是乾卦，乾卦是帝王，而老虎是兽中之王；下面是兑卦，兑卦是沼泽，同时也指人的嘴，因为兑卦是下面两根阳爻、上面一根阴爻，阴爻是空的，人上面一个空的东西，这个形象就是嘴。这张嘴在咬上面那只老虎的尾巴，或者这个人踩到老虎的尾巴上去了，而这个老虎没有来咬他，这是亨通的。

为什么老虎不咬人？因为这个人是轻轻踩在老虎尾巴上的，没有把老虎踩痛了，否则老虎肯定会回过头来咬他。所以踩的时候必须谨慎小心，而且要恰到好处、要合适，合适就是合礼。这就告诉我们，能否走好成功之后的路关键在于路选得是否合适，以及采取的行动是否合礼。

《彖》曰：履，柔履刚也。说而应乎乾，是以履虎尾，不咥人，亨。刚中正，履帝位而不疚，光明也。

"履，柔履刚也"，履卦是柔踩在刚上。履卦六根爻里只有一根阴爻，这根阴爻就是最重要的一根爻，是柔的，其他五根阳爻都是刚的，所以说履卦是柔踩在刚上。"说"通"悦",喜悦,履卦下面的兑卦主喜悦;"应乎乾",适应了乾卦,履卦上面的乾卦代表老虎,也代表天道。"说而应乎乾"是高高兴兴地踩在老虎尾巴上,也就是和悦地顺应天道。"是以履虎尾,不咥人,亨",所以踩到老虎的尾巴,它没有咬人,这是亨通的。

"刚中正",履卦的第二爻和第五爻都是阳爻(刚爻),都在中间,叫"中",阳爻居阳位,叫"正",就是不仅中而且正。"履帝位而不疚","帝位"指上面的乾卦,乾卦为君主、为帝王,老虎也是兽中之王,乾卦刚好符合这个位置,所以踩上"不疚",没有灾祸。"光明也",是光明的。按照天道来做肯定是光明的,天上有太阳、有月亮,日月之光是光明的。当帝王或者当一个单位的领导,在做事的时候要光明正大,要符合履卦的要求,这样才会走向更大的成功。所以,成功的关键在于你是不是有光明正大的品德,是不是走在合适的路上,是不是符合礼仪、行为规范。

《象》曰:上天下泽,履。君子以辩上下,定民志。

上面是天,下面是沼泽,天上的太阳照在下面的沼泽上,沼泽中的湿气就会上升,这样就能上下相应。所以,君子要按照这个卦象来"辩上下,定民志","辩"通"辨",分辨、分别,要分别出上下的不同时位:在社会上,我们要分上下的等级和规则;在整个大自然中,我们也要辨别时位,比如春夏秋冬、东南西北。然后"定民志",要使天下百姓的心安定,这是对上面乾卦的领导者来说的,领导者要让天下的民心安定,这样做才符合领导的礼;对一般人来说,就是要服从天道、安分守己,要摆正自己的位置,听从领导的指挥,这样才是符合礼仪的。履卦讲的就是这种礼,符合上下时位的行为准则是人人都必须遵守的。

初九,素履往,无咎。
《象》曰:素履之往,独行愿也。
六条爻辞,每一条都有"履"字。"素",我们今天讲朴素,"朴素"这个词来源于老子《道德经》的"见素抱朴","素"字下面是绞丝底,代表一种本色的、没有修饰过的丝绸;"朴"是一种没有加工过的木头,所以"朴素"就是指天然的、不加修饰的、保持原生的那种至纯至精、至简至美的状态。"素履往,无咎",意思是要按照本心来做,本心也就是现在时髦的一个词——初心。按照初心来做,走正道,就可以"无咎"。初九是刚开始,而且是阳爻处在阳位上,这是告诉我们保持正心、正道、初心就没有灾祸。

"独行愿也",按照自己心中的愿望来做事就不会有灾祸。这个心中的愿望就是初心。

九二,履道坦坦,幽人贞吉。

《象》曰:幽人贞吉,中不自乱也。

"履道坦坦",走在坦坦荡荡的大道上;"幽人贞吉","幽"是幽暗,"幽人"在这里指隐居、归隐的人,恬淡隐居就会吉祥。第二爻处在中位上,要走中道,也就是大道。《论语》里有一句非常有名的话:"君子坦荡荡,小人长戚戚。"走在中道上,就是指我们要坦坦荡荡,有无私、公平之心,这样才能使人快乐幸福。走中道也是指做事要符合礼仪,这样才是君子。"幽人",不一定是真的归隐,而是说走在中道上要有平和恬淡的心态,不要张扬也不要有太多欲望,这样肯定能"贞吉"。

因为幽人心中没有邪念,走的是中道,所以一定是吉的。

六三,眇能视,跛能履,履虎尾,咥人,凶。武人为于大君。

《象》曰:眇能视,不足以有明也。跛能履,不足以与行也。咥人之凶,位不当也。武人为于大君,志刚也。

第三爻就是到了第三个时空点,这是履卦唯一的阴爻。"眇能视,跛能履","眇"是瞎了一只眼睛,"跛"是瘸了一条腿,这都是不正常的状态,会遇到凶险。"履虎尾,咥人,凶",踩到老虎尾巴上,老虎会反过来咬人,是凶险的。

前面卦辞说的是踩在老虎尾巴上，它没有咬人，而六三爻这里因为踩得不正，所以老虎咬人了。第三爻是阳位，本来应该配阳爻，因为阳爻居阳位是正的，但现在第三爻却是阴爻，阴爻居阳位是不正的，好比瞎了一只眼睛、瘸了一条腿，就只能勉强去看、勉强去走，看东西是不能够明辨事物的，走路也是不稳的，所以会有凶险。

"武人为于大君"，"武人"是孔武有力的人，"为于大君"是说这个"武人"想去做"大君"，"大君"就是最高的君主。意思是这个"武人"不走正道，想去夺取前面那个乾卦的王位，夺取领导的位置，这样做当然会凶险。这里是从反面告诉我们要守正道，否则就会有凶险。

"眇能视，不足以有明也"，瞎了一只眼就看不清楚了，不能明辨事物。"跛能履，不足以与行也"，瘸了一只脚还能勉强走路，但是不能与人一起远行了。"咥人之凶，位不当也"，被老虎咬了，说明阴爻居阳位，位置不当。"武人为于大君，志刚也"，武士那样的人想去夺取王位，这是志向太刚了、太过了，这个时候就会有凶险。

九四，履虎尾，愬愬，终吉。
《象》曰：愬愬终吉，志行也。

"愬愬"是恐惧的样子，踩在老虎的尾巴上感觉很恐惧的话，终究会吉。第三爻比较凶，因为出现了偏颇，做了不符合所居位置的事情，所以就被老虎咬了。第四爻是乾卦最下面的一根爻，乾卦代表老虎，这时虽然已经踩到老虎尾巴上了，但是因为有谨慎之心、有恐惧之心，反而是吉的。

第四爻是告诉我们要有忧患意识、有恐惧之心、有敬畏之心，这样就不会有危险。孔子说"人无远虑，必有近忧"就是这个意思，我把孔子的话改了一下：人有近忧，必无远虑。如果每时每刻都有这种警惕之心、恐惧之心，有忧患意识，就不会有大的灾祸发生，终究会吉。

九五，夬（guài）履，贞厉。

《象》曰：夬履贞厉，位正当也。

"夬"通"决"，决断、武断，如果太主观、太武断，就会"贞厉"。这个爻辞是一种告诫：九五爻一般是好的，九五至尊，又中又正，但如果这时做事过于主观、武断，刚愎自用、独断专行，不注意与别人的沟通，就会凶险。从卦象上来看，第五爻和第二爻是对应的，但这两爻都是阳爻，是刚的，所以会沟通困难、会有凶险。

有凶险，但不至于发生灾祸。因为这个时位好，又中又正，是适当的，按照中正之道来做就可以趋吉避凶。

上九，视履考祥，其旋元吉。

《象》曰：元吉在上，大有庆也。

"视"和"考"都是考察、审视的意思。"视履考祥"，就是到了最高、最后的阶段，要回过头来详细地考察一下走过的路，看看过程中的得和失。"其旋元吉"，"旋"是反转、转身，回过头来往下走才"元吉"，大吉大利。在最高的位置上往往都是凶险的，这里却说"元吉"，说明要经常回顾反思，要谨慎小心，同时要谦和，这样可以避免凶险，最终"元吉"。

履卦是讲成功之后仍然会有艰险，所以做事还要谨慎小心，始终保持就像踩在老虎尾巴上的心态，这样才能取得更大的成功。履卦最核心的思想就是，在取得成功之后，要符合礼仪地去实践、行动，在六个不同的时空点上要采用六种不同的方式，只有方法合适才能战胜凶险。有的爻虽然又中又正，但仍然会有危险；有的爻虽然不中不正，但只要警惕小心，仍然是吉的。这是从两个方面告诉我们按礼行事的重要性和意义，这样做才能取得更大的成功。

十一　泰卦——天地交泰，互相沟通

下乾上坤，地天泰

泰，小往大来，吉，亨。

上六，城复于隍，勿用师，自邑告命，贞吝。

六五，帝乙归妹，以祉元吉。

六四，翩翩不富，以其邻，不戒以孚。

九三，无平不陂，无往不复，艰贞无咎，勿恤其孚，于食有福。

九二，包荒，用冯河，不遐遗，朋亡，得尚于中行。

初九，拔茅，茹以其汇，征，吉。

我们都听说过一个成语"否极泰来"，"否"和"泰"都出自《易经》，是《易经》里的两个卦名——否卦和泰卦。成语"否极泰来"是"否"在前，"泰"在后；《易经》六十四卦的次序则是泰卦在前，否卦在后，泰卦是第十一卦，否卦是第十二卦。

"泰"指好的，通泰；"否"指不好的，否塞、堵塞。实际上否卦和泰卦说的道理是一样的，只是泰卦是从正面来说，否卦是从反面来说。泰卦在履卦之后，履卦是告诉我们要按礼行事，按礼、按规则或者按规律来做事一定会通泰。跟"泰"连在一起的词语往往都是好的，比如三阳开泰、国泰民安、天地交泰、泰然处之、泰然自若，《论语》里也说"君子泰而不骄，小人骄而不泰"，君子"泰而不骄，威而不猛"。我们来看泰卦的卦象：地在上，天在下，所以叫地天泰。而反过来，天在上，地在下，就是否卦。

现在好多人对泰卦有不同的理解：泰卦上面的坤卦是阴性的，可以代表女人；泰卦下面的乾卦是阳性的，可以代表男人，这就可以理解为女人在上，男人在下。研究管理学的教授说：泰卦是指在一个高管团队里，女人当董事长，男人当CEO，企业就能通泰；研究家庭伦理的人说：泰卦是指在一个家庭里，女人当家做主，男人听从女人的，这个家庭就能安宁。这样理解是错误的，因为卦象说的不一定就是确切的事物，它可以指一类事物或者一类景象、一类场景。

泰卦的卦象是从事物交合的现象上来描述的：上面的坤卦代表大地，大地是阴的，所以是阴气在上；下面的乾卦代表天，天是阳的，也就是阳气在下。阳气是从下往上升的，而阴气是从上往下降的，而泰卦正好是阳气上升、阴气下降，这样就能沟通（交泰）了，也叫交通，因此泰卦特别重要，它代表了《易经》的核心思想——阴阳交通。

这跟西方的思维方式不一样，亚里士多德的逻辑有三大基本规律：同一律、排中律、矛盾律。矛盾是不交合的、互相排斥的，而中国的文化从《易经》开始，就强调要交合、沟通，重视阴阳的中间状态，所以《易传》里有十六个字非常重要，强调交合的作用："天地氤氲，万物化醇，男女构精，万物化生。"

泰，小往大来，吉，亨。

"往"是走了、离开了，是从近处往远处去；"来"是来到了，是从远处往近处来。"小往大来"，小的走了，大的来了，小是指阴爻，大是指阳爻。因为一个卦的次序是从下向上的，坤卦三根爻全是阴爻，是指小的都走了，所以阴爻都在上边；乾卦三根爻全是阳爻，是指大的都来了，所以阳爻都在下边。"小往大来"才能吉祥亨通，就是指上下要沟通。

《象》曰：泰，小往大来，吉，亨，则是天地交而万物通也，上下交而其志同也。内阳而外阴，内健而外顺，内君子而外小人，君子道长，小人道消也。

"泰，小往大来，吉，亨，则是天地交而万物通也，上下交而其志同也。"泰卦是天地交合：阳气上升、阴气下降，天气上升、地气下降，上下交合，志向相应，这样万物就通畅了。

大家都听说过上海交通大学，知道为什么叫交通大学吗？不是因为它是研究铁路、公路的，上海交通大学的"交通"就是取自泰卦的"天地交而万物通也"。"上下交而其志同也"，"志同"也叫同志，即志同道合的人，取自《国语》的"同德则同心，同心则同志"，这是一个非常好的词语，所以新中国成立以后，"同志"就成为打招呼的常用语了，例如："同志，前门怎么走啊？"

"内阳而外阴"，"内"指下卦，"外"指上卦，泰卦下面是阳、上面是阴，也就是里面是阳、外面是阴。"内健而外顺"，内卦是乾卦，要刚健，外卦是坤卦，要柔顺。"内君子而外小人"，因为一般乾卦、阳爻代表君子，坤卦、阴爻代表小人。"君子道长，小人道消也"，泰卦下面是三根阳爻，阳爻上升，阴气肯定会消散，所以君子之道长了，小人之道就会衰落、消亡，这是相辅相成的。

《象传》告诉我们：内在要有刚健、坚强的意志，外在则要顺应，也就是内刚外柔、内健外顺，就像铜钱一样内方外圆；还要"君子道长，小人道消"，不断增加自己君子一面的德行，消除掉小人一面的不好的品性；最后还要会沟通，这样才能交泰。

我们都知道"三阳开泰"这个成语，一到羊年，好多人用"三羊开泰"祝福别人，其实用这句成语作为羊年的祝福是错的。"三阳开泰"的"阳"是阴阳的"阳"，而不是一只羊的"羊"，三阳开泰就是指泰卦，下面三根阳爻开出了一个泰卦。泰卦刚好是指正月，因为阴历十一月有一个节气叫冬至，是阴气最多而一阳来复的时候，所以阴历十一月是复卦；到阴历十二月也就是腊月，阳气更多了一点，就是临卦；腊月过了就是正月，正月的阳气又多了一点，下面有三根阳爻了，所以是泰卦。所以，不是羊年的春节才"三阳开泰"，任何一年的春节都可以"三阳开泰"。

《象》曰：天地交，泰。后以财成天地之道，辅相天地之宜，以左右民。

"天地交，泰"，天地交合，通泰。"后以财成天地之道，辅相天地之宜"，"后"不是以后的意思，以后的"后"字简化以前写作"後"，而这里的"后"字是没有简化过的，是君主的意思，当然后世管帝王的夫人叫"后"，但是"后"最早是指帝王自己；"财"通"裁"，裁定、裁断，这句话的意思是君主要效法泰卦的天地沟通之道来制定天地、社会、阴阳交流沟通的法则，来辅佐天地沟通之道。"以左右民"，指导、统领老百姓，意思是让老百姓也要按照天地交合、阴阳交流的法则来进行沟通。

我们在一个社会、一个团队当中，也要注意沟通。现在好多人有矛盾，很大一部分原因就在于误会，而误会的主要原因又在于不沟通，这就叫"世上本无事，庸人自扰之"。所以沟通很重要，交泰、沟通之道可以统领百姓。

初九，拔茅，茹以其汇，征，吉。
《象》曰：拔茅征吉，志在外也。

拔一根茅草，结果带出了一大片茅草，这是好事，如果往前进的话，是吉利的。"汇"是指一类东西，这里指一大片茅草，用来比喻做事情很顺利，会有很多志同道合的人来帮助你。这是沟通的第一步，你立下沟通的志向，诚心实意地跟别人沟通，结果就会像拔一根茅草能带出一大片一样，会有很多人来帮助你，得到事半功倍的效果。

"志在外也"，是说要立志于向外进取。但是必须要沟通，泰卦外面（上面）的爻全是阴爻，要跟阴爻的人在一起沟通，这样才能有志者事竟成。

九二，包荒，用冯河，不遐遗，朋亡，得尚于中行。
《象》曰：包荒，得尚于中行，以光大也。

"包荒"，包容荒野，也就是要包容有缺点的人；"用冯河"，没有船就可以渡过河流,这句话的意思是如果能够包容有缺点的人、包容荒野大川,就可以徒步渡过大河。"不遐遗,朋亡,得尚于中行",不遗弃远方的人,不结党营私,就能得到崇尚中道的美德。九二爻是教我们怎样沟通:首先要包容,哪怕对于有缺点,甚至无能的人也要包容;然后不能结党营私,哪怕是远方的人也不要遗弃,不要嫌弃他们。

东汉时期的班超,是《汉书》的作者、历史学家班固的弟弟,他自己投笔从戎,是非常了不起的外交家。班超当年出使西域,就用了这种方法——包容,才把西域治理得非常安宁。他离任时,他的继任者任尚请他赠言,班超说:塞外的士兵本就是因为罪过而被发配过来,西域当地人又怀有叛逆之心,不容易安抚,所以你一定要"宽小过,总大纲"(宽容小过错,抓大事、大原则)。然后还告诉任尚:"水至清则无鱼,人至察则无徒。"水如果太清了,鱼就不能活了;人如果太精明严厉、太明察秋毫了,就没有伙伴、朋友了,所以要宽容、包容。但是任尚不拿班超的话当回事,认为都是老生常谈,结果后来发生了叛乱,任尚也被贬了。

"以光大也",光明正大。第二爻处在中位,所以要"中行";"光大"是指心中光明,而且胸怀广大。

九三,无平不陂,无往不复,艰贞无咎,勿恤其孚,于食有福。
《象》曰:无往不复,天地际也。

"无平不陂,无往不复",这八个字太重要了,讲出了一个规律:没有全是平坦而没有斜坡的地方,也没有一直前进而不往复的事情。"陂"通"坡",斜坡,这句话是说万事万物不可能总是一帆风顺的,万事万物都是周而复始、有起伏、有往复的,有平就有险,有往就有复,平坦之后是坎坷,坎坷之后是平坦,这就叫否极泰来。高速公路如果总是很平、很直的话,开车就容易犯困出事故,所以在建路的时候会故意设一些弯道,以防止车速过快而放松了警惕。

2017年夏天,美国首席大法官罗伯茨在儿子的初中毕业典礼上做的一个演讲，引起了全世界的讨论，演讲的内容是祝他儿子遭遇不公平、遭遇不幸。罗伯茨说：在未来的岁月里，我希望你遭遇不公正的对待，这样你才会明白正义的价值；我希望你遭遇背叛，这样你才会懂得忠诚的重要……遭遇了不幸，才知道幸运来得不容易，成功就在于不怕失败，所以九三爻的爻辞说："艰贞无咎，勿恤其孚，于食有福。"知道有艰险，然后走正道，这样就没有灾祸；不要去担忧能否取信于人，就会在食禄（俸禄、薪水）上有福气。

"天地际也"，即天地的大规律。

六四，翩翩不富，以其邻，不戒以孚。

《象》曰：翩翩不富，皆失实也。不戒以孚，中心愿也。

"翩"是一个羽字旁，原指鸟成群结队地往下飞，因为六四爻已经是上卦了，上面三根爻都是阴爻，所以往下飞也是指一种潇洒的样子。"不富"，不富有，没有财富还能潇洒；也可以理解为一种虚心，胸怀坦荡地对待邻居。"不戒以孚"，不要有戒心，对周围的人不要戒备，要用诚心对待朋友、邻居。这句话的意思是在与别人沟通的时候，不要有戒备，彻底把自己放开来，才能够潇洒、自由自在。

"翩翩不富"是因为"皆失实也"，失去了实物，反而胸怀坦荡。"中心愿也"，从心中发出"不戒以孚"这种心愿，来跟别人沟通。

六五，帝乙归妹，以祉元吉。

《象》曰：以祉元吉，中以行愿也。

这是很有名的一个故事。"帝乙"是商朝最后一个王——纣王的父亲，"归妹"的"归"是指出嫁，"妹"不是妹妹而是女儿，帝乙把他的女儿嫁给了西伯侯，这样就"以祉元吉"。"祉"是福祉，获得了福祉，大吉大利。

六五爻处在上卦的中间，是一个至尊的位置，在这里就指帝乙。他作为君主，愿意跟下面一个诸侯国的首领西伯侯联姻，说明居尊位的人也要主动跟下面的人求和、沟通。

西伯侯是周国的首领,后来被追尊为周文王。当时周国已经很强大了,天子帝乙为了平稳天下就采用了联姻的方式,这种方式是非常好的,所以取得了大的福祉。但是帝乙的儿子商纣王采用了敌对的方式,把西伯侯囚禁在羑里,这就两相对立了。所以西伯侯出狱之后就想尽办法推翻商纣王的统治,最后西伯侯的儿子姬发完成了这个使命,把商纣王灭了,建立了周朝。

"中以行愿",心甘情愿地去做。帝乙联姻是心甘情愿的,所以发自内心、诚心实意地来沟通,就会产生一种吉祥的局面。

上六:城复于隍,勿用师,自邑告命,贞吝。
《象》曰:城复于隍,其命乱也。

最后一爻上六爻的意思是,城墙倒在了护城河里,不能用军队去打,自己要减少政令法规,否则就有小小的灾祸了。泰卦是好的,所以这里强调要求和、要沟通,不能打硬仗,否则就会"吝",反而有灾祸。

"城复于隍"是因为"其命乱也",用城墙倒在了护城河里来比喻采用斗争分裂的方式所带来的恶果。这说明相互之间已经完全失去沟通了,谁都想发号施令,所以政令已经没有用了,如果还这样争着发号施令反而会带来不好的结果。所以一定要减少政令,相互之间不要再争强好胜了,应该多沟通,这样才能令行禁止。

泰卦告诉我们,化解矛盾最关键的方法就是沟通。泰卦爻辞的最后一个字"吝",是指一种不好的现象,也就是到了否卦。否卦是不好的现象,但否卦爻辞的最后一个字却是"喜",这又是为什么呢?我们接下来就来讲否卦。

十二　否卦——打通否塞，学会包容

下坤上乾，天地否

否之匪人，不利君子贞，大往小来。

上九，倾否，先否后喜。

九五，休否，大人吉。其亡其亡，系于苞桑。

九四，有命，无咎，畴离祉。

六三，包羞。

六二，包承，小人吉，大人否，亨。

初六，拔茅，茹以其汇，贞吉，亨。

我们上一讲讲的是泰卦，泰卦是通泰、交通，否卦则是不交不通。为什么《易经》中是泰卦在前，否卦在后？《序卦传》解释说："物不可以终通，故受之以否。"事物不可能永远处在通泰、通达的状态，有时也会出现否塞的局面，所以泰卦之后要预防不交通的状况出现。泰卦的最后一个字是"吝"，就是有危险的、有不好的情况出现了，也就是否卦。那么，这种不交不通的否卦的状况是怎么造成的呢？

我们来看否卦的卦象，跟泰卦刚好相反，泰卦是地在上、天在下，否卦是天在上、地在下，叫天地否。大家可能会想：天在上、地在下不好吗？自然界不就是天在上、地在下吗？为什么反而是否塞的呢？正如我上一讲在泰卦里讲的，不能光看布局，还应该看功能。天气是阳气，要上升；地气是阴气，要下降。所以阳在下，阳气上升，阴在上，阴气下降，阴阳就交通了，泰卦就取了这个卦象；而否卦是天在上，也就是阳气在上，继续上升，地在下，也就是阴气在下，继续下降，这样阴阳就分离了、不交通了，这就叫否。

明代有一位医学家叫韩懋，不仅医术精深，而且还精通《易经》。一次他看到否卦这种天气在上、地气在下，阴阳相背、天地不交的景象，就联想到了胸中痞闷、不思饮食的这种病是由于心肾不交引起的，一般心火会比较旺，所以会有心中躁动、心跳剧烈、失眠等症状。那这个病要怎么治呢？心肾要怎么相交呢？

韩懋从否卦里受到了启发，然后又在《易传》里看到了一句话："天一地二，天三地四，天五地六，天七地八，天九地十。"天数是一三五七九，地数是二四六八十，韩懋就悟到了可以用黄连和肉桂来治疗心肾不变：黄连是苦寒入心经的，而肉桂是辛热入肾经的，这样心肾就相交了。所以他取肉桂一钱、黄连六钱入药。为什么这样配比呢？因为"天一生水，地六成之"，是一六、二七、三八、四九、五十这么配的，天一配地六。所以，他用肉桂一钱、黄连六钱来改变心肾不交，并给它取了个名字叫交泰丸。

否之匪人，不利君子贞，大往小来。

"匪人"的"匪"通"非"，不是说不是人，而是指不通人道的人，因为在否塞的状态下是没有人道的，所以"不利君子贞"，对君子来说是不利的。"大往小来"，大的指阳的，往上走了，小的指阴的，往下来了。泰卦里的乾卦三根阳爻在下边，现在走到上面去了；泰卦里的坤卦三根阴爻在上边，现在走到下面来了。向上走叫"往"，向下走叫"来"，所以否卦的卦辞跟泰卦恰好相反，泰卦是"小往大来"，是"吉，亨"的，否卦是"大往小来"，是不利的。

《象》曰：否之匪人，不利君子贞，大往小来，则是天地不交而万物不通也，上下不交而天下无邦也。内阴而外阳，内柔而外刚，内小人而外君子，小人道长，君子道消也。

"否之匪人，不利君子贞，大往小来，则是天地不交而万物不通也"，天在上，天气继续往上升；地在下，地气继续往下降，那么中间就隔开了、不交通了，天地不交，万物就不通畅了。泰卦是"天地交而万物通也"，否卦是"天地不交而万物不通"。"上下不交而天下无邦也"，上下不交通，所以天下就没有家、没有国了，家国就危险了。

"内阴而外阳，内柔而外刚，内小人而外君子"，"内"是下卦，"外"是上卦，"内阴而外阳"是因为否卦下面全是阴爻，上面全是阳爻；"内柔而外刚"，阴的是柔的在里面，阳的是刚的在外面；"内小人而外君子"，内心是小人，外在装得像君子。这种现象就会导致无邦无国，造成混乱的局面。

就我们做人来说，一定要学泰卦，不要学否卦。泰卦是内刚外柔，内在有坚定的意志，但是表现出来要柔和，要随机应变；否卦恰好相反，内柔外刚，用一个成语形容就叫外强中干：外表很强大，实际上内心什么都没有。然后"内君子而外小人"，内在是君子，就要"君子坦荡荡"，对外的一些做法，哪怕别人不理解，也要坚持这么做。反过来像否卦这样的"内小人而外君子"是最可怕的。内在是小人之心、邪恶之心，外在还要装作君子，这就叫伪君子。做人千万不能学否卦，同时对那些"内小人而外君子"的人要提高警惕。

"小人道长，君子道消也"，否卦是小人之道会越来越兴盛，而君子之道会越来越衰落，所以要预防、要警惕。

《象》曰：天地不交，否。君子以俭德辟难，不可荣以禄。

天地之气不交，阴阳之气不和，就是否卦。君子要按照这个卦，采用节俭的品德来避开危难，不可以再去追求荣华富贵、追求官位。"禄"指官位。

为什么《象传》不是让君子交通而是让君子"俭德"（节俭，不追求荣华、禄位）呢？这其实是对否卦现象的一种延伸、联想。如果做君子只追求自己的荣华、禄位，然后奢侈浪费，只考虑自己、不考虑别人，自己在上，不跟下边的人沟通，就会跟大众分离，也就是"否"。所以，《象传》是从现象出发，告诫我们：如果生活奢靡，就会发生否卦这种上下不交的危险，只有"俭德"，才能避开危难，达到泰卦。

初六，拔茅，茹以其汇，贞吉，亨。
《象》曰：拔茅贞吉，志在君也。

这跟泰卦初九爻的爻辞是一样的，拔一根茅草，然后连带出一大片茅草，也是"贞吉，亨"。

坚持正道就吉利，因为志向在于辅助君主。泰卦第一根爻是阳爻，自己就是君主；而否卦第一根爻是阴爻，所以自己不能做君主，只有甘心居下，诚心诚意地辅助君主，才能把否塞的局面变为亨通的。

六二，包承，小人吉，大人否，亨。
《象》曰：大人否亨，不乱群也。

包容并且顺承天道，即使是一般的人也是吉的，身处一定位置的人如果改变了否塞的局面也就亨通了。

"群"就是同党、同类，否卦下面三根爻都是阴爻，属于同类，而六二爻在中间，又中又正，坚守中正之道，跟上下爻一样都是阴的，在同类里而没有去扰乱同类。在《易经》里，一般来说偏阴的爻与偏阳的爻相比都不太好，所以把偏阴爻的看成小人。这里其实是说六二爻跟小人处在一起，但是没有受到小人的影响，也没有去扰乱这些同党、同类，所以是吉的。

六三，包羞。
《象》曰：包羞，位不当也。

六三爻就两个字"包羞"，包容羞辱。"羞"，可以理解为有污点的人。这里没说吉凶，所以有两种解释：一种是连有污点的人都能包容，是吉的；还有一种是过分包容会招来羞辱，是凶的。这两种解释都可以，意思其实是一样的，是指在否塞不通的情况下，要胸怀博大地去跟别人沟通，对有污点的人也要包容，这样就可以改变这种否塞的局面；但是又不能太过分，如果对那些邪恶的小人品性也一味包容，就会更加否塞，局面就凶险了。

我倾向包容为吉的解释，泰卦和否卦里多次出现"包"：否卦的第二爻"包承"，是包容顺承；泰卦的第二爻"包荒"，是包容有缺点的人。所以要打破否塞的局面，一定要有包容之心，但是也要讲究度，不能对邪恶的人也包容。

九四，有命，无咎，畴离祉。

《象》曰：有命无咎，志行也。

奉行了天命就"无咎"，没有灾祸，同类相依附就可以获得福气。九四爻就开始进入乾卦了，乾卦就是天，奉行天命肯定就没有灾祸了。"畴"是同类，从九四爻开始，到上面的九五爻、上九爻，它们都是阳爻，都是同类。"离"有两个意思：一个是依附，团结在一起；另一个是美丽，通"丽"。"祉"是福祉、福气。九四爻是天命所系，因为此卦上面是天，所以要为天下人谋福利。这里的同类更广泛，也包括了下面的三根阴爻，指老百姓都要获得这个福祉。

九五，休否，大人吉。其亡其亡，系于苞桑。

《象》曰：大人之吉，位正当也。

"休"是停止，奉行天命就会停止否塞的局面，大人就吉利了，但这个时候还要警惕。"其亡其亡"，快要灭亡了、快要灭亡了，只有警惕才能"系于苞桑"。"系于苞桑"，坚固得像系在丛生的桑树上。

这是一种人生的大智慧，否塞的局面要被打破了，九五爻又中又正，还是最尊贵的位置，是非常好的时候。但是要警惕，要有快要灭亡的危机感，才能坚如磐石，好像紧紧系在桑树上一样。老子说过："夫唯病病，是以不病。"意思是只有时刻警惕着疾病的发生，才能不得病。

上九，倾否，先否后喜。

《象》曰：否终则倾，何可长也。

一般到最后最高一爻都会凶险，而否卦这里却是好的。上九爻倾覆了否塞的局面，"先否后喜"，开始是否的，但后来就喜了、通泰了。

否塞的局面终究会倾覆的，怎么可能长久呢？这就是否极泰来、物极必反。泰卦最后一爻的最后一个字是"吝"，否卦最后一爻的最后一个字是"喜"，这是发人深省的。所以，在通泰的时候要想到"吝"，要想到危机，因为通泰久了就会疏于沟通，慢慢会出现一些矛盾，矛盾发展到一定程度就会形成否塞。

否卦告诉我们否塞的时候要想办法化解，办法有两个"包"：第一个是"包承"，包容、顺承天道的人，无论他的做法如何都要去包容他；第二个是"包羞"，包容有污点的人，拥有这种胸怀才能打破否塞的局面。另外还有两点也非常重要：第一个是"有命"，要执行天命、天道；第二个是"休否"，打破否塞的局面之后，要有忧患意识。这些都是人生的哲理。

十三　同人卦——同民同德，会同和谐

下离上乾，天火同人

同人于野，亨。利涉大川，利君子贞。

上九，同人于郊，无悔。

九五，同人，先号咷而后笑，大师克相遇。

九四，乘其墉，弗克攻，吉。

九三，伏戎于莽，升其高陵，三岁不兴。

六二，同人于宗，吝。

初九，同人于门，无咎。

同人卦是《易经》的第十三卦，在否卦之后。"否"是堵塞，堵塞之后就要会同，要将堵塞打通，达到和谐的局面。在离心离德的时候如何把人心凝聚起来，这就是同人卦要讲的。同人之后要达到一种什么样的境界呢？就是大同。大同这个词出自《礼记》中的《礼运》篇："大道之行也，天下为公。"那怎么才能大同呢？就是要"不独亲其亲，不独子其子"，不仅要孝顺自己的父母，爱护自己的孩子，还要推广到别人，这就是大同。大同社会是一种高度公平、公正、太平、和谐的社会，庄子说大同是与天地万物融合为一。那大同的最高境界怎么才能实现呢？首先就要同人，"人"就是指人心，也就是要同心同德。所以，《易经》第十三卦就是在讲怎么使人心在堵塞、分裂的状态下同心同德、合而为一。

同人于野，亨。利涉大川，利君子贞。

在野外与别人会同，就会亨通。有利于渡过大江大河，有利于君子守持正道。为什么是在野外会同呢？其实是说要用广阔无垠的心境与别人交往，与普天下的人会同，这样才能达到大同的境界。

《彖》曰：同人，柔得位得中，而应乎乾，曰同人。同人曰：同人于野，亨，利涉大川，乾行也。文明以健，中正而应，君子正也。唯君子为能通天下之志。

"柔"，同人卦只有一根阴爻，是六二爻；"得位得中"，在下卦的中位，又是得位，意思是阴爻居阴位；"应乎乾"，又能顺应上面的乾卦，乾卦就是天道，意思是能跟天道相适应就是同人。"同人于野"为什么"亨"呢？因为是"乾行也"，即按照天道运行。"文明以健"，同人卦上卦是天、下卦是火，叫天火同人，火代表光明，所以"文明"是指下面的离卦；"健"是指上面的乾卦，乾刚健，所以同人卦又文明又刚健。"中正而应"，中正指六二爻和九五爻，这两根爻都中正，而且一阴一阳相互感应。"君子正也"，这就是君子所崇尚的正道，在这种状态之下，肯定就大同了。"唯君子为能通天下之志"，只有君子才能通晓天下的志向，"天下之志"是天下老百姓的民心，能与民心相通，肯定就能得天下，天下也就成为大同世界了，这就叫"得民心者得天下"。所以，如果按照"同人于野"的精神来治理天下的话，民心一定能跟你互相感应。这个卦实际上也是教我们怎样打造人与人之间、领导与百姓之间亲和、和谐的关系。

《象》曰：天与火，同人。君子以类族辨物。

"天与火，同人"，同人卦上面是天、下面是火，火是光明的，天下一片光明，这就是天跟火在一起的同人景象。下面的离卦不仅代表火，也代表日，天下阳光普照，所以人是非常温暖的。天和火的属性是相同的，天是往上的，火也是往上的，都属阳，是同类。

"君子"按照这个卦象"以类族辨物"。"类"是动词，"类族"就是区分出族类；"辨"也是动词，"辨物"就是辨别事物，这句话的意思是以类相聚、分辨事物。"类族辨物"这四个字实际上就是我们中国人的思维方式，也叫取象比类或者取类比象。我们思考问题是一类一类地来思考，同类的要相聚，"同声相应，同气相求"。这个卦象是天跟火、太阳这些同类的东西聚在一起，做君子也应该跟有同等志向、同样价值取向的人聚集在一起，才能达到大同和谐的局面。所以同人卦就是告诉我们，怎么在看似形形色色的人中分辨出价值观相同的人，然后把他们聚在一起，让他们相互亲和。

同人其实包括两类人：第一类是本来就跟自己相同的人，第二类是那些和自己不同的人。怎么把这两类人都团结起来达到和谐的局面呢？同人卦的六条爻辞分别就这两类人来进行了说明。

初九，同人于门，无咎。

《象》曰：出门同人，又谁咎也。

刚出门口的时候就要跟别人会同，这样就没有遗憾。门口表示开始，就是说刚开始走入社会的时候就要有会同之心。中国文化是和合的文化，要求我们一生下来就要和合，所以中国人具有集体精神、群体意识，和合的力量是非常大的，这是从一开始就要具备的价值观。

"又谁咎也"就是"又咎谁也"，要是一开始就有和合的价值观，别人怎么会责怪你呢。

六二，同人于宗，吝。

《象》曰：同人于宗，吝道也。

"宗"是跟自己同宗族的人，也就是志向一致的人，跟他们的会同是"吝"，是有小遗憾、小灾祸的。六二爻是同人卦里唯一的阴爻，是阴性事物，所以比较狭隘、小气。只跟同宗族的人会同，这种会同是小同，不是大同，所以就会有小灾祸、小遗憾。

"吝道"，是由于气量太小了。对于跟自己相同的人会同是理所当然的，但是不能局限于跟自己相同的人会同，那是没有生命力的，所以要跟不同的人会同。六二爻就是告诉我们要打开心胸、胸怀广阔，走出狭隘的宗族主义、宗派主义，要有会同天下的抱负和胸襟。

九三，伏戎于莽，升其高陵，三岁不兴。
《象》曰：伏戎于莽，敌刚也。三岁不兴，安行也。

军队潜伏在草丛里面，升到高山上去察看，三年都不能兴兵作战。这是说对于不同的人的会同，虽然一开始也有进攻的意向，但是最后发现还是不能打，对自己不服的人也不能打。

为什么不能打？因为"敌刚也"，敌人太刚强了。为什么"三岁不兴"，三年内都不能打？"安行也"，是为了创造平安的局面，这就是和同。对于强大的敌人，我们不能打，要想办法和同，这时候要用以柔克刚的方法，不能以刚对刚。九三爻是下卦到头了，如果把上面当作敌人的话，九三爻上面全是阳爻，一根爻对三根爻，力量当然是不足的，所以这时不能用攻打去会合，而要以柔克刚去会合。

九四，乘其墉，弗克攻，吉。
《象》曰：乘其墉，义弗克也。其吉，则困而反则也。

"乘"是占领，"墉"是城墙，占领了城墙，还是不能去攻打，这是吉的。九三爻和九四爻都是讲对于跟自己不是同类的人怎么会同。九三爻是说面对强大的敌人，要退让，不能打；而九四爻是力量够了，势力已经很强大了，已经占领城墙了，也就是说已经到了上卦，是上卦的第一爻，但还是不要去打。

《象传》解释了九四爻为什么力量够了还是不要去打，因为"义弗克也"，按照道义是不应该去打的。"其吉"，为什么吉呢？"则困而反则也"，对方在自己强大的攻势下已经感到窘迫，那就要让他迷途知返，让他回到会同的正道上来，这时不能再施加强大的力量，而要用怀柔的方法，用道义的力量。"反则"的"则"是法则，"反则"就是返回正道。

九五，同人，先号咷而后笑，大师克相遇。
《象》曰：同人之先，以中直也。大师相遇，言相克也。
九五爻是同人卦的关键之爻，也是和同、会同的最佳时空点。"先号咷而后笑"，先号啕大哭，然后大笑。"大师克相遇"，"大师"是大部队，最终胜利会师。为什么先号啕大哭而后大笑呢？实际上是为攻打而大哭，为和同而大笑，先是攻打，克敌制胜了，然后还要会同才能大笑。用武力打败了敌人，是破坏了和谐会同的局面，不仅别人会哭，我们自己也会伤心大哭。

"以中直也"，用又中又正的品德来跟别人会同，自己的能力和品德都很优秀，又居尊位，这时要登高一呼，让敌人来响应。意思是不能光用武力征服敌人，还要用中正的品德安抚敌人，让敌人从心里降服、信服，这样才可以达到和谐的局面，才可以开怀大笑。

上九，同人于郊，无悔。
《象》曰：同人于郊，志未得也。
"同人于郊，无悔"，在荒远的郊外与别人会同，不会后悔。同人卦第一根爻是"同人于门"，第二根爻是"同人于宗"，最后一根爻是"同人于郊"，先是门口，然后是同宗族的人，再然后是郊外，而卦辞是"同人于野"，野外比郊外更远一些。所以我们可以看出，这是一个逐步扩大的过程：会同的开始是"同人于门，无咎"，最后是"同人于郊，无悔"，只有去同人，才能无悔无咎。同时，这个过程的距离越来越远，从近处开始会同，然后逐渐扩大，扩大到郊外，扩大到整个野外，也是说自己的心胸要越来越宽广，这样才能无怨无悔。

同人卦从两个方面来讲怎么会同。第一是与同类的人会同，不能局限于跟自己同宗的人在一起。第二是与不同的人会同：如果对方强大，就要以柔去会同；如果自己强大，也不能乘胜追击，而要安抚对方，最终要以自己中正的品德、宽广的胸怀来把对手变成自己可以会同的人。从会同的过程上来说：要从小到大、从近到远，我们的心胸要越来越宽广，这样就会"亨"。

十四　大有卦——保有美德，实现富有

下乾上离，火天大有

大有，元亨。

上九，自天佑之，吉无不利。

六五，厥孚，交如，威如，吉。

九四，匪其彭，无咎。

九三，公用亨于天子，小人弗克。

九二，大车以载，有攸往，无咎。

初九，无交害，匪咎，艰则无咎。

大有卦在同人卦之后，是《易经》的第十四卦。同人是同心同德、凝心聚力，然后肯定会大富有，所以大有卦就是讲怎样实现富有、保持富有。

我们先来看大有卦的卦象，跟同人卦恰好相反，是太阳在上，天在下。上面的离卦也代表火，所以叫火天大有。同人卦是天下太阳，大有卦是天上太阳，是阳光普照，一片光明的、热烈的、辉煌的场景，代表大富有的局面。

大有，元亨。

大有卦的卦辞特别简单。这句话简单理解就是一开始就亨通，深入地理解就是抓住"元"——万事万物的本源——才能亨通，拥有财富。

《彖》曰：大有，柔得尊位，大中而上下应之，曰大有。其德刚健而文明，应乎天而时行，是以元亨。

大有卦只有一根阴爻，当然是最重要的爻，又刚好居于全卦最尊贵的位置——第五位，上下都是阳爻，与其相呼应。"上下应之"，大有卦的六五爻就是处于这样的位置，所以要想大富有，必须"柔得尊位"，是柔性的领导处在最尊贵的位置，当然不能将柔性的领导片面地理解为女领导。而是说处于尊位的人心中要柔顺，做事也要与上下相应，大家才会服从，团队的力量才强，才可以创造出大财富。这里的关键词就是要居中——"大中"，同时要得到上上下下的支持和帮助，才能"大有"。

"其德刚健而文明"，"刚健"是下面的乾卦，"文明"是上面的离卦，也是光明。"应乎天而时行，是以元亨"，下面的乾卦代表天道，"应乎天"就是应乎天道，"时行"是按时而行，所以一开始就能通畅，可以大富有。这就是说要想创造财富，首先品德要刚健，心中要光明，而且要顺应天道，要按时势来做事，不能逆时而行。

《象》曰：火在天上，大有。君子以遏恶扬善，顺天休命。

从形象上来看大有卦：上面是火，下面是天，火在天上燃烧，照得大地非常明亮，一切事情都在光天化日之下，无所逃遁。"君子以遏恶扬善"，君子要按照大有卦来遏制邪恶、弘扬善良。《象传》没有从怎么保有财富来解释，而是说要遏制邪恶、弘扬善良，为什么呢？因为这是获得或者保有财富最基本的做法：要善良地求得财富，而不能以邪恶来求得财富。"休"是美好，"休命"是使自己的生命美好，"顺天休命"就是顺应天道、美丽人生。因为火在天上，能够照亮万物，在阳光普照之下一切邪恶都没有躲藏的地方，一切善良都会得到弘扬，这样的人生才美丽，财富才会越来越丰厚，而且能够长久保有。

初九，无交害，匪咎，艰则无咎。
《象》曰：大有初九，无交害也。

初九爻是刚开始，一开始就不要交害。不要交害有两个意思：一是不交往有害的人，二是不要相互伤害。这两个意思都可以，我倾向于后面的意思，不要互相伤害。因为这时财富开始积累了，要想到不要去伤害别人，这样才没有灾祸、没有遗憾。初九爻的爻辞两次提到"无咎"：第一是"无交害，匪咎"，"匪咎"就是"无咎"，不要互相伤害，就没有灾祸、没有遗憾；第二是"艰则无咎"，要牢记艰难，时时想着财富来之不易，就没有灾祸、没有遗憾。

一般在富裕之后，人会想得到更大的财富。与别人的利益有冲突的时候，往往会想办法压制别人，这就是"交害"，这种想法要不得。好多人会说，如果让大家都获利了，我的利益怎么办呢？我们来举个例子，一个人开了一家饭店，生意很好，然后旁边就有新饭店接二连三地出现，你肯定想别人的饭店开了之后会抢了自己的生意。其实不是这样，假设整条街都开着各种有特色的饭店，那就成了美食街，路途再远都会有很多人来吃饭，这样大家的生意都会更好。

九二，大车以载，有攸往，无咎。

《象》曰：大车以载，积中不败也。

"大车以载"，用大车装载这些财富，那是何等的财富，是大富有了！"有攸往，无咎"，可以继续前进，扩大财富，没有灾祸。

为什么能用大车装载这些财富？因为"积"和"中"。"积"是积累，坤卦《文言传》里讲过："积善之家，必有余庆；积不善之家，必有余殃。"积累善行善德一定会有福报。第二爻已经到了第二个阶段，比第一个阶段更加富有了，但这时还要继续积累。"中"是中道，第二爻是阳爻处在中位，要走中道才能永远立于不败之地。积累善德实际上就是积累财富，所以我们要"勿以善小而不为，勿以恶小而为之""诸恶莫作，众善奉行"，以中庸之道慢慢积累善德，财富就会越来越多，这才是长久之道。

九三，公用亨于天子，小人弗克。

《象》曰：公用亨于天子，小人害也。

"公用亨于天子"，"公"是王公、大臣，"亨"通"享"，王公、大臣要向天子献礼致敬。"小人弗克"，小人是不能担负这个大任的。

小人想的都是危害天子、百姓，祸国殃民的事情。第三爻是第一个阶段到头了，财富更多了，这时要向天子献礼，不能像小人那样危害百姓。对于普通人来说，要忠于职守、忠于领导，不能危害别人或者采取不正当的行为，这样才能保持住财富。

九四，匪其彭，无咎。

《象》曰：匪其彭无咎，明辩晢也。

"匪其彭"，"匪"通"非"，"彭"是膨胀，不要太膨胀。九四爻是第二个阶段的开始，这个时候千万不能太膨胀。第一是心态、欲望不能太膨胀，第二是行为不能太铺张浪费，这样才能"无咎"，没有灾祸。

"明"是光明，"晢"下面是个"日"，是太阳，指明察事理的智慧，"明辩晢也"就是用智慧明辨事理。

第四爻就开始进入离卦了，离卦是光明，要明辨事理。老子说过："天之道，损有余而补不足；人之道，则不然，损不足以奉有余。"在第四爻人生第二个阶段开始的时候，在大富有的情景之下，一定要预防两极分化，不要让贫穷的更贫穷、富裕的更富裕，而要按照天之道，减少有余的，补给不足的，不能自我膨胀，铺张浪费，否则物极必反，对自己和别人都不好。这就是事物的道理，是公平的天道、天理。

六五，厥孚，交如，威如，吉。

《象》曰：厥孚交如，信以发志也。威如之吉，易而无备也。

"厥"是那样，"孚"是诚信，"厥孚"就是那样的诚信。"交如，威如"，"如"表示什么什么的样子，"交如"是交通的、交流的样子，"威如"是威风凛凛的样子。六五爻是大有卦里唯一的阴爻，上下都是阳爻，都能跟它相交通，阴阳交合。六五爻处在最尊贵的位置，所以这时还要保持住那颗诚实的心、柔弱的心、仁慈的心、柔顺的心，越能保持住，就越威风凛凛。当然这需要上下交通，上级的领导和下面的百姓要互相沟通，"交如"，然后威信才能建立起来，保持谦逊诚信的美德，就会受到大家的拥戴，这样就会吉。

"信以发志也"，这种诚信是从内心的深处、从潜意识里发出来的，又柔顺又谦虚，是最真实的，所以最能打动人。保持着柔弱的心、诚实的心，将心比心，就能启发别人的忠心。"易而无备也"，"易"是简易，"无备"是不需要防备，简易是说在大富有的最好的局面下，依然要有一颗无私的心，不要拥有太多，要提倡极简主义。因为六五爻是最尊贵的位置，这里的阴爻表明要谦虚、减损，这样就无须防备了。

好多人发大财之后，最担心的就是自己的财富被人窃取，或者自己的家人被绑架，所以要减少自己，这样就不需要防备了，没有危险了。所以六五爻的威风不是刚强的威风，而是温柔的威风。

上九，自天佑之，吉无不利。

《象》曰：大有上吉，自天佑也。

上九爻是这一卦最后的一根阳爻，一般处在最高位的都是凶的，"贵而无位，高而无民"，但是大有卦的最后一爻却是大吉大利的：上天会来保佑你，没有什么不利的，是永远吉祥的。其实这条爻辞就是告诉我们：大富有、大吉大利是上天保佑的结果，不是完全靠自己努力获得的，所以任何时候都要心怀感恩，不要觉得都是自己取得的。那么上天为什么要保佑你呢？为什么要给你财富呢？因为你是按照天道来做的。天道最根本的原则是公平，所以我们自己富有了之后，一定要做一些善事使天下人共富，不能让穷的更穷、富的更富，那就不符合天道了。

我们都知道比尔·盖茨，还有巴菲特，他们都是慈善家，积累了许多的财富，最后大都捐出来做慈善，只留给子女最基本的生活费。在西方人看来，自己获得的财富是属于上帝的，不属于自己；而在中国人看来，赤条条来到世界上，财富也是不属于自己的，所以不能全部据为己有。广施善财，财富会越散越多，这就是大有卦的智慧。

　　大有卦实际上是教我们如何达到并且保住富有的。一开始不要有伤害别人的心理，要不断积累善德，守中道，还要忠诚，忠于职守、忠于领导，这样才能取得财富，这是下卦。到了上卦，也就是第四爻以后，则是讲取得财富之后怎么保住财富。首先不能膨胀，不能铺张浪费，不能有太多欲望，然后要保持谦逊的、诚信的、柔弱的心，与上下相交通，自己要过极简的生活，这样才符合天道。

十五　谦卦——永葆谦虚，方得善终

下艮上坤，地山谦

谦，亨，君子有终。

上六，鸣谦，利用行师，征邑国。

六五，不富以其邻，利用侵伐，无不利。

六四，无不利，㧑谦。

九三，劳谦君子，有终吉。

六二，鸣谦，贞吉。

初六，谦谦君子，用涉大川，吉。

谦卦是《易经》六十四卦中唯一的六根爻全是吉的卦，是第十五卦，在第十四卦大有卦之后。大有是大富有，大有之后要怎么做呢？要谦，谦虚、谦让。《序卦传》说："有大者不可以盈，故受之以谦。"大有的意思是太大了、太富有了，这样满了之后就要亏，"月满则亏，水满则溢"，所以说"满招损，谦受益"。"谦"是言字旁，意思是首先要从言语上谦虚，然后还要从行动上谦虚。

谦，亨，君子有终。

那么谦卦为什么六爻皆吉呢？我们先看卦辞的意思：谦卦，是亨通的，君子能够善始善终。

我们再来看谦卦的卦象：地山谦，上面是大地，下面是山。山本来是高出地面，居高位的，但这里是山躲到大地下面，居低位了，这就叫"谦"。

《象》曰：谦，亨。天道下济而光明，地道卑而上行。天道亏盈而益谦，地道变盈而流谦，鬼神害盈而福谦，人道恶盈而好谦。谦尊而光，卑而不可逾。君子之终也。

为什么"谦"是亨通的？因为"天道下济而光明，地道卑而上行"：上天总是把光明向下照耀在大地上，大地就光明了；而大地上的事物是低的，所以要上行，这样上下就交通了，阴阳之气交合，万事万物才能生生不息。

接下来《象传》从四个方面解释了"谦"，有四个"盈"，四个"谦"，"盈"是满，"谦"是少。

第一个方面是"天道亏盈而益谦"。"亏"和"益"都是使动词，意思是天道总是减少盈满而增加虚少，以太阳和月亮比喻，太阳最高的时候就会西斜，叫"日中则昃"；月亮每月农历十五的时候最满，过了十五就开始亏了，这叫"月盈则亏"。这就是"天道亏盈而益谦"，天道始终保持着公平性。

第二个方面是"地道变盈而流谦"，改变盈满而流向低谦。"流谦"是水流向"谦"，也就是水往低处流，越高的地方越存不住水。

第三个方面是"鬼神害盈而福谦"，鬼神会惩罚盈满而降福于谦和。鬼神是我们平时看不见的，可以理解为自然规律，它会在暗地里惩罚自满的人，保佑谦和的人。

第四个方面是"人道恶盈而好谦"，人都讨厌自满的人而喜欢谦虚的人。社会最怕的就是不公平、两极分化严重，富裕的人更加富裕，贫穷的人更加贫穷。现在一些国家通过税收和福利来维持社会的公平，对高收入的人增加税收，对贫穷的人给予福利保障。成为强国有一个最基本的标志：人民的生活要美好，一个都不能少。

所以"谦尊而光，卑而不可逾。君子之终也"，谦虚的人是值得尊敬而光明的，越谦虚的人越不可超越，只有君子才能始终保持这种谦虚的品格，这是告诉我们只有谦虚才能善终。在关羽水淹七军之后，曹操约孙权夹击关羽，起初孙权没有答应，还派使者找关羽和亲，想让自己的儿子迎娶关羽的女儿，结果关羽大怒，辱骂来使说："虎女焉能配犬子。"孙权听了之后极为愤怒，派吕蒙偷袭荆州。关羽平时对荆州的守将非常傲慢，所以荆州的守将不战而降，吕蒙不费吹灰之力就拿下了荆州，这就是关羽大意失荆州的故事。后来关羽的手下四处逃散，最后仅余十多人跟随，而孙权事先命令手下两员大将断了关羽的去路，关羽就被活捉了，最后和儿子关平一起被斩首。关羽可以说就是死在"骄"字上，骄兵必败。太过骄傲之人，很难有善终。

《象》曰：地中有山，谦。君子以裒多益寡，称物平施。

《象传》的解释，"地中有山"就是"地下有山"，山在地下面，这就是"谦"。君子按照这个卦来"裒多益寡"，减少那些多的，资助那些少的，把财富从富人那里减一些来资助穷人，这就叫"称物平施"。"称"是衡量，衡量事物，然后公平地去施与，达到平衡，社会就和谐了。所以谦卦告诉我们要有公平的原则。

初六，谦谦君子，用涉大川，吉。

《象》曰：谦谦君子，卑以自牧也。

谦虚的君子可以渡过大河大川，这是非常吉利的。也许有人会问，我们在生活中放低姿态，做一个谦虚的人，就可以万事大吉吗？"谦谦"回答了这个问题：第一个"谦"是山的谦，山是稳定的、有主见的、成功的、高的，这是说自己首先要是一座山，品德高尚、事业有成；第二个"谦"是地的谦，地是宽广的，能容纳一切事物，能做到这两种"谦"，肯定能渡过大河大川，获得成就。但是要注意，自己必须首先是高山，不能是烂泥，如果本来是烂泥，那就不能算是"谦"了。

"卑"是卑下，"牧"的原意是放牧，这里是管理的意思，"自牧"就是自我管理、自我制约。首先要谦虚卑下，把自己放在最低的位置，然后管理、制约自己，这才叫"谦谦君子"。我经常跟别人开玩笑说我最大的优点就是"自卑"，因为《礼记·中庸》中说："君子之道，辟如行远必自迩，辟如登高必自卑。""迩"是近处，想要行走得远必须从近处开始走，"千里之行始于足下"；而要登高，必须先从低处着手，要把自己的姿态放低。要"自卑"，这一点是值得我们大家学习的。

六二，鸣谦，贞吉。

《象》曰：鸣谦贞吉，中心得也。

"鸣"可以理解为出名，虽然出名了，但是照样很谦虚，并且坚守正道。因为六二爻是下卦的中位，而且得正，又中又正，这是吉的。

从内心感觉到满足，满足了也还要谦虚，还要保持中庸之道，这才是最难能可贵的，所以叫"鸣谦"。历史上一些信奉道家的人取名字就喜欢取"鸣谦"。

九三，劳谦君子，有终吉。

《象》曰：劳谦君子，万民服也。

"劳"是有功劳，有了功劳还谦虚，这样的君子当然能够善终，最终肯定是吉的。

有了功劳，居于高位了，还能谦虚，老百姓都会服从。

六四，无不利，㧑谦。

《象》曰：无不利，㧑谦，不违则也。

"㧑"通"挥"，发挥。要把谦虚的美德继续发扬光大，是无不利的。六四爻已进入人生的第二阶段了，仍然要保持谦虚，这是很难的。

《象传》里说不要违背法则。这里的法则是天道的法则。

六五，不富以其邻，利用侵伐，无不利。

《象》曰：利用侵伐，征不服也。

六五爻是六条爻辞中唯一没有提到"谦"的，但是"不富"其实就是谦。"不富"是心中不骄傲、不自满，虚怀若谷。这种"谦"我称之为"虚谦"。"以其邻"就是"与其邻"，把财富给予邻居，不要自己占有。"利用侵伐，无不利"，用这种心态来征讨别人或者为人处世，不骄傲自满，肯定没有什么不利的。

上六，鸣谦，利用行师，征邑国。
《象》曰：鸣谦，志未得也，可用行师，征邑国也。

"鸣谦"出现了两次，一次在六二爻，一次在上六爻，程度是不同的。上六爻是坚持到了最后，名声大振，这时仍然谦虚，用谦虚的心去征讨那些骄横不逊的人，肯定能打胜仗。

"志得"是自满，"志未得"是没有骄傲自满，虽然得到了最高的名声，却没有自鸣得意，这样的人就是"大人"，可以去征讨"邑国"。"邑国"不一定指国家，也可以指不虚心的人。

谦卦从开始到最后六个阶段都要求谦虚，虽然每个阶段要求的谦虚有所不同，但结果都是一样的。在任何时空点，只要谦虚，做什么事都是吉利的。

最后我来讲一下曾国藩和左宗棠的故事。这两个人都是了不起的人物，左宗棠的才能还要略胜于曾国藩，但是左宗棠不够谦虚，他给自己取了个名字叫"今亮"——当今的诸葛亮。但是曾国藩的官职比左宗棠大，还曾经提拔过左宗棠，所以朝廷上一般都以"曾左"的排位来称呼他们，左宗棠为此很不高兴，他为人很自负，从来不把曾国藩放在眼里。有一次左宗棠非常不满地问身边的随从，为什么大家都说"曾左"而不说"左曾"呢？有一位随从大胆直言，说：因为曾公眼中有左公，左公眼中无曾公。可谓是一语道破天机：曾国藩很谦虚，他的眼中有左宗棠，而左宗棠太自负了，他的眼中没有曾国藩。

越是谦虚的人，名气反而越大，所以希望大家都做谦谦君子，这样才能受到别人的尊重，做事也更容易成功。

十六　豫卦——有所节制，快乐之道

下坤上震，雷地豫

豫，利建侯行师。

上六，冥豫，成有渝，无咎。

六五，贞疾，恒不死。

九四，由豫，大有得，勿疑，朋盍簪。

六三，盱豫，悔，迟，有悔。

六二，介于石，不终日，贞吉。

初六，鸣豫，凶。

豫卦是《易经》的第十六卦，在谦卦之后。谦是谦虚，谦虚之后心中非常快乐，就是豫。所以真正的谦必须是发自内心的、快乐的谦。

豫卦的卦象刚好是谦卦的颠倒：谦卦是地山谦，上面是地，下面是山；豫卦是雷地豫，上面是雷，下面是地。地上已经开始有惊雷，这就是惊蛰，把冬眠的动物惊醒了，代表春天来了，万物生发，这是一种喜悦的、富有生机的场景，所以豫卦讲的是快乐之道。豫有两个意思：一是快乐，二是预备。豫卦既讲了快乐之道，同时还讲了在快乐的情境下，要有忧患意识，防患于未然。

豫，利建侯行师。

豫卦，有利于建功立业、行军作战、讨伐叛逆。《国语》里记载了这么一个故事，春秋时期，晋国公子重耳因骊姬之乱在外逃亡了十九年之后，想回到自己的祖国，于是亲自占了一卦。刚好占到屯之豫卦，也就是说先占到屯卦——水雷屯，这是本卦，然后变卦为豫卦——雷地豫。初爻变了，第四根爻和第五根爻也变了。重耳请了一位卦师来解，求问占得了这一卦应不应该回去、能不能当王侯？这位卦师说不吉利，不能回去。因为屯卦代表艰难，豫卦上面的震卦表示车，下面的坤卦是地，表示车会陷到地里，是不吉利的，所以不能回去。重耳不甘心，又找了有名的司空季子来解卦。司空季子说吉，应该回去，因为屯卦和豫卦的卦辞都说"利建侯"，有利于当王侯，而且豫卦上面的震卦是车，下面的坤卦是地，车行在大地上是好的，所以应该回去；司空季子又指点了重耳回去应注意什么、做什么。重耳最后听了司空季子的话回去了，果然当了王侯，把晋国治理得非常好，成了著名的春秋五霸之一的晋文公。这也说明，在已有的情境中，怎样做、怎样把握也是很重要的。

《彖》曰：豫，刚应而志行，顺以动，豫。豫顺以动，故天地如之，而况建侯行师乎！天地以顺动，故日月不过，而四时不忒。圣人以顺动，则刑罚清而民服。豫之时义大矣哉。

"刚应"，豫卦的九四爻是唯一的刚爻，也就是阳爻，所以它跟其他五根阴爻相呼应；"志行"是立志建功立业；"顺以动"是顺应时势，应时而动，"顺"是下面的坤卦，"动"是上面的震卦，合起来就构成了豫卦，万事万物就快乐了。

"豫顺以动，故天地如之，而况建侯行师乎"，天地都是这样顺应时势而动的，何况是我们建功立业呢？人做事要顺时而动，现在好多人做事只考虑自己当下的情况，比如自己的特长、自己的能力、自己的人脉，但并没有考虑到整个大趋势是否适合做这件事。在大势和个人这两个因素的选择上，大势是第一位的、是最终的判断依据；个人因素是第二位的，并且两者要结合来看。

"天地以顺动，故日月不过，而四时不忒"，天地都顺应时势而动，所以太阳和月亮的运行没有失误，春夏秋冬四时的变化也没有差错。"圣人以顺动，则刑罚清而民服"，圣人是顺应时势而动的，刑罚就中肯、公正，老百姓就心服口服。所以"豫之时义大矣哉"，"豫"这个时位是非常伟大的，不要把它看低了。

《象》曰：雷出地奋，豫。先王以作乐崇德，殷荐之上帝，以配祖考。

"雷出地奋"说的是豫卦的形象，雷从地中奋起。古人认为，打雷是潜藏在地下的阳气在春天的时候冒出来，大地上的万物随着雷声开始兴奋躁动，生机勃发，一片欢欣鼓舞。"先王以作乐崇德"，先王看到这种景象，就要按豫卦来制作音乐，尊崇道德。

"殷荐之上帝，以配祖考"，"殷"是隆重，"荐"是进奉，要隆重地进献礼品给上帝，也就是祭天。这个"上帝"不是基督教里的上帝耶和华，而是指天、上天、天帝。"以配祖考"，"祖"是祖先，"考"是死去的父亲，成语"如丧考妣"的意思就是好像死去父母一样悲伤，"祖考"在这里泛指祖先。这其实反映了中国人的信仰——敬天法祖，春天的时候要祭天，还要祭祖，体现了我们民族的宗法制度，这跟西方基督教的信仰是不同的。"天"和"祖"是什么关系呢？"天"是天道，是虚的；"祖"是祖先，是实的，是天道的具体体现。比如，我们中国人的第一个祖先是轩辕黄帝，他是我们信仰的对象，也是天道的化身。这种信仰非常了不起，我们应该继承下来。

初六，鸣豫，凶。
《象》曰：初六鸣豫，志穷凶也。

春天到来，春雷阵阵，生机勃发，本来是好事，但初六爻一开始就说凶，其实是告诉我们要有忧患意识。"鸣"是鸣叫，"豫"是快乐，过分表达这种快乐、自鸣得意，就是凶险的。所以一开始不要太过分快乐、享受，要节制，否则会有凶险。

"穷"是到头了。初六爻虽然是才开始，但这时如果过分快乐，就好像要到头了一样。如果高兴得太早了、太过分了，就会是凶象。

六二，介于石，不终日，贞吉。
《象》曰：不终日贞吉，以中正也。

这个爻辞有两种解释：第一种，"介"作坚固讲，耿介得像石头一样，不是整天处于逸乐之中，守正道才是吉的；第二种，"介"作"夹"讲，夹了一块石头，不到一整天石头就掉下来了，但是守正道还是吉的。

六二爻处在下卦的中间为中，阴爻居阴位为正，因为又中又正，所以是好事。

六三，盱豫，悔，迟，有悔。
《象》曰：盱豫有悔，位不当也。

"盱豫，悔"，"盱"的目字旁表示眼睛，"盱"是睁大眼睛，"盱豫"就是睁大眼睛的快乐，意思是献媚、讨好别人。为什么是讨好呢？因为第三爻是阴爻，它上面是阳爻，它要讨好九四这唯一的阳爻来求得快乐。"悔"，但这样肯定是要后悔的。"迟，有悔"，悔悟太迟，必定又生悔恨，所以这一爻的爻辞有两个"悔"字。其实知道悔过还是很好的，如果连后悔之心都没有就不可救药了。

九四，由豫，大有得，勿疑，朋盍簪。
《象》曰：由豫，大有得，志大行也。

九四爻是豫卦唯一的阳爻，非常重要。"由"是缘由，"由豫"是有缘由的快乐，会大有收获，不要迟疑，同道之人会像簪子束头发一样来附和他。"盍"通"合"，"簪"是盘头发用的，杜甫的《春望》里说"白头搔更短，浑欲不胜簪"，就是这个"簪"。

这个快乐是有原因的，原因我认为有两点。第一个是守一，因为九四爻是豫卦唯一的阳爻，是坚韧不拔的，有使天下人都快乐的崇高而远大的志向，就像《象传》说的"志大行也"。所以其他五根阴爻都来附和九四这根阳爻，同道的朋友就会像簪子束头发一样聚拢到他身边。第二个是阴阳要和合，因为九四爻是豫卦唯一的阳爻，所以其他阴爻来跟它附和的时候是阴阳聚合的，异性相吸，而不是阳对阳、阴对阴的同性相斥。有句话叫"男女搭配，干活不累"，是有一定道理的。孔子后来说"君子和而不同，小人同而不和"，所以"大有得"应该是"和而不同"的快乐，这就是九四爻的智慧。

六五，贞疾，恒不死。
《象》曰：六五贞疾，乘刚也。恒不死，中未亡也。

"贞疾，恒不死"，"贞"是守正道，"疾"是疾病，"贞疾"有两种解释：一种是守正道，要预防疾病；另一种是贞问就会得病，但是"恒不死"，能够永生不死。我们把这两种解释合起来看，六五爻是阴爻处在阳位上，所以它的力量比较弱，容易得病。但是古文里用"疾"是指小病，用"病"才是指大病，这里是说会有一些力不从心，就像得小病一样，但是因为守了正道，所以可以长久健康，不会死亡。这里其实已经隐含了要预防疾病的意思，在力量弱小的时候，自己要警惕，这样才不会死亡。

"六五贞疾"是因为"乘刚也"，六五爻乘在九四爻的上面，阴在上，阳在下，这种情况一般来说是不太好的，所以要预防疾病的发生。为什么"恒不死"呢？因为"中未亡也"，六五爻居于中位，所以没有灭亡、没有死亡。

六五爻告诉我们一个人生哲理：要有忧患意识，在欢乐当中不要迷失方向，就像孟子所说的"生于忧患，死于安乐"。整个豫卦讲的是安乐、快乐之道，这当然是人生的终极目标，但是我们不能沉湎于这种安乐，像《黄帝内经》里说的，要"不治已病治未病，不治已乱治未乱"，警惕疾病的发生，平时做好预防，这样反而不会生病，才会"恒不死"。

上六，冥豫，成有渝，无咎。

《象》曰：冥豫在上，何可长也。

"冥"是沉浸，"冥豫"是沉浸在欢乐当中，太安逸了就会发生灾祸。"成有渝"，"渝"是改变，有个成语叫"至死不渝"，意思是到死也不改变，而上六爻这里说的是要改变，沉浸在欢乐当中是有危险的，所以要改变，这样才能避免灾祸的发生。

沉湎在欢乐中，怎么可能长久呢？这是告诉我们不能沉湎在欢乐当中，要有预防意识和忧患意识。

我们来总结一下豫卦的欢乐之道。首先，豫卦告诉我们怎样获得欢乐。在唯一的阳爻九四爻里讲了两点：一是要守一，志向要始终如一，而且在做事的时候要考虑唯一性和差异性，保持特性；二是要阴阳和合，跟不同属性的人聚合在一起，和而不同，这样才能成功、快乐。其次，豫卦最主要的是讲在欢乐的时候要有忧患意识。这里有几个"豫"：初六是"鸣豫"，六三是"盱豫"，九四是"由豫"，上六是"冥豫"，都是告诉我们不能太沉湎于快乐，要有忧患意识，也不能为了讨好别人而装出快乐，快乐要从心里发出来。

十七　随卦——择善而从，慎选时机

下震上兑，泽雷随

随，元亨，利贞，无咎。
上六，拘系之，乃从维之，王用亨于西山。
九五，孚于嘉，吉。
九四，随有获，贞凶。有孚，在道以明，何咎。
六三，系丈夫，失小子，随有求，得，利居贞。
六二，系小子，失丈夫。
初九，官有渝，贞吉，出门交有功。

　　随卦是《易经》的第十七卦，在豫卦之后。豫是欢乐，欢乐之后要懂得随从，"随"就是"随从"的意思。随从什么呢？从善还是从恶呢？《国语》说："从善如登，从恶如崩。"意思是随从善事是很难的，就像登山；但随从恶事是很容易的，就像山崩裂一样。要怎样从善呢？随从的前提是选择，孔子说："三人行，必有我师焉，择其善者而从之，其不善者而改之。"就是告诉我们要选择其他人的优点去学习。对于他们的缺点，如果自己也有的话，要注意改正；如果自己没有的话，就要加以防备。

　　随卦主要讲两个方面的跟随：一是随时，跟随什么样的时机；二是随人，跟随什么样的人。比如，我们做事选对了时机并且能够跟随这个时机，那么就能成功；如果选择的时机不对，就会失败。选择跟随什么样的人也很重要，比如，在职场上选择什么样的领导，社交中选择什么样的朋友，男女关系中选择什么样的爱人，等等。选择对了，就"元亨，利贞，无咎"。

随，元亨，利贞，无咎。

乾卦、坤卦的卦辞都有"元亨利贞"，意思是抓住了万事万物的本源，一开始就会亨通，有利于守正道，没有灾祸。这就告诉我们，如果做了正确的选择，并且随从它，就没有灾祸，所以随卦所说的随从其实集中体现了从善的宗旨。

《左传》中有一个故事，鲁国鲁成公的母亲穆姜与一个大夫通奸，想与其合谋废除自己儿子的王位，失败后被打入冷宫。穆姜占了一卦是艮之随卦，即从艮卦变成随卦，也就是除了第二根爻没变，其他爻都变了。随卦的卦象是泽雷随：上面是沼泽，下面是雷。卦师解卦说，艮卦是禁止，随卦是随从，于是他让穆姜赶快随别人逃跑，因为艮卦是被囚禁在这里的意思，但结果是随卦，就是可以随别人逃跑，逃跑之后你儿子也不会赶尽杀绝。但穆姜认为不能逃，因为她看了随卦的卦辞："随，元亨，利贞，无咎。"穆姜说，我无"元亨，利贞"之德，所以我不能逃，我必死于此。随卦的卦辞说"元亨，利贞"才"无咎"，而穆姜意识到自己没有这种品德，所以肯定有咎、有灾祸。

我们在分析、判断事理的时候，一定不要只看结果，还要看原因，只有具备了"元亨，利贞"之德才能无咎。后来孔子把"元亨，利贞"解释为四德："元"是"仁"，"亨"是"礼"，"利"是"义"，"贞"是"智"。当然穆姜比孔子要早，所以不会知道《象传》的解释，但她知道只有具备了"元亨，利贞"四德才能"无咎"，如果没有这四种德行，一定会被杀头。

《彖》曰：随，刚来而下柔，动而说。随，大亨，贞，无咎，而天下随时。随，时之义大矣哉。

《彖传》是从六根爻的特征来解释卦意的。"刚来而下柔"，刚健主动下来，甘居在阴柔之下，指最上面的刚爻现在变到最下面来了，这是从否卦变来的：否卦的上卦是三根阳爻为天，下卦是三根阴爻为地，否卦最上面的阳爻现在主动变到最下面来了，所以最下面就变成了一根阳爻，而最上面就变成了一根阴爻。这也表示我们在随从别人的时候，要把自己阳刚的一面放下，甘居在这个人的下面。"动而说"，"动"为下面的震卦，"说"为上面的兑卦，意思是跟随别人行动就会喜悦，也可以理解为要喜悦地、心甘情愿地跟随别人，同时也要跟随时机。

随卦表明了"天下随时"的道理：天下万事万物都要顺应时机。比如日常起居要"日出而作，日落而息"，或者跟随一年四时特点的变化来行动，春生、夏长、秋收、冬藏，这样才会喜悦。根据现在社会的发展，我们可以想一想什么行业是符合时机的，什么行业是不符合时机的，做事要找准时机跟对人，这样才会"无咎"。所以"随，时之义大矣哉"的意义很重要，充分体现了《周易》处世修身的观念，要选择，要随从。

《象》曰：泽中有雷，随。君子以向晦入宴息。

随卦的卦象是"泽中有雷"：上面是沼泽，下面是雷。雷就是一团阳气潜伏到沼泽下面去了，正处于休息的阶段，君子按照随卦的卦象来做，就要"向晦入宴息"。"向晦"是接近夜晚的时候，"宴息"是休息，只有君子在接近夜晚的时候才进屋休息，小人就不进屋休息了吗？不能这么片面地来理解，这里的意思是指能遵守规律的才是君子，违背规律的可能就是小人。

有人说我们本来就是这样的，到晚上会休息，但现在有多少年轻人熬夜，说压力大，工作任务重，不熬夜完不成。时间是挤出来的，而且时间的安排是可以调整的，晚上不熬夜可以早起工作。我年轻的时候也熬夜，但后来我就改成早上早起、晚上早睡，早上的效率特别高，这样工作时长没变但是效率却提高了。

《象传》告诉我们随着时间作息是很重要的，晚上在子时之前入睡，符合生理周期变化的规律，所以不要违背它。这句话说起来简单，其实做起来很难，比如好多人该睡的时候不睡，或者睡不着，或者睡着了做噩梦，不该睡的时候老打瞌睡，如果能做到"饿来吃饭，困来即眠"，随从一天的变化规律，顺从天道，我们就成为身体健康、事业成功的君子了。

初九，官有渝，贞吉，出门交有功。
《象》曰：官有渝，从正吉也。出门交有功，不失也。

"官"是主人，"渝"是改变，"官有渝"是主人要改变。"官"可以理解为"心之官"，"心之官则思"，也就是说我们的思维观念要改变，只有改变了思维观念，才能择善而从，才会"贞吉"，因为守正道了就吉。"出门交有功"，只有走出大门与别人交往才能成功。待在家里和走出大门有什么区别呢？待在家里表示不愿意随从别人、随从时机，是一种自我封闭的、自私的状态；走出大门表示愿意随从别人、随从时机，是一种自我开放、不为私利所约束的状态，这样才会"有功"。

改变观念，是"从正吉也"：要从正道，找到可以跟从的人，是吉的。"出门交有功"是"不失也"：没有失去时机和善人，本着择善而从、见贤思齐的精神走出去，就吉，就"有功"。

六二，系小子，失丈夫。
《象》曰：系小子，弗兼与也。

随从年轻的小伙子，会失去阳刚方正的丈夫。"系"指随从，"小子"指下面的初九爻。六二爻本身是女的，如果依附于初九爻的年轻小伙子就会失去丈夫，她的丈夫是中正阳刚的九五爻，因为二和五相对应，初九爻和九五爻这两者不可兼得。

"弗兼与也"就是不能兼得。这时就需要选择了，这就是孟子说的："鱼，我所欲也；熊掌，亦我所欲也。二者不可得兼，舍鱼而取熊掌者也。"这个小伙子又年轻又帅，如果选择了他，就会失去那个年纪大一些的、阳刚的丈夫，毫无疑问这种选择是错误的，捡芝麻丢了西瓜，因小失大。

六三，系丈夫，失小子，随有求，得，利居贞。

《象》曰：系丈夫，志舍下也。

六三爻刚好与六二爻相反：跟随阳刚中正的丈夫，就会失去年轻的小伙子。"随有求，得"，这种选择一定会有好结果。六三爻是一根阴爻，可以表示一个处于第三位的女子。第三位通常是一个艰险的位置，"三多凶"，而且位置也没摆正，是阴爻处在阳位上，但是她做出了明智的选择，选择了九五爻阳刚中正的"丈夫"，而不是最下面的初九爻的"小子"。

"志舍下也"，抛弃了下面的小伙子。随从对象的选择是非常重要的，随从对象不同，最后的结果也不同。六三爻做出了正确的选择，就可以安居守正、渡过艰险。

九四，随有获，贞凶。有孚，在道以明，何咎。

《象》曰：随有获，其义凶也。有孚在道，明功也。

"随有获，贞凶"，追随别人或被别人追随是有收获的，但如果总是想着收获，就会有凶险。意思是你的选择和跟从不要有太强的功利心和目的性，只要跟对了人或者选对了时机，不管成功与否，只要去跟随就好。"莫问收获，但问耕耘"，否则就会有凶险。"有孚，在道以明，何咎"，要诚信，用虔诚的心去跟随别人，只要跟随的人和时机是符合正道的、是光明的，就不会有灾祸。

"明功也"，心地光明磊落，就会取得最后的成功。

九五，孚于嘉，吉。

《象》曰：孚于嘉吉，位正中也。

"孚"是诚信、虔诚，"嘉"是美好，选择了美好的东西之后，一定要信仰它、坚定不移地守住它才能吉祥。想真正守住美好的东西是不容易的，"从善如登"，就像登山一样难，一定要坚持下去才会吉。

九五爻处在最尊贵的位置，又中又正，九五至尊，用诚信的美德去追随别人，一定能大吉大利。

上六，拘系之，乃从维之，王用亨于西山。
《象》曰：拘系之，上穷也。

上六爻记载了周文王的一段经历。姬昌当时还不是周文王，而是西伯侯，因为行仁政被商纣王囚禁在羑里。七年后被放出来，姬昌"亨于西山"，先去西山祭祀天地和他的祖先，西山就是现在的陕西岐山，他的祖先都葬在岐山。祭祀之后，姬昌开始扩展势力，准备讨伐商纣王。他去世之后，他儿子姬发继承他的遗志灭了商纣王，建立了西周。

"上穷也"，意思是走到头了，这里说的是商纣王。"拘系之"有两种解释：第一种是当年西伯侯被商纣王所囚禁；第二种是当时的老百姓都把心系在西伯侯身上。"拘系之，乃从维之"就是指大得民心，得民心就能称王称霸，取得最后的成功，所以我觉得第二种解释比较符合随卦的大义。

最后一爻是到头了，本来是不好的，但是如果做事符合民心，被别人追随，或者去追随一个做事符合民心的人，也一定会取得成功。

随卦主要讲怎样随人、随时。第一是随人，选择年轻的小伙子还是选择中正刚健的丈夫？这两种人是比喻，在不同的时间段选人，选对了就是吉的，否则就是凶的。选的人要得民心、守正道，比如像周文王那样的人。第二是随时，要选择符合天时、天道的时机，然后按照时机日出而作、日落而息，不能违背天道。还有在选择的时候要"莫问收获，但问耕耘"，不能有太重的功利心和目的性，对美好的事物从善如流、从善如登，始终怀揣一颗诚心，保有坚定不移的意志，这样一定会取得成功。

十八　蛊卦——解除蛊惑，纠正过错

下巽上艮，山风蛊

蛊，元亨，利涉大川。先甲三日，后甲三日。

上九，不事王侯，高尚其事。

六五，干父之蛊，用誉。

六四，裕父之蛊，往见吝。

九三，干父之蛊，小有悔，无大咎。

九二，干母之蛊，不可贞。

初六，干父之蛊，有子，考无咎，厉，终吉。

前面我们讲了随卦，"随"是随时、随人，但如果总是以喜悦的心去追随别人，最后一定会出事。会出什么事呢？蛊惑。蛊卦是随卦的反卦：随卦是泽雷随，沼泽在上面，雷在下面；蛊卦是山风蛊，山在上面，风在下面，也叫落山风，风落在山下了。

从卦象上来看，蛊卦的上卦是艮卦，在家庭中为少男，代表年纪小的男人；下卦是巽卦，在家庭中为长女，代表年纪大的女人。整个卦象的意思是少男被长女所蛊惑，所以萎靡不振。

《左传》中记载了一则故事，晋侯得病，向秦国求医。秦国名医医和为晋侯诊病，说晋侯的病不好治，此病是由于过度接近女色所致，叫作蛊。此病既不是鬼怪所害，也不是饮食所伤，但已让他丧失心智了，如果不离开女色就会死亡。医和劝晋侯节制，因为男女之事过度就会"生内热蛊惑之疾"。后来有人问医和什么叫蛊？医和说如果男女沉溺房事，就会生出蛊。以上就是医和对蛊病的分析，所以这个病不是用药可以治的，而是要改变生活方式。

从文字上看，繁体的"蛊"（蠱）字上面是三只虫，现在简化为"蛊"，只有一只虫了，下面是器皿的"皿"字，意思是从器皿里生出虫来了；另外"谷之飞亦为蛊"，粮食发霉飞出虫子，这个虫也叫作"蛊"。《左传》提到《易经》："女惑男，风落山，谓之蛊，皆同物也。"（《易经》的蛊卦，是女人迷惑男人，是风落在山下，这都是同样的道理。）

苏东坡写过一本解释《易经》的书，叫《东坡易传》，书中说："器久不用而虫生之，谓之蛊"，器具长久不用长出虫子来就叫蛊；"人久宴溺而疾生之，谓之蛊"，人长久荒淫无道，沉湎于酒肉声色中，就会得蛊病；"天下久安，无为而弊生之，谓之蛊"，如果天下长期平安，就会滋生弊端，统治者如果安于现状，无所事事，不思进取，危机就会滋生，这也叫蛊。所以"蛊之为灾，非一日之故也"，蛊不是一朝一夕形成的，而是长期流弊的结果，要解除弊端，必须追本溯源。

蛊，元亨，利涉大川。先甲三日，后甲三日。

"蛊，元亨，利涉大川"，蛊卦，一开始就亨通，有利于渡过大河大川。为什么蛊惑的时候反而亨通呢？这其实是说解除了蛊惑才有利。怎样才能解除蛊惑呢？"先甲三日，后甲三日"，"甲"是十天干中的第一个，既是开始又是结束，万事万物都是从甲终而复始的，"先甲三日"是甲日前的第三天，即辛日，也有说是甲日前的三天，即辛、壬、癸；"后甲三日"是甲日后的第三天，即丁日，也有说是甲日后的三天，即乙、丙、丁，这两种解释都可以。"先甲三日，后甲三日"连起来，再加上甲日，即从辛日到丁日一共七天，七天是一个周期，是七日来复。这说明蛊这种弊端形成需要一个周期，可能是七天、七个月或者七年，总之我们要找到这个周期，然后把它解除掉。"先甲三日"是蛊惑形成的那天，"后甲三日"是蛊惑解除的那天，意思是这个周期不是一朝一夕的，而是一个漫长的过程。六条爻辞中提到"干父之蛊""干母之蛊""裕父之蛊",讲到了父母,意思是周期很长,要追本溯源。

《彖》曰:蛊,刚上而柔下,巽而止,蛊。蛊,元亨,而天下治也。利涉大川,往有事也。先甲三日,后甲三日,终则有始,天行也。

"刚上而柔下",最上一根爻是刚爻,也即阳爻;最下一根爻是柔爻,也即阴爻。"巽而止",下为巽卦,表示顺应天道;止为上面的艮卦,表示适可而止,这样就能解除蛊惑。"蛊,元亨,而天下治也",解除了蛊惑、混乱的局面,天下大治,亨通。"利涉大川,往有事也",之所以能渡过大江大川,是因为继续前进能建功立业。所以不要怕有蛊惑,找到它的原因并且解除掉之后就可以大有作为、建功立业。"先甲三日,后甲三日"是"终则有始,天行也",是一个终而复始的周期,合起来是七日,后面有个复卦就专门讲七日来复的周期,一个周期过了,下个周期又开始了,这符合天道。从有蛊惑到解除蛊惑是一个周期,也是事物发展的一个过程,所以不要怕有蛊惑。

《象》曰:山下有风,蛊。君子以振民育德。

"山下有风",蛊卦上面是一座山,下面吹着风。为什么山下有风就形成蛊惑的局面呢?因为风在山下吹会被山挡住,吹不到山的另一面,万事万物得不到风的滋养就不畅通了,久而久之就会蛊惑。"君子以振民育德",君子看到这个卦象,要提振民心、培育美德,让百姓不要被现在的困惑局面迷惑。美德就好比山下的风,要把风吹进来,改变现在的局面。

初六,干父之蛊,有子,考无咎,厉,终吉。
《象》曰:干父之蛊,意承考也。

蛊卦的六根爻辞,除了最后一根爻没提到"父之蛊""母之蛊",其他五根爻都讲到了。"干父之蛊","干"原义是干预,这里比喻纠正,"干父"是纠正父亲的过失。为什么要纠正父亲的过失？因为这种蛊惑是从父亲那里传下来的，要追根求源首先就要纠正父亲的过失。"有子，考无咎"，如果儿子能纠正父亲的过失，那么父亲留下的蛊惑就不会造成大的灾祸。"厉，终吉"，"厉"是危险，虽然有凶险，但终究是吉的。初六爻在一开始就告诉我们，只要纠正了父亲的过失和困惑的局面，照样是吉的。

儿子的意志都是从父亲那继承的，父亲有了过错，儿子也会继承，继承之后纠正了父亲的过错，就是吉利的。

九二，干母之蛊，不可贞。

《象》曰：干母之蛊，得中道也。

"贞"是固执，纠正母亲蛊惑的过错不要太执着、太固执。因为九二爻是阳爻居阴位，就要阴柔一些，不要太强硬。纠正父母过错的时候，要注意策略和时机，要守中道，否则会没有效果。

九三，干父之蛊，小有悔，无大咎。

《象》曰：干父之蛊，终无咎也。

纠正父亲蛊惑的过错，会有小小的遗憾，但没有大的过错。因为这是以下正上、以子正父，肯定会有艰难。而且九三爻是下卦到头了，又是阳爻居阳位，太刚了，容易矫枉过正，所以会有小小的遗憾。

毕竟是纠正父辈的弊端，所以会得到大众的拥护，虽然会有不顺，但终究不会有大的灾祸。

六四，裕父之蛊，往见吝。

《象》曰：裕父之蛊，往未得也。

"裕"是宽容，如果宽容父亲的过错，继续前进就有遗憾了，意思是不能再宽容了。

继续前进的话，不会有所得。这说明了纠正父辈错误的必要性和紧迫性，也讲了一个纠正错误的策略：九三爻是不要太过，六四爻是不要太宽容，要把握度。

六五，干父之蛊，用誉。
《象》曰：干父之蛊，用誉，承以德也。
纠正父亲蛊惑的过错，会受到赞誉。
六五爻处于中位，是阴爻居阳位，表示儿子在纠正父亲过错的时候恰到好处，符合中庸之道，既要革除父辈的弊端，又要继承父辈的美德。这种纠正方式是柔中带刚的，会取得很好的效果，会受到大家的赞誉。

上九，不事王侯，高尚其事。
《象》曰：不事王侯，志可则也。
上九爻是唯一没有讲"父之蛊""母之蛊"的，这里说到最后不要去做王侯，要退隐，这种做法是非常高尚的。前面五根爻都在说纠正父亲的过错，纠正之后到上九爻这里就能当王侯或者侍奉王侯了，也就是做大官了，但这里为什么又说不要去做呢？因为上九爻已经走到头了，到达顶点了，这时候一定要转向。当然这句爻辞也可以理解为纠正父辈的过错已经结束了，就不能再去纠正了，否则矫枉过正又会出现另一种蛊，所以要隐退，逍遥物外才能大吉大利。
《象传》说"不事王侯"的志向是可以效法的。

蛊卦六根爻的爻辞基本都在讲纠正父母的过错，这个蛊惑原本是自己受了蛊惑，为什么一直强调纠正父母的蛊惑呢？我的理解有两点：第一，这个父母是指形成蛊惑的缘由是久远的，讲纠正父母的过错是指要追本溯源，找到最初形成蛊惑的原因，才能把它革除掉；第二，这里的父母指正反两个方面，寻找蛊惑形成的原因要从正反也就是阴阳两个方面进行，一个是看得见的，也就是表面，一个是看不见的，也就是内在，要从这两个方面找原因，这就是"干父之蛊"和"干母之蛊"。同时这六根爻辞都说了一个共同的原则：要注意火候，把握度，该严厉的时候要严厉，该宽容的时候要宽容，要守中道。

十九　临卦——领导艺术，智慧管理

下兑上坤，地泽临

临，元亨利贞。至于八月有凶。

上六，敦临，吉，无咎。

六五，知临，大君之宜，吉。

六四，至临，无咎。

六三，甘临，无攸利。既忧之，无咎。

九二，咸临，吉，无不利。

初九，咸临，贞吉。

临卦是《易经》的第十九卦，前面是蛊卦。在解除蛊惑之后就可以当领导了，因为人只有经历了破除迷惑的过程，才能心明眼亮，进而成为一名好领导。

"临"的本意是俯视，表示居高临下，也可以引申为监视；从监视又可以引申为领导，一般是上对下，比如我们常说的欢迎光临、莅临指导，光临和莅临都表示上级或者尊敬的人来到自己这里进行指导。所以临卦讲的是领导的艺术，也就是怎么管理，包括管人、管事、管物。

临，元亨利贞。至于八月有凶。

"元亨利贞"，一开头就抓住事物的本源就能亨通，有利于守持正道。为什么"至于八月有凶"，到了八月份就有凶险呢？

十二个月配了十二个卦，这十二个卦叫十二消息卦，也叫十二辟卦：阴历十一月是复卦，最下面是一根阳爻，上面是五根阴爻，表示阳气开始上升，一阳来复，是黑夜最长、白天最短的一天，所以从这天开始，白天会越来越长；十二月是临卦，下面是两根阳爻，表示阳气继续上升；正月是泰卦，下面是三根阳爻，所以叫三阳开泰，是春节；二月是大壮卦，下面是四根阳爻；三月是夬卦，下面是五根阳爻；四月是乾卦，六根全是阳爻，阳气最足，四月之后阴气又开始上升；五月是姤卦，最下面一根是阴爻，上面五根是阳爻；六月是遁卦，下面两根是阴爻；七月是否卦，下面三根是阴爻；八月是观卦，下面四根是阴爻；九月是剥卦，下面五根是阴爻；十月是坤卦，六根全是阴爻。十二消息卦从阴历十一月开始，分别为：复、临、泰、大壮、夬、乾、姤、遁、否、观、剥、坤。

十二月是临卦，八月是观卦，在《易经》六十四卦里，临卦的下一卦就是观卦。临卦与观卦的卦象恰好相反：临卦是阳气逐渐上升，观卦是阴气逐渐上升。所以临卦说要警惕八月份阴气上升，这告诉我们要有反向思维，阳气上升的时候要警惕阴气上升，因为具备了忧患意识才不会发生灾祸。

在文王八卦中，第八位为艮卦，位于东北方，万事万物到这里结束，同时也标志着下一个阶段的开始，所以这个时候大多有凶险，要警惕。

《彖》曰：临，刚浸而长，说而顺，刚中而应，大亨以正，天之道也。至于八月有凶，消不久也。

"刚浸而长"，"浸"是渐渐，刚爻渐渐开始长了。临卦下面有两根阳爻，阳气渐渐开始上升，是一种很好的现象，所以"说而顺"，是喜悦的，而且是顺应天道的。"说"指下面的兑卦，"顺"指上面的坤卦。"刚中而应"，九二爻是刚爻居中位，同时与六五爻相应，阴阳相互感应，所以"大亨以正"，是亨通的，而且符合正道，这个正道就是"天之道"。这是告诉我们作为领导内在要阳刚，同时要跟阴柔相呼应，还要符合正道、天道。为什么"至于八月有凶"呢？因为"消不久也"，八月阳气已经开始衰弱，阴气开始增长，所以不能长久了。

《象》曰：泽上有地，临。君子以教思无穷，容保民无疆。

从卦象上分析临卦：上卦是地，下卦是沼泽，所以叫"泽上有地"，是大地在俯瞰沼泽里的水，表示以上视下、君临天下的场景。君子看到这样的卦象就要"教思无穷，容保民无疆"。用了两个"无"——"无穷"和"无疆"，教化百姓要无穷无尽，保护、容纳百姓也要无边无际。这是教我们做领导的发心：领导者对下面的人要充满关爱。因为天道是爱万物、万民的，上天总是把阳光洒给人间，用雨水滋润万物，所以当领导首先要从心出发爱百姓，然后还要教化百姓。"教思"是说要改变百姓的思维方式，让他们的心中也充满爱，不能自私；同时要宽容，"无疆"，保护、容纳百姓要无边无际，这个是针对上面的坤卦大地而言的。

初九，咸临，贞吉。

《象》曰：咸临贞吉，志行正也。

临卦六根爻的爻辞，每个都有一个"临"字，讲怎么"临"。"咸"可以理解为"感"，《易经》第三十一卦咸卦，就是讲"感"的，"咸临"的意思就是要感应地去做领导，这样才会"贞吉"，也就是走正道就会吉。当领导不能用强势来管理下属，而要跟下属心心相印，初九爻是阳爻居阳位，是正位，所以"贞吉"。

领导的意志一定要行得正。领导者的"德"和"位"一定要摆正，要相吻合。有的领导者德行和才华不够，却被推到领导的位子上，这就叫不正。而初九爻这里，德行和能力都够了，适合当领导。而且领导的心要和下属相感应，如果不能感应的话，就不能得到群众的拥护和钦佩，就当不好领导。

九二，咸临，吉，无不利。

《象》曰：咸临，吉无不利，未顺命也。

九二爻又说了一遍"咸临"，意思是要进一步去感应，跟六五爻感应。刚才讲的初九爻是跟六四爻感应，临卦只有初九爻和九二爻是阳爻，上面四根爻都是阴爻，所以下面两根爻都强调要跟上面对应的阴爻感应。九二爻的感应和初九爻的感应有所不同，因为九二爻离上卦更近了，所以它要跟最尊位的六五爻感应，这样就是吉的。领导者在初九的位置上是与一般的群众感应，到了九二爻一定要与百姓当中有才华的人——智者、尊者感应，或者跟更高一级的领导感应，有了他们的支持就"吉无不利"了。

"未顺命"，九二爻不是一味顺从六五爻那个君王的命令，而是能互相感应，不是被迫听从命令，而是自觉自愿地去感应、接受上级领导的命令。

六三，甘临，无攸利。既忧之，无咎。

《象》曰：甘临，位不当也。既忧之，咎不长也。

"甘临，无攸利"，"甘"即甜，指甜言蜜语，六三爻讲的是靠花言巧语去当领导，是没有好处的。但是"既忧之，无咎"，有了忧惧、改过之心，就不会有灾祸。

"甘临，位不当也"，六三爻是阴爻居阳位，而且是下卦的最上一爻，表明这个领导才华不够，但是又居高位，这是位不当，所以他只能靠花言巧语去收买民心，这样是不能长久的，不会有好结局。"既忧之，咎不长也"，如果能意识到自己的才能和所处的位置不相符，同时又有忧患意识，能改过自新，努力提高自己的能力，使自己的德和位相配，这样灾祸就不会长久。

六四，至临，无咎。

《象》曰：至临无咎，位当也。

"至临"，"至"即达到极点，达到极点地去领导就没有灾祸。为什么说达到极点了呢？因为六四爻是上卦的最下一爻，最接近下卦，如果说上卦是领导者，那下卦就是群众，所以六四爻是最接近群众的；同时，六四爻的上面是六五爻，六五爻是六四爻的上级，是最尊贵的领导者。所以六四爻的位置很特殊，上面接近最高领导，下面接近群众，处在这个位置上，就是达到极点了，必须上下沟通。六四爻是柔爻居柔位，要发挥它的柔性跟下面的刚爻相呼应，用柔弱的本性在情感上与群众打成一片；同时要将上级的意志柔性地传达给下属，这样做了就能"无咎"，没有灾祸。

六五，知临，大君之宜，吉。
《象》曰：大君之宜，行中之谓也。

"知临"，"知"通"智"，靠智慧做领导，因为六五爻这个领导的位置是最尊贵的，一定要用智慧来领导。"大君之宜"，这是大领导应该去做的事情。六五爻在上卦的中位，要虚心、阴柔，这就是德。当领导的要带领自己的下属去取得成功，"小胜靠智，大胜靠德"，智慧首先要符合德和位，有德又有智慧的领导，就可以当大领导，就是"大君"。

行的是中道，具有中庸之德、中正之德，才能当个好领导。

上六，敦临，吉，无咎。
《象》曰：敦临之吉，志在内也。

一般到了最上一爻往往都凶，因为太过了，而这里是"吉，无咎"，因为它"敦临"。"敦"是敦厚温柔，这样来当领导肯定是吉的，没有灾祸。这种领导的才华可能不是很够，因为是阴爻居最高位，但是敦厚温柔，又有爱心，用爱管理，所以是吉的。"敦"太重要了，是管理的本质。管理不只是一种技术、手段或模式，这些都是最低层次的，其实管理或者当领导的本质是爱，要有敦厚温柔的仁心，像母亲一样。临卦六五爻和上六爻都是阴爻，反映了一种母爱，母爱是最伟大的，有三个百分之百：第一是百分之百的宽容，第二是百分之百的奉献，第三是百分之百的责任。具有这样的美德就能大吉大利。

"志在内"，这种敦厚温柔的志向是发自内心的。所以这种领导即使才华不够，但是有百分之百的爱，照样"吉，无咎"。

总结一下临卦，从本质上看，领导者可以分为阴阳两类：临卦六根爻，下面两根爻是阳爻，代表是阳刚型的领导者，这种领导者要"咸临"，要感应别人而领导，不能用强势去领导，要用心去感化百姓；上面四根爻是阴爻，代表阴柔型的领导者，这种领导者要"知临""敦临"，温柔敦厚，用爱心和智慧去领导，但是不能"甘临"，即不能用花言巧语去迎合别人。总之当领导要从"咸临"到"敦临"，从感化别人到敦厚待人。

二十　观卦——观察之道，符合本心

下坤上巽，风地观

观，盥而不荐，有孚颙若。

上九，观其生，君子无咎。

九五，观我生，君子无咎。

六四，观国之光，利用宾于王。

六三，观我生，进退。

六二，窥观，利女贞。

初六，童观，小人无咎，君子吝。

观卦在临卦之后，是《易经》的第二十卦。观卦的卦象和临卦的卦象是颠倒的，临卦是君临天下、当领导，而当领导之后的第一步，也是最重要的一步，就是"观"。

"观"是观察，主要有两个方面：一是观察的对象，包括观物、观人、观事，最重要的是观心；二是观察的方法，用眼睛、用心，或者最后连心都不用了。从观察的这两个方面可以体现一个领导者管理水平的高低，也可以看出一个人的境界。

"观"字特别重要，具有方法论的意义。《心经》的第一个字就是"观"："观自在菩萨，行深般若波罗蜜多时，照见五蕴皆空。"《金刚经》的最后一段也有"观"字："一切有为法，如梦幻泡影，如露亦如电，应作如是观。"孔子说过："观过，斯知仁矣。"观察一个人的过错和对待过错的方法，可以知道这个人是不是具有仁德。如果一个人犯了错误立即去改正，说明他具有仁德；但更重要的是改过之后，不再犯同样的错误，叫作"不贰过"，颜回就是这样，所以他是一个具有仁德的人。老子讲"道"是最玄妙的，需要"观"，道"常无，欲以观其妙；常有，欲以观其徼"，从"无"里可以观出道的玄妙，从"有"里可以观出道的边界。怎么"观"呢？老子说"以身观身，以家观家，以乡观乡，以邦观邦，以天下观天下"，意思是要彻底跟事物融为一体，主观和客观要融合，这样观察出的东西才是真实的。北宋时期邵雍写的《皇极经世书》，最主要的是两部分：《观物内篇》和《观物外篇》。讲述观察事物不是以目观物，即不是用眼观，而是以心观物，但最后连心都不需要了，是以物观物，人和物彻底融合为一体，没有主客观的界限。

八卦是伏羲观出来的，"古者包牺氏之王天下也，仰则观象于天，俯则观法于地，观鸟兽之文与地之宜，近取诸身，远取诸物，于是始作八卦"，上观天象，下观地理，中观人事。可见，"观"是我们认识事物的一个主要的方法。

观，盥而不荐，有孚颙若。

"盥"和"荐"是两种古代祭祀的礼仪，先"盥"后"荐"。"盥"是把酒浇在地上进行祭祀的礼仪，这种礼仪是比较简单的；"荐"是进献牺牲给先祖或天地的礼仪，要隆重一些。牺牲就是祭品，牛羊豕都可为牺牲。"盥而不荐"，意思是只需要用酒浇地进行祭祀就行了，不必再进献祭品。比喻我们观察的时候只需要观察第一步"盥"，而不需要再观察第二步"荐"了，因为"有孚颙若"。"有孚"是心中有诚信，"颙若"是敬仰的样子，"颙"是头，将头仰起来表示心中的虔诚敬仰。

这就是说，观察仪式的时候不是只观察表面的动作，而是要观察内心是否虔诚，观察他把酒浇在地上的动作，从举手投足间就可以看出他是不是虔诚、是否有敬畏之心。如果有了敬畏之心，后面就不需要再观察了。所以不管是观人还是观物，最重要的是观心，这也就是观卦教给我们的方法：和被观察的东西融为一体。

孟子说"观于海者难为水",意思是观过海的人再去观其他的水就觉得不值得一观了,他接着又说"观水有术,必观其澜",观水是有方法的,一定要观看它的波澜,比如波澜有什么特征、是怎样变动的,这样你就可以知道水是怎么变化的了。这也是告诉我们观察要用心,心要跟被观察的东西融合并且深入进去,感受它的变动;而且要用宽广的胸怀和视野来观,这样才能全面、准确而没有遗漏。

学习《易经》就是学习观察的能力。曾国藩就很善于观察人,他有一套识人、用人的绝活,后来他将这套方法写成了一本书,叫作《冰鉴》。书里就讲到了"邪正看眼鼻,真假看嘴唇",这是说看一个人的心术正不正就看眼睛和鼻子长得端不端正吗?其实不是的,这里强调的是动态和静态的表现。一个人如果在静态的时候,眼光像萤火虫发出的光一样微弱而且闪烁不定,说明此人可能善于伪装;如果在动态的时候,眼光像流水一样,虽然澄清,但犹疑不定,说明此人可能比较奸诈;如果在静态的时候,眼光似睡非睡、似醒非醒,说明此人可能比较聪明,但不一定会走正道;如果在动态的时候,眼光总像惊鹿一样惶惶不安,说明此人多半是心虚的。如果一个人在静态的时候,双目沉稳安详、炯炯有神,像两颗明珠一样,含而不露;在动态的时候,眼神敏锐、锋芒外露,好像瞄准猎物一样,说明此人心术很正。

"真假看嘴唇",也是一样的道理,不是看嘴唇的厚薄,而是看一个人在说话时嘴唇的特征和细微的动作,从而判断他所言的真实性。如果一个人在说话前,嘴唇就有抽动,或有咬嘴唇、舔嘴唇这种下意识的动作,说明他说话的内容可能有虚假的成分。这些都是讲观察事物微妙变化的,也就是《周易》里说的"极深而研几",要观察一些微妙的征兆。

《彖》曰:大观在上,顺而巽,中正以观天下。观,盥而不荐,有孚颙若,下观而化也。观天之神道而四时不忒,圣人以神道设教而天下服矣。

"大观在上","观"分"大观"和"小观",观大海是"大观",观河流是"小观"。从卦辞来说,"大观"指后面进献的礼仪,"小观"指前面把酒浇在地上的礼仪。"小观"也可以上升为"大观",观看东西一定要大,眼光要广,位置要高,这样就可以从上向下俯视,如果在低位就必须从下向上仰视,总之要通过动作观察是否有敬仰之心。"顺而巽","顺"指下卦的坤卦,"巽"是谦逊、谦虚,指上面的巽卦,所以大观的时候要柔顺谦逊。"中正以观天下",要用中正的心来观望天下,也可以解释为使天下的老百姓都能用中正之心来观物、观人、观事。

"观,盥而不荐,有孚颙若"是"下观而化也",有"下观"就有"上观"。"上观"是君主观百姓,"下观"是百姓观君主,只需要观察前面用酒浇地的"盥"礼,不必再观察后面进奉祭品的"荐"礼,因为百姓已经看到了统治者对于天地神灵的敬畏之心,已经受到感化,就不必再观察下去。"观天之神道而四时不忒",观出天的"神道",春夏秋冬四时的变化就不会有差错了。"圣人以神道设教而天下服矣","神道设教"的意思是人观察了天道之后,要使这个道有实体象征,就设了一个教。"神道设教"一般被用来解释宗教是怎么产生的,这个神其实是观出来的。

卦辞里说的"盥"礼和"荐"礼,实际上都是"神道设教"的一种仪式,这就使人民有信仰了。

《象》曰:风行地上,观。先王以省方观民设教。

"风行地上,观",观卦的上卦为风,下卦为地,大地上刮着和煦的风,其特征是无所不至。"先王以省方观民设教",先王看到这样的卦象就要观察四方的民情并且设立宗教。"教"也可以理解为教化,这种教化的力量是很大的,当然这种教化要像地上吹的和风一样无所不至,使人民接受时感觉非常舒适。

初六，童观，小人无咎，君子吝。

《象》曰：初六童观，小人道也。

我们来看六条爻辞，每条都有一个"观"字。"初六，童观"，像孩童那样观察事物。小孩子观察事物的特点是细腻而不全面，初六爻是刚刚开始，好比人的孩童阶段，而且是阴爻，是指女孩子。"小人无咎，君子吝"，这样的观察对小孩子来说没有灾祸，但对君子而言就有些遗憾了，因为这种观察不够全面，显得比较肤浅。

"童观"，符合小人之道，不符合君子之道。

六二，窥观，利女贞。

《象》曰：窥观女贞，亦可丑也。

"窥观"，"窥"字上面是穴字头，意思是从门洞、门缝里去观察，表示视野不开阔，而且有偷窥的意味。"利女贞"，对女子来说是有利的，但对男人来说是不利的。

"丑"是羞耻，如果男人也像女人那样窥视，是很羞耻的。这是教我们要全面观察，不能从门缝里看人。为什么对女人是有利的呢？因为古代的女人足不出户，只能从家里、门缝里看人，所以从当时的礼仪来说是合适的比喻。

六三，观我生，进退。

《象》曰：观我生进退，未失道也。

"观我生，进退"，观察自我的动作和心理，反观自我，进进退退。第三爻是下卦到头了，是下卦的最高位，要成熟一些，这种"观"也是女人在观。观卦下面三根爻全是阴爻：一开始是"童观"，女孩子在观；到第二爻，这个女性就成熟一些了，所以是"窥观"；到第三爻，这个女性更成熟了，不仅观外物而且观自我，对自己的生活方式进行反观，然后再谨慎地决定进退。

《象传》里说，这种观察方式是符合女子观外物的正道的。

六四，观国之光，利用宾于王。

《象》曰：观国之光，尚宾也。

　　这里的观察更高级了，是观察国家光明的一面，有利于成为大王的贵宾。六四爻的上面是九五爻，是君王，意思是辅佐君王，在这个位置观察的视野越来越开阔，一定要观察国家光明的一面，这样有利于成为大王的贵宾。那是只观察国家光明的一面，不观察国家黑暗的一面吗？不能这么说。我认为"观国之光"是要用自己光明的心来观察国家的光明之处，用什么样的心来观察国家非常重要。如果用光明的心来观察，那么哪怕这个国家有一些黑暗的地方，也会想办法把它变得光明；但如果用黑暗的心来观察，那么哪怕这个国家有光明的地方，也会把它看成一片黑暗。

九五，观我生，君子无咎。

《象》曰：观我生，观民也。

　　这里又说了一遍"观我生"，但九五爻的"观我生"与六三爻的"观我生"不一样，它们的主语不一样。六三爻是阴爻，是阴性的人在自观；而九五爻是君主、是刚健的人，又居在最尊贵的位置，所以这是一种刚健中正的观察，不仅是观察自己，而且也是观察国家。因为九五爻已经是君主了，所以他的内观、反省关系到整个国家的荣辱兴衰。

　　九五爻的"观我生"是"观民也"，观察天下百姓。

上九，观其生，君子无咎。

《象》曰：观其生，志未平也。

　　"其"代表群众，因为上九爻居在最高位，往往"高而无民"，容易脱离百姓，所以这时要观察民众的行为和下属的反应，然后及时调整自己的行为方式，这样才能与百姓保持密切的联系而受到百姓拥护，所以"君子无咎"，这样做就没有灾祸了。

因为这时志向还未完成，所以不可安逸放松，要一直观到最后。

从观卦我们可以得到什么启示呢？首先，观察外物要用敬畏的心去观察，不能带有私心，要客观中正地观察，这样观察出来的东西才准确，用不同的心观察，得到的结果是不同的。其次，居于不同位置要用不同的方式观察，不同的观察方式对不同的人结果也是不同的，比如初六、六二、六三的"童观""窥观""观我"，对女人是非常好的，但是对男人是不利的，这就是说观察事物一定要找到适合自己的方式。最后，除了观外物，还一定要观自己——"观我"，观自己的内心、生活方式、行为得失，然后去反思、改变自己，不要只是观外物。

二十一　噬嗑卦——严明刑法，刚柔相济

下震上离，火雷噬嗑

噬嗑，亨，利用狱。

上九，何校灭耳，凶。

六五，噬干肉，得黄金，贞厉，无咎。

九四，噬干胏，得金矢，利艰贞，吉。

六三，噬腊肉，遇毒，小吝，无咎。

六二，噬肤，灭鼻，无咎。

初九，屦校灭趾，无咎。

噬嗑卦是《易经》的第二十一卦，在观卦观察民情、教化百姓之后，噬嗑卦讲怎样用法度治理百姓，严明刑法。这两卦一文一武、恩威并施。

噬嗑，亨，利用狱。

噬嗑卦是亨通的，适合对罪犯施用刑狱。"狱"字左边是反犬旁，中间一个"言"，右边又一个"犬"。《说文解字》说"狱"是两只狗在看守，狗之"言"就是狗的叫声，也就是两只狗在看守并发出叫声，体现了一种震慑力。"狱"有监狱的意思，另外还有一个意思是打官司。噬嗑卦就是讲怎么治理监狱、严明法度、打好官司的，体现了一种公平公正的手段。

《彖》曰：颐中有物，曰噬嗑。噬嗑而亨，刚柔分，动而明，雷电合

而章，柔得中而上行，虽不当位，利用狱也。

"颐中有物，曰噬嗑"，噬嗑卦其实是颐卦中间咬了一根棍子。颐卦（☲）是上下各一根阳爻，中间四根阴爻，好比一张嘴上下都有牙齿，中间是空的，所以颐卦是讲养生、进食的，成语"颐养天年"就源于此。而噬嗑卦的第四爻也是阳爻，也就是颐卦上下的牙齿中间还咬着一根棍子，这就是"颐中有物"，想把棍子咬住一定要用力。"噬嗑"都是口字旁，"噬"是用牙齿咬东西，"嗑"是把嘴合起来，噬嗑卦通过这种形象表明施行刑法要像牙齿咬东西一样有力。

"噬嗑而亨"，噬嗑卦为什么能亨通呢？我们来看噬嗑卦的卦象结构：上卦为离卦，下卦为震卦，六根爻中有三根阴爻、三根阳爻，阴阳交错、刚柔相济，所以是亨通的。"刚柔分"，噬嗑卦中的阴阳爻分开了，表明执行法律的时候一定要善恶分明。"动而明"，"动"指下面的震卦，"明"指上面的离卦，行动要光明，想公正必须公开，光明磊落。"雷电合而章"，震卦为雷，离卦为闪电，执行刑法的时候要像雷电一样迅速、猛烈而准确。"柔得中而上行"，六五爻是卦中最重要的一爻，是阴爻又居于上卦的中间，阴爻是柔弱的，与刚性的刑法刚柔得济，表明虽然对危害大众的人执行法律要严明猛烈，但这是为了维护公正，为了爱护大众，是一种爱心的体现，所以执行法律的人心中要柔弱、慈悲、仁爱，不能为了惩罚而惩罚。"虽不当位，利用狱也"，虽然六五爻是阴爻居阳位，不是当位，但对治狱是非常有利的。假如这里是阳爻居第五位来执行这些刑法，是阳刚之爻来做阳刚的事情，就太过了，反而不利，所以六五爻虽然不是当位，但非常有利。

《象》曰：雷电噬嗑，先王以明罚敕法。

噬嗑卦的形象是火雷噬嗑，电闪雷鸣，构成了威严凌厉的场景，有一个成语就叫"雷厉风行"。先王看到这个卦象就要严明刑法、整治法令、明确惩罚之道，并且要按照时令来做，应时而为。

初九：屦校灭趾，无咎。

《象》曰：屦校灭趾，不行也。

噬嗑卦的六条爻辞分别在讲刑法的不同情境。"屦"字与"履"字很像，都指鞋，这里是动词，意思是穿上、戴上。"校"，木字旁，是一种木制刑具，好比"枷锁"的"枷"，"校正"的"校"就是引申自这里。"屦校灭趾"就是给脚戴上刑具，伤害了脚趾，但是"无咎"，没有灾祸。为什么"灭"了脚趾反而没有灾祸呢？因为伤了脚趾就不能再往前走了，所以不会再犯错误，这就达到了小惩大戒的效果，所以没有灾祸。

初九爻是噬嗑卦最下一根爻，指刚开始的时候犯了小错就要给小惩罚，从脚趾开始，而后逐渐往上。

六二，噬肤，灭鼻，无咎。

《象》曰：噬肤灭鼻，乘刚也。

"噬肤，灭鼻"，咬皮肤，伤害到鼻子，没有灾祸。这里的惩罚比初九爻的惩罚要重一些，古代有一种刑罚叫劓刑，就是割鼻子，属于古代五种肉刑之一，始于夏代，汉文帝时被废除，改为笞刑——用竹板拷打犯人的刑罚。

六二爻为什么要用劓刑呢？"乘刚也"，因为六二爻为阴爻，居于初九爻这根阳爻的上面，阴乘阳是不吉利的。也就是说罪犯的罪过重一些，所要受的刑罚也要加重一些。

六三，噬腊肉，遇毒，小吝，无咎。

《象》曰：遇毒，位不当也。

像咬腊肉一样实行刑罚，遇到了怨恨，有小小的遗憾，但没有大灾祸。六二爻是"噬肤"，只伤及皮肤；六三爻"腊肉"是腌制过的肉，比较硬，所以这种刑罚像咬陈年的干肉一样更重一些，会伤及肌肉，受刑的人就有点不服气，开始怨恨了。开始的时候是"小吝"，有小小的遗憾，但最终"无咎"，没有大的灾祸。

怨恨的原因是"位不当"。六三爻是阴爻居阳位,说明犯的罪过更严重,所以受的刑罚也应该更重一些,这是合适的,所以最终没有灾祸。

九四,噬干胏,得金矢,利艰贞,吉。

《象》曰:利艰贞吉,未光也。

像咬带骨头的腊肉一样实行刑法,一定要像金质弓箭一样刚强坚毅,虽然很艰难,但是大吉大利。"干胏"是带骨头的腊肉,前面六三爻是一般的腊肉,但对付九四爻这种罪犯的刑罚要比六三爻更重一些。"得金矢","矢"即箭,比喻对付这样的罪犯我们要像金质弓箭一样刚强坚毅。"利艰贞,吉",虽然有小困难,但最终是吉祥的。

这根爻表示受刑之人的罪行越来越重,受到的刑罚也越来越重,所以受刑的人越来越不服气,遇到这种情况,执法者一定要具备"金矢"的品格才能秉公执法,最终才是吉利的。

《象传》说,刑罚之道还没有光大。刑罚的目的是预防犯罪,只是一种惩戒手段,并非刻意对犯人施以重刑,所以只用刑罚还不足以把道发扬光大。

六五,噬干肉,得黄金,贞厉,无咎。

《象》曰:贞厉无咎,得当也。

像咬干硬的肉一样实行刑法,像黄金一样刚坚中和,虽然有危险,但最终没有灾祸。"噬干肉","干肉"是风干的肉,比"干胏"还坚硬,所以这里的刑法更重了。"得黄金",六五爻处在中间,按照五行来说中央属土,为黄色,所以是"黄金",表明处在六五爻的人非常高贵,而六五爻是阴爻,表明这个高贵之人是温柔谦逊的,他在实行刑法的时候遇到了强硬的受刑者,所以要采用刚柔相济的方法,既要刚正不阿、严肃法纪,又要用感化的手段来教育他们,这样虽然坚贞有危险,但最终没有灾祸。

六五爻是阴爻居阳位，本来是不得当的，但为什么《象传》这里说是"得当"的呢？因为实行刑法是刚烈的，如果行刑之人也是阳性、刚烈的就太过了。所以这里的"得当"是指柔中带刚、刚柔并济，这才是符合刑法之道的。

上九：何校灭耳，凶。

《象》曰：何校灭耳，聪不明也。

刑具戴在脖子上，伤害了耳朵，所以有凶险。"何"通"荷"，扛着、戴着的意思。初九爻是脚上戴着刑具伤害了脚趾，上九爻是脖子上戴着刑具伤害了耳朵，可见刑法是从下往上、从轻到重，最上面的刑法最重，是"灭耳"，是凶险的。噬嗑卦前面五根爻都是"无咎"或者"吉"，唯独上九爻是"凶"，说明刑罚太过了，一定会凶险。

"聪"即听力，"聪不明也"是听力受损了，因为耳朵都被"灭"了。现在有一个词叫"聪明"，所以"聪不明"也可以引申为不聪明、不明智的做法。古代的商纣王和秦始皇都施行严刑酷法，最终导致身败国亡。

我们总结一下噬嗑卦：它最上面和最下面都是阳爻，初九爻讲的是小惩大戒，上九爻讲的是用刑太过，中间四根爻讲了用刑逐步加重的过程，其中六五爻我认为最值得深思，它讲了用刑的时候要柔中带刚、刚柔相济。噬嗑卦告诉我们不同的罪行要用不同的刑罚，同时还告诉我们要以预防为主，惩罚为辅。

《系辞传》说："善不积不足以成名，恶不积不足以灭身。"不积累善事不能成就功名，不积累恶事就不会"灭身"（受到惩罚）。《系辞传》还说："小人以小善为无益而弗为也，以小恶为无伤而弗去也。"噬嗑卦主要是讲惩罚小人和罪犯的。小人和罪犯是怎么形成的呢？因为他们认为做小的善事没有什么好处，所以不去做；而做小的恶事也无伤大雅，所以不去避免，这样就慢慢导致了犯罪。所以，要"勿以善小而不为，勿以恶小而为之"，千万不要因为善事太小就不去做，也不要因为恶事很小就去做。"惟贤惟德，能服于人"，做一个贤德的人才能被别人钦佩、服从。佛家说"诸恶莫作，众善奉行"，善恶是不分大小的，哪怕再小的善事也要去做，哪怕再小的恶事也不要去做，这样就不会有受刑罚的可能了。所以，噬嗑卦其实是从用刑的人和受刑的人两方面，说明法治的重要性和触犯法律的危害性。

二十二　贲卦——修饰之美，人文化成

下离上艮，山火贲

贲亨，小利有攸往。

上九，白贲，无咎。

六五，贲于丘园，束帛戋戋，吝，终吉。

六四，贲如，皤如，白马翰如，匪寇婚媾。

九三，贲如，濡如，永贞，吉。

六二，贲其须。

初九，贲其趾，舍车而徒。

贲卦是《易经》的第二十二卦，在噬嗑卦之后。噬嗑卦是严明刑法，贲卦恰好相反，是讲用文明、文化治理天下，所以这两个卦构成了反卦，噬嗑卦颠倒过来就是贲卦。"贲"是修饰、文饰，"文"和"质"是相对的，孔子说："质胜文则野，文胜质则史，文质彬彬，然后君子。"质朴如果胜过文采就显得很粗野，但如果文采胜过质朴就显得很虚浮，只有质朴和文采配合适中，才能成为君子，这就是成语"文质彬彬"的来源，贲卦就是讲"文"的。

社会中的等级名分、礼仪制度等都是文饰，这对于社会来说是必不可少的，人与人之间的交往合作来不得半点马虎，都需要文饰。文饰可以引申为文明，所以贲卦跟噬嗑卦是完全不同的：噬嗑卦是法治，贲卦是文治、礼治。文明就是有礼仪，有了文明就有了文化，所以"文明""文化""人文"这些词都出自贲卦的《象传》。

对个人来说，每个人的言语也需要文饰，孔子说："言之无文，行而不远。"如果言语不加修饰，影响力就不会深远，所以需要文学。《诗经》里采用了三种修饰方法，赋、比、兴，这就是语言上的文饰，是为了增加语言的美感、文章的影响力和感染力。正如人穿漂亮的服饰装饰自己，还有产品包装，都是文饰，贲卦就是讲如何文饰的。

贲亨，小利有攸往。
文饰是亨通的，会有小利益，可以继续前往。

《彖》曰：贲，亨，柔来而文刚，故亨。分刚上而文柔，故小利有攸往。（刚柔交错，）天文也。文明以止，人文也。观乎天文以察时变，观乎人文以化成天下。

"贲，亨，柔来而文刚，故亨"，贲卦为什么亨通呢？因为柔爻居下，修饰刚爻。柔爻指六二爻，居于下修饰九三爻，是柔爻辅佐刚爻，用柔性修饰刚强以至协调，所以亨通，太柔或太刚都不行。"分刚上而文柔，故小利有攸往"，"刚上"指上九爻，"文柔"是文饰六五爻，刚爻辅助柔爻，构成了阴阳协调，所以有小利。

"（刚柔交错，）天文也"，"刚柔交错"原文没有，是后补的。天上的日月分别代表刚柔，日月星辰都交错在一起，阴阳配合，这就是天的文采。"文明以止，人文也"，"人文"这个词就出自这里。什么叫"人文"？这是从卦象上说的，山火贲卦，下为火，代表光明，心中要光明；上为山，代表止，行为上要知道停止，这就构成了人文。"止"字太重要了，人和动物的区别就在于行为上是否知"止"，知道停止就具备礼仪了，所以人是懂礼仪的。《毛诗序》说"发乎情，止乎礼"，男女之间从感情出发，但最后是受礼节约束的，知道"止"；如果不知道"止"，随性而发，就变成动物了，所以这就是人文——人类的文明。

"观乎天文以察时变，观乎人文以化成天下"，观察天文就知道春夏秋冬时令的变化，用人类的文明教化天下，这就是"文化"——用人文"化成天下"。现在很多人有知识没文化，学历很高或者读了很多书，但行为举止不合礼仪、心地不光明。"文化"这个词经常被用错，把文化当成知识，但其实文化是心地光明、举止合宜，文化不能等同于知识。

贲卦非常重要，是讲用人文教化天下，文化不但要有漂亮的外观，还要有光明的心地，而且能止于礼。所以"止"非常重要，隋朝大儒王通，号文中子，是魏徵、房玄龄的老师，写了一本书叫《止学》，受到了后世的高度推崇，书中说"大智知止，小智惟谋"，大智慧的人知止，止于礼，而小智慧的人只知道追求计谋。

《象》曰：山下有火，贲。君子以明庶政，无敢折狱。

"山下有火，贲"，贲卦是山在上面，火在下面，下面的离卦表示山下有烈火燃烧，是一种上升的景象，很美；下面的离卦还有另外一种解释，是野鸡，野鸡比家鸡长得漂亮，这也是一种美丽的景象，所以贲卦是美丽的，文饰之后看起来很漂亮。"君子以明庶政，无敢折狱"，君子要按照贲卦来文饰各种政事，使得政事章明；但不可用此来"折狱"，就是不能用贲卦来打官司、治狱断案。因为打官司是刑法，不能文饰，但是各种政事需要文饰来显得明了、光明。所以贲卦和噬嗑卦刚好是一柔一刚、一文一武，贲卦是以德治国、以礼治国，噬嗑卦是以法治国、以刑治国。

初九：贲其趾，舍车而徒。

《象》曰：舍车而徒，义弗乘也。

六条爻辞都有一个"贲"字。"贲其趾，舍车而徒"，修饰自己的脚趾，舍掉车而徒步走。一开始是从脚趾慢慢往上修饰，从下往上、从里往外、从近到远。

按照道义不应乘车。为什么要舍掉车而徒步走呢？因为初九爻不应该过分修饰自己，过分享受，所以乘车是不合适的，只要修饰一下自己的脚趾就行了。

六二，贲其须。
《象》曰：贲其须，与上兴也。
六二爻就要修饰自己的胡子了。
修饰胡子是为了与上面的九三爻相配合，阴阳交错。

九三，贲如，濡如，永贞，吉。
《象》曰：永贞之吉，终莫之陵也。
"贲如"，指修饰的样子。"濡如"，要修饰得很俊美、很漂亮。"濡如"，指光泽柔润的样子。"永贞，吉"，永远守持正道，是吉利的。九三爻是阳爻居阳位，又是下卦的最高位，太过阳刚，所以要修饰得光泽柔润。

"莫之陵"即"莫陵之"，"陵"通"凌"，欺侮，九三爻始终不欺侮下面的六二爻。因为九三爻是阳爻骑在六二爻这根阴爻上面，所以不能欺侮它，要互相修饰，这样才能大吉。

六四：贲如，皤如，白马翰如，匪寇婚媾。
《象》曰：六四，当位疑也。匪寇婚媾，终无尤也。
"贲如，皤如"，"贲如"是装饰的样子，"皤如"是洁白素净的样子，修饰得洁白素净。"白马翰如"，就像一匹白马翩翩而来，潇洒自如。"匪寇婚媾"，不是来抢掠而是来求婚的，在第三卦屯卦中也出现过"匪寇婚媾"。之前下卦只说修饰而没有说修饰成什么颜色，而从上卦六四爻这里开始，就说了要修饰成白色，修饰成洁白素净的样子。

"六四，当位疑也"，六四爻是柔爻居柔位，是当位。但是因为六四爻求于初九爻（第四爻跟第一爻相呼应），是上求下，而且柔爻做事犹犹豫豫，事先没有打招呼就骑着马来了，所以别人会怀疑他来抢东西。"匪寇婚媾，终无尤也"，但他其实不是来抢东西而是来求婚的，六四爻和初九爻阴阳相合就可以成婚，最终不会有怨恨。

六五，贲于丘园，束帛戋戋，吝，终吉。

《象》曰：六五之吉，有喜也。

"贲于丘园"，在山丘园林里装饰。说明修饰范围越来越广了，前面的修饰脚趾、胡子、身体，都是在讲自己，到六五爻这里就要修饰山丘和园林了。"束帛戋戋，吝，终吉"，拿着一束小小的丝帛，有一点小小的遗憾，但结果是吉祥的。

为什么六五爻有喜呢？因为六五是柔爻居于最尊贵的位置，而且走中道，所以文饰一定是偏于简朴的，是守中的、合适的，这种修饰终究是值得庆贺的、是有喜的。

上九：白贲，无咎。

《象》曰：白贲无咎，上得志也。

"白贲"是素白无华地装饰，也就是不用装饰，这样就能"无咎"，没有害处，也就是说上九爻是一种返璞归真、不用装饰的状态。我认为这是做人的最高境界。老子说了三个复归：复归于婴儿，复归于无极，复归于朴。最后就是回到朴素的自然之美。正如老子所言："大巧若拙，大智若愚。"我套用一下这个句式改编这一爻，就叫"大贲若白"，最好的装饰就是不装饰。其实白光是光谱中所有色光的混合，所以这是达到了人的最高境界，也是最美的境界，庄子说："朴素而天下莫能与之争美。"因为朴素、返璞归真了，你就是最美的了。

贲卦是讲文化，文化最终的目的就是回归自然与初心，回归人善良而美好的本性。做人的最高境界就是至简至易、极为简朴、返璞归真，不修饰、不文饰，这才是大智慧，也是彻底放下，回归天然纯真，这样就自由和自在了。什么叫自由和自在？自由是想做就做，当然是在法律允许的范围内；自在是想不做就不做。这就是人的最高境界：白贲，无咎。

"得志"是得到了最高的智慧，志得意满。

我们来总结一下，贲卦是讲文明的，它的上下卦构成了一种辩证关系，下卦为光明，上卦为停止，叫"文明以止"，这就是文化的本质。贲卦从初九爻到上九爻讲了一个文饰的过程：从下到上、从低到高，每一个时空点，文饰的程度和对象都不同，这就告诉我们文饰是不能脱离实际的。贲卦还讲了"文"和"质"的辩证关系，"质"是质朴、朴素，"文"是文饰、修饰，这两者好比现象与本质、外在仪表与内在精神。外表的华美固然表现了一种文明，但如果无限追求文饰，过于浮华，就会越来越远离自然质朴的美，奢靡腐败的风气就会泛滥成灾。进一步发展，由物质文明的繁荣和精神文明的衰退造成的巨大反差，就会危害人类最终的发展。

贲卦最后告诉我们要"白贲，无咎"，返璞归真，回归自然简朴的初心本性。这既是做人的最高境界，也是文化的最终目的。如果过度追求物质享受和奢靡的生活，过度装饰，就会导致后面的剥卦所描绘的图景。

二十三　剥卦——防止剥落，分享共赢

下坤上艮，山地剥

剥，不利有攸往。

上九，硕果不食，君子得舆，小人剥庐。

六五，贯鱼，以宫人宠，无不利。

六四，剥床以肤，凶。

六三，剥之，无咎。

六二，剥床以辨，蔑贞，凶。

初六，剥床以足，蔑贞，凶。

我们都知道"否极泰来"这个成语，还有一个类似的成语叫"剥极必复"，剥到极点一定会回复。剥卦是《易经》的第二十三卦，复卦（☷）是第二十四卦，这两卦构成了两幅相对的图景。剥卦是秋天万物萧瑟、万物凋零的图景，表明阳气将要剥尽；复卦刚好相反，是春天一阳来复、阳气上升的图景，所以这两个卦构成了反卦。剥卦最上面一根是阳爻，下面五根是阴爻，看一个卦要从下往上看，所以剥卦是阴气从下往上长，长到最后只剩一根阳爻，阳气快剥尽了；复卦最下面一根是阳爻，上面五根是阴爻，表示阳气开始渐渐上升。剥、复两卦代表相反的两种图景，说明了物极必反、否极泰来、剥极必复的道理。在剥、复之间有一个时机，所以还有一个成语叫"剥复之机"，是指盛衰消长中间的一个时机，是一个关键点。

《易经》里有十二消息卦，复卦是阴历十一月，冬至所在的月份，从这里

开始，阳气慢慢上升，一共经过六个卦：复、临、泰、大壮、夬、乾；乾卦的纯阳之后，阴气开始上升，也是经过六个卦：姤、遁、否、观、剥、坤。其中，剥卦是阴历九月，只剩最后一根阳爻，阳气快剥尽了。所以，剥卦实际是讲阳气怎样衰退、剥尽的，然后又讲了怎样防止阳气衰退，不能让阳气全部剥落。

剥，不利有攸往。

剥卦，继续前往就不利了。为什么呢？因为继续前往阳气就全没了，就不利了。

《彖》曰：剥，剥也，柔变刚也。不利有攸往，小人长也。顺而止之，观象也。君子尚消息盈虚，天行也。

"剥，剥也，柔变刚也"，剥落的过程是柔爻（阴爻）慢慢往上升改变了刚爻（阳爻），也就是阴气长了，相对应的阳气就消了。"不利有攸往，小人长也"，为什么继续前进不利呢？因为阴爻代表小人，阳爻代表君子，这里小人的气势开始生长了，所以是不利的。"顺而止之，观象也"，"顺"是指下面的坤卦，坤为顺，代表大地；"止"是指上面的艮卦，艮为止，代表山，所以剥卦叫山地剥，要顺势制止，这是通过观察卦象得到的结论。

"君子尚消息盈虚，天行也"，君子要崇尚消息盈虚，这是天道。"消"是消退；"息"是生长，"息"字上面是"自"字，代表鼻子，下面是"心"字，代表在胸中，这是一种以心为鼻的呼吸方式，就像胎儿不是用口鼻呼吸，胎儿的呼吸叫"胎息"。一呼一吸为一息，所以"息"字包含了消、长两重意思，发展到后来就只剩"消"而没有"长"了。这里的"消息"就是有消退，有生长，阳"消"则阴"息"，阴"消"则阳"息"。"盈"是满，"虚"是亏，有盈有虚，这就是天道。

自然界的万事万物都是有长有消、有盈有亏的，都会经历潮起潮落、日出日落、月盈月亏。人生也是一样，不可能一路平坦，总会有坎坷，所以在坎坷的时候不要气馁，也不要怨天尤人。

《象》曰：山附于地，剥。上以厚下安宅。

剥卦的卦象是山附在地上，本来山是高耸在地上的，但现在山上的土开始剥落，倒在了地上，这就是剥卦之象。君主要按照剥卦之象加固下面的根基，来安稳房子。"上"指领导者、统治者，看到了剥落的卦象：剥卦下面五根爻都是阴爻，只有上面一根是阳爻，好比一座山，下面是空掉的大地，山已经往下掉得只剩最上面一根阳爻了，再往下塌就覆灭了，所以一定要赶快想办法加固下面的根基。"宅"指基业。"下"指老百姓或者员工，"厚下"，领导者要安稳住下属、稳固基础；对普通人而言，人有精气神，"精"就是"宅"，在下面，是最根本的东西，所以养生首先要固精，不能耗散，这样"气"才能充足，"神"才能旺盛，也就是精满则气足、气足则神旺。

初六，剥床以足，蔑贞，凶。
《象》曰：剥床以足，以灭下也。

我们来看六根爻的爻辞，一开始都是通过比喻来讲如何剥落的。初六爻是从床脚开始剥落，破坏了床脚，有凶险。"剥床以足"，用床作比喻，先从床脚开始慢慢往上剥落，人也是一样，所以有句话叫"人老腿先老"，因此这是一件凶险的事情。"蔑贞，凶"，"蔑"通"灭"，"贞"是正，代表阳气，"蔑贞，凶"就是把阳气从最下面开始消灭掉。

六二，剥床以辨，蔑贞，凶。
《象》曰：剥床以辨，未有与也。

"辨"通"牑"，即床板。"剥床以辨"，意思是从床脚开始慢慢往上剥落到床板。"蔑贞，凶"，阳气被进一步消灭了，更加凶险了。六二爻是下卦的中间，表示剥落到中间了，上下都没有呼应，因为全是阴爻，是非常危险的。

六三，剥之，无咎。

《象》曰：剥之无咎，失上下也。

六三爻进一步剥落，"剥之"的"之"是床，但是没说是床的什么部位，也就是说整个床都开始剥落了。但这里说"无咎"，没有灾祸，为什么？因为这是第三爻，跟这个卦唯一的阳爻上九爻呼应，上九爻是一个阳刚的领导者，会来帮助六三爻，所以六三爻没有大灾祸。

六四，剥床以肤，凶。

《象》曰：剥床以肤，切近灾也。

"肤"是皮肤，这里指床面，表示剥落到最上面。床面都开始剥落了，这是凶险的。

床面都开始剥落了，马上就要接近灾难了。六四爻是第二个阶段的开始，如果再不制止剥落，就非常危险了。就一张床来说，已经从床脚、床板剥落到床面，达到顶点了，这个时候怎么办呢？看六五爻。

六五，贯鱼，以宫人宠，无不利。

《象》曰：以宫人宠，终无尤也。

六五爻的爻辞没有提到"剥"，而是说了怎样制止"剥"。带着像一串穿在一起的鱼一样的宫女来承宠于君王，是没有不利的。六五爻是阴爻处于最尊贵的位置，好比是皇后，下面的四根阴爻好比是四个妃子，这时皇后要带着她下面的四个妃子鱼贯而入，去承宠于上九爻的君王，就会没有什么遗憾。皇后的地位是最尊贵的，但在剥落的情况下，皇后的地位也开始受到冲击，下面的妃嫔都想争夺皇后的位置，这时皇后要大度宽容，不能一个人独宠，要带领妃嫔一起受宠，有了这样的品德就可以止住剥落的局面，所以一定要有宽容的心。

一个成功的男人背后一定有一个默默奉献的女人。唐太宗李世民是一代明君，他的背后就有一位默默奉献、被千古传颂的第一贤内助长孙皇后。有一次唐太宗下朝回宫，满脸怒容地骂道：一定要把魏徵那个乡巴佬给杀了！他总在朝廷上当众忤逆我，让我下不了台。这时长孙皇后一言不发地退入内室，良久，穿上了最高规格的礼服出来向唐太宗行大礼。太宗诧异，长孙皇后说道：臣妾特恭贺陛下，古云君主贤明才有直言进谏的大臣，魏徵敢直言上谏，一定是因为陛下太贤明了，如此臣妾怎么敢不贺？太宗听后恍然大悟，转怒为喜。

上九，硕果不食，君子得舆，小人剥庐。
《象》曰：君子得舆，民所载也。小人剥庐，终不可用也。

"硕果"是大的果实，"硕果不食"是说不吃大的果实。上九爻是剥卦唯一的阳爻，代表硕果，这个硕果是不能吃的，如果把它吃掉了，阳气就全部剥尽了。"君子得舆，小人剥庐"，"舆"是车子，八卦中坤卦为车，"庐"是房子，八卦中艮卦为房子，所以这里的车子和房子都是从卦象里看出来的。这句话就是说，君子得到硕果以后不独自享用，所以才能得到车子，也可以理解为君子摘取硕果以后驱车载着去给百姓吃，这样就会得到百姓的拥戴；小人得到硕果以后独自享用，不管下面的百姓，百姓就遭殃了。所以做领导要与员工有福共享，员工就有福了。

"君子得舆，民所载也"，君子能得到车子是因为老百姓的拥戴。我们都听过"水能载舟，亦能覆舟"，这句话最初是来源于荀子的"君者舟也，庶人者水也，水则载舟，水则覆舟"，君主好比是舟，老百姓好比是水，水能乘载舟，也可以掀翻舟。后来的唐太宗和魏徵也多次转引这样的观点："君舟也，人水也，水能载舟，亦能覆舟。"载舟覆舟的关键就在于君主这条"船"，如果君主得到硕果之后自己吃了不管下面的百姓，船就会翻。《易经》用车来比喻也是一样的，百姓会把车给掀翻，所以只有跟百姓共享才能被百姓承载。"小人剥庐，终不可用也"，小人独自享用了硕果，终究不会被百姓拥戴，就像房子剥落一样。

我们来总结一下剥卦。剥卦前面四根爻说的是剥落的过程，是从最下面开始往上剥落的，"床脚"比喻细微的、潜在的、平常看不到的一些地方，这些地方会潜伏着危险；然后剥落的过程越来越快、越来越大，所以我们要警惕。要怎样止住这种剥落的局面呢？六五爻告诉我们，要和其他人一起享受关心、享受照顾；上九爻告诉我们有了果实之后不能独享，这都是一样的道理，是一种宽广的胸怀，同时也是一种阴阳太极的思维：阳中有阴，阴中有阳。阴阳是互补的，领导与员工也是互补的，是一体的，千万不要一个人独赢，要共赢才能止住剥落的局面。

二十四　复卦——万物复兴，回归正道

下震上坤，地雷复

复，亨。出入无疾，朋来无咎。反复其道，七日来复，利有攸往。

上六，迷复，凶，有灾眚。用行师，终有大败，以其国君，凶，至于十年不克征。

六五，敦复，无悔。

六四，中行独复。

六三，频复，厉无咎。

六二，休复，吉。

初九，不远复，无祗悔，元吉。

复卦是非常有名的一卦，有一个成语叫"一阳来复"，说的就是复卦。复卦是《易经》的第二十四卦，在第二十三卦剥卦之后，这两卦构成的场景刚好相反：剥卦是深秋九月，阳气快要剥尽，一片肃杀、萧瑟的场景；复卦是春天即将到来，阳气即将发生，万物即将生机勃发的场景。复卦的卦象是上面五根阴爻，下面一根阳爻，是阳爻开始上升。复卦在十二消息卦中代表农历十一月，这个月有冬至，冬至这天白天最短、夜晚最长，所以阴气最盛，也就预示着阳气即将发生，这个时候就是"复"——一阳来复。在一天中，子时（晚上11点到凌晨1点）是阳气开始复苏的时候，所以有个词叫"活子时"。

复，亨。出入无疾，朋来无咎。反复其道，七日来复，利有攸往。

复卦是亨通的。阳气生长出入都没有疾患，刚强的朋友前来没有灾祸。反复走在天道的大路上，过了七天阳气又会回复，有利于继续前进。

"出入无疾"，出入都没有毛病。这是指复卦中唯一的阳爻初九爻。"出"，阳爻向上生长，阳气往外生发；"入"，阴气向内收敛，所以这是阴阳反复的时候。"朋来无咎"，"朋"是指初九爻，这时候是阳气刚刚开始发生的阶段，阳气会像朋友一样依次而来，复卦之后阳气逐渐上升，所以没有灾祸。

"反复其道，七日来复"，反复走在天道的大路上，过了七天阳气又会回复。天道的规律就是这样反反复复，寒往则暑来、暑往则寒来，日往则月来、月往则日来，春夏秋冬、日月升降。为什么是"七日来复"呢？为什么过七天阳气会回复呢？《易经》六十四卦的每一卦都是六根爻，代表六个时空点，"六位时成，时乘六龙以御天"，所以到第七个时空点又会回过来，从最下面一根爻重新开始。

举例来说，从姤卦开始到复卦，顺序是：姤、遁、否、观、剥、坤、复。姤卦（☰）最下面一根是阴爻，上面五根是阳爻，代表阴气开始往上长，长到六根爻全是阴爻的时候就变成了坤卦，然后又会反过来从最下面一根爻开始变成阳爻，这就是复卦，刚好经过了七个卦，是一个循环。

《彖》曰：复，亨，刚反，动而以顺行，是以出入无疾，朋来无咎。反复其道，七日来复，天行也。利有攸往，刚长也。复，其见天地之心乎。

"刚反"，"刚"指最下面的阳爻，开始回复了。"动而以顺行"，这种运动是按照次序一根爻接一根爻向上行的，"动"指复卦下面的震卦，"顺"指复卦上面的坤卦。"反复其道，七日来复，天行也"，大自然运行的法则是七天一个循环。"利有攸往，刚长也"，为什么有利于前往呢？因为阳气开始逐渐向上长了。"复，其见天地之心乎"，"天地之心"这个词就出自这里，从复卦里可以看出天地万物之心来。北宋五子之一的张载有一句名言："为天地立心，为生民立命，为往圣继绝学，为万世开太平。"第一句就是"为天地立心"，"天地之心"是什么呢？这是一种比喻，指天地的核心、本源、大规律，即天道，从复卦中就可以大概看出天地的规律和本质。

《象》曰：雷在地中，复。先王以至日闭关。商旅不行，后不省方。

"雷在地中"，"中"一般指下，复卦下卦是震卦，上卦是坤卦，叫作地雷复，大地下面在打雷，雷还未从地面冒出来，但是已经发生了。按照古人的说法，打雷就是冬天潜伏在地下的阳气到春天要冒出来了，发出轰隆隆的响声，表明一阳来复，这就是复卦的景象。北宋五子之一的邵雍写过一首诗，描述的其实就是复卦的场景："冬至子之半，天心无改移。一阳初动处，万物未生时。"冬至相当于一天当中的子时，这种天道是永远不会改变的；这个时候阳爻刚刚发生，万事万物马上就要开始生长。

《象传》说在这一天要怎么做呢？"先王以至日闭关"，先王、统治者要按照这样的卦象在冬至这天闭关、内守阳气。"商旅不行，后不省方"，做生意、旅行的人不出门，大王也不去视察四方，"后"指君主。因为这天阳气刚刚发动，非常娇嫩，一动就会熄灭掉。

初九，不远复，无祗悔，元吉。
《象》曰：不远之复，以修身也。

六根爻的爻辞都有一个"复"字。初九爻是复卦中唯一的阳爻，走得还不太远就回复了，没有大的悔过，一开始就大吉。"不远复"，这个时候刚开始，偏离正道还不太远，要赶快回到正道上来。

《象传》说要赶快回来，加强自身的修养。初九爻是复卦最关键的一爻，表示阳气从全阴状态下开始回复，走上了正道，这时要加强修养、修身。"吾日三省吾身"，要好好反省、检讨、忏悔自己，忏悔过去怎样走上了不正的道路，现在要怎样回到正道上来，这样才会大吉。《象传》中的"复"指抓住本源，从根本上、源头上反思自己，走向正道。

六二，休复，吉。

《象》曰：休复之吉，以下仁也。

大有卦的《象传》说"火在天上，大有。君子以遏恶扬善，顺天休命"，这个"休命"就是美好的生命，所以"休"是美好。"休复，吉"，愉快地、美好地回到正道上，是大吉的，因为六二爻居中位。

六二爻对下方行仁义，心中有仁德，所以美好。这里的回复是自觉、自愿地回到跟初九爻相邻的关系，两爻相亲相合，所以是美好的回复。

六三，频复，厉无咎。

《象》曰：频复之厉，义无咎也。

"频"通"颦"，意思是皱眉头，"频复"就是皱着眉头去回复，表示很勉强地返回。"厉无咎"，虽然危险但没有灾祸。为什么六三爻是勉强地回复呢？因为"三多凶"，第三爻居于下卦的最上位，大多会凶险，而且这里的第三爻又是阴爻，力量不够、不正，所以只能愁眉苦脸地勉强回复。但是只要回复了，最终就没有灾祸。

《象传》说愁眉苦脸地、勉强地返回虽然危险，但在道义上不会有灾祸。

六四，中行独复。

《象》曰：中行独复，以从道也。

在中间行走，独自返回。六四爻的位置正不正呢？正。因为它是阴爻居阴位。中不中呢？它既不在下卦的中位（第二爻），也不在上卦的中位（第五爻），但是从整个卦六根爻来说，第四爻是在中间的，所以是"中行"。第四爻和复卦唯一的阳爻初九爻相呼应，只有它能被阳爻带动专心致志地回到正道上来，所以叫"独复"。

"中行独复"是为了"从道也"，它顺从了中正之道，所以是吉的。

六五，敦复，无悔。

《象》曰：敦复无悔，中以自考也。

敦厚、虔诚地返回，就没有悔过。回复正道的时候一定要敦厚、虔诚，为什么要敦厚呢？因为六五爻居于上卦坤卦的中央，坤卦代表大地，最为敦厚。

六五爻居上卦中位，自我反思。按照曾子的说法"吾日三省吾身"，从三个方面多次反省自己："为人谋而不忠乎？"（替别人谋划的时候心中是否忠诚？）"与朋友交而不信乎？"（与朋友交往的时候有没有守诚信？）"传不习乎？"（老师传下的学问是否实践了？）这样时常反省就能很快回复到正道，也就无怨无悔了。这个"无悔"是指结果，其实思考、反思也是一种忏悔，只有忏悔才能"无悔"。

上六，迷复，凶，有灾眚。用行师，终有大败，以其国君，凶，至于十年不克征。

《象》曰：迷复之凶，反君道也。

前面五根爻的爻辞都是"吉"或者"无咎""无悔"，唯独上六爻连着出现了两个"凶"，为什么呢？"上六，迷复，凶，有灾眚"，迷失道路，误入歧途，不知如何回复，所以很凶险，有灾祸。"眚"原指目生异物，遮挡了视线，找不到方向，代表灾难。"用行师，终有大败"，如果这时用兵打仗，最终会大败。"以其国君，凶"，在这个时位，治理国家的君主会有凶险。"至于十年不克征"，十年内都不能成功地征讨外国。

误入歧途不知返回是有凶险的，因为违反了君主之道。为什么呢？上六爻是阴爻居最高位，力量不够，而且距离初九爻最远，受到阳爻，也就是正道的影响最小，容易迷失本性。同时，它居最高位，没有人规劝，所以不知道要怎样回复到正道。如果还想去侵略别人，就违背了为君之道，肯定会有凶险。上六爻实际上是从反面来说明回复正道的重要性。

复卦给我们的启示是"回复正道"。万事万物发展都是坎坷、反复的，所以人生无论在何种艰险的境遇下，都要怀有回复正道的信念。"反复其道，七日来复"，要怎样回复呢？在不同的时空点有不同的做法。一开始是"不远复"，马上回复到正道；然后是"休复"，非常愉快地回到正道；第三是"频复"，虽然有危险，但仍然要勉强回复到正道；第四是"独复"，居中守正，独自地、专心致志地回复到正道；第五是"敦复"，诚信、敦厚地回复到正道。以上五种做法表达了在不同时空点上我们回复的不同程度、心境和情绪等，但是只要回复就是吉的。最后一爻从反面告诉我们，迷失了"复"会有大凶险。这就是复卦告诉我们的天地大道——"天地之心"，所以要"为天地立心"。如果"天地之心"已经迷失了，就要把这颗心找回来，然后就可以"吉无不利"。

二十五　无妄卦——顺其自然，不可妄为

下震上乾，天雷无妄

无妄，元亨利贞。其匪正有眚，不利有攸往。

上九，无妄，行有眚，无攸利。

九五，无妄之疾，勿药有喜。

九四，可贞，无咎。

六三，无妄之灾，或系之牛，行人得之，邑人之灾。

六二，不耕获，不菑畬，则利有攸往。

初九，无妄，往吉。

"妄"是乱，"无妄"就是不妄为、不乱为、不过分行动。无妄卦是《易经》六十四卦的第二十五卦，在复卦之后，一阳来复以后就不可妄为也不会妄为了。《黄帝内经》的养生四大方法之一就是"不妄作劳"，运动、劳作不能太过。老子的《道德经》有一个非常重要的概念叫"无为"，意思是不乱为，要符合自然而为，不可恣意任为，其实就是"无妄"。

无妄卦的卦象上面是天，下面是雷，天上乌云密布、电闪雷鸣，老天通过这种景象来展现威力、惩罚的能力，给我们一种警示，使我们不敢妄为，否则会遭天打雷劈。我们中国人的信仰就是天道，天道遏恶扬善。举头三尺有神明，"修合无人见，存心有天知"，你的作为虽然没人看见，但你安的是什么心老天是知道的。

无妄，元亨利贞。其匪正有眚，不利有攸往。

卦辞从"无妄"和"有妄"两方面进行了说明。"无妄，元亨利贞"，不妄为，一开始就亨通，有利于守持正道。"其匪正有眚，不利有攸往"，"匪"通"非"，如果不守正道而妄为就有灾祸，不利于继续前行。所以"有妄"和"无妄"的标准就在于是否守持正道、天道，依天道而行则"无妄"，不依天道而行就"有妄"。

《彖》曰：无妄，刚自外来而为主于内，动而健，刚中而应，大亨以正，天之命也。其匪正有眚，不利有攸往。无妄之往，何之矣？天命不佑，行矣哉。

"刚自外来而为主于内"，"刚"指最下面的初九爻是从外卦来的，"外"是外卦，外卦就是上卦，无妄卦的上卦是乾卦，都是阳爻；"而为主于内"，它在里面做主了，"内"是内卦，内卦就是下卦，无妄卦的下卦是震卦，震卦是一根阳爻两根阴爻，以少胜多，少的这根阳爻就做主了，这就表明"无妄"是按照外在的天道来做，使自己的内心慢慢走向正道。"动而健"，它的行动非常刚健，"动"指下卦的震卦，震为动；"健"指上卦的乾卦，乾为刚健。"刚中而应"，刚爻居中间，指上卦的九五爻，九五爻跟下卦的六二爻相呼应，阴阳相应，所以"大亨以正，天之命也"，这是非常亨通、符合天道的。这是从正面来说"无妄"的，其结果是吉的。

从反面来说，"其匪正有眚，不利有攸往"，如果不按正道来做就有灾祸了，不利于往前进。"无妄之往，何之矣"，不妄为的行动继续下去，将会走向何方呢？"之"作动词，是去的意思。这句话实际上是说改变了"无妄"，变成了"有妄"，会走到哪里呢？如果一个组织或者机构内政比较涣散的话，就需要从外界请一个刚健、有力的人来主持工作，这就是"刚自外来而为主于内"。但是，如果这个人来了之后不守正道，尽管刚强，也只会是妄为，不能取信于内部的人，得不到下面人的支持，这个单位还是不会好，有时候甚至会比以前更糟。当事人没有认识到自己的行为是否"无妄",就一意孤行,这就是"有妄",继续下去一定会造成不利的局面。"天命不佑,行矣哉",这个时候老天也不会给你帮助。所以是否"无妄"不是凭自己的感觉,自己的行为得不到大家支持的时候就需要反省了,看看自己的所为是否符合正道。

《象》曰:天下雷行,物与无妄。先王以茂对时育万物。

从形象上来解释无妄卦是:天上乌云密布、电闪雷鸣,下面的万事万物都不敢妄为了。先王看到这个卦象,要凭借这种威势配合天时来养育万物。"茂"原义是茂盛,在这里指威势、权威,"对"是配合。打雷代表春天到了,有一个节气叫惊蛰,意思是打雷把冬眠的动物都惊醒了。这时应该干什么呢?我们要抓住这个生发的天时"育万物",播种然后培育万物。

还是举刚才那个例子,一个单位从外面请来了一个非常强有力的领导。这个时候他首先要抓住天时来"育万物",就是要教育、培训员工,而不是借着这种威势来惩罚他们。所以来到一个新的岗位,不要展示自己的威势,而是要像春天一样培育,"随风潜入夜,润物细无声",这样的行为才能无妄。

初九,无妄,往吉。
《象》曰:无妄之往,得志也。
六条爻辞基本都说到了"无妄"。一开始不要妄为,这样前往是吉利的。
初九爻的刚爻是从外面来的,现在到里面已经做主了,实现了自己的志向。初九爻是刚爻居阳位,是正位。所以一开始心里就不要觉得有威势、有权威就可以妄为,而要行得正,这样就不会"有妄",往前走就是吉利的。

六二,不耕获,不菑畬,则利有攸往。
《象》曰:不耕获,未富也。
"不耕获,不菑畬,则利有攸往",不要想着去耕种,就会有收获;"菑"是新开垦的田地，"畲"是开垦了两年的田地，不要开垦新地，也不要开垦熟田，这样才有利于前行。

"未富"，还没有去谋求富贵，意思是不要想着为了富贵去开垦、耕种、收获，这样反而有利。其实这句话是非常有哲理的，很多东西越想求越得不到，越不想求反而会得到。老子《道德经》第三十八章说："上德不德，是以有德；下德不失德，是以无德。"上等德行的人不追求德，结果反而有德；下等德行的人拼命追求德，结果反而无德。六二爻就是告诉我们不要怀有太强的目的性，为了追求富贵去耕耘，这样是不利的；越没有目的性、越不执着，反而越有利，我把它概括为"无妄之耕"。因为六二爻又中又正，本身就是有利的，不是刚性地去做，而是柔性地、顺其自然地去做，这就是老子说的无为。无为不是不做，而是不妄做，不违背自然规律地、自然而然地做，这样反而是有利的，"利有攸往"。

六三，无妄之灾，或系之牛，行人得之，邑人之灾。

《象》曰：行人得牛，邑人灾也。

六三爻就不太好了，不妄为却有灾祸。第三爻的爻辞讲了一个故事，村里有人养了一头牛，把它拴在村外树上，后来这头牛被路人偷走了。丢一头牛对当时的一个家庭来说是损失了一笔巨大的财富，是"邑人之灾"。"邑人"就是村里人，这对整个村子的人来说都是一种灾祸。这种灾祸看起来是值得同情的，但"可怜之人必有可恨之处"。他把牛拴在外面树上的做法很不对，他应该自己看好，所以表面上"无妄"，但实际上"有妄"，因为他乱为。

"三多凶"，六三爻是阴爻居下卦的最上位，既不正又不中，没有按照中正之道做事，当然会有灾祸。表面上的行为没有妄为，但内里是不中不正的，已经在妄为了，所以会招来无缘无故的灾祸，这就叫"无妄之灾"。因此人最重要的是内心，内心的思维方式决定了人的行为方式，这告诉我们心理的重要性。

九四，可贞，无咎。

《象》曰：可贞无咎，固有之也。

九四爻没有说"无妄"，我们可以理解为"无妄之贞"，守持了正道就没有灾祸。

"可贞无咎"是因为他坚固地守住了正道。九四爻是阳爻居阴位，不正，但它却要去守正。因为九四爻是一根阳爻，所以具有这样的能力，但是阴爻往往没有这种能力去守正道。九四爻处于上卦的最下面，不在中位，但是从整个卦六根爻来说，第三爻和第四爻都是居中的，所以它只要守住正道，就没有灾祸了。

九五，无妄之疾，勿药有喜。

《象》曰：无妄之药，不可试也。

没有妄为却得了病，不用吃药就能治好。"疾"是小病，"病"是大病。九五爻又中又正，而且居于最尊贵的位子上，是整个卦最重要的时空点，没有妄为却得了小病。九五爻是告诉我们要有忧患意识，如果有了忧患意识，懂得预防，就不需要吃药了，这叫"不治已病治未病"。

不可以去尝试"无妄之药"，意思是不要真的去做"有妄"的、违背规律的事情。如果想试一试，真的这样做了再去吃药，这个病是不会好的。这就告诉我们，既然已经到了九五爻又中又正的位置，就要守中道，而且要有忧患意识，这样才会"有喜"。

上九，无妄，行有眚，无攸利。

《象》曰：无妄之利，穷之灾也。

可以理解为"无妄之行"，没有妄为，但一味前行就会有灾祸，是不利的。

上九爻是走到头了，所以有灾祸。说明事物到了尽头，无路可走就会有灾祸，这个时候更要反思自己是否妄为了。

我们来总结一下无妄卦，六根爻没有一根爻讲"有妄"，都是"无妄"，结果却有吉有凶。初九是"无妄之往"，六二是"无妄之耕"，六三是"无妄之灾"，九四是"无妄之贞"，九五是"无妄之疾"，上九是"无妄之行"。一般第一爻和第二爻是吉的，到第三爻就有灾了，然后到第四爻和第五爻又是吉的，但是到最上一爻又是凶的。所以从整个卦六根爻来看，凡是到头的时候，下卦到头的第三爻和整个卦到头的第六爻都是凶的，因为时位不同、用心不同。

无妄卦除了告诉我们行为上不能妄为，还强调思想上不能妄想，发心要守正道，这样才是吉的。确定"有妄"与"无妄"的标准是天道，按照儒家的说法就是礼仪，孔子说"非礼勿视，非礼勿听，非礼勿言，非礼勿动"，这就叫守正道，按照礼来做就是"无妄"，是吉的。

二十六　大畜卦——积善积德，防微杜渐

下乾上艮，山天大畜

大畜，利贞。不家食，吉，利涉大川。

上九，何天之衢，亨。

六五，豮豕之牙，吉。

六四，童牛之牿，元吉。

九三，良马逐，利艰贞，曰闲舆卫，利有攸往。

九二，舆说輹。

初九，有厉，利已。

大畜卦是《易经》的第二十六卦，与第二十五卦的无妄卦构成反卦。无妄卦颠倒就是大畜卦，无妄卦是天雷无妄，大畜卦是山天大畜。"畜"通"蓄"，第九卦风天小畜是小小的积蓄，大畜是大大的积蓄。大畜积蓄的不仅是财富，还包括美德，比如蓄养贤人。

大畜，利贞。不家食，吉，利涉大川。

大畜，是有利的。不独自在家里吃饭，是吉的，有利于渡过大河。"不家食"，不在家里吃饭，意指到外面吃俸禄，也就是吃公家的饭。"不家食"的另一种表现是自己有了很多饭之后，让别人一起来吃。如何才能做到让别人一起来吃呢？要蓄养贤德的人，带领大家建功立业，这样是有利的，利于渡过大江大河。当然，这个过程肯定有艰险，所以必须要带领大家跋山涉水，经历了艰

险，然后就可以"不家食"了。

《彖》曰：大畜，刚健笃实，辉光，日新其德，刚上而尚贤，能止健，大正也。不家食，吉，养贤也。利涉大川，应乎天也。

"刚健笃实，辉光"，"刚健"指下卦的乾卦，所以要想建功立业"不家食"，本性就要刚健，而且要"笃实"。"笃实"指上卦的艮卦，艮为山，山为笃实，非常敦厚坚实。同时要"辉光"，心地光明，发出光辉。如果刚健笃实如太阳一般，就能发出光辉。同时，能发出巨大的光辉，说明已经有了很大的积蓄，很富足了；自己有了积蓄，要和大家一起分享，而不是独自享用。如何才能有大的积蓄呢？要"日新其德"，就是每天都要进步，不断提高自己的品德。四书之一的《大学》引用了商汤时期的《盘铭》里的一句话："苟日新，日日新，又日新。"这就是中国人的创新精神。《诗经》里也有这样两句："周虽旧邦，其命维新。"周朝虽然是一个旧国，但它的使命是要不断创新，所以创新对于大畜卦是非常重要的。乾卦就具有创新的品德，"天行健，君子以自强不息"，是永远创新的。为何天上有座大山叫大畜呢？它是告诉我们，既要像天一样刚健，又要像山一样高大。我们创新变革的目的是要使自己的品德像山一样敦厚笃实，高大无比，这就是大畜。

"刚上而尚贤"，要刚健地往上。当然"刚上"也指上九爻，要崇尚贤人。刚爻在上，一般指有能力的领导者居于上位，这时候一定不能忘了下属，尤其是贤能的下属。领导者要崇尚下属、尊敬下属，充分发挥下属的才能，把他们放在比自己更重要的位置上，就像大畜卦把山放在天的上面，这就是大畜卦的卦义。

"能止健，大正也"，艮卦是上面一根阳爻，下面两根阴爻。阳爻代表君主，阴爻代表群众，君主居于上位，一定要崇尚下面的人，要止住自己刚强骄傲的心。如果领导者太过看重自己，就违背了艮卦"止"的卦义，会有危险。

"不家食，吉"是因为"养贤也"，不在家里吃，因为要在外和自己养的贤人（即有能力的食客）一起吃。战国时期有四个公子：魏国信陵君、齐国孟尝君、赵国平原君、楚国春申君，他们最大的特点就是养了一些身怀绝技的贤人，如"毛遂自荐"的毛遂、"窃符救赵"的侯嬴、"白马非马"的公孙龙、"狡兔三窟"的冯谖……虽然也有一些下等食客，但是到关键时刻，他们都能发挥自己的作用，所以要养贤。战国四公子了不起的地方就是能像大畜卦的乾卦一样，把自己的位置放低，甘于居下；能像大畜卦的艮卦一样，把贤人推到尊贵的位置上，奉为上宾，所以才能大吉大利。

"利涉大川"，有利于渡过大江大河。这四公子每到危急之时，食客们总会挺身而出，帮他们献计献策，渡过难关，这就是"应乎天也"，是符合天道的。天道是公平的，所以领导者要公平地对待下属，这就是大畜卦说的养德蓄贤。

《象》曰：天在山中，大畜。君子以多识前言往行，以畜其德。

"天在山中"，其实就是天在山下。"中"可以理解为"下"，"畜"是包容，上卦为山，下卦为天，好比山包容了天。一般是天覆盖山，现在是倒过来，山在上面把天包住了，这是大的包容，也就是大畜卦的形象。"君子以多识前言往行"，君子看到这样的卦象，就要学习大山蓄藏、包容的能力，把古圣先贤的德行、名言、行为铭记于心；而且要按照古圣先贤的话立即行动，这样才能积蓄自己的德行。所以"大畜"是积蓄自己的德行，"养贤"是养贤人，要像这个卦象一样能包容，不但要包容弱者，还要有大畜卦这种用山包容天（强者）的胸怀，不要有嫉妒心，这才能真正显出人的品德。

初九，有厉，利已。
《象》曰：有厉利已，不犯灾也。

六条爻辞虽然都没有明确提到"大畜"或者"畜"字，但是意思都隐含在爻辞里了。"初九，有厉"，初九爻刚开始就有危险。"利已"，"已"是停止。《荀子·劝学》篇第一句"学不可以已"，意思就是学习不可以停止。一开始就会遇到危险，但是只要停止，还是有利的。

停止后就不会遇到灾祸了，如果再不停止，就会遇到灾祸。为什么呢？因为这根爻是在大畜卦好的景象下，此时要居安思危，越是一帆风顺之时，越要提高警惕，不可盲目冒进，这叫"知时位"。因为初九爻是刚开始，而且是阳爻居阳位，这种情况往往容易犯错误。

九二，舆说輹。

《象》曰：舆说輹，中无尤也。

"舆"是车子，"说"通"脱"，"輹"是垫在车厢和车轴之间的木块，用来卡住车轴，"舆说輹"就是车子跟这个木块脱离了，意味着车子要散架了，不能再赶路了。九二爻用这个场景说明，到了第二个时空点，积蓄更多了，这时一定要赶快和下面帮助你成功的人沟通，要想着回报他们，这样才不会有危险。九二爻用"舆"这个大车子比喻大的成功或者大的事业。"说輹"比喻脱离了帮你成功的贤人，这是非常危险的。

现实生活中经常会看到这样的场景，自己成功了，就把当年那些帮助自己、和自己一起吃苦的兄弟忘了，有时不仅忘了，还故意把那些兄弟赶跑，这样就会危机四伏。"狡兔死，走狗烹，飞鸟尽，良弓藏"，狡兔死后，狗也就失去了价值，最终会被烹杀；鸟儿被射下来之后，良弓就没有用了，也就被收起来了。这句话是春秋时期的范蠡辅佐勾践灭了吴国之后说的，于是他明智地离开了勾践。后来韩信也说过这样的话，他帮刘邦打下天下，战功赫赫，最后却被杀死。

九二爻告诉我们成功后一定不能和帮助你成功的人有隔阂，一定不能忘了他们。如果忘了他们，车轴和车厢就会脱离。最终，车子也会变得无用。

"尤"是怨恨、过失。九二爻处于中位，要守中无怨。这里指要处理好中间的关系，要守中道，上下之间要沟通，这样就不会有过失和怨恨。

九三，良马逐，利艰贞，日闲舆卫，利有攸往。

《象》曰：利有攸往，上合志也。

"良马"指乾卦，跑起来是刚健的，"良马逐"，因为九三爻是下卦的乾卦到最上了，好像在追逐。"利艰贞"，此时要记住前面有艰险，艰险指上卦的艮卦，是一座高山挡在前面，所以更要坚定不移地走正道，才能渡过艰难。"日闲舆卫，利有攸往"，只有平时非常娴熟地掌握车战防卫，才能继续向前跑。因为九三爻是下卦到头了，这个时位大多比较凶险，但只要牢记前面有艰难，平常勤于练习，做好防卫，照样是有利的。

九三爻有利是因为跟上面的上九爻志同道合。上九爻表示到头了，原本也是凶的，而且上九爻和九三爻都是阳爻，本应一阴一阳才相应，为什么这两个阳爻会相合呢？上九爻爻辞说"何天之衢"，"天之衢"是"天之大道"，也就是说上九爻是天道；九三爻是乾卦最上面的阳爻，也是符合天道的，这就表明九三爻和上九爻志向相合，因为非常投缘而有利。

六四，童牛之牿，元吉。

《象》曰：六四元吉，有喜也。

刚刚长出一点角的牛就被套上了"牿"（绑在牛角上的横木），反而大吉大利。"桎梏"的"梏"，通"牿"，表示束缚。因为小牛长了牛角会去使坏，所以要在小牛还没有能力使坏前就把它的角铐住，按古人的说法这叫"止恶于未发之时"，恶性就不会膨胀，也叫防微杜渐，这样就能大吉大利。如果牛角没有被铐住，而任它发展，恶性会越来越大，再想铐就铐不住了。大畜（大富有、大成功）的时候我们要防止财富的奢侈、腐化、浪费，在这些情况还是苗头的时候就要及时止住。六四爻已经进入艮卦了，艮卦表示要"止"，要止住不好的东西。

《象传》说，当恶性还没有长出来的时候就把它遏制住，会有大的喜悦。

六五，豮（fén）豕之牙，吉。

《象》曰：六五之吉，有庆也。

"豮"是阉割，"豕"是猪，"豮豕"是阉割了的公猪，它的牙齿是吉的。公猪被阉割后，凶性就会慢慢减弱，变得温柔，原本锋利的牙齿也会慢慢退化，即便它想使坏，也会有心无力，所以是吉的。

六四爻和六五爻都说要制止，六四爻是牛刚刚长出角就要把它铐住，六五爻是把野性的公猪阉割掉，这样它就变温驯了。六四爻和六五爻都说要防微杜渐，而且六五爻比六四爻采用的措施更严厉。当然，卦中所说的猪、牛、马等动物都是比喻，我们切不可陷入某一具体事物中。人也是由动物进化而来的，天性中也不免隐藏着兽性，我们应该在兽性还没有发作的时候就把它去除掉，免除后患，尤其是在大成功时，我们更容易暴露出兽性和恶性，只有把它遏制住了才会吉。

六五爻是阴爻居阳位，而且是最尊贵的位置，表明兽性已经变得柔弱了，就好比一只公猪被阉割后已经变得温柔了，这是好事，值得庆幸。

上九，何天之衢，亨。

《象》曰：何天之衢，道大行也。

"何"通"荷"，担负、承担；"衢"是大路，"天之衢"就是天道。"何天之衢，亨"，即走在担负天地重任的大道是亨通的。《易经》经文很少说"天"字。"何"是"担负"，指艮卦上面唯一的阳爻。艮卦这座山在天的上面，好像是走在天道上，所以是吉的。

上九爻是山的最高峰，整个卦叫大畜卦，意思是善德、美德积聚到最高处了，是符合天道的，所以是吉利的。一般而言，最上面的卦几乎都是凶的，而这里是亨通的，虽然时位不利，但因为此时"大畜其德"，道德已经积蓄足够了，符合天道，所以同样是大喜的。

最后我们来总结一下大畜卦，它最主要的是告诉我们大富有、大成功时如何防微杜渐。第一，要去掉凶残的本性，恢复善良的本性，这样可以使自己的本性变得刚健笃实。第二，要有宽广的胸怀，不断积善积德，容纳比自己更大更强的人和物。第三，要不断去更新，"日新其德"，一方面改掉自己不好的品德，另一方面把不善的品德改成善的。所以大畜卦不仅讲如何积累财富，而且讲了如何积累善德、善行，有了善德、善行，肯定会有好报，这就叫"积善之家必有余庆"。

二十七　颐卦——颐养之道，为人为己

> 下震上艮，山雷颐

颐，贞吉。观颐，自求口实。

上九，由颐，厉，吉，利涉大川。

六五，拂经，居贞吉，不可涉大川。

六四，颠颐，吉，虎视眈眈，其欲逐逐，无咎。

六三，拂颐，贞凶。十年勿用，无攸利。

六二，颠颐，拂经，于丘颐，征凶。

初九，舍尔灵龟，观我朵颐，凶。

颐卦是《易经》的第二十七卦，在大畜卦之后。《说文解字》上说："颐，颔也。""颐"和"颔"都有页字旁，跟页有关的字，一般都跟头有关，"颔"表示腮帮子。颐卦的卦象非常形象，就像一张嘴：上面是一根阳爻，代表上嘴唇（牙齿），下面也是一根阳爻，代表下嘴唇（牙齿），中间是四根阴爻，代表嘴中间是空的。颐卦的卦象是嘴巴，往嘴巴里送东西就表示养人，所以是"颐养"，有个词就叫"颐养天年"。

颐卦上面是艮卦，代表止；下面是震卦，代表动，又止又动，非常形象。我们把嘴张开，只要下巴在动，上颌是永远不动的，不可能上下都动。所以上面是止，下面是动，上止下动，动静结合，我们的嘴巴才能发挥吃东西的功能。吃东西就是养生，所以颐卦阐发的就是"颐养"之意，上止是颐养别人，下动是颐养自己。

怎么养自己呢？颐卦里讲，要本于德行，不可以弃德来求养。如何养别人呢？颐卦里讲，要出于公心，要养德和养物。

颐，贞吉。观颐，自求口实。

颐卦，守正就吉祥。观看颐卦的形象，会明白自己谋求食物的道理，其实就是讲自养。从哪里求？从外面求，自己从外面求得口中的食物，这其实就是一种求养于人的道理，自己被别人供养，而自己是万事万物的一员，所以这个卦也是讲怎样养育万物的。程颐对颐卦有个解释："天地造化，养育万物，各得其宜者，亦正而已矣。""天地造化"，要养育万物的话，必须守住自己的正道，才能求得食物。

《彖》曰：颐，贞吉，养正则吉也。观颐，观其所养也。自求口实，观其自养也。天地养万物，圣人养贤以及万民。颐之时大矣哉。

"颐，贞吉，养正则吉也"，守住正道就吉祥，想养别人或者求别人来养你，都必须守住正道。这个"正道"是什么呢？"观颐，观其所养也"，观颐卦，就是观察它所颐养的对象。"自求口实，观其自养也"，前面讲的是"所养"，这里讲的是"自养"。"所养"是所颐养的东西，是客观的；"自养"是养自己，是主观的。所以颐养包括两个方面，有养别人，也有养自己。

"天地养万物，圣人养贤以及万民"，天地的责任是养育万物，圣人的责任是养育贤人和百姓。这里出现的三个"养"都是养别人：第一个"养"是"天地养万物"；第二个"养"是养贤人，即养有才能的人；第三个"养"是养百姓。所以我们除了自养外还要养别人，以富裕的人为例，有的人养情人，有的人去扶贫养穷人，从他颐养的对象就可以看出这个人的德行。这个"养"有个特点是不能只养自己，更重要的是养别人，而且养什么人也很重要，所以"颐之时大矣哉"，颐这个时位是非常伟大的。

程颐说："夫子推颐之道，赞天地与圣人同功。""夫子"就是孔子，孔子为什么这么推崇颐卦之道呢？"赞天地与圣人同功"，这是在称赞天地和圣人的功德，都是养别人。天地养万物，圣人养贤人和百姓，就像大畜卦讲的战国四公子都养食客，这些食客有的有才能，有的也比较平庸，但是都被四公子养，这其实是表明天地和圣人有一种无私的大爱。而现在有的人偏爱养一些奉承自己的人，对于大多数的人不去关爱，这就不是圣人的行为，也不符合天地之道，因为天地养育万物，要富有大爱，我们要按照天地之道去做，"与圣人同功"。

《象》曰：山下有雷，颐。君子以慎言语，节饮食。

《象传》从形象上来分析这个卦，"山下有雷"，山雷颐，这取的是上静下动之象，上面是山，是静止的，下面是雷，这时候山下面的雷还没开始动，处于一种养育的状态。当雷从大地冒起来的时候，春天就来了，万事万物就被养育了。君子要按照"止"的卦象谨慎言语、节制饮食，因为言语和饮食都属于动，要止住动。"祸从口出，患从口入"，讲的就是这个道理。同时，颐养是在大畜卦（大积蓄、大财富、大丰收）之后，这时候要懂得节约粮食。

初九，舍尔灵龟，观我朵颐，凶。
《象》曰：观我朵颐，亦不足贵也。

颐卦的六根爻辞，下面震卦的三根爻全是凶，上面艮卦的三根爻全是吉。"初九，舍尔灵龟，观我朵颐，凶"，初九，舍弃你的灵龟，只观看我动腮进食，有凶险。"灵龟"就是乌龟，为什么是乌龟呢？因为颐卦是上下各一根阳爻，中间四根阴爻，从大象上来说就是离卦（☲），离卦就有龟的意思，龟和龙、凤、麒麟并称为四灵，其中龟是最长寿的。颐卦就是讲怎么养人的，怎么才能像灵龟一样长寿。

但初九爻处于卦的最下面，这根阳爻的位置比较卑微，能力有限，养不起别人，所以只好舍弃灵龟的功能，自己养自己，叫"观我朵颐"。成语"大快朵颐"，就取自这条爻辞，"朵"是"动"的意思，"颐"是腮帮子，意思是大饱口福、痛快淋漓地大吃大喝、非常快活地享受美食。只顾自己享受美食，舍弃了颐养别人的功能，当然是凶险的。

只顾自己而不帮助别人的人，不值得称道。

六二，颠颐，拂经，于丘颐，征凶。

《象》曰：六二征凶，行失类也。

六二，颠倒了颐养之道，违背了常理，向丘陵上的尊者求取颐养，往前进必有凶险。"颠颐"，"颠"是颠倒，颠倒颐养之道；"拂经"，"拂"是违背，"经"是常规，违背了常理。《孟子》里有句名言："故天将降大任于斯人也，必先苦其心志，劳其筋骨，饿其体肤，空乏其身，行拂乱其所为……"这个"拂"就是违背。"于丘颐，征凶"，"丘"是"高"，这里指上九爻，六二爻向上九爻求颐养，是凶的。六二爻又中又正，一般来说是吉的，而这里却是凶象，为什么呢？因为它颠倒了颐养之道，六二爻本来应该向六五爻求颐养，但是它违背了常规，向上九爻求助，所以是凶的。

违背了、失去了正道，这样会有凶险。

六三，拂颐，贞凶。十年勿用，无攸利。

《象》曰：十年勿用，道大悖也。

六三，违背了常规的颐养之道，是凶的，十年之内也就没有什么作为，没有什么利益。为什么六三爻违背了常规呢？因为六三爻位置不正，是阴爻居阳位，又向上九爻求助，一心想求别人来养自己，而没想过自己去养别人，所以是凶的。六三爻是阴爻，体质比较弱，又多欲妄动，是大凶之象，十年之内也不会有什么作为。

十年之内也没有什么作为，大大违背了正道。震卦三根爻全是凶的，为什么？因为它都是去求助于别人。第一根爻"观我朵颐"，是自己在养自己，第二根爻和第三根爻都是去求别人来养自己，没想过应该是自己养别人，所以都是凶的。

六四，颠颐，吉，虎视眈眈，其欲逐逐，无咎。
《象》曰：颠颐之吉，上施光也。
"六四，颠颐，吉"，六四爻也有"颠颐"，颠倒颐养之道，但是是吉的。为什么六二爻的"颠颐"是凶，六四爻却是吉呢？因为六二爻是向上九爻求助，但两根爻是不相应的，第二爻应该跟第五爻相应，而颐卦的第五爻也是阴爻，没有力量，所以六二爻只能向不相应的上九爻求助；而六四爻是向初九爻求助，初九爻虽然只顾自己大快朵颐，但六四爻依然无怨无悔，所以是吉的。"虎视眈眈，其欲逐逐，无咎"，像老虎一样盯着初九爻，看到初九爻的欲望连续不断，没有灾祸。

"上"是指六四爻，本身居初九爻上面，施行光明，是在养别人，而不是求别人养自己，这是一种光明的行为，是吉的。六四爻开始进入上卦艮卦，艮卦是讲颐养别人的。震卦主要是养自己，一切都是为了自己，往往是凶的；但一切为了别人，往往是吉的。

六五，拂经，居贞吉，不可涉大川。
《象》曰：居贞之吉，顺以从上也。
六五，违背常理，但是安居正位，也能获得吉祥，只是不能渡过大河大川。"拂经，居贞吉"，违背常规，但它是吉的，因为居六五爻的位置上。六二爻的"拂经"是凶，因为六二爻只想着养自己；而六五爻的"拂经"是吉的，因为六五爻居于君主的地位，想着养别人，但由于六五爻是阴爻，无法养更多人，所以不能渡过大河大川。

阳居上、阴居下就是顺，六五爻顺从上九爻，也就是阴性的顺从于阳性的。上九爻的阳刚养了六五爻的阴柔，六五爻再去养天下百姓。在颐卦当中，只有初九和上九两根阳爻，因其出发点不同，养的结果天差地别：初九爻只想着养自己，所以是凶的；上九爻通过六五爻养了众人，所以是吉的。

上九，由颐，厉，吉，利涉大川。
《象》曰：由颐厉吉，大有庆也。
上九，依靠它来颐养天下，虽然艰难，但仍然吉利，有利于渡过大川。

一般来说，上九爻是不吉利的，但这里是吉的。因为上九爻是养别人的来源，依靠它就可以颐养天下。对自然界而言，上九爻就好比天，要颐养万物；对于国家而言，上九爻就好比一国之首，要颐养百姓；对于企业而言，上九爻就好比领导，要颐养下属。虽然很艰难，但最终是吉的，有利于渡过大川。

颐养天下，就会有福报。这是一种民本思想，管子说："王者以民为天，民者以食为天。"孟子也说过："民为贵，社稷次之，君为轻。"君主是最轻的，而百姓是最重要的，所以当君主应该颐养百姓。

颐卦讲了两种颐养之道：一种是自养，一种是养人。下卦主要讲养自己，一切为了自己是凶险的；上卦讲的是养别人，是吉利的。从德行上说，需要自己养的应该是德，这个德出于公心、公道，就像上九爻是养别人的，所以它虽然艰险，但仍然是吉的。

整个卦象，上面是山，全吉，下面是雷，全凶。上面的艮卦代表止，这就告诉我们要止，包括我们的言语、行为、饮食用度等，要慎重、要节制。动的往往都是凶的，比如说得太多了，会"言多必失"，或者制定政策后翻来覆去地变化，也会带来凶险，所以要懂得止。佛家有"止观法门"，《大学》也讲"大学之道，在明明德，在亲民，在止于至善"，都强调"止"，所以我们要学会"止"的智慧。

二十八　大过卦——改过纠错，互相帮助

下巽上兑，泽风大过

大过，栋桡，利有攸往，亨。

上六，过涉灭顶，凶，无咎。

九五，枯杨生华，老妇得其士夫，无咎，无誉。

九四，栋隆，吉，有它，吝。

九三，栋桡，凶。

九二，枯杨生稊，老夫得其女妻，无不利。

初六，藉用白茅，无咎。

大过卦是《易经》的第二十八卦，在颐卦之后，本应该是颐卦的反卦，即颐卦颠倒过来。但颐卦上下各一根阳爻，中间四根阴爻，颠倒之后还是颐卦，所以大过卦就变卦，这就叫"非覆即变"。《易经》六十四卦的卦序是两个卦为一组，后面的卦是前面一个卦的颠倒，如果不能颠倒就变卦。颐卦上下两根阳爻变为两根阴爻，中间四根阴爻变为四根阳爻，最终变为大过卦。"泽风大过"，上面是泽，下面是风。

颐卦是颐养，不颐养就不可动，这就是大过卦。所以大过卦是讲在不颐养的状态下造成的大过错，"大"通"太"，"大过"就是大的过错，太过了。大过卦的主题就是如何改变以及避免"大过"的局面，"大过"可以指生态破坏太过，或者事业发展太过，或者做人的行为太过，等等。

大过，栋桡，利有攸往，亨。

"大过，栋桡"，大过卦中间的四根阳爻好比栋梁，上下的两根阴爻好比栋梁弯下来了，是栋梁已经弯曲的形象，形容太过度了。"利有攸往，亨"，此时要改变它，就有利于继续前行，是亨通的。

《彖》曰：大过，大者过也。栋桡，本末弱也。刚过而中，巽而说行，利有攸往，乃亨。大过之时大矣哉。

"栋桡，本末弱也"，栋梁弯曲是因为首尾都弱小。"刚过而中"，刚健太过，但依然处于中位（第二爻和第五爻都是刚爻且处于中位）。"巽而说行"，"巽"指下面的巽卦，代表顺利，"说"为上面的兑卦，代表喜悦，要顺应天道，从内心发出喜悦之情去行动。"利有攸往，乃亨"，这样有利于继续前进，而且亨通。所以"大过之时大矣哉"，大过的时势意义太重要了。

大过是如何造成的？"本末弱也"，本末倒置了，本源出现了问题。比如，有的人活着的目的只是享受。如何改变大过的局面？首先要刚健有为有担当，"挽狂澜于既倒"；同时要处于中位，公正公平，两派相争时不能拉偏架，要站在中间的位置，按照天道行动，《易经》的天道是公平、大爱的最高境界与行为准则，也是大规律；并且要非常喜悦地发自内心地去做，让大家都喜悦，这样就能改变大过的局面了。

《象》曰：泽灭木，大过。君子以独立不惧，遁世无闷。

"泽灭木，大过"，大过卦上面是沼泽，下面是木头，巽卦可以表示木头，木头一般都长在上面，现在却被沼泽淹没在下面，是因为太过了；还有一种解释，上面是沼泽，下面是风，巽为风，风一般在沼泽上面吹，现在却在沼泽之下，不符合常态，这种情景就叫大过。君子面对这种情景，应该"独立不惧，遁世无闷"，有两种做法：一是前进，"独立不惧"，哪怕自己是孤独的，也要特立独行，不恐惧；二是后退，"遁世无闷"，隐退遁世而不觉得苦闷。那究竟什么时候前进、什么时候后退呢？处在大过的情景之下，我们要根据"有道"或"无道"来采用其中一种做法。

《史记》记载孔子曾到东周首都洛阳拜见老子，请教礼仪。老子说：懂得你说的礼仪之人，骨头都腐朽了，你要明白"君子得其时则驾，不得其时则蓬累而行"。君子如果"得其时"就可以去驾车，有一番作为；如果"不得其时"，就"蓬累而行"，像飞蓬小草一样四处漂泊、任意而行。

《论语》记载孔子多次讲到"有道"和"无道"。"天下有道则见，无道则隐"，"有道"的时候出世，展现才华；"无道"的时候，就要隐退。"邦有道则仕，邦无道则可卷而怀之"，国家政治清明时，要出仕做官；国家政治黑暗时，就要隐退。孔子还说"邦有道则知，邦无道则愚"，国家昌盛、政治清明时，要展现自己的才能；国家混乱无道时，就要装作愚蠢的样子躲避起来。"道不行，乘桴浮于海"，在国家混乱的时候，道行不通，要乘着木筏到海外去。这些都是对大过卦的应用和发挥。

初六，藉用白茅，无咎。
《象》曰：藉用白茅，柔在下也。

用洁白的茅草做垫子，没有灾祸。古代祭祀的时候，要把白茅垫在祭品下面，表示虔诚、敬畏。白色的茅草非常柔软，垫在下面非常舒服。

初六爻是阴爻，上面四根是阳爻，表示在大过的时候，阴柔之人要甘居下位，非常恭敬地对待上面的阳刚之人，一开始就要谨慎小心，以柔顺的心居下不争，自我反省，这是改变大过局面的第一步，所以没有灾祸。

九二，枯杨生稊，老夫得其女妻，无不利。
《象》曰：老夫女妻，过以相与也。

枯萎的杨树上长出了嫩芽，年迈的老汉娶了年轻的妻子，没有不利。这两种情况都属于大过，是不太正常的，却没有什么不利，《象传》里解释了原因。

"相与"即相处、交往，老夫少妻相亲相爱，以爱为基础，年龄就不是问题了。九二爻是老夫，初六爻是少妻，它们的位置刚好是阳在上、阴在下，叫作"相乘"，是阳乘阴，往往是吉的。说明在大过的时候，阳刚之人要得到阴柔之人从内心发出的相爱相亲的帮助，才能改变大过的局面。

九三，栋桡，凶。

《象》曰：栋桡之凶，不可以有辅也。

栋梁弯曲了，是凶险的。九三爻是下卦最高一爻，是第一阶段到头了，并且是阳爻居阳位，阳性太过，栋梁就弯曲了，非常危险。

"不可以有辅也"，不可以再加以辅佐了，指上六爻不再辅佐它了，因为第三爻和第六爻是相对的。一般来说，阴在上、阳在下的情况是比较凶险的，上六爻以阴爻居上，太过柔弱，不能辅佐下面的九三爻，所以凶。在大过的局面下，如果阴阳不相应，往往都是凶险的。按照《易经》的阴阳相应原则，卦中一和四、二和五、三和六的位置分别为一阴一阳，往往是吉的。但大过卦的九三爻和上六爻也是阴阳相应，却是凶的，因为《易经》的智慧是小环境必须符合大环境，大过卦的大环境是大过的场景，所以九三爻仍然是不吉的。

九四，栋隆，吉，有它，吝。

《象》曰：栋隆之吉，不桡乎下也。

"栋隆，吉"，栋梁隆起来了，是吉祥的。因为九四爻这个栋梁进入上卦了，它最靠近九五爻。九五爻是国君，九四爻是大臣，这里比喻大臣治乱有方，大过的局面开始改变，所以是吉的。"有它，吝"，"它"字最早的写法就像"虫"，意思是如果栋梁被虫蛀了，弯曲塌陷，就会有遗憾。当然"它"一般指第三者，这里指初六爻，是阴爻，代表女人。九四爻跟初六爻相呼应，所以有一种解释说九四爻这个大臣本来是有利的，但受到初六爻这个女人的诱惑，行事会带有私利，所以会有遗憾。

"栋隆之吉"，九四爻好比栋梁两边弯曲了，但中间隆起来，这是不逃避责任，抛弃个人私利，顾全大局，是大吉的。"不桡乎下也"，不受下面初六爻的引诱，就能"挽狂澜于既倒"。

九五，枯杨生华，老妇得其士夫，无咎，无誉。
《象》曰：枯杨生华，何可久也。老妇士夫，亦可丑也。

"枯杨生华"，"华"通"花"，枯萎的杨树上长出了花朵。"老妇得其士夫"，年迈的老妇得到了强壮的丈夫。上六爻好比老妇，九五爻好比强壮的丈夫，上六爻和九五爻阴阳和合、同心协力，是好事情。"无咎，无誉"，既没有灾祸也没有荣誉，求得平安。九五爻作为中正阳刚的君主或大丈夫，能得到年长、经验丰富的老妇帮助，有助于改变大过的局面，这是非常好的。

《象传》解释为：枯萎的杨树上长出花朵无法长久，老女人配年轻男子是羞耻的。这与爻辞不吻合，反映了儒家思想。法国总统马克龙在年轻时爱上了比自己大二十四岁的法文老师布丽吉特，后来他们突破层层艰难险阻，最终结婚，且一直相爱，布丽吉特对马克龙当选法国总统也起到了重要作用。所以只要真心相爱，年龄不是问题，能做到相亲相爱、阴阳相合，就能改变大过的局面。

上六，过涉灭顶，凶，无咎。
《象》曰：过涉之凶，不可咎也。

"过涉灭顶"，过河的时候，河水淹没了头顶。后来有个词叫"灭顶之灾"，"顶"是"头"，河水把头淹没了叫"灭顶"。"凶，无咎"，虽然是凶兆，但没有灾祸。上六爻表示栋梁垂下来的部分，此时最为凶险，好比《季氏将伐颛臾》里说的："危而不持，颠而不扶，则将焉用彼相矣？"大厦将要倾倒，已经危在旦夕，却不想着扶持和挽救，要这些大臣还有什么用呢？上六爻是阴爻居最高位，下面四根阳爻，一根阴爻，阴爻的力量非常弱，不同的做法会带来不同的结果，就看自己如何做。如果全心付出，大过的局面就会有所改观；如果不付出，加之自身柔弱，大过的局面将无法改变。

我们来总结一下大过卦，处于大过的时候，作为君子，我们有两种做法：第一，进，则独立不惧；第二，退，则遁世无闷。如果从六根爻的爻辞来看，初六爻是"遁世无闷"，愿意给别人当垫子垫在下面，隐退且心甘情愿，居下无争。上六爻则是"独立无惧"，面对最凶险的局面不惧怕，愿意献身改变大过的局面。中间四根爻全是阳爻，基本都是讲如何改变大过的局面：九二爻和九五爻都作了比喻，九二爻是老夫娶少妻，九五爻是老妇得到"士夫"，从阴阳配合而言，主要讲夫妇之间相亲相爱、互相帮助，就能改变大过的局面；九三爻和九四爻都以栋梁作比喻，一个是栋梁弯曲，一个是栋梁隆起，首先指要自己强大，栋梁才不会弯曲，然后要得到阴柔之人（其他人）的帮助，才能改变大过的局面。

二十九　坎卦——化险为夷，趋吉避凶

下坎上坎，坎为水

习坎，有孚，维心，亨，行有尚。

上六，系用徽纆，寘于丛棘，三岁不得，凶。

九五，坎不盈，祗既平，无咎。

六四，樽酒，簋贰，用缶，纳约自牖，终无咎。

六三，来之坎坎，险且枕，入于坎窞，勿用。

九二，坎有险，求小得。

初六，习坎，入于坎窞，凶。

坎卦是《易经》的第二十九卦，在离卦之前。《易经》六十四卦分为上经和下经，上经三十卦，下经三十四卦，坎卦和离卦是《易经》上经的最后两卦。上下卦都一样的卦叫纯卦，上经有四个纯卦，分别是第一卦乾卦、第二卦坤卦、第二十九卦坎卦、第三十卦离卦。乾坤坎离代表天地日月，所以上经主要讲天道的规律，指导人如何按照天道规律来行动和做人做事。

我认为，如果说乾卦和坤卦主要代表了儒家的思想，那么坎卦和离卦则主要代表了道家的思想。乾坤是天地，天尊地卑，有次序，儒家就是讲"君君，臣臣，父父，子子"的礼仪，所以乾卦和坤卦代表了儒家的基本思想。坎卦和离卦代表道家的思想，尤其是道教的思想。道教有一个修炼方法是炼金丹，炼金丹的关键就是四个字——抽坎填离，借鉴的就是坎卦和离卦的关系。

坎卦代表水，也代表一种艰险。《说卦传》说："坎，陷也。"如果没有借助船，走在水上会陷下去。坎卦上下卦都是坎，代表层层艰险。

习坎，有孚，维心，亨，行有尚。

"习坎"，"习"的繁体字是"習"，上面是羽毛的羽；《说文解字》的解释是"習，数飞也"，多次飞行，也就是说鸟在练习飞行，所以"习"有练习之意。"习"一般解释为重复，因为"鸟数飞"是重复地飞，所以"习坎"就是重复的坎，从卦象上看也是上面一个坎，下面一个坎。但我认为，"习"还是解释为练习更合适，遇到艰难时要"习"。在艰难中练习，这样就能化凶为吉。

"有孚"，"孚"是诚信，意思是要有一颗坚定不移的心。"维心"，把诚心、信心维系住，并将其变成信仰。"有孚，维心"这四字对我的影响非常大，在艰难的环境中，我们要磨炼自己，首先要有一颗坚定不移的心，并将其变为信仰。"行有尚"，有了这颗心后还要去实践，行为才能高尚。《系辞传》说《易经》"能说（悦）诸心，能研诸侯之虑"，简言之就是学习《易经》能让我们的心变得喜悦，能消除思虑、烦恼之心。所以学习《易经》叫"以此洗心"，我们的心蒙上了灰尘，《易经》能帮助我们洗掉这些灰尘。"时时勤拂拭，勿使染尘埃"，这样做能使行为高尚，才会亨通。坎卦有水和艰险的双重含义，它告诉我们水可以用来"洗心"，把心洗干净，变为一颗纯洁的心，就可以克服一个又一个的艰险，这就是"有孚，维心"。

《彖》曰：习坎，重险也。水流而不盈，行险而不失其信。维心亨，乃以刚中也。行有尚，往有功也。天险不可升也，地险山川丘陵也，王公设险以守其国。险之时用大矣哉。

"习坎，重险也"，"习"为"重复"，"习坎"就是两个坎，上下都是坎，代表重重艰险。"水流而不盈"，不断流动的水不会盈满。"行险而不失其信"，行走在重重险难中但不丧失信心，叫"维心"。"维心亨"，维系这颗不变的心就能亨通。为什么呢？因为"乃以刚中也"，因为刚爻居中，坎卦（☵）中间是一根阳爻，上下两根都是阴爻，上下两个坎卦均是这样，中间的阳爻代表刚毅、坚定不移的心。

"行有尚，往有功也"，行为高尚，向前走就会有功劳。"天险不可升也，地险山川丘陵也，王公设险以守其国"，这里讲了三种险：天险、地险、国险。天险太高远不可攀升，地险的表现在山川丘陵，国险是王公模仿天地之险设置的一些险要的关隘来守护自己的国家。所以"险之时用大矣哉"，坎卦的实用意义非常重大。

坎卦中间是阳爻，这根阳爻从卦象上讲非常重要，代表了坚定不移的心，在此卦里是第一位的。《象传》还从卦意上讲了坎卦代表的各种险，诸如天险、地险、国险等。这些险该如何渡过？最关键的是心，同时还要有行动。只有经过不断地磨炼，人的意志才会越来越坚强，关键时刻才能转危为安，取得重大胜利。

《象》曰：水洊至，习坎。君子以常德行，习教事。

"水洊至，习坎"，"洊"是"再"，水再次到来，就构成了坎卦，因为坎卦有上下两个坎。"君子以常德行"，君子根据这个卦象要时常按照道德行动，"常"是恒常，"常德"意为永恒的道德，也就是道。《道德经》第一句是"道可道，非常道"，道如果可以走上去、说出来的话，就不是恒常的道了。所以"常"就是"道"，指永恒的道，"德"是"道"的一种体现，从坎卦可以看出"道"和"德"。"习教事"，从事教育的事，就是要按照这个"道德"来教育万民。所以老子最崇尚水，老子讲的"道"，在自然界被喻为水，在人间被喻为婴儿。

《道德经》说"上善若水，水善利万物而不争"，它有利于万物，且不与万物相争。"处众人之所恶"，水处于众人都厌恶的地方，人都喜欢往高处走，而水偏向低处流。"故几于道"，所以它最接近道，这种道就是水之道。我们现在最缺乏的管理就是水性的管理，人最高的境界就是如水一般的"低姿态、高境界"。情商高的人在与人相处时，像水一样外柔内刚，内在有坚定不移的志向，外在却非常柔顺。跟这种人相处非常舒服，这种让人舒服的能力就是高情商的表现。所以，水虽然柔弱、不争，且居下，但却具有很大的力量。

初六，习坎，入于坎窞（dàn），凶。
《象》曰：习坎入坎，失道凶也。

陷入重重叠叠的险阻，会非常危险。坎卦两边是阴爻，中间是阳爻，好比一个人掉到坑里了，表示一开始就遇到了重重艰难。在艰难险阻中要"习坎"，练习、锻炼自己。现代人教育孩子恰好相反，父母总想为孩子创造一切有利的条件，为孩子挣钱，找最好的学校，生怕孩子受到一点磨难，但是在这样的条件下，孩子难以成才。卦辞也有"习坎"两字："习坎，有孚，维心，亨，行有尚。"整个卦辞中没有与凶险有关的字，因为"习"了"坎"，"吃一堑长一智"，所以要放手让孩子去磨炼，不要过度保护。

有一个故事，讲一个打鱼的人，技术一流，被人尊称为"鱼王"。鱼王年老时非常忧愁，因为他的三个儿子捕鱼技术都非常平庸。他经常向人们抱怨："我捕鱼技术这么好，孩子小时候我就将技术教给了他们，结果他们的技术居然赶不上那些技术比我差的捕鱼人的儿子！"一位路人听后问道："你一直是手把手地教他们的吗？"鱼王答道："对呀，为了让他们掌握一流的技术，少走弯路，我一直将他们带在身边手把手地教导。"听了鱼王的话，路人说："这样看来，你的错误非常明显。你只是传授了技术给他们，却没有让他们接受教训。没有教训和经验，人就无法成大器。"

所以，初六爻告诉我们两件事：第一，要"习坎"，在教育孩子或者自己工作时，要在艰难险阻中自我磨炼，而非由他人包办；第二，要有安全的范围，不能过度，如果面临深坑时还要去"习坎"，就容易掉下去，这是非常凶险的。

没有走在平坦的大道上，所以凶险。初六爻比较柔弱，且阴爻居阳位，位不正，没有走在正道上，所以"失道"了。

九二，坎有险，求小得。

《象》曰：求小得，未出中也。

"坎有险"，陷阱中有危险。"求小得"，从小处着手必有所得，意思是能摆脱危险。

为什么可以"求小得"？因为他的行为还没有脱离中道。九二爻非常重要，是下卦唯一的阳爻，有阳刚之才，能应付艰难险阻。但是此时要从小处入手，求"小得"而非"大得"，"一口吃不成胖子"，无论多么艰难，都要找到细微的突破点。这就告诉我们做事要审时度势，做出正确的抉择，求小勿贪大，不自作主张，要走中道，终将化险为夷。

六三，来之坎坎，险且枕，入于坎窞，勿用。

《象》曰：来之坎坎，终无功也。

"来之坎坎"，来的时候危机重重，"来之"是来去，"坎坎"是双层的艰险。六三爻是下卦最高的一爻，马上就要进入上卦了。上卦是险，下卦还是险，这是双重的危险，意思是来去都非常艰险。"险且枕"，充满了危险且陷得很深，"枕"是陷进去。"入于坎窞"，陷入这样的深坑中，要怎么做呢？"勿用"，不可作为，这时就不要动了。因为"三多凶"，第三爻的时位非常危险，而且六三爻既不中也不正，所以异常危险，应该潜下心来，不要乱动，乱动会遇到危险。

此时行动，终究没有功劳。人处于艰险中普遍比较焦虑，越想摆脱危险，就越容易盲目行动，所以安定自心尤为重要。

六四，樽酒，簋贰，用缶，纳约自牖，终无咎。

《象》曰：樽酒簋贰，刚柔际也。

这条爻辞讲了一个故事，一名大臣为了向君主（九五爻）表达忠心，递上一樽酒、两盒饭，而且用粗陋的瓦缶装着，从窗户里递给信使，终究不会有灾祸。"纳约自牖，终无咎"，"自牖"是从窗户递，表明这是非正常渠道。"终无咎"，递给君主之后终究没有遗憾，意思是六四爻表达的心意被君主接受了。为什么呢？因为环境艰险，是特殊时期，所以顾不得太多礼仪。东西虽然非常简陋，却是千方百计地从明亮的窗户递过去的。窗子是明亮的，说明心中坦然，是内心虔诚、光明、开诚布公地来效忠。虽然顾不了太多礼仪，但是"礼至简而勤笃实"，终究不会有灾祸。

一樽酒、两簋饭，表明九五的阳爻和六四的阴爻相交接，且阴爻居于阳爻的下方，这是非常顺利的。

九五，坎不盈，祗既平，无咎。

《象》曰：坎不盈，中未大也。

"坎不盈"，江水不满盈。"祗既平"，"祗"通"坻"，意为小山丘，小山丘逐渐被铲平，比喻逐渐脱离危险，必无灾祸。如果江中是滔滔洪水，将非常危险，而九五爻这里江水不满，山丘也慢慢被铲平了，是一片平坦的景象，表明脱离了危险。

九五爻又中又正，且居于最尊贵的位置，意思是要摆脱危险，就要行中正、刚强之道，这样才能化险为夷。

"坎不盈"，因为九五爻居中且不贪大，像水一样不想让自己盈满，所以大海永远不会满溢。越不贪大，胸怀就越大，"有容乃大"，说明九五爻宽容、包容。同时坎卦又是水，水的特点除了包容万物，还非常低调、居下不争；另外还有一个特点是平，水是最公平的，地势低的地方水会流过去，地势高的地方水就少一些，这就叫"水平"。所以水代表能公平地对待艰险，也因此才能渡过艰险。

上六，系用徽纆，寘于丛棘，三岁不得，凶。

《象》曰：上六失道，凶三岁也。

"系用徽纆"，"徽"是三股绳，"纆"是两股绳，"系"表示用绳子绑起来。

"寘于丛棘"，"寘"通"置"，"丛棘"是荆棘，意思是放在荆棘中，比喻有牢狱之灾。"三岁不得"，"三岁"即"三年"，"三"代表"多"，三年就是多年的意思。这个场景描述了被人用绳子捆起来，放在荆棘中，多年得不到解脱，十分凶险。

《象传》里说，上六爻违背了天道。上六爻是阴爻位于最高位，已经到了穷途末路，但是能力很弱，所以得不到解脱。

最后我们来总结一下，坎卦说的是凶险的环境，六个时空点都凶险，最高处是大凶。化险为夷最主要的条件是要有坚定不移的诚心，通过在不同时空点的不同做法来趋吉避凶。九二爻和九五爻都是讲趋吉的：九二爻告诉我们要从小处做起，这样就不会有危险；九五爻告诉我们要有一颗公正、包容的心，这样就能化险为夷。六三爻告诉我们静心的重要性，六四爻则是说内心虔诚就可不必拘泥于太多礼仪。但化险为夷最主要的条件是卦辞说的"有孚，维心"，要有一颗真诚的心、坚定不移的决心、包容的心、公平的心和不浮躁的心，这样就可以战胜一切艰难险阻。

三十　离卦——散发光明，美丽人生

下离上离，离为火

离，利贞，亨，畜牝牛，吉。

上九，王用出征，有嘉，折首，获匪其丑，无咎。

六五，出涕沱若，戚嗟若，吉。

九四，突如其来如，焚如，死如，弃如。

九三，日昃之离，不鼓缶而歌，则大耋之嗟，凶。

六二，黄离，元吉。

初九，履错然，敬之，无咎。

离卦是《易经》六十四卦中的第三十卦，是上经的最后一卦。离卦在坎卦之后，坎卦代表艰险，渡过了艰险就进入离卦了。离卦跟坎卦的卦象相反：坎卦是上下卦均是外面阴、里面阳，离卦是上下卦均是外面阳、里面阴。

离卦有两个意思：一是依附，告诉我们如何适应环境；二是美丽，告诉我们怎样去求得美丽人生。为什么离卦有这两重意思呢？一方面，离在自然界代表火，火依附风而动：无风则不动，微风中微动，大风中拼命动，狂风中被吹灭；另一方面，火是美丽的、光明的，所以离卦在自然界中还代表太阳，太阳是最光明的，是宇宙中的能量源。离卦从卦象上看是外面实（阳爻）、中间空（阴爻），火就是如此，太阳也是如此，所以"日"字最早的写法是外面一个圈、中间一个点。

离，利贞，亨，畜牝牛，吉。

离卦光明、灿烂，是有利的、亨通的，就像畜养母牛，是吉利的。"牝"字右边的"匕"，指阴性的、雌性的、女性的，"牝牛"指母牛。离卦为什么能跟母牛相联系呢？因为离卦内阴外阳，按照《易经》以少胜多的原则，离卦的本质是阴卦，有利于阴性事物；但它的功能是阳的，这就是说离卦有一颗慈爱的心，能散发出光明，而内在温顺阴柔，这样的人生就是美丽人生。

《彖》曰：离，丽也。日月丽乎天，百谷草木丽乎土。重明以丽乎正，乃化成天下。柔丽乎中正，故亨，是以畜牝牛吉也。

"离，丽也。日月丽乎天"，离卦是美丽的，好比日月依附在天上。"百谷草木丽乎土"，各种粮食草木都依附在大地上。"重明以丽乎正"，"重明"是双重的光明，因为离卦下面是离，代表光明，上面还是离，也是光明，所以叫"重明"；"以丽乎正"，离卦走正道，所以光明。"乃化成天下"，只有光明正大，才可以化育成就天下万物。"柔丽乎中正，故亨"，离卦的第二爻、第五爻都是柔爻，柔顺地依附在中正之道上，所以亨通。"是以畜牝牛吉也"，所以畜养母牛会吉祥。这就是说内心柔顺，有母性的大爱，就能吉祥。

《彖传》从两个方面来讲离卦：一是要依附在正道上，就像日月依附在天上、百谷和草木依附在地上、人的内心依附在正道上，就能光明；二是内心要拥有柔弱、虚空的大爱，才能走上正道，放出光明。

《象》曰：明两作，离。大人以继明照于四方。

"明两作，离"，太阳两次出现，非常光明，这就是离卦之象。"大人以继明照于四方"，大人、君子按照这个卦象，不断用光明来照耀四方。也就是自己心中放空，用光明的心把别人照亮，这叫火之德，是伟大的品德。

初九，履错然，敬之，无咎。

《象》曰：履错之敬，以辟咎也。

在地上错落有致地走，内心恭敬，就没有灾祸。初九爻是万事万物的开始，好比太阳刚从地平线上升起来，在大地上慢慢地往上走，这时心中要恭敬。想要美丽人生，第一步就要走好，只有脚踏实地，人生的路才能越走越宽广，才能避开灾祸。

内心恭敬地在地上错落有致地走，是为了避开灾祸。避开灾祸的关键是"敬"，要有恭敬之心。

六二，黄离，元吉。

《象》曰：黄离元吉，得中道也。

用黄色依附于人就会大吉大利。黄色是土的颜色，土居中位。六二爻也是又中又正的，就好像土，所以"黄离"指依附别人内心要中正有原则，不能攀附权贵，要依附正人君子，做符合天道的事，这样才能大吉大利。还有一种解释说"黄离"通"黄鹂"，"黄离，元吉"就是像黄鹂一样欢乐地鸣唱，是大吉的场景，这种说法也是可以的。

"黄离"大吉，因为得到了中正之道。

九三，日昃之离，不鼓缶而歌，则大耋之嗟，凶。

《象》曰：日昃之离，何可久也。

"日昃之离"，太阳已经西斜了，"昃"是太阳西斜。九三爻是下卦最上面的爻，说明人生第一个阶段到头了，此时是中年，就像太阳开始西斜了，这时一定要保持乐观的心态。"缶"是喝酒的容器，大肚子小口，"鼓缶而歌"，喝了酒，拿酒器边敲边唱歌，这是一种欢快的心态，告诉我们人到中年时，对于岁月流逝不要悲观，仍要保持乐观的心态。否则就会"大耋之嗟"，老年时唉声叹气。"耋"一般指七八十岁，耄耋之年就是指八九十岁，年纪大的时候意识到人生马上要结束了，会有日落西山的悲观情绪。

太阳西斜不可能长久，只要明白这是自然现象就可以了。

九四，突如其来如，焚如，死如，弃如。
《象》曰：突如其来如，无所容也。

连续用了五个"如"，"如"是指像什么的样子，这里连续说了四种场景。"突如其来如"，突然间来了一片晚霞。"突如其来"这个词就取自九四爻的爻辞。"焚如"，像烈火燃烧的样子。"死如"，顷刻间又消失了。"弃如"，像被抛弃了一样。九四爻到了人生第二个阶段，过了中年，夕阳出现，天空一片晚霞，像燃烧的火。乐观的人会觉得"夕阳无限好"，晚霞照满天；而悲观的人则会觉得"夕阳无限好，只是近黄昏"。心态决定了晚年是否幸福。

晚霞很快消失，是因为不能容忍别人。"无所容"是谁不能容谁？有人解释叫"非人不容之，自若无所容"，不是别人不容纳，而是自己不能容忍自己，是凶象。九四爻是阳爻居阴位，不正、底气不足，所以晚霞很快就消失了。这根爻告诉我们要容忍别人，增加自己的底气，有乐观的心态。

六五，出涕沱若，戚嗟若，吉。
《象》曰：六五之吉，离王公也。

这时太阳更加西斜，接近黄昏，是一幅悲伤的图景。"出涕沱若"，眼泪像滂沱的大雨一样流下来，"涕"是眼泪，不是鼻涕。杜甫《登岳阳楼》的最后两句是"戎马关山北，凭轩涕泗流"，他登上了岳阳楼，想到关山以北战火还没有停止，所以扶在栏杆上"涕泗流"。这里的"涕"是眼泪，"泗"是鼻涕。"戚嗟若，吉"，"戚"是悲戚，"嗟"是叹息，是吉利的。

六五爻虽居最尊贵的位置，但它是阴爻，力量不够，所以感到悲伤。此时接近黄昏，六五爻为一辈子走过的路程而反省、忏悔，所以这样又是吉利的。如果到了晚年还不忏悔、不反思，就会凶。乾卦的九三爻本来也是凶的，但它说"君子终日乾乾，夕惕若，厉无咎"，到傍晚时要警惕、反思，虽然危险，但没有灾祸，跟离卦六五爻的意思是一样的。

上九，王用出征，有嘉，折首，获匪其丑，无咎。

《象》曰：王用出征，以正邦也。

"王用出征，有嘉，折首"，大王率众出征，获得了嘉奖，斩了敌人的首级。"获匪其丑，无咎"，"丑"指同类，意思是把敌人或者异己分子全部俘虏了，从此无灾祸。最后一爻大多是凶险的，离卦上九爻却依然可以率众出征，斩首敌人，获得嘉奖，这是很难得的。

"王用出征，以正邦也"，离卦可以出兵打仗，使自己的国家走向正道。为什么离卦可以克敌制胜、取得大的功劳呢？我认为不是用武力战胜敌人，而是用内在的光明使敌人降服。要像离卦的卦象那样内柔外刚，有一颗柔软、仁爱、慈悲的心，外在才会刚，用外在的光明来照耀万事万物。

我们来总结一下，离卦的六条爻辞讲了人生的过程：初九爻是人生刚开始，要脚踏实地，有恭敬之心，所以叫"敬之"；六二爻是"黄离"，心中要中正；九三爻是人快到中年，不要悲观；九四爻是中年之后，要有自然地接受夕阳西下的心态；六五爻是晚年，要反思、忏悔；最后的上九爻，要始终保持光明的心，才能获得拥戴。按照离卦来做，就可以获得美丽人生。

三十一　咸卦——感应之心，贵在和合

下艮上兑，泽山咸

咸，亨，利贞，取女吉。

上六，咸其辅颊舌。

九五，咸其脢，无悔。

九四，贞吉，悔亡。憧憧往来，朋从尔思。

九三，咸其股，执其随，往吝。

六二，咸其腓，凶，居吉。

初六，咸其拇。

咸卦是《易经》的第三十一卦，下经第一卦。咸卦的卦象是泽山咸，上面是泽（兑卦），下面是山（艮卦）。在一个家庭中，兑卦为少女，艮卦为少男。"咸"即"感"，少男少女在一起就会迸出火花，产生感应。第三十二卦恒卦的卦象是雷风恒，上面是雷（震卦），下面是风（巽卦）。震卦为长男，巽卦为长女，长男长女在一起，意为结为夫妻，是永恒的。

《易经》上经第一卦是乾卦，第二卦是坤卦，上经以天地开始；下经第一卦是咸卦，第二卦是恒卦，下经以人事开始。因此，先儒们认为上经偏于讲天道，下经偏于讲人道；但我认为上经是以天道讲人道，下经是以人道讲天道，是天人合一的。

《序卦传》里写道："有天地然后有万物，有万物然后有男女，有男女然后有夫妇，有夫妇然后有父子，有父子然后有君臣，有君臣然后有上下，有上下然后礼仪有所错。夫妇之道不可以不久也，故受之以恒。"有了天地然后就产生了万物，有了万物就有了人，人分男女，有了男女然后就有了夫妻，有了夫妻然后就有了父子，有了父子然后就有了君臣，有了君臣然后就有了上下的观念，于是就制定了礼仪、次序、伦理、道德规范。所以"夫妇之道不可以不久也，故受之以恒"，经过咸卦少男少女的相互感应，就有了长久的夫妻之道，因此下经第二卦是恒卦。

"咸"和"感"就差一个"心"字，"咸"是没有心的感应，"感"是有心的感应，二者有何区别？我琢磨少男少女在一起，更多偏于生理的感应，但这些是难以长久的，咸卦没有心的感应是偏于无意识的感应。后面"恒"卦有竖心旁，有心感应才能长久。咸卦的感应是从下往上、偏于生理上的自然纯真的感应，只要感应是从内心发出并变为情感，就非常可贵。

咸，亨，利贞，取女吉。

咸卦有所感应是亨通的，守正道是有利的，娶这个女人是吉祥的。这说明咸卦少男少女的感应是感情的开始，只要坚持住，并且守正道，就是吉祥的。"取女吉"，"女"是少女，少男娶了少女结为夫妇是吉祥的，这是从无心感应发展为夫妇之道。

《彖》曰：咸，感也。柔上而刚下，二气感应以相与。止而说，男下女，是以亨利贞，取女吉也。天地感而万物化生，圣人感人心而天下和平。观其所感，而天地万物之情可见矣。

"咸，感也。柔上而刚下"，咸卦说的是感应。"柔上"指上面的兑卦，兑卦只有一根阴爻，属于柔卦。"刚下"指下面的艮卦，艮卦只有一根阳爻，属于刚卦，这就是刚柔相合：柔在上、刚在下，阴在上、阳在下。"二气感应以相与"，阴阳二气互相感应和合，这是非常好的事情。"止而说"，止于喜悦，"止"为下卦的艮卦，"悦"为上卦的兑卦，少男少女在一起互相感应，非常喜悦。"男下女，是以亨利贞，取女吉也"，艮卦这个少男甘居于兑卦这个少女的下方，这是亨通的，符合正道，所以娶这样的少女是吉祥的。少男甘居下位，说明男人尊重女人，这样的关系是非常好的，阴阳二气就会感应。

符合正道的感应还要推而广之，"天地感而万物化生"，从少男少女逐渐推广为天地，天地如果感应，万事万物就开始化生。"圣人感人心而天下和平"，圣人与百姓的心相感应，天下就太平了。"观其所感，而天地万物之情可见矣"，所以观察咸卦如何感应，天地万物的所有情况就可以看出来了，也就知道天地万物是从何而来的了，这就是感应的重要性。

学习《易经》要重视感应的意识，并变其为感应的能力。《系辞传》说："《易》，无思也，无为也，寂然不动，感而遂通天下之故。"学了《易经》要"无思无为"，"无思"是没有思虑，"无为"是不去妄为。"寂然不动"，非常静寂、安宁，只有在这样的情况下，才会有感应。"感而遂通天下之故"，能感应到天地万物所发生的或将要发生的情况。我们要学会《易经》阴阳感应的能力：对于人而言，是男人和女人的感应；对于自然界而言，是天地和万物的感应；对于领导者而言，是从内心和下面的人相感应，要有意识地修炼感应的能力。

"咸"是无心、本能地感应，"感"是有心、有意识地感应，万事万物都要经历从无意识到有意识再到无意识的感应过程，所以下经是从咸卦少男少女的无意识感应开始，然后少男少女结为夫妇，有了家庭，之后就有了村、乡、国家及整个天下。推而广之，天下如果能相互感应，就能达到和合、和平、和谐。

《象》曰：山上有泽，咸。君子以虚受人。

"山上有泽，咸"，咸卦的卦象是山上面有沼泽。山本来从山脚到山顶都是实的，而这里山上有沼泽，说明山中间是空的，沼泽里有水，山和水可以互相感应。水偏阴，山偏阳，阴气下降，阳气上升，阴阳之气相感应沟通，就构成了咸卦。泰卦"天地交而万物通也"也是这样，天之气往上，地之气往下，是天地相感应而沟通。

"君子以虚受人"，君子要按照这个卦象用虚心的态度来容纳众人。山头空出来才能容纳沼泽，才会有水，所以君子要放空自己，用虚心来容纳众人。"虚"，指谦虚。谦虚是第一步，谦虚、宽容才能感应。《系辞传》里说"无思也，无为也，寂然不动"，抛弃已有观念、思维方式，放空自己，才能接受新鲜事物，才能感应。好比一个杯子，如果已经装满了水，就无法容纳更多的水；只有这个杯子被倒空，才能装下新鲜的水。因此，"实"不能"受人"，"虚"才能"受人"。

初六，咸其拇。

《象》曰：咸其拇，志在外也。

咸卦的六条爻辞都在讲感应，就如人的身体，从脚趾开始，一点一点往上感应。"拇"是脚趾，"咸其拇"就是从脚趾开始感应。古时，如果少男少女产生感情，男方会用脚去碰碰女方的脚，看女方有何反应。如果女方没有把脚移开，说明彼此有意，反之则无戏。

情感是往外自然流露的。感应要先从心里有所动，方能在外显示，男方对女方产生了感情，他的脚趾会自然而然去动。当然，脚趾动并非有意要去踢对方，而是纯粹自然发生的、潜意识的活动。

六二，咸其腓，凶，居吉。

《象》曰：虽凶居吉，顺不害也。

"腓"是小腿肚子，感应从脚趾往上到小腿肚子了，有凶险，停住或在家安居，就吉祥。

顺应感应之道就没有危害。感应遇到凶险就要停下来，停下来就是静，所以真正的感应之道就是"静"。六二爻处于第二个时空点，是阴爻居阴位，又中又正，这时不要盲目乱动，走中正的感应之道，就可以趋吉避凶。

九三，咸其股，执其随，往吝。

《象》曰：咸其股，亦不处也。志在随人，所执下也。

"股"是大腿，感应到了大腿，执着而盲目地跟随别人，这样前往会有遗憾。九三爻是下卦的最高位，是阳位，容易冲动，太执着会有凶险；而六二爻是先凶后吉，居静就会吉。

"咸其股，亦不处也"，感应越来越上，越跟越紧，别人都无法安处了，所以太执着不行。"志在随人，所执下也"，太执着于追随别人，都到了卑下的地步。这是告诉我们真正的感应是无心的、随遇而安的，不能太执着。

九四，贞吉，悔亡。憧憧往来，朋从尔思。

《象》曰：贞吉悔亡，未感害也。憧憧往来，未光大也。

守持正道，会获得吉祥，悔恨会消亡。"憧憧"表示心意不定的样子，如果心意不定，朋友的心意也会摇摆不定。九四爻是唯一没有说感应什么的爻，从其爻辞可知，九四爻感应的是朋友。如果自己心神不宁，朋友也会受到影响而心神不宁，所以这里强调的是感应之心贵在稳定，只要有稳定的感应力，周围的人就会随着你稳定下来。九四爻是阳爻处于阴位，没有守住正位，易动，此时要"贞"，走正道才能吉祥，悔恨才会消失。

"贞吉悔亡，未感害也"，九四爻不正，但是守正就不会有悔恨，去感应也不会有危害。九四爻跟初六爻相感应，是阴阳感应。"憧憧往来，未光大也"，忽左忽右、心神不宁地往来，是因为没有光大感应之道。到哪里才能光大呢？到九五爻。

九五，咸其脢，无悔。

《象》曰：咸其脢，志末也。

"脢"指后背，感应到后背，没有悔恨。"后背"是一种比喻，意指和自己意见不同，"咸其脢"就是能跟与自己意见不同的人相感应，这种感应需要用真心去感化和自己意见相左的人，真心换真心，才能交到更多朋友。

"志末也"，志向在于感应末微的东西。九五爻是至尊之爻，同时又中又正，所以能用中正之道感应天下万物、人心，包括感应与自己意见不同的人，这种大的感应才是感应之道。

上六，咸其辅颊舌。
《象》曰：咸其辅颊舌，滕口说也。

"辅"指上牙床，"颊"指脸颊，"舌"是舌头。"咸其辅颊舌"就是感应到了上牙床、脸颊、舌头，这里的感应更高了，感应到脸上了。从少男少女来说，是先从脚趾感应，一点一点感应，最后感应到嘴上，也就是接吻了。

"滕"是施展，"滕口说"就是用言语展现感应之道。如果太花言巧语，就要提防，因为它是假的感应。如果理解为"滕口说（悦）也"，则意思是通过施展出言语表达的才能，使双方心灵感应而喜悦是好的。

我们来总结一下咸卦，通过少男少女从下往上的感应过程可知如何处理人际关系，要真心感应而非花言巧语，该动则动，该静则静。真正的感应要虚心、安静、宽容，这样才能感化别人，包括与自己意见不同的人。如果人人都能有这样的心，人与人之间都能感应沟通，就没有矛盾了，天下就和平、和谐了。

三十二　恒卦——持之以恒，长久之道

下巽上震，雷风恒

恒，亨，无咎，利贞，利有攸往。

上六，振恒，凶。

六五，恒其德，贞。妇人吉，夫子凶。

九四，田无禽。

九三，不恒其德，或承之羞，贞吝。

九二，悔亡。

初六，浚恒，贞凶，无攸利。

恒卦在咸卦之后，是《易经》的第三十二卦。咸卦讲的是少男少女之间的感应，恒卦讲的是长男长女之间永恒的男女关系、夫妻之道。所以《序卦传》说"夫妻之道不可以不久也，故受之以恒"，"恒"就是"久也"，长久的意思。《易经》下经是从咸卦和恒卦这两个卦开始的，也就是从人伦的男女关系开始的：少男少女的感应是"咸"，没有心，偏于潜意识的、本能的感应；恒卦是有意识的，感应最重要的是要用心，有意地维持情感，感应之后的恒久更为重要。

恒卦的卦象是雷风恒，上面是震卦，是雷，下面是巽卦，是风。在家庭中，雷代表长男，风代表长女，长男长女在一起后结为夫妇，要白头偕老。因为长男长女的结合不是一种儿戏，也不是纯粹的生理需求，他们是要组建家庭长久地在一起。

恒卦不仅是讲男女之间要永恒，而且是教人立身处世如何长久的，比如人要怎么长寿，事业或者感情要如何长久，所以恒心特别重要。"人但有恒，事无不成"，人只要有恒心，就没有办不成的事。

曾国藩说过，成功的人、士人或者有志向的读书人要做到三个"有"：第一个是有志，不能甘于末流、碌碌无为，要建功立业，为祖先、家族、国家、人民而有一番作为；第二个是有识，有见识，有独立思考和判断的能力，有见识的人可以判断将要做的事是小利还是大业，能看得长远，不被眼前的小利所蒙蔽而误大事，能够将命运牢牢地掌握在自己的手里，不会受到不正当的事情诱惑而迷失方向；第三个是有恒，有恒心世上就没有做不成的事，很多人本来有志，也有见识，但往往半途而废或者功亏一篑，古语说"行百里者半九十"，走一百里的路，走到九十里马上就到终点时却停止了，这样是无法成功的，只有把走九十里当作才走了一半，持之以恒、坚韧不拔，才能成功。《荀子·劝学》说："不积跬步无以至千里，不积小流无以成江海。"所以要持之以恒、不断积累。

恒，亨，无咎，利贞，利有攸往。
恒卦是亨通的，没有灾祸，有利于守持正道、继续前行。

《彖》曰：恒，久也。刚上而柔下，雷风相与，巽而动，刚柔皆应，恒。恒亨无咎，利贞，久于其道也。天地之道恒久而不已也。利有攸往，终则有始也。日月得天而能久照，四时变化而能久成，圣人久于其道而天下化成。观其所恒，而天地万物之情可见矣。

"恒，久也"，"恒"是长久的意思。"刚上而柔下"，咸卦上下颠倒后就是恒卦，恒卦是阳卦居上、阴卦居下。"雷风相与"，雷风相互感应，互动、互助、互生，表明此时雷风大作了。"巽而动"，巽卦是下卦，顺应上面的震卦而运动。"刚柔皆应，恒。恒亨无咎，利贞"，刚柔相应、阴阳相合，就会长久，没有灾祸，有利于走正道。"久于其道也"，永远走在正道上。《易经》的伟大之处在于强调阴阳的互动，互相激发，中间有感应，事物才能生生不息，这就是中国文化。"天地氤氲，万物化醇。男女构精，万物化生"，特别注重"和"，只有和谐了、阴阳互动了，才能生生不息。

"天地之道恒久而不已也"，天地之道是永恒的、长久的、不会停止的。天地和人、万物相比当然是长久的，但在老子看来，天地也是不长久的，老子说："飘风不终朝，骤雨不终日。孰为此者？天地。天地尚不能久，而况于人乎。"（《道德经·二十三章》）这是比较而言，大风大雨不可能持续整天，所以天地的现象也不可能长久，地球再过多少亿年，也就毁坏了，所以相对来说，只有天地之间互相感应才能长久。

"利有攸往，终则有始也"，为什么相较而言天地是长久的呢？因为天地周而复始，是一种周期变化，这种周期变化表现在"日月得天而能久照，四时变化而能久成"，这里举了两个自然现象——日月和四时变化——来说明人应该怎么做。太阳和月亮因为得了天道，周而复始，所以能永远照耀大地万物；春夏秋冬四时的变化也是周而复始的，所以才能长久地成就万物。"圣人久于其道而天下化成"，圣人要按照这两个自然现象，恒久地顺应天道和地道来教化百姓。

恒卦启发我们持续不断地、永恒地教化百姓和自己，教化的根本是要保持恒心。咸卦《象传》最后一句说"观其所感，而天地万物之情可见矣"，天地万物的情状都可以被发现了，恒卦是有意识的，用心才能长久；而无意的、发自本能的咸卦是感应，感应不一定长久。从这两个卦可以看出天地万物的所有情况。

《象》曰：雷风，恒，君子以立不易方。

"雷风，恒"，打雷、刮风这两种情景是相互推动、连续着的，构成了恒久不变的恒卦。"君子以立不易方"，君子看到这样的卦象要树立不变的操守、品德，即恒久之道。《易经》讲了三个"易"：变易、不易、简易。恒久之道就是"不易"，是不变的天地之道，包括人的本质、本源和规律，按照这些持之以恒地来做，也是永恒的法则。

初六，浚恒，贞凶，无攸利。
《象》曰：浚恒之凶，始求深也。
恒卦六条爻辞中的四条直接讲了"恒"字，另外两条爻辞没有明讲"恒"，但是实际上也隐含了"恒"的意思。"浚"为"深"，初六爻一开始就深求永恒之道，有凶险，没有什么好处。

开始的时候不要太过分地追求永恒。因为初六爻刚刚开始，是阴爻居阳位，不正，所以力量不够。有一个成语叫"欲速则不达"，一开始就求得太深、太急切，反而得不到，这是有凶险的。

九二，悔亡。
《象》曰：九二悔亡，能久中也。
九二爻悔恨消除了。九二爻处于第二个位置，走的是中道，所以没有悔恨。寻求恒久之道，要追求得恰到好处。

九二爻悔恨消除了，才能长久地居中位。

九三，不恒其德，或承之羞，贞吝。
《象》曰：不恒其德，无所容也。
《论语·子路》记载了孔子的一个观点："南人有言曰：'人而无恒，不可以作巫医。'善夫！不恒其德，或承之羞。子曰：'不占而已矣。'"意思是说南方有人是这么说的：人如果没有恒心的话，不可以做巫医，必须要有恒心，才能当好医生。孔子很赞成这句话，就引用了这里"不恒其德，或承之羞"：如果不能永恒地坚持德行，有时会遭到羞辱。然后孔子接着说"不占而已矣"：不要去占卜，这是指人要有恒心，懂得守恒之道，就不必去求神问卜了。

学《易经》不是为了占卜，好多人总问我一些关于如何占卜、起卦、解卦的问题。其实《易经》每个卦都在讲一个主题,只要把六十四卦的含义理解了,遇到事情时直接与相对应的卦联系起来,看该卦怎么说,看六根爻的变化过程。这样就可以了,但不要去看结果。比如九三爻这里是"贞吝",那是不是遇到此类问题就一定有遗憾、不能成功呢?错!九三爻说的是如果我们的恒心不够,不能坚持德行,肯定会有遗憾。所以孔子说"不占而已矣",荀子也说过"善为《易》者,不占",真正精通《易经》的人是不去占算的。

马王堆帛书里有一篇文章《要》,里面提到孔子说:我学《易经》,是"观其德义耳"。"德"是道德,"义"是义理。康熙皇帝一生勤奋学习,他曾谈到自己早年的学习安排:"八岁学庸训诂,询之左右,求得大意而后愉快。"他八岁的时候学《大学》《中庸》以及训诂,有什么问题都要去征询其他人,包括他的老师,一定要把问题了解清楚。他读四书、五经、《尚书》,尤其《尚书》是非常难的,他都要搞清楚。接着他说:"读大易,观象玩占,实觉义理悦心。"他学《易经》观卦象而把玩占卜,最使他感到愉悦的却是义理(即孔子讲的"德义")。所以,我们学《易经》应该主要琢磨其中的"德"和"义"。学习"德义",首先要持之以恒,这样才不会有羞辱的事情发生。

一个人如果没有恒德的话,天下之大也没有办法容身,比"或承之羞"遭到羞辱更甚,要被开除"球籍"——轰出地球了。所以做事情不能三心二意,一定要专一并持之以恒。九三爻的爻辞非常重要的就是"恒德",不仅要有"恒心",还要有"恒德"。九三爻是阳刚之爻居阳刚之位,所以"德"还表示阳刚的德,是符合人的本质、品性的德,一定要坚持住。

九四,田无禽。

《象》曰:久非其位,安得禽也。

打猎没有收获。九四爻的爻辞没有说"恒",但《象传》的解释说到了"恒"。

打猎为什么没有收获呢?因为没有长久地处在它的位置上。九四爻是阳爻处在阴位，不是当位，而且是长久地不当其位，所以打猎没有收获。本来已经进入人生的第二个阶段了，再坚持一下就会有收获，却半途而废了，所以没有收获。九四爻就是告诉我们要警惕半途而废。

六五，恒其德，贞。妇人吉，夫子凶。
《象》曰：妇人贞吉，从一而终也。夫子制义，从妇凶也。

六五爻是阴爻，好比女人，女人恒久地保持美德——女德（阴柔之德）。这个德首先要求守正道。对女人来说可以获得吉祥，男人则会有凶险。

"妇人贞吉，从一而终也"，妇人能与丈夫白头偕老，是吉的。"夫子制义，从妇凶也"，男人处理事情必须符合道义，如果他去随从妇人之德，就有凶险了。这里是说男人应该有男人的样子——男子之德，女人应该有女人的样子——女子之德。第五个位置是九五至尊，应该是阳爻配阳位，所以这时候男人不能太柔弱。

上六，振恒，凶。
《象》曰：振恒在上，大无功也。

最后是上六爻，比较阴柔，说明恒心没有坚持到最后，功亏一篑就没有功劳了，非常可惜，这从反面告诉我们恒心一定要坚持到最后。如果一个人承受不住压力，他的恒心常常受到干扰，尤其是到最后一刻最容易动摇，此时一定要坚持住，这样才能看到曙光，获得最后的成功。

恒卦没有一根爻是全吉的，也没有一根爻的爻辞直接说"吉"。这其实是告诉我们，持之以恒十分不易。古人说："恒之道，其义难哉！"守恒太难了。《荀子·劝学》说："锲而舍之，朽木不折，锲而不舍，金石可镂。"刻东西如果刻一下就停止了，连烂木头都不能刻断；而坚持不懈地刻下去，金石都可以被刻穿，所以恒久十分重要。

恒卦告诉我们守恒的道理。第一，守恒要顺应天地之正道；第二，守恒是一个循序渐进的过程，一开始用力太猛的话，后劲会不足；第三，要从一而终，而非朝秦暮楚，更不能到最后的时候功亏一篑，要坚持到底，不能动摇；最后，守恒的必要条件是和谐的环境，守恒的目的是和谐，如果上级和下级之间、企业和企业之间、单位和单位之间、人和人之间都和谐，互相协助，就能使我们的恒心坚持下去，事业也能恒久不衰。

三十三　遁卦——退隐之道，以退为进

下艮上乾，天山遁

遁，亨，小利贞。

上九，肥遁，无不利。

九五，嘉遁，贞吉。

九四，好遁，君子吉，小人否。

九三，系遁，有疾厉。畜臣妾，吉。

六二，执之，用黄牛之革，莫之胜说。

初六，遁尾，厉，勿用有攸往。

遁卦是《易经》的第三十三卦，在恒卦之后。《序卦传》说："物不可以久居其所，故受之以遁。"万事万物不可能永远占据某个位置，有进必有退，有退必有进，这是符合天道自然的。恒卦为永恒之意，而万事万物不可能永恒，所以恒卦之后是遁卦。"遁"的意思是什么呢？《广雅·释诂》解释"遁"有三种含义：一是"去也"，就是离开；二是"蔽也"，就是隐蔽；三是"退也"，就是隐退。遁卦主要是讲隐退，这个隐退并非宣扬无原则地消极避世、逃世，而是说当事物的发展受到阻碍必须退避时，就要隐遁，然后等待东山再起的机会。

遁卦的卦象是天山遁，上面是天，下面是山。从六根爻来看，遁卦下面两根爻都是阴爻，上面四根爻都是阳爻。遁卦是十二消息卦之一。十二消息卦从纯阳的乾卦之后，开始从下往上由阳爻变为阴爻，第一根阳爻变为阴爻的卦是姤卦，第一根和第二根阳爻均变为阴爻的卦就是遁卦。遁卦在十二消息卦里代表阴历六月，是阴气逐渐上升到第二位，它讲的是急流勇退、功成身退的大智慧。老子说："功遂身退，天之道也。"成功之后归隐，是符合天道的，这就是遁卦的智慧。

遁，亨，小利贞。
遁卦，亨通，柔小的人会有利。

《彖》曰：遁亨，遁而亨也。刚当位而应，与时行也。小利贞，浸而长也。遁之时义大矣哉。

"遁亨，遁而亨也"，只有隐退才能亨通。"刚当位而应"，"当位"指九五刚爻又中又正；"而应"，指九五爻与六二爻一刚一柔、一阳一阴相呼应。"与时行也"，与时俱进。"小利贞"，柔小的更有利于守持正道。"浸而长也"，阴气渐渐往上长。"遁之时义大矣哉"，遁卦这个时位的意义非常伟大。《彖传》对九五刚爻大加赞赏，九五至尊，反而需要隐退，这一点确实很难做到。一般而言，大部分人成功后会越来越膨胀，不知道要隐退，所以就会有潜在的危机，而这里的九五爻知道隐退，是一种了不起的智慧。

《象》曰：天下有山，遁。君子以远小人，不恶而严。

"天下有山，遁"，山在天下面已经开始隐遁了，构成了遁卦之象。我们可以想象一下这个卦象：天在上面、在外面，而山在下面、在里面，天逐渐向上、向外隐退，而山则逐渐向下、向内隐退，这样天越来越高，山越来越矮。天代表已经达到了最高的位置，所以要隐退，它不是从低位上无所作为地隐遁；山也是如此，已经达到了高位了才隐遁，不是一事无成就去隐遁，所以真正的隐遁是要先有成就的，是功成身退。

"君子以远小人"，君子要按照这个卦象远离小人。"君子"指天，"小人"指山。山的下面是两根阴爻，阴爻为小人，遁卦实际上是小人往上长，而君子却隐退了。所以此时要有担忧，君子要"远小人"。"不恶而严"，"不恶"即不厌恶，指不表露厌恶之情，但要很威严，使小人有敬畏感。

初六，遁尾，厉，勿用有攸往。
《象》曰：遁尾之厉，不往何灾也。

"初六，遁尾"，初六爻是隐遁尾巴，很危险，不要有什么举动，不要再前进。《易经》中常用尾巴来比喻，如履卦的"虎尾"、既济卦和未济卦的"狐尾"，这里的"尾"指狗尾巴，因为遁卦的下卦是艮卦，艮为狗。

这里的"尾巴"有两方面的含义。从正面来说，"尾巴"指人的名声、成就、财富，此时要抛弃财富非常困难，像陶朱公范蠡那样的人很少。他成功后，果断把名声、地位全部抛弃，游走江湖，最后反而成了大富商。从反面来说，"尾巴"指人的陋习，要改变陋习也是非常困难的。如明朝末代皇帝崇祯，他本人是想有一番作为的，但明朝已经从根上坏了，一切举措只是治标不治本，眼看着太祖打下的江山就要完了却回天乏术，最终崇祯结局凄凉，说自己"无颜见先皇于地下"。有个成语叫"尾大不掉"，意思是尾巴太大，掉转不灵，再想改变已经很难了，所以"遁尾"是非常艰难的事情。

初六爻要我们想办法将"尾巴"隐遁，也就是要改掉陋习，同时将名声、财富等束缚自己的东西抛弃掉，这样才能放下包袱，轻装前进，反之则有灾祸。

六二，执之，用黄牛之革，莫之胜说。
《象》曰：执用黄牛，固志也。

"说"通"脱"。"用黄牛之革，莫之胜说"，用黄牛皮做成的皮绳将人捆绑起来，没法挣脱掉。比喻到了六二爻的时位，隐遁变得更加艰难，所以要下定决心，用强有力的手段，好比用黄牛皮做成的皮绳把自己捆起来去隐退，不让自己挣脱掉。比喻要坚定自己隐退的意志和决心，不受任何事物的干扰。用黄牛皮是因为黄色为中土的颜色，而六二爻就是居于中位的。

九三，系遁，有疾厉。畜臣妾，吉。

《象》曰：系遁之厉，有疾惫也。畜臣妾吉，不可大事也。

爻辞从两方面说明在九三爻这个时空点隐退会发生的事情。首先，"系遁，有疾厉"，如果有牵挂地隐退，就会有疾患、危险。因为九三爻是下卦到头了，已经有了名声、财富、地位等，要无牵挂地隐退是很困难的，但是爻辞告诉我们，不这样做就会有危险。然后，"畜臣妾，吉"，蓄养仆人、小妾，是吉利的。这是指无牵无挂、彻底地隐退，把原来的事业、名声、财富等彻底抛开，不要有所留恋，回归家庭，去养老婆、孩子，就会吉利，学会舍弃才是唯一的选择。

"系遁之厉，有疾惫也"，有牵挂地隐遁是有疾病而且疲惫的。"畜臣妾吉"，"臣"指家臣，就是家里的仆人，回家蓄养仆人，供养老婆、孩子是吉利的。"不可大事也"，不要再想着大的事业，彻底隐退是最好的选择。

九四，好遁，君子吉，小人否。

《象》曰：君子好遁，小人否也。

"好"指心情好。"好遁，君子吉，小人否"，就是喜悦地去隐退，对君子来说是吉的，对小人来说是不吉的。因为君子能审时度势，知道进退的时机，所以君子是内心喜悦地归隐；而小人拥有财富、地位、名誉等之后无法做到高高兴兴地隐退。小人做事只知进不知退，即使形势逼迫他隐退，也是不情愿地隐退。

九五，嘉遁，贞吉。

《象》曰：嘉遁贞吉，以正志也。

九五爻又中又正，且居于尊位，能做到在美好之时隐遁，守持正道，是吉利的。

九五爻在美好时刻隐退的志向，刚好符合九五爻的中正之道，这样就能达到人生的美好境界。当然这对于常人而言难以做到，但九五之人可以做到。

上九，肥遁，无不利。

《象》曰：肥遁无不利，无所疑也。

"肥"通"飞"。"肥遁，无不利"，飞快地隐遁，没有什么不吉利的。

上九爻多凶，而这里却吉，因为上九爻没有任何迟疑，就飞快地隐退了。

大家都听过杯酒释兵权的故事吧，讲的是宋太祖赵匡胤黄袍加身后，担心老将谋反，于是宴请石守信、王审琦等老将。酒过三巡后，宋太祖举起一杯酒，先请大家干杯，然后说："没有诸位的辅佐，朕根本坐不上皇位。但你们不知道，做皇帝并不自在，不瞒各位，这一年来，朕没有睡过一天安稳觉。"石守信等人听后忙问其缘故，宋太祖说："这还不明白吗？皇帝这个位置谁不眼红呀？"石守信等人听后连忙下跪表忠心说："现在天下一统，谁敢对陛下三心二意？"宋太祖摇摇头说："对你们几位大臣，我还信不过吗？只怕你们的部下贪图富贵，把黄袍披在你们身上。"石守信等人感到大祸临头，连连磕头，请求圣主给条生路。于是，宋太祖隐晦地说明了自己的意思。第二天，石守信、王审琦等人上书称病，要求解甲归田，宋太祖欣然同意，收回兵权，并赏赐他们大笔财富，打发他们到地方做闲职。如果石守信、王审琦等人没有立即隐退，肯定会大祸临头。开国元勋功高盖主是开国帝王最大的难题，一幕幕"飞鸟尽，良弓藏；狡兔死，走狗烹；敌国破，谋臣亡"的历史惨剧不断上演，所以一定要懂得"肥遁"的道理。

遁卦讲的是隐退之道，在最得意、美好、功成名就之时隐退，需要勇气与智慧。欧阳修解释遁卦说："遁者，见之先也。"隐遁是表现的开始，也就是说后退是为了前进。程颐解释遁卦说："君子退藏以伸其道。"君子隐退是为了弘扬正道。所以隐退是一种策略，遁卦的隐退不是无原则地消极避世，而是一种以退为进的智慧。

三十四　大壮卦——强盛法则，坚守正道

下乾上震，雷天大壮

大壮，利贞。

上六，羝羊触藩，不能退，不能遂，无攸利，艰则吉。

六五，丧羊于易，无悔。

九四，贞吉，悔亡。藩决不羸，壮于大舆之輹。

九三，小人用壮，君子用罔，贞厉。羝羊触藩，羸其角。

九二，贞吉。

初九，壮于趾，征凶，有孚。

大壮卦是《易经》的第三十四卦，在遁卦之后，是遁卦的反卦，即遁卦颠倒之后的卦。遁卦是天山遁，下面是两根阴爻，上面是四根阳爻；大壮卦刚好相反，下面是四根阳爻，上面是两根阴爻，表明事物开始强盛，阳气开始复苏。阳气从复卦开始回复，从下往上升，依次经过复卦、临卦、泰卦、大壮卦、夬卦、乾卦六个阶段。大壮卦是阳气已经升到第四位了，阳气渐渐壮大。大壮卦是十二消息卦之一，代表阴历的二月份。

大壮，利贞。

"大壮"，大强壮、大健壮、大雄壮。"利贞"，有利于守持正道。大壮卦是阳气大为强盛时，此时最重要的是保住阳气的强盛。而保住阳气的强盛，关键就在于守正道。

《彖》曰：大壮，大者壮也。刚以动，故壮。大壮利贞，大者正也。正大而天地之情可见矣。

"大壮，大者壮也"，大壮卦是强大而雄壮的。"刚以动，故壮"，因为刚强且在运动，所以是大壮。大壮卦下面是四根阳爻（刚爻），表示非常刚强，上卦是震卦，表示动（打雷）。大壮卦代表阴历二月份，大约是阳历三月，每年阳历三月五日左右有一个节气，一般这时会打雷，天气转暖，把冬眠的动物都惊醒了，所以这个节气就叫惊蛰。旧称启蛰，表示春天到来了。春天从立春开始，惊蛰是春天的第三个节气，惊蛰的打雷声提示人们要开始春耕了。此时是大壮的气势，所以叫"刚以动，故壮"。

"大壮"为何"利贞"呢？因为"大者正也"，事物的兴盛强大源于走正道。"正大而天地之情可见矣"，又正又大就光明了，天地间所有情况都可被发现，天地间的情怀也可被看出。守天地之道叫"正"，所以，正道就是符合天道。我多次强调，《易经》讲的"道"就是天道，天道不仅又正又大，而且光明，体现了大壮卦的情怀。

《象》曰：雷在天上，大壮。君子以非礼弗履。

"雷在天上，大壮"，天的上面是雷，惊蛰时，雷声轰隆作响，表明大壮卦阳气上升，气势刚大而雄壮。"君子以非礼弗履"，孔子曾说"非礼勿视，非礼勿听，非礼勿言，非礼勿动"，这就是"非礼弗履"的意思，即不做不符合礼仪的事情。《象传》讲的"正"按照《象传》解释就是符合礼仪，反映了儒家的观点。

孔子讲的这"四勿"是对颜渊说的，一次颜渊问孔子什么是"仁"？孔子回答："克己复礼为仁，一日克己复礼，天下归仁焉。"本来"仁"的基本意思是"爱"——仁者爱人，这里孔子对"仁"做了新的解释："克己复礼"，克制自己，恢复礼仪，就叫"仁"。然后颜渊进一步咨询何为"克己复礼"，孔子就回答了以上四个"勿"，要从眼睛、耳朵、嘴巴、身体四个方面约束自己，做符合礼仪的事情。

从大壮卦的卦象来看，天上响着惊雷，如果做违背礼仪的事情会遭雷劈。"礼"是什么呢？它主要有两个意思：一是指礼仪、礼节，《周礼》记载了五种礼仪，即吉礼、凶礼、军礼、宾礼和嘉礼；二是指行为准则、礼仪规范，想强盛必须按照礼来做。符合礼仪、行为准则的事情就叫"正"（正道）。将"正"解释为"礼"源自《易传》，反映了儒家思想。《易经》本身并没有说到"礼"，而是说要符合正道，所以大壮卦不是讲如何达到强壮，而是讲如何保持强壮。

初九，壮于趾，征凶，有孚。

《象》曰：壮于趾，其孚穷也。

大壮卦的卦辞说"大壮，利贞"，守持正道就有利，但六条爻辞基本都说凶、不利，即便是有利的，也是在有条件的情况下才出现。

"初九，壮于趾"，刚开始，脚趾强壮有力。《易经》中很多卦都是从脚开始向上延续，如咸卦"咸于拇"，从脚趾开始一点点往上感应。大壮卦初九爻表明一开始位于下卦时就强壮有力。"征凶"，这时前进会有凶险。"有孚"，保持诚信之心。

初九爻是阳爻居最下位，又处于大壮的情景之下，一开始就冒进、妄动，表现得太过强壮，不顺从九四爻。九四爻和初九爻都是阳爻，不相应，是不诚信的表现。初九爻一开始就不诚心、耐力不够、定力不足，所以"其孚穷也"，诚信到头了，会有凶险。在大壮的情景下，首先要静，脚趾不要一开始就行动。

九二，贞吉。

《象》曰：九二贞吉，以中也。

九二爻吉的前提是"贞"——守正道。

"以中也"，居在中位。九二爻在下卦的中间，虽然是阳爻居阴位不正，但守中，所以吉利。表明在大壮的情形下，要谦虚，不能像初九爻那样一开始就妄动。此外还要守柔，阳刚的人居阴柔的中位，保持中庸之道，就会吉利。

九三，小人用壮，君子用罔，贞厉。羝羊触藩，羸其角。

《象》曰：小人用壮，君子罔也。

九三爻是下卦最高一爻，在大壮的情景下走到头了，且阳爻居阳位，太过了。"小人用壮，君子用罔，贞厉"，此时小人表现了自己的强壮，而应该展现自己强壮的君子却隐退了，这两种情况都非常危险。所以用"羝羊触藩，羸其角"来作比喻，"羝羊"是公羊，公羊去抵触藩篱，羊角被缠住了，陷入困境。为何要打这个比喻？九三爻、九四爻和六五爻叫互卦，构成了兑卦，兑卦也代表羊，卦辞和爻辞里出现的动植物和人物都是从卦中来的，尤其是爻辞。这里九三爻爻辞中的"羊"就来源于兑卦，比喻懂得时机，该用强时要用强。作为君子，处于九三爻时不能隐退；但如果是小人，就要令其隐退，同样的时空点，不同的人应该有不同的做法。

九四，贞吉，悔亡。藩决不羸，壮于大舆之輹。

《象》曰：藩决不羸，尚往也。

"贞吉，悔亡"，守持正道就吉祥，悔恨会消失掉。"藩决不羸"，公羊拼命地将藩篱撞开，没有被缠住。"羸"本意为瘦弱，这里指被缠住了。"壮于大舆之輹"，好像大车的车輹一样，作用强大。"车"指上卦的震卦，"輹"是垫在车厢和车轴之间的木块，是可以影响车轮前进的零件。

九四爻和九三爻都展现了同样的场景：公羊抵藩篱，九三爻羊角被藩篱缠住，九四爻羊角没有被缠住，同时还用"大舆之輹"作比喻，都表示作用强大。此时君子抓住了时机，显示出强大之势，然后主动出击，这是一往无前的精神。

"尚往也"，崇尚前进。九四爻已经进入上卦的震卦，震卦主动，所以要前进，此时该动则动，要抓住时机。比如春天来了，春雷阵阵，该耕种的就要耕种了。

六五，丧羊于易，无悔。

《象》曰：丧羊于易，位不当也。

"丧羊于易"，羊在田边走失了。"易"通"埸"，埸是边境、边界的意思，此处意为田边界线。"无悔"，没有悔恨。

"位不当也"，六五爻是阴爻居阳位，用田边走失的羊比喻位置不当，会有损失。但小的损失是好事，不值得悔恨，有失必有得。这个卦是讲大壮的，六五爻作为大壮卦最关键的爻，却不是阳爻，不壮。如果是九五爻，又中又正，就是大壮了。而六五爻只中不正，反而是好事，会"无悔"，说明居于大壮的形势之下，处于最高位的人，要有阴柔之心，要懂得减损是好事。如果此时还一味索取或表现出强壮的样子，就会遭遇灾祸，所以六五爻"丧羊于易，无悔"。

上六，羝羊触藩，不能退，不能遂，无攸利，艰则吉。

《象》曰：不能退，不能遂，不详也。艰则吉，咎不长也。

"羝羊触藩，不能退，不能遂"，公羊用角来触动藩篱，既不能退也不能进。"遂"是前进。"无攸利，艰则吉"，没有什么好处，但是挺过难关就吉利了。上六爻是第三次用公羊抵触藩篱作比喻，但结果与九四爻、六五爻都不相同，上六爻处于进退两难的局面，说明做事不够周详，处境艰难。大壮卦虽然看似局面盛大，但到头来还是一种艰难的局面。此时，我们应不屈不挠，挺过难关，就能解除灾祸了。

"艰则吉，咎不长也"，在艰难的环境里，能坚持住，灾祸就不会长久。

大壮卦虽然是大的强盛、强壮，但实际是告诉我们在强壮中如何坚守，而非去显示这种强壮。大壮卦、遁卦都表明不要太逞强，过度展现自己的强壮则凶，该隐则隐反而吉，要懂得柔弱胜刚强。最重要的是要审时度势，爻辞中公羊抵触藩篱，有时被缠住，有时成功，有时又进退两难，甚至有时还会走丢。因此在不同的时空点，要采取不同的措施，才能保住大壮的局面。

三十五　晋卦——晋升之道，彰显德行

下坤上离，火地晋

晋，康侯用锡马蕃庶，昼日三接。

上九，晋其角，维用伐邑，厉吉，无咎，贞吝。

六五，悔亡，失得勿恤，往吉，无不利。

九四，晋如鼫鼠，贞厉。

六三，众允，悔亡。

六二，晋如愁如，贞吉，受兹介福，于其王母。

初六，晋如摧如，贞吉。罔孚，裕无咎。

晋卦是《易经》的第三十五卦。《说文解字》解释"晋"字："晋，进也，日出而万物进。"太阳从地面升起，万事万物开始前进、上升，所以"晋"是前进、上升的意思。晋卦的卦象是火地晋，下面是大地（坤卦），上面是火、太阳（离卦），描述的是太阳从大地上升起来的场景。晋卦在大壮卦之后，大壮卦表示万事万物的强盛，只有继续上升、前进，才能保持这种强盛，所以大壮卦之后是晋卦。

晋，康侯用锡马蕃庶，昼日三接。

这里讲了一个故事，康侯被天子赏赐了很多车马，一天中受到了天子的多次接见，"昼日三接"的"三"代表多。康侯是谁呢？历史学家顾颉刚先生认为康侯是康叔，康叔是周文王的第九子，也就是周武王的弟弟。他在周武王灭商建立周朝后，被周武王封在康这个地方，所以被称为康叔。周武王去世后，他的儿子周成王继位，由于那时周成王年纪太小，所以由周公（周武王的四弟）摄政，引起了周武王另外三个弟弟（三监）管叔、蔡叔、霍叔的不满，后来他们发起叛乱。但是叛乱被周公平定了，而康叔参与了平定叛乱，所以被封在商朝首都朝歌（今河南淇县），建立了卫国，成为卫国的第一任国君。周成王执政后，提拔康叔为司寇，掌管刑法和诉讼。由于康叔秉公执法，稳定了西周的政权，所以周成王赐予他很多宝器、车马，一天中多次接见他，可见周成王对康叔的重视和赏识。

当然，我们不一定要将康侯看作具体的人，实际上，这里的康侯是秉公执法、有德之人的化身，因为受到上级奖赏和重视，从而得到晋升。

《彖》曰：晋，进也。明出地上，顺而丽乎大明，柔进而上行，是以康侯用锡马蕃庶，昼日三接也。

《彖传》解释康侯为何会受到这么大的奖赏。要想上升、前进，就要"明出地上，顺而丽乎大明"，太阳从大地上升起来，晋卦柔顺地依附正大光明的大道，即天地之道。这里具体讲就是日出之道，"明"指上卦离卦，也就是太阳。"柔进而上行"，柔顺地一步步向上，下面的大地（坤卦）代表柔顺，要逐渐上升，就会被天子赏赐。

《彖传》告诉我们要想得到领导的赏识与晋升，必须做到两点：一是要"顺"，从内心里自觉自愿地、将自己放空地服从上级的命令，像坤卦一样中间是空的；二是要光明，像天上的太阳（离卦）一样光明，保持善良的本性。"明出地上"，要把光明的一面一步步展现给大家，大家受益了，你就能得到领导的赏识，得到提升。

《象》曰：明出地上，晋。君子以自昭明德。

太阳从地上升起，这是晋卦之象，君子要按照这个卦象彰显自己光明的德行。"自昭明德"，"昭"是"明"，"自昭明德"即"自明明德"。四书里面的《大学》讲了三纲领、八条目。三纲领是："大学之道，在明明德，在亲民，在止于至善。"第一个是"明明德"，其中前一个"明"是动词，即"昭明"，要彰显出自己的"明德"，把内心本来的善性发扬出来，后一个"明"是形容词，"明德"即光明的品德，也就是晋卦中太阳正大光明的品德；第二个是"亲民"，原为"新民"，意为使人民不断创新；第三个是"止于至善"，意为达到善的最高境界，这就是《大学》的为学之道。然后要按照八条目来做，八条目是：格物，致知，诚意，正心，修身，齐家，治国，平天下。最后就能达到"明明德于天下"，使天下所有人都能彰显出自己光明的德行。

早在《尚书·尧典》中就有记载："克明俊德，以亲九族。九族既睦，平章百姓。百姓昭明，协和万邦。""克明俊德，以亲九族"，"克"是能够，尧能彰显出美好的品德，即晋卦中太阳从大地升起的大德，所以他能使家族亲密和睦。"九族"就是家族，"九族既睦，平章百姓"，家族都和睦之后，尧又能辨明百官贵族的政事。古代的"百姓"不是指老百姓，而是指百官、贵族，因为贵族才能有姓。"百姓昭明"之后就"协和万邦"了。"邦"为国，"万邦"就是万国，也就是天下各国都协调和睦了。《大学》三纲领的开始是"明明德"，尧之所以能以光辉照耀四方，第一点就是因为"克明俊德"。晋卦《象传》说要"自昭明德"，所以想要晋升，自己的德行先要发挥出来。

初六，晋如摧如，贞吉。罔孚，裕无咎。
《象》曰：晋如摧如，独行正也。裕无咎，未受命也。

"晋如摧如"，有时候前进，有时候后退。比如在黄山上看日出，会发现太阳升起来时会跳一下，停住，再跳一下，经过多次跳动，才升起来。这就告诉我们一开始晋升的时候，不要贸然前进，要停一停，要谨慎，这样才能"贞吉"，守持正道，是吉利的。

"罔"是无，"孚"是指得到别人的信任，"罔孚"是还没有得到别人的信任。比如，上级领导刚开始要观察你，不可能一下子就信任你、提拔你。这时你要保持什么心态呢？要"裕"，就是"宽裕"，宽容、包容、大气，有宽广之心，"裕无咎"，这样就没有灾祸，才能得到提拔。即使别人（领导或者周围的人）不信任你，你还是要信任别人，要宽容。

"晋如摧如，独行正也"，有时候前进，有时候后退，这是要独自保持正道。"裕无咎，未受命也"，宽容了就没有灾祸，这时还没有接受大的使命，也就是说还没有受到领导的重用。

初六爻是坤卦的开始，也就是要像大地一样宽容，因为大地是包容万物的，所以一开始没有受到重用时不要着急。

六二，晋如愁如，贞吉，受兹介福，于其王母。

《象》曰：受兹介福，以中正也。

初六爻是"晋如摧如"，"摧"本来是摧残，这里指后退。而六二爻是"晋如愁如，贞吉"，上进的时候还有忧愁，守持正道就会吉祥。

"受兹介福，于其王母"，"介"是大的意思，"介福"就是大福，这句话是说受到大的福报，福报来自"王母"。"王母"是祖母，这里指六五爻，六五爻与六二爻刚好相应，这里指得到上级的赏识和保佑，所以得到了大的福报。到第二个时空点又前进了一步，这时不要贸然前进，而是要有警惕之心和忧患意识，这样做就会得到大的福报。因为六二爻是坤卦第二爻，是阴爻居阴位，又中又正，所以会得到大的福报，而且会受到六五爻的保佑。

"受兹介福，以中正也"，得到大的福报是因为六二爻又中又正。表明一个人工作一段时间之后，得到了赏识，此时一定不能骄傲，也不能一味地冒进，而是要停一停，要"愁如"，始终保持戒惧之心，还要有忧患的意识，这样就会得到更高的上级的奖赏。

六三，众允，悔亡。

《象》曰：众允之志，上行也。

六三爻是下卦坤卦的第三爻，仍然保持着大地包容的本心，所以它获得了众人的信任，悔恨就消亡了。也就是说这时的晋升不仅得到了上级的信任，还得到了众人的信任。

六三爻获得大家的信任，因为它顺应了大家的意志，所以可以继续上行。

九四，晋如鼫（shí）鼠，贞厉。
《象》曰：鼫鼠贞厉，位不当也。

像硕鼠那样的人获得晋升，是很危险的。"鼫鼠"就是硕鼠（大老鼠），《诗经·魏风》里有一篇《硕鼠》："硕鼠硕鼠，无食我黍；三岁贯女，莫我肯顾。"这个硕鼠指剥削者。九四爻已经进入第二个阶段，阳爻居阴位，不正。"晋如鼫鼠"，比喻像硕鼠一样通过不正当的手段窃取了高位后，想固守这个位置是非常危险的。

像硕鼠那样的人获得晋升是很危险的，因为位置不当。《易经》比较强调当位，即阳爻居阳位，阴爻居阴位。比如一个人的能力非常强，让他当一把手，就能发挥他的才能，因为这是当位；如果把他放在副手的位置，他会觉得正职还不如他，没把他的位置摆正。反之，如果一个人处在阴性的阶段，却被放在阳性的位置上，也就是说本来应该当副手的人，结果当了一把手，他会觉得力不从心，很难做好工作。当然也不能说一个人永远处于阴性或阳性的阶段，而是要从人的德和能两方面来判断。《象传》是从反面告诉我们，要提拔品行端正、处于正位的人。

六五，悔亡，失得勿恤，往吉，无不利。
《象》曰：失得勿恤，往有庆也。

消除了悔恨，就不要患得患失了，而是要继续前进，这样是吉利的，没有什么不利。六五的时空点是尊位，虽然它是阴爻居阳位，不正，但它中，按照阴柔之道来做事。初六爻和六二爻都讲到了要进进退退、忧愁、警觉，六五爻因其力量弱，原本也会多思考、有忧愁、患得患失，而这里说不需要了。"失得勿恤"，得和失都不需要再去考虑了，可以继续前进，没有什么不利的。

得和失都不需要考虑了，继续前往会有大吉庆、大福报。六五爻在尊位上，它本来不应该再继续前进，因为此时已经是最好的了，继续前进反而会失去尊位。但因为这时是在大的提升、前进的场景下，所以六五爻要义无反顾地往前进，不要考虑会失去这个位置、名誉或者财富。"失得"与"得失"有一定区别，它是指六五爻继续前进，先失去自己所得到的东西，反而有大得，这就是我们经常说的有失有得，无失则无得，小失则小得，大失则大得。

上九，晋其角，维用伐邑，厉吉，无咎，贞吝。
《象》曰：维用伐邑，道未光也。

"晋其角"，"角"在头上，这是最后一爻，表明已经晋升到极点了，力量已经到了顶端，这时容易膨胀。"维用伐邑"，所以上九爻就盘算着如何去讨伐自己治下的附属国。"厉吉，无咎"，讨伐别人肯定会有危险，但上九爻力量太大，所以会获得吉庆，不会有灾祸。"贞吝"，然而总以这种尚武的精神讨伐别人，以武治国，而放弃怀柔、文明的政策，肯定会有遗憾。

光明之道还没有发扬光大。晋卦上卦是离卦，表示太阳、光明，会照耀别人，这是会带来好处的；可是到头了，太阳光太烈，暴晒别人就会有遗憾。这就是《易经》一贯的思想：不要过度征讨别人，自己的欲望不要过于膨胀。

晋卦主要告诉了我们四点。第一，如何取得晋升？要"自昭明德"，像卦象所昭示的，太阳从大地上升起，首先自己要是"太阳"，保持纯洁光明的心，然后要彰显出来，不仅是说出来，还要做出来，让大家都感受到你纯洁的本性，这样一定会得到提升。第二，晋升之后怎么做？首先，要宽容，要有进有退，不能一味地晋升而不顾别人；同时，在别人不理解、不信任、不提拔你，或者你没有被提拔到应该的位置时，也要包容、原谅别人，要有宽广的心；最后，不要太膨胀，在上升的时候要有忧患意识，上升到最高位时，不要总想着讨伐别人，而要继续保持怀柔的政策，用文明、光明的心感化大家。第三，千万不要像硕鼠那样用不正当的手段来获得晋升，这是非常危险的，要想获得晋升，品行一定要端正。第四，在晋升之后，得到了名誉、财富等，要懂得舍弃。

三十六　明夷卦——韬光养晦，转暗为明

下离上坤，地火明夷

明夷，利艰贞。

上六，不明晦，初登于天，后入于地。

六五，箕子之明夷，利贞。

六四，入于左腹，获明夷之心，于出门庭。

九三，明夷于南狩，得其大首，不可疾，贞。

六二，明夷，夷于左股，用拯马壮，吉。

初九，明夷于飞，垂其翼，君子于行，三日不食，有攸往，主人有言。

明夷卦是《易经》的第三十六卦，在晋卦之后。明夷卦和晋卦恰好相反，这两个卦构成了反卦，也叫复卦。晋卦的卦象是日出地上，也就是太阳在大地的上面；明夷卦的卦象是太阳在大地的下面，代表太阳受伤了、落山了，世界就黑暗了。

"明夷"是什么意思呢？"明"是太阳，自然界最大、最明亮的就是太阳；"夷"是受伤，所以《序卦传》说："晋者，进也。进者必有伤，故受之以明夷。夷者，伤也。"前进一定有伤害，受伤害于明夷，这是辩证的关系，太阳升到最高，也即日中的时候，就开始西斜了，叫日昃。明夷卦就是太阳落下，一片昏暗的场景，代表政治昏暗、光明被泯灭的世道；同时也代表光明正大的人受到伤害、不被重用，而小人得势。

明夷，利艰贞。

在光明受损时，是艰难的，此时守持正道是有利的，也就是说有利于艰难地守持正道。明夷卦预示着从明转暗的危机，也就是灾难开始来临，当然这里的灾难与前面讲的艰难是不一样的。明夷卦的艰难不是一开始的艰难，也不是在前进路上遇到的艰难，而是太阳升到最高处，开始下降时的艰难，表明人在成功、得势之后遇到了艰难。

在社会动荡、处境艰险、光明转暗时，如何保存实力？如何在困境中摆脱艰难？如何使自己重新振作？这不仅需要勇气，更需要智慧。所以明夷卦是教我们在这种场景下如何化险为夷，对我们现代人做人、做事、办企业、做管理都很有启发。

《象》曰：明入地中，明夷。内文明而外柔顺，以蒙大难，文王以之。利艰贞，晦其明也。内难而能正其志，箕子以之。

"明"指太阳，《象传》里的"中"都可以理解为"下"，所以"明入地中"就是太阳已经落到地下了，太阳受损了。这时要怎么做呢？"内文明而外柔顺，以蒙大难"，这时我们要内含文明，心中有光明之心、本性不能改变，但是此时要隐藏、韬光养晦，外面显示出柔顺，这是一种智慧。如果这时你内含着文明，但外面过于刚强，反而会受到更大的伤害，因为此时太阳落下了，表示时局发生转变，也表示贤人、有才能的人都遭受了大难。"文王以之"，像周文王那样。

当年，姬昌被商纣王囚禁在羑里，他是在什么情况下被囚禁的？在晋卦之后，"晋"是上升，姬昌当时是一个诸侯国的首领，由于他行的是仁政，而当朝天子商纣王行的是暴政，所以当时有句话叫"天下三分，其二归周"，这就引起了当朝天子商纣王的嫉恨，于是商纣王就把姬昌抓来关在羑里七年。姬昌如此受人拥戴，最后却落难了，就像明夷卦，这时怎么转危为安呢？在明夷的时候怎么做呢？姬昌就韬光养晦，七年之后才被放出来。后来他的儿子姬发把商纣王给灭了。

"利艰贞，晦其明也"，为什么有利于在艰难中守持正道呢？这是韬光养晦，隐含自己光明的意志。"内难而能正其志"，内部发生危难的时候，要能坚守住自己的意志。"箕子以之"，就像箕子那样。

箕子是一位非常了不起的人物，殷商朝末年有三位仁人志士——箕子、微子、比干，被孔子称为"殷之三仁"。他们都是商纣王的亲人，箕子和比干是商纣王的叔叔，微子是商纣王的长兄。他们三人看到商纣王施行暴政、昏庸无度，就去劝谏，但商纣王不听，于是微子"去之"，就离开了，而比干被杀而剖心。当时也有人劝箕子离开，否则会受到商纣王的报复，但箕子说："为人臣，谏不听而去，吾不忍也。"于是箕子披头散发，装疯发狂，被商纣王贬为奴隶，躲过了一劫。后来箕子归隐，在没人时弹琴自悲，发泄自己心中的悲愤，这首琴曲就被称为《箕子操》。

公元前1046年，周武王姬发灭商建周。周武王不知如何治理国家，就向箕子请教。《尚书·洪范》记载，周武王姬发一开始问箕子殷朝为什么会灭亡？箕子一声不吭，武王觉得自己问得太冒失了，因为箕子毕竟是商纣王的叔叔，于是武王问了另一个问题：请问，我该怎么治理国家呢？箕子告诉他治理国家很简单，有九种大法，就是"洪范九畴"。"洪"是大的意思，"洪范九畴"就是治理国家的九种大法，"范畴"这个词就是这么来的。其中第一种大法，也是最重要的大法就是五行，所以五行最早是箕子提出来治理国家的。

"内难而能正其志"，在内部发生危难时，箕子还能坚守住自己的志向。可以说整个明夷卦就是"箕子明夷"，是在讲箕子的故事。当然，不能说明夷卦就只是讲箕子这个人的事，而是讲只要遇到光明受损的情况，都可以从明夷卦里找到智慧。

《象》曰：明入地中，明夷。君子以莅众，用晦而明。

太阳落到地底下去了就是明夷的卦象，君子要按照这个卦象学会统领众人，然后韬光养晦。首先自己要隐藏住，然后才能赢得光明的未来。"莅众"的"莅"是管理、统领的意思，在什么情境下统领众人呢？不是在顺境中，而是在逆境中统领众人，使不利的、晦暗的局势变得光明。

初九，明夷于飞，垂其翼，君子于行，三日不食，有攸往，主人有言。
《象》曰：君子于行，义不食也。

"初九，明夷于飞，垂其翼"，初九，光明刚刚受损时就不要向外飞了，这里用鸟儿作比喻，表示乱世之中，要垂下自己的翅膀，要归隐、隐退，不要再出世、抛头露面。"君子于行，三日不食"，君子要尽快行动（隐退），三天都顾不上吃饭了。"食"也指俸禄，这里是说不要再去拿薪水了，要隐退。"主人有言"，隐退了主人会责怪你，但是再怎么责怪都要隐退。

在乱世中，君子要快速归隐，按道义来说，此时不应要求做官拿薪水，就像箕子、微子一样，微子离开了，箕子装疯，最终避过了大难，保住了性命。比干就不是这样，他还进一步劝谏，结果被杀了。所以在危难当中，要"垂其翼"，不要再飞了，在乱世中隐退是一种智慧。

六二，明夷，夷于左股，用拯马壮，吉。
《象》曰：六二之吉，顺以则也。

"明夷，夷于左股"，"股"指大腿，在黑暗中行走，左腿受到了伤害。为什么是"左股"受了伤害？腿分左右，一般都是右手、右脚做事情。如果是右边受了伤，表示很严重；左腿受伤了，则表明伤得还不太严重，还可以救。谁来救呢？"用拯马壮"，用强壮的马来救他，"拯"就是救。依靠这匹良马，可以得到拯救，然后逐渐壮大，最终获得吉祥。

六二爻的吉祥，是因为能顺应处世，坚守原则。六二爻是阴爻（柔爻）居中位，又中又正，而且可以柔顺处世，这就是避难的策略。"马"指九三爻，九三爻是强壮的，阳爻居阳位，就像一匹强壮的良马。九三爻还可以指明君、有德行的长者、德才兼备的领导。六二爻处在九三爻的下面，能够顺承九三爻。六二爻处在乱世中，虽然受到了伤害，但伤害不重，这时内心的志向千万不能泯灭掉，要依靠明君摆脱黑暗，迎来光明，然后逐渐变得强大。

九三，明夷于南狩，得其大首，不可疾，贞。

《象》曰：南狩之志，乃大得也。

"明夷于南狩"，在黑暗当中，要向南方狩猎，狩猎也可指讨伐、征战。"得其大首"，得到对方的首级，也就是能诛杀对方的最高首领。但"不可疾，贞"，不可操之过急，要守持正道。因为九三爻处在下卦离卦的最上爻，离卦代表南方，南方为火，而火是往上冒的，在最高处，所以南方又代表君位，这里表示南方有了叛乱。九三爻是阳爻居阳位，是当位，说明这个君主是刚强有力的，此时南方有了叛乱分子，南方的老百姓处于危难当中，这时就不要再隐退了，要去南方征讨，能俘虏敌人的首级，也就是能获得大的成功。但是要注意时机，既要抓住机遇，又要谨慎小心，不要操之过急，这样才能获得最后的成功。

去南方讨伐的话，会有大的收获。"志"字在爻辞中没有提及，指的是意志。意志非常重要，南宋理学家朱熹说过："成汤起于夏台，文王兴于羑里。"商朝的开国首领是从夏台这个地方一点点兴起的，而周文王是从羑里一点点兴起的，也就是说在"明夷"——光明受损——的危难时机，要坚守住志向、意志，从小事做起，抓住时机，不能操之过急，最终一定会胜利。

六四，入于左腹，获明夷之心，于出门庭。

《象》曰：入于左腹，获心意也。

进入到左边的腹地，要想着在黑暗中的艰险，然后要立下"心"，跨出门庭远去。

"入于左腹"，进入到左边的腹地，就人而言，就是肚子的左边。为什么总说"左"呢？师卦六四爻说"师左次"，军队要在左边驻扎。"左次"就是驻扎在左边，跟这里的"左腹"进入左边的腹地意思差不多，指要后退。因为古代军队打仗时崇尚的是右边，右为上，左为下；右为前进，左为后退。老子《道德经》第三十一章说："君子居则贵左，用兵则贵右。"平常崇尚左边，但在用兵打仗的时候，崇尚的是右边，为什么呢？老子《道德经》又说了："吉事尚左，凶事尚右。"吉利的事情崇尚的是左边，凶险的事情崇尚的是右边，用兵打仗被视为凶事，所以是"偏将军居左，上将军居右"，右将军是上将军，左将军是偏将军。所以"入于左腹"就是要后退、归隐，在"明夷"这种黑暗的状况下，要跨出门庭远去。六四爻已经进入上卦的坤卦了，坤卦是大地，大地是柔顺且居于最低位的，所以要隐退。

进入左边腹地，也就是隐退之后，就能获得内在的志向。好比箕子规劝商纣王，商纣王非但不听从还要处罚箕子时，箕子立马把自己藏起来，具体做法就是装疯，隐藏自己的志向，保全了性命。箕子虽然被贬为奴隶，但他的志向并没有被泯灭。

六五，箕子之明夷，利贞。

《象》曰：箕子之贞，明不可息也。

这就是"箕子明夷"，箕子装疯，做奴隶，隐藏志向，是有利的。

"明不可息也"，心中的光明永远不熄灭。六五爻是最尊贵的位置，阴爻居阳位，表示它阴柔了，就是归隐了、隐藏住了，但是下面离卦的光明志向却不停止，仍然藏在心里。

上六，不明晦，初登于天，后入于地。

《象》曰：初登于天，照四国也。后入于地，失则也。

这是暗喻商纣王，因为商纣王"不明晦"，也就是"不明而晦"，不发出光明反而昏庸无道。这样就会"初登于天，后入于地"，起初的时候能登到最高位置，指商纣王最初做了天子，但是最后会堕入地下，他最终自焚于鹿台。

"初登于天，照四国也"，开始做天子的时候，光明还能照耀四方之国。商纣王开始做王时还是不错的，为商朝子民做了不少好事。"后入于地，失则也"，但是后来堕落了，所以光明消失了，失去了法则、天道、天理，昏庸无度，最后堕入地下被灭了。

整个明夷卦是指在社会动乱或环境危险时，如何保存自己的实力，化险为夷，重新振作起来。首先，最重要的智慧就是内心要像太阳一样光明，要刚强、中正，并将其变成坚定不移的志向，任何时候都要坚守住，这样一定能东山再起。其次，要像坤卦那样柔顺，要顺势而行；要归隐，要隐藏住志向；要谨慎，就像太阳被藏在地下一样。虽然明夷卦每个时空点的做法不同，但有两个共同点：一是志向没有变，二是要向箕子学习，随机应变，结合这两点，就能走出危险的局面，最后成功。

三十七　家人卦——治家有方，推及天下

下离上巽，风火家人

家人，利女贞。

上九，有孚威如，终吉。

九五，王假有家，勿恤，吉。

六四，富家，大吉。

九三，家人嗃嗃，悔，厉吉。妇子嘻嘻，终吝。

六二，无攸遂，在中馈，贞吉。

初九，闲有家，悔亡。

　　家人卦是《易经》的第三十七卦，在明夷卦之后。"明夷"指太阳受伤、受损，《序卦传》说："伤于外者必反于家，故受之以家人。"在外面受伤了，一定要返回家里，所以明夷卦之后就是家人卦。唐代孔颖达说："明家内之道，正一家之人。"家人卦是讲如何治家的，使一家人都走上正道。

　　"家"字上面是"宀"，下面是"豕"，"豕"就是猪。"家"的本义就是房子里养了很多猪，也就是饲养了牲畜才能称为家。有一个字与"家"字相近——安，上面是"宀"，下面是"女"，表明家中有女人为安。女人在家里的角色可以是母亲、妻子、女儿，在家里起着关键性的作用。母亲是家里的第一导师，因为孩子一生出来最先认识的是母亲，母亲告诉孩子"这个人是你的父亲"，孩子才知道谁是他的父亲；对于夫妻而言，妻子也具有非常重要的作用。

家人，利女贞。

这个卦就告诉我们，女子守持正道，是非常有利的，对家庭影响很大。这是不是说女人重要而男人就不重要呢？"利女贞"就是对女人有利而对男人不利呢？其实不是的，实际上这里的女人是就与男人的关系而言的。家人卦有两根阴爻讲女人，其他四根阳爻讲男人，所以这个卦在同时说男女应该如何治家。

《彖》曰：家人，女正位乎内，男正位乎外。男女正，天地之大义也。家人有严君焉，父母之谓也。父父，子子，兄兄，弟弟，夫夫，妇妇，而家道正。正家而天下定矣。

"女正位乎内，男正位乎外"，女人要在家里守正道，男人要在外面守正道，也就是说女主内、男主外。在古人看来，这样的布局是符合天地之道的，是从天性来说的。男人为天，因为男人的属性是阳刚的、向外的，所以他要主外；女人为地，因为女人的属性是阴柔的、向内的，所以她要主内。女主内、男主外并不是歧视，而是符合本性的，是分工的不同，而非地位的高低。但是有的男人的属性偏阴柔、向内、向下一些，有的女人的属性偏于刚强、向外、向上一些，这时就适合女主外、男主内。但不管怎样，分工要明确，否则两个人同时向外或向内，不符合阴阳互补、刚柔相济的大原则。所以，"男女正，天地之大义也"，把位置摆正了，是符合天地大道的。

"家人有严君焉，父母之谓也"，家里有严明的君主，他们是父亲和母亲。这是把家庭看作国家或者团队，在国家里最高的是君主，在团队里最高的是领导，在家庭里最高的是父母。

"父父，子子，兄兄，弟弟，夫夫，妇妇，而家道正"，像这样两个字连用的第一个字都是用作动词，父亲要尽父亲的责任，儿子要尽儿子的责任，哥哥要尽哥哥的责任，弟弟要尽弟弟的责任，丈夫要尽丈夫的责任，妻子要尽妻子的责任，这样家道就正了。再结合孔子说的"父父，子子，君君，臣臣"（《论语·颜渊》），这里实际上讲的就是后来儒家说的五伦，即五种伦理关系——君臣、父子、夫妇、长幼、朋友，要"君臣有义，父子有亲，夫妇有别，长幼有序，朋友有信"。所有伦理关系都可以概括为这五种，其中"夫妇有别"指夫妻分工不同，有各自的职责和位置。我的老家徽州，几乎家家都贴着这样一副对联："事业从五伦做起，文章本六经得来。"要做大事业，必须先把"五伦"做好。这五伦中，家里就占了三种——父子、夫妇、长幼，把这三伦做好了，再推广到其他两伦——君臣、朋友。"正家而天下定矣"，家治好了，国也就治好了。因为国是最大的家，家是最小的国，这是儒家的治国理念。修身，齐家，治国，平天下，这是从小到大的秩序，先把家治理好了，再推广到治理国家，然后治理整个世界。

《象》曰：风自火出，家人。君子以言有物而行有恒。

"风自火出，家人"，风从火里出来，就构成了家人卦。因为家人卦的上卦是巽卦，为风；下卦是离卦，为火，风在上面，火在下面，叫作"风火家人"。巽卦还代表木，上面是树，下面是火，代表火把木材点燃了，生火做饭，这是构成家的基础。自从人类学会利用火，火就成了生活中不可或缺的东西。在古希腊神话当中，普罗米修斯从太阳神处盗走了火种，送给人类，给人类带来了光明；在中国神话中，燧人氏钻木取火，从此人类学会了人工取火，并用火来烤制食物、照明、取暖、冶炼等，人类就进入了新的发展阶段。会用火是人跟一般动物的区别，所以说"风火家人"，有了火，就逐渐有了家。

君子看到这样的卦象，要按照家人之道来做。"君子以言有物而行有恒"，言语要有东西、要诚实、要切合时务，不说空话假话，行为端正而恒久不变，这告诉我们君子治家最关键的两点："言有物"和"行有恒"。有个成语叫"言传身教"，言语是用来传递思想的，还要用行为验证我们的思想。我们现在提倡家风、家规、家训，最重要的是用实际行动来践行。因此治家来自修身，治国又来自治家，要按照治家的精神来治国，先治好家，再治国。治国的过程就是

"风从火出"的过程,是自内而外的。"社会风化"就是将"言有物而行有恒"的治家之道推广到社会,并形成持之以恒的好习惯。

初九,闲有家,悔亡。
《象》曰:闲有家,志未变也。

"闲"是防止,"门"里面有个"木",代表外面是一扇门,用木头拴住,来阻隔外面的邪气、不正之风,所以治家的开始是预防邪恶,把好门。初九爻是刚刚开始,表示家道初立的时候。初九爻是阳爻,在这里代表父亲。父亲治家,他有责任把外面的邪恶之气给挡住,把好这道门,才能保住自己的家庭,就"悔亡",就没有悔恨。

"闲有家",确立一个严格的家规。确立好家规,是为了不改变自己的意志或从祖上传下来的良好美德、志向。没有严格的家规,家庭成员的良好心态就可能受到外界不良风气的影响而变坏,所以古人对家规、对这第一关非常重视,从孩童时代就开始教育,也就是"扣好第一粒扣子"。

六二,无攸遂,在中馈,贞吉。
《象》曰:六二之吉,顺以巽也。

没有大的成就,在家里掌管饮食,守持正道,就能获得吉祥。六二爻是阴爻,代表女子,家里最高的女人就是母亲。"遂"有成就、专断两个意思,母亲要"无攸遂",指作为母亲或妻子,不要想着自己有大的成就,也可以表示不要太专断、武断,而要阴柔。"馈"指饮食,"在中馈",她的职责是在家中掌管饮食、教育孩子,不要管外面的事情,就是所谓的女主内、男主外。六二爻又中又正,它的中正之道就是要柔顺、中和、坚守家道,遇事不独断专行,不要想着自己在外面有大的作为,其实她在家中掌管饮食、教育孩子本身就是大的作为。"贞吉",守住自己的正位,就能大吉大利,给家里带来吉祥。

六二爻之所以吉利,是因为柔顺。"巽"表示柔顺、谦虚、不专断。

六二爻是阴爻居阴位，是柔顺、不武断的表现，也是妇德的体现，这就叫"女正位乎内"。这是从女人的生理特性上来说她的职责，不是对女人的歧视和束缚。如果一个男子适合在家里主持家务、守持家道，他也应该柔顺、谦虚、不专断。

九三，家人嗃嗃，悔，厉吉。妇子嘻嘻，终吝。

《象》曰：家人嗃嗃，未失也。妇子嘻嘻，失家节也。

这里讲了两种治家的方法。一种是严厉的治家之法——"家人嗃嗃，悔，厉吉"，这里是男人治家。因为九三爻是阳爻居阳位，非常严厉，虽然家里人被管得太严而受不了，但对整个家庭来说，终究是有利的。另一种是太过宽松的治家之法——"妇子嘻嘻，终吝"，妇人、孩子整天嘻嘻哈哈的，虽然看起来很好，但终究有遗憾、有灾祸，太松懈、不懂规矩就无以成方圆。

"家人嗃嗃"没有失去治家的原则，而"妇子嘻嘻"失去了家中的礼节。九三爻是男人在治家，所以"嗃嗃"（嗷嗷叫）和"嘻嘻"（嘻嘻哈哈）主要是指女人和孩子。古代男尊女卑，女子没有地位，出嫁前听父亲的，出嫁后听丈夫的，还有很多女子遭受家暴，甚至被任意买卖，非常悲惨。那九三爻一定是把家人治理得嗷嗷直叫吗？其实不然，我认为这是指家法严厉，但也不能太过，与"妇子嘻嘻"应该是有机统一的。该严厉的时候要严厉，把持好原则，不能放任自流，在这种场景下家庭美满、和睦、快乐，这是最理想的。

六四，富家，大吉。

《象》曰：富家大吉，顺在位也。

"富"是使动词，使家庭富裕，就大吉大利了。家庭的富裕表现在精神和物质两方面，物质上要富裕，精神上要和美，家和万事兴。

使家庭物质富裕的责任主要在九五爻，因为物质的富裕是要从外创造的，而男人主外，所以男人就必须去创造财富；家里精神上的富裕主要在于女人，六四爻代表女主人，她如何使家里精神富裕呢？"顺在位也"，要摆正自己的位置，顺应九五爻，听从九五阳爻的意愿，要居下。两人上下要呼应和谐，这是阴阳和合、顺应之道，这样就构成了家庭和谐、物质和精神都富裕、和和美美的场景。

九五，王假有家，勿恤，吉。
《象》曰：王假有家，交相爱也。

九五爻好比大王，在家庭中是一家之主——父亲。父亲如何治家呢？"王假有家"，"假"通"格"，就是"感格"，感化、感动，意思是一家之主应该用美德、高尚的情操、中正之道来感化家人、治理家庭。这样就"勿恤，吉"，不用担忧，大吉大利。同理，治理国家、企业、单位，都应该用美德来感化国民、员工。

治家的目的是要使家庭成员互亲互爱，这就是所谓"父父，子子，兄兄，弟弟，夫夫，妇妇"的关系。父爱子叫"慈"，子爱父叫"孝"，这是"父子有亲"；兄爱弟叫"友"，弟爱兄叫"悌"，这是"长幼有序"；夫妻之间也需要互敬互爱，这是"夫妇有别"。这些都是"交相爱"，只有互敬互爱，家才能被治理得和谐、和睦。

墨子提出过一个著名的观点：兼相爱，交相利。这些都是互相的，而不是单向的。爱是起点，有了爱，父子、夫妇、兄弟之间才能相互感应到爱的存在，这是治家之道中最关键的一点。

上九，有孚威如，终吉。
《象》曰：威如之吉，反身之谓也。

用诚信和威严治理家庭，终究是吉祥的。这里说了治家的两个方面——"孚"和"威"，它们可以看作是因果关系。"孚"是要诚信、真诚，"有孚"是主人有诚信，而且是从内心发出的、真诚的；"威"是有威严、威信，因为

"孚"，所以"威"。也可以说"孚"是德治的方面，"威"是法治的方面，就是法治和德治并重，软硬兼施，刚柔并济。如果能这样治家，最终会获得吉祥。

要威严治家，那么，如何才能将"威严"变成威信而不是淫威呢？这就必须要"反身"——经常反省自己，这是修身最重要的方法。只有修身了，反求诸己，才能"齐家、治国、平天下"。

家人卦讲的是治家之道。第一，男人治家要严厉，女人治家要夫唱妇随。男主外，主大政；女主内，主内政。就一般情况而言，男人偏于阳刚外向，女人偏于阴柔内向，适合于这种分工。男女要按照自己的本性、特性、本能进行分工，这叫"夫妇有别"，这不是男尊女卑，而是按照男女主人性格不同而进行选择，也可以颠倒过来，总之要阴阳互补。第二，要立家规、家训，形成家风。执行家规时，该严则严。第三，治理家庭时，各种关系要交互发生作用，也就是要相亲相爱，互敬互帮。第四，治理家庭要重视"孚"和"威"，要诚信、真诚，形成威仪，恩威并施，法治和德治并重，这样才能把家治好，治理国家也同样如此。所以家人卦六根爻基本都是吉的。

三十八　睽卦——解除背离，化分为合

下兑上离，火泽睽

睽，小事吉。

上九，睽孤，见豕负涂，载鬼一车，先张之弧，后说之弧。匪寇婚媾，往遇雨则吉。

六五，悔亡，厥宗噬肤，往何咎？

九四，睽孤，遇元夫，交孚，厉，无咎。

六三，见舆曳，其牛掣，其人天且劓，无初有终。

九二，遇主于巷，无咎。

初九，悔亡，丧马勿逐，自复，见恶人，无咎。

睽卦是《易经》的第三十八卦，在家人卦之后。"睽"是离心离德、分离的意思，它左边是"目"，右边是"癸"，《说文解字》解释："睽，目不相听也。"意思是两只眼睛分离了，看不见，所以睽卦表示一种分离、背离。《序卦传》解释："家道穷必乖，故受之以睽。"家道穷困了、不守正位了，一定会离心离德。

睽卦恰好与家人卦相反，家人卦讲的是一种相合的状态，而睽卦讲的是一种相分的状态。睽卦是家人卦的反卦，也叫复卦，上面为火，下面为泽，叫火泽睽。火燃烧的时候是往上的，而沼泽是往下的，一上一下就分离了。睽卦很有意思，从卦辞到六条爻辞都是"吉"或"无咎"，这是什么原因呢？因为睽卦讲的是要化分为合，把分离相悖的局面转变为相合的局面，这样就吉了。

睽，小事吉。

"小事吉"有两种解释：一是指小的事情是吉利的，二是指小心做事是吉利的。我认为第二种解释较好。也就是说在背离的情境下，我们怎么将它转变为相合呢？就要从小事、小处入手，用细微、细致、柔和的方法来因势利导，消除背离的局面，转化成融合、合作的结果。所以睽卦就是讲如何化分离为融合、合作的人生智慧。

《彖》曰：睽，火动而上，泽动而下，二女同居，其志不同行。说而丽乎明，柔进而上行，得中而应乎刚，是以小事吉。天地睽而其事同也，男女睽而其志通也，万物睽而其事类也。睽之时用大矣哉。

"睽，火动而上，泽动而下"，睽卦的上卦为火，火的运动方式是往上的，下卦为泽，沼泽的运动方式是往下的。"二女同居，其志不同行"，二女是指少女和中女，下卦兑卦为少女，上卦离卦为中女，少女与中女共事，可她们的志向却不相同，行为也就有所背离。为什么两个女人志向不同呢？因为她们的性格不同，少女是兑卦，兑卦主喜悦、温柔、谦逊、居下，她的性格偏于内向、柔顺；而中女是离卦，离卦为火，她的性格是外向、热烈、好动、喜欢表现自己的，因为这两人志向是不同的，所以行为肯定有所背离。

为什么从小事做起就能吉利呢？因为"说而丽乎明，柔进而上行，得中而应乎刚"，在背离的状态下，内心保持喜悦，然后依附于光明之心。柔顺地前进、往上行。遵守中道，做事情要适中，并且跟阳刚相呼应，这样小心做事就能吉祥。这就是讲怎样在背离的情况下做事，化背离为和谐的道理：一开始要心情愉悦，而且这个愉悦首先要心地光明，然后柔顺地前行。柔顺就是从温顺的、细致的、细微的小事做起，化背离为和谐。

"天地睽而其事同也，男女睽而其志通也，万物睽而其事类也"，看到这个排比句，我就想到了泰卦的"天地交而万物通也，上下交而其志同也"。泰卦强调交通，睽卦强调在背离的情况下也要沟通、感应。天地背离的时候，化育万物的事情要相同；男人和女人相背离的时候，要相互沟通彼此的志向；万事万物背离了，做的事情要相合、相互沟通。这三个句子说明的意思其实一样，"天地""男女"都是一对阴阳，"万物"分阴阳，它们的本质也是阴和阳。在阴阳相背离的时候，要化和，只有想办法让它们交合、感应，才能消除背离的局面。所以"睽之时用大矣哉"，睽卦的意义非常重大，它是讲在背离时怎么从异中求同、从分中求合的大智慧。

《象》曰：上火下泽，睽。君子以同而异。

《象传》从形象上来分析睽卦：火向上燃，叫"上火"；泽往下流，叫"下泽"，它们构成了相背离的睽卦之象。君子要按照这个卦象"以同而异"，也就是求大同而存小异。其实《象传》与《彖传》讲的道理是一样的，只是从不同角度提到了同与异的关系。孔子有一句名言："君子和而不同，小人同而不和。"（《论语·子路》）意思是君子能在不同中和谐相处，而小人虽然相同却不能和谐相处，这和《象传》的"以同而异"的意思其实一样。

"同"分大同、小同："大同"指志同道合，也就是说价值观、终极目标等是一致的；"小同"指表现形式、情状、个性等小的方面相同，但大的方面不同。"异"也分大异、小异："大异"指价值观、终极目标等不相同；"小异"指表现形式、情状、个性等不同。睽卦这里是求大同存小异，就是价值观、终极目标等相同即可，表现形式、情状、个性等不同没有关系。所以孔子的"君子和而不同"是指做法、表现形式等不同，绝不是志向、价值观的不同。"小异"是事物多样性的正常反应，我们要允许并尊重它的存在，让它们和谐相处，这是做君子的志向。所以和合之道是君子之大道，"和合"指志同道合、同心同德。

初九，悔亡，丧马勿逐，自复，见恶人，无咎。

《象》曰：见恶人，以辟咎也。

"丧马勿逐，自复"，初九爻一开始就用比喻的方式描述了一种场景，马走失了但不要去追逐它，它自己会回来。说明在背离的初始阶段，在与背离自己的人接触时，不要采取过激的行为，不要去追他。卦辞讲"小事吉"，要采用小的态度、行为，而不是与之对立、互不交往的过激态度。

"见恶人，无咎"，与恶人相处，结果却没有灾祸。"恶人"有两种解释：一种是指邪恶的人，一种是指自己讨厌的人。要跟邪恶的人、自己讨厌的人相处，不能与他老死不相往来，而且要从心里与他们和颜悦色地相处，因为下卦是兑卦，为喜悦，要让他们从内心接受你，从而有所改正、醒悟，这样他们就会主动回来与你友好相处。

"见恶人"是为了避开灾祸，为什么呢？初九爻的爻辞说好像一匹马走丢了，如果去追赶它，那追得越快，马就跑得越快。如同对待恶人，越是激怒他，他就越反对你，所以不要强求他，要慢慢感化他，让他主动回归，这样才能避开灾祸。

九二，遇主于巷，无咎。

《象》曰：遇主于巷，未失道也。

在巷道中与主人相遇了，是没有灾祸的。九二爻的主人是谁呢？第二爻是跟第五爻相对应的，所以主人是六五爻，两者不期而遇了，在互相背离的状态下，这种相遇不是强求的，是自然而然地与相背离的人相处、相遇，这样才无咎。

"遇主于巷"是因为没有失去中道，因为九二爻处于中位。九二爻是刚爻，它的主人六五爻是阴爻，刚好阴阳相合；而且九二爻是阳爻居阴位，要采用柔顺的心态来对待六五爻，让主人自然而然地与自己相合，而不是强求，这是一种很好的处世智慧，说明要非常小心地处理背离局面，自己要守柔。比如和上司发生矛盾了，处于背离的状态，这时尽量不要意气用事、激化矛盾，要先让自己冷静下来，然后再想办法跟上司化解矛盾，这是一种策略。

六三，见舆曳，其牛掣，其人天且劓，无初有终。

《象》曰：见舆曳，位不当也。无初有终，遇刚也。

六三爻说了三种情景，说明背离到了极点：一是看见一辆大车缓缓前进，比喻很艰难；二是驾车的牛被牵制住了，比喻更为艰难；三是赶车人受了两种刑法，比喻背离到了极点。"天"为头之意，这里指额头。"天"字下面的"大"代表人，上面的"一"代表头，所以"天者颠也"。"颠"是头，自然界最高的是天，人最高的是头。"劓"就是削鼻的刑罚。"天且劓"就是额头上被刻了字，还被削了鼻子，这是古代两种非常重的刑罚。

"无初有终"，一开始是背离的，相互猜疑。一方面，六三爻受到上九爻的猜疑，所以六三爻很紧张，像受了刑一样，这样就背离到了极点；另一方面，六三爻在背离的情境下，做任何事情都会被牵制，拖拖拉拉，严重时还会受到更大的伤害，这也进一步说明要结束背离的局面，否则危害极大，所以最终是要相合的。

看见车子拖拖拉拉地走不动，说明位置不当。六三爻是阴爻居阳位，不正，所以做事容易拖拉，而且易善猜忌。为什么开始时背离，最后会相合呢？因为"遇刚也"，遇到了刚爻——上九爻。六三爻是阴爻，上九爻是阳爻，阴阳相合，所以最终是可以相合的。

九四，睽孤，遇元夫，交孚，厉，无咎。
《象》曰：交孚无咎，志行也。

"睽孤"，在背离的时候，它十分孤独，为什么这时会孤独呢？因为九四爻是阳爻，处于六三爻和六五爻这两根阴爻的中间，所以它很孤独。但是它"遇元夫"，遇到了阳刚的丈夫。"元"是开始，"夫"是阳刚的丈夫，一开始的大丈夫指初九爻，九四爻和初九爻相应了，它们都是刚爻，属于同志，有同等的志向。所以"交孚，厉，无咎"，能以诚相见，最终没有灾祸。

"交孚无咎"是因为志向相同、互相感应、志同道合，所以没有灾祸。这就是"二人同心，其利断金"。

六五，悔亡，厥宗噬肤，往何咎？

《象》曰：厥宗噬肤，往有庆也。

"悔亡"，悔恨消亡了。"噬"是"咬"，"肤"是"皮肤"，"噬肤"就是咬皮肤，可以理解为仇恨地互相撕咬，这是一种斗争、伤害。六五爻不是说同宗族的伤害，虽然此时是背离的，但是悔恨消除了，所以这里的"噬肤"是指亲吻皮肤，也就是相合了、有肌肤之亲，比喻亲和。"往何咎"，这样继续前往还有什么灾祸呢？没有灾祸。

"往有庆也"，再继续前往就有喜庆了。因为六五爻是阴爻处在最尊贵的位置，要跟九二爻及整个卦相合，所以虽然处于背离的状态，但它采用的是柔顺、和美的态度，而且六五爻居中，走中道，这样宗族内部的人就不会背离，会冰释前嫌，像家人卦那样重新团聚起来，互相亲和。

上九，睽孤，见豕负涂，载鬼一车，先张之弧，后说之弧。匪寇婚媾，往遇雨则吉。

《象》曰：遇雨之吉，群疑亡也。

"上九，睽孤"，上九爻也是在背离的时候十分孤独，所以出现了三种情景，这三种情景其实都是在猜疑的、背离的状态下带有恐惧心态的表现。第一个场景是"见豕负涂"，看到猪背负着泥土；第二个场景是"载鬼一车，先张之弧，后说之弧"，车上载满鬼怪，于是先张弓准备射这一车的鬼怪，后来一看不是鬼怪，而是像鬼怪的人，于是又放下了弓箭；第三个场景是"匪寇婚媾"，好像有人来抢东西，结果一看不是抢东西，而是在求婚，也就是说他不是敌人而是朋友，表明不是来分离的，而是来求和的。"匪寇婚媾"是第三次出现了，第一次在屯卦中，第二次在贲卦中。"往遇雨则吉"，这时往前走，突然遇到下雨，非常吉祥，表示阴阳和合了。

"遇雨之吉"说明各种猜疑都消亡了，所以上九爻前面的三种场景都是人在背离的状态下，由于缺乏沟通、猜疑而出现的幻觉。上九爻在最高位，表明背离状况已经到顶点了，物极必反，经过一番挣扎、猜疑后，最终会消除，所以上九爻要跟六三爻相呼应。这里的"雨"是怎么产生的呢？阴阳和合了才能下雨，天上的云越积越密、越积越浓，然后就下雨了，所以下雨的意象代表背离状态消失后，心平气和的状态以及回归和谐的场景。

睽卦是在说背离，这种背离是怎么造成的呢？天地万物都是相交通的，没有背离，所以人的背离都是人为造成的，由于不沟通，所以去猜疑。世界上因猜疑发生的悲剧每天都在上演，大家肯定都有过被误会的经历，如果误会得不到尽快解除，就会发展为猜疑，猜疑不解除，就可能会导致背离。

睽卦从卦辞到爻辞，最后基本都是"吉"或"无咎"的，那怎么解除背离的局面呢？非常重要的一点就是要存大同求小异，要和合，不要分离。睽卦在六个不同的时空点上有六种不同的做法，总之都要谨慎小心，要柔顺、委婉地解除背离的局面，最后又重点讲了要破除猜疑、掌握真相，这样才能解除背离的局面。

三十九　蹇卦——进退合宜，渡过艰险

下艮上坎，水山蹇

蹇，利西南，不利东北，利见大人，贞吉。

上六，往蹇，来硕，吉，利见大人。

九五，大蹇，朋来。

六四，往蹇，来连。

九三，往蹇，来反。

六二，王臣蹇蹇，匪躬之故。

初六，往蹇，来誉。

　　蹇卦是《易经》的第三十九卦。"蹇"表示艰难，它下面是个"足"，足就是脚。《说文解字》解释："蹇，跛也，从足。"也就是跛脚，本意是行走困难，后来引申为前进的路上有艰辛、有困难。这种艰辛和困难是指第三十八卦睽卦之后的艰难，是在前进的路上已经走了相当一段路程之后的艰难。前面有好几卦都在讲艰难和艰险，比如第三卦屯卦的艰难是指事物刚刚开始阶段的艰难；剥卦则是在过度粉饰（贲卦）之后的艰难；坎卦是行为太过（大过卦）之后的艰难；本卦蹇卦是在睽卦之后，是说前进道路上的同行者之间发生了背离的艰难。

　　蹇卦的卦象是水山蹇，上面是水，下面是山，代表艰难的局面。上面的水（坎卦）本来就有艰难、艰险的意思，坎卦还有"陷也"的含义，一不小心踩上就会陷下去，然后下面重重的高山（艮卦）也代表艰难。同时，蹇卦也提醒我们怎么解除这种艰难。

蹇，利西南，不利东北，利见大人，贞吉。

蹇卦渡过了艰险，最终是吉的。"利西南，不利东北"，坤卦也讲了这种意思："利。西南得朋，东北丧朋，安贞吉"，都是西南和东北对举，而往往在西南边是有利的。紧接着后面的解卦卦辞里也有"利西南"，这是什么意思呢？如果把它拆开来看，西边是兑卦，南边是离卦，这两个卦都是一根阴爻和两根阳爻，是阴卦。"不利东北"，在东边和北边不利。把它拆开来，东边是震卦，北边是坎卦，都是一根阳爻和两根阴爻，是阳卦。所以"利西南，不利东北"，有利于阴柔而不利于阳刚，实际上是说在前进的路上遇到艰险、艰难，按照阴柔的做法是有利的，如果这时太阳刚、太进取反而不利。这是告诉我们对待艰难的策略。

西南边为坤卦，东北边为艮卦。坤卦代表大地，属阴，蹇卦就像一个跛脚的人，当然要走在平坦的大地上才有利；艮卦代表高山，属阳，如果让跛脚的人走在高山上当然是不利的，所以"利西南，不利东北"。这就告诉我们既要像大地一样宽广平坦、胸怀博大，又要像山一样止，遇到山要知道停止，这样才能渡过艰难、艰险的局面。

《彖》曰：蹇，难也，险在前也。见险而能止，知矣哉。蹇利西南，往得中也。不利东北，其道穷也。利见大人，往有功也。当位贞吉，以正邦也。蹇之时用大矣哉。

"蹇，难也，险在前也"，蹇卦代表艰难，危险就在前面。因为卦是从下往上看的，蹇卦的上卦是坎卦，所以危险就在前面。"见险而能止，知矣哉"，见到危险就要停止，这是非常明智的。很多人在前进的路上走得太顺了，所以看到艰难就大意了，以为能渡过去，继续往前走而不知道停止。知止是大智慧，前面多个卦里都讲到了"止"的重要性，我说过唐代宰相魏徵和房玄龄的老师王通写了一本书就叫《止学》，就是说要知止，要知道停止。"知止而止，智矣哉"，知道该停止的时候就停止，这是一种智慧。

"蹇利西南，往得中也"，蹇卦在西南边有利，再前往就要按照中道来做。为什么蹇卦在西南边有利呢？因为西南边是坤卦，坤卦为土，坤卦又为中，所以要守中道，才是有利的。"不利东北，其道穷也"，为什么呢？因为东北是艮卦，为高山，如果再前进的话，就被山挡住无路可走了，走到头了，"穷"是到头的意思。

"利见大人，往有功也"。卦辞上讲"利见大人，贞吉"，对大人来说是有利的，或者说有利于出现一个大人，守持正道就会吉。"利见大人"在乾卦里已经讲过了，乾卦七条爻辞里出现了两次"利见大人"。所以《彖传》解释"利见大人"是"往有功也"，再继续前进的话就会成就功业。"当位贞吉，以正邦也"，为什么"贞吉"呢？因为"当位"，位置刚好摆正。蹇卦除了初六爻，其他爻都是当位的，所以守持正道就吉利。而且可以"正邦"，使国家走向正道。所以"蹇之时用大矣哉"，蹇卦代表的时位和功用是非常重大的。

《彖传》是从卦义上来进行解释：下面的艮卦是要知道停止，上面的坎卦是危险，一见到危险就要知道停止；西南边是走中道，东北边是走到头了，要停止。所以《彖传》主要讲渡过艰险的三种方法：第一是要知道时位，该前进要前进，该停止要停止，进退要合宜，在西南边可以前进，在东北边要停止；第二是强调了"大人"在渡过艰险中起主导作用，要"利见大人"，"大人"在蹇卦里就是指九五爻，是走正道、能力很强又居尊位的领导者；第三是当位，"贞吉"的"贞"就是当位，每个位置都要当位，也就是要符合天道、走正道，这样就能渡过艰险。

《象》曰：山上有水，蹇。君子以反身修德。

"山上有水，蹇"，蹇卦是水山蹇，下面是高山，爬上去很艰难，好不容易爬上去了，前面又是一汪水，要渡过这汪水更加艰难，这就构成了艰险的局面。"君子以反身修德"，"反身"是要反观、反思、反省。"修德"是修身养德，"反身修德"四个字对我们意义重大。《孟子·离娄篇》说："行有不得者，皆反求诸己。"我们做事情不成功、遇到艰难挫折、人际关系处理得不好的时候，都要从自己的身上找原因，不要从对方身上找原因。战胜了自己，就战胜了世界，人生最大的敌人是自己，把自己战胜了，就能渡过艰难。北宋理学家程颐解释蹇卦时也说了同样的意思："君子之遇艰阻，必反求诸己而益自修。"君子遇到艰难险阻的时候，一定要在自己身上找原因，加强自身修养，这样才能渡过艰难，这种智慧具有闪光之处。

初六，往蹇，来誉。

《象》曰：往蹇来誉，宜待也。

蹇卦六条爻辞里都有"蹇"字，同时"来"字出现的频率也很高，意思是回来。往前走很艰难，（但是）回来就能获得美誉。初六爻是刚刚开始，阴爻在阳位上，表示艰难的开始，而且是阴柔之人，能力不够，继续前往就会有危险，所以要回到自己的卦上。蹇卦下面的卦是艮卦，表示停止，不要往前走了。"往"和"来"是相对来说的，"往"是继续前往，到了坎卦；"来"是回来，回到艮卦。这是告诉我们要等待时机，一开始就要懂得艰难时期要退后。

"宜待也"，适合于等待。现实生活中很多人只知进而不知退，只知得而不知失，所以初六爻让我们回来。说到这里可能有人会说，古人不是还说"明知山有虎，偏向虎山行""虽千万人，吾往矣"吗？为什么这里又说"往蹇来誉"，一定要回来呢？其实这两种说法并不矛盾，"往蹇来誉"是告诉我们要等待时机，拿鸡蛋碰石头是不明智的，肯定会失败，而"明知山有虎，偏向虎山行"是告诉我们要坚持无所畏惧的精神。不拿鸡蛋碰石头不等于不去碰，而是等时机合适时，才行动；如果拿个鸡蛋就往石头上碰，碰碎都还不算完，换个鸡蛋再往上砸，这叫不自量力、不计后果，古人还有个成语叫"螳臂当车"，这都是鲁莽的行为。

所以懂得时机、时位非常重要。学了《易经》，我们要当进则进，当退则退，知止而止，知行而行，要看整个大趋势。蹇卦一直都是危险、艰险的局面，所以第一步就要小心。

六二，王臣蹇蹇，匪躬之故。
《象》曰：王臣蹇蹇，终无尤也。

"蹇蹇"是双重困境，同时也是走，大王的臣子在双重困境中艰难行走。"躬"是自己，不是为了一己之利，而是为了大王。"大王"指九五爻，六二爻是辅助九五爻的，第二爻和第五爻构成相应的关系，同时六二爻处于中位，于是艰难地往前走。这种精神很了不起，这就是"明知山有虎，偏向虎山行"，但要一步一步地行走，要小心。

"终无尤也"，终究没有怨恨、过错，日夜操劳，任劳任怨，这种精神值得我们学习。

九三，往蹇，来反。
《象》曰：往蹇来反，内喜之也。

这里又有一个"往"和"来"，再继续前进又艰险了，要返回原来的地方。九三爻是下卦到头了，所以要"来"，就是回到原点——艮卦，要停止。回来之后要"反"，"反"也可以理解为反思终极的原因和归宿，也就是"初心"。要反省，要不忘初心。

"内喜之也"，自己心中要喜悦，同时也得到大家（内卦）的喜悦、欢迎。"内"既可指自己的内心，又可指下面的第一爻和第二爻，都是阴爻。而九三爻是阳爻，所以初六爻和六二爻都是它的下属，意思就是自己要喜悦，同时要让下属也喜悦。

六四，往蹇，来连。
《象》曰：往蹇来连，当位实也。

六四爻到坎卦了，继续前进有艰难，所以又要"来"，就是回来。"连"是接二连三，要接二连三地回来。因为六四爻已经到第二个阶段了，要回到第一个阶段的开始不太容易，所以更要持续不断、顽强地回来，这样才能逢凶化吉。

三国时魏国的王弼对这句话有个解释："往则无应，来则乘刚。往来皆难。""往"没有相应的，六四爻本应与初六爻相呼应，但两根爻都是阴爻，就没有呼应。"来则乘刚"，六四爻又乘着下面的刚爻（九三爻），阴在上，阳在下，阴乘着阳往往都是不利的。所以"往来皆难"，要"来连"，因为遇到重重艰难。"实"指位当其实，就是得位，这个时候位置刚好是当位，阴爻居阴位，然后要走正道。

九五，大蹇，朋来。

《象》曰：大蹇朋来，以中节也。

遇到更大的艰难，朋友都来相助。为什么呢？因为上卦坎卦是艰险的，九五爻又居上卦的中央，是最大的承担者，要承担艰险及渡过艰险的重任；但由于九五爻行得又中又正，而且是阳刚之人，是阳刚的中正，保持气节，所以会得到大家的帮助。九五爻的上下爻及与其相应的六二爻都是阴爻，阴柔的人全部都来依附九五爻，跟他呼应，所以九五爻得到了大家的帮助。

这就告诉我们要想渡过艰险，光靠自己还不行，还要得到大家的帮助，这就必须要行得中走得正。

上六，往蹇，来硕，吉，利见大人。

《象》曰：往蹇来硕，志在内也。利见大人，以从贵也。

"上六，往蹇，来硕，吉"，这里又说了"往"和"来"，继续前往会有艰险，回来之后有大的硕果，这是吉祥的，对大人是有利的。最高一爻往往都有凶险，但这里的上六爻不仅没有凶险，反而用了三个最吉利的词：硕、吉、利。说明已经渡过艰险了。怎么渡过艰险的呢？就是不断地回来、回归初心、回到终极、回到出发点、回到艮卦，也就是要知止。"利见大人"，又出现了一个"大人"。"大人"不仅指对自己有帮助的人，更是指品德高尚、智慧超群的人。

为什么"往蹇来硕"呢？"志在内也"，志向是往内部发展而不是往外部扩张的，同时可以理解为永远保持初心。内卦就是艮卦。为什么"利见大人"呢？"以从贵也"，顺从九五爻这个贵人。上六爻虽然在九五爻的上面，但一定要顺从九五爻，因为九五爻代表又中又正、权威、英明的领导，所以一定要回来服从他。"往"是向上，"来"是向下。"往卦"指上面的卦，"来卦"指下面的卦。"往爻"指上面的爻，"来爻"指下面的爻，所以"来硕"就是回来依附九五爻，这样就能大吉大利。

蹇卦是讲如何渡过艰险的。第一，要知道停止，见到前面有危险的时候要停下来，不能一味冒进，要知止则止、知进则进、知退则退，这是最主要的智慧。"知止则止"，停下来要干什么呢？不是停下来睡大觉，而是反思、反省自己，也就是"反身修德""反求诸己"。第二，一定要和周围的人同舟共济、相互呼应、志同道合，要坚守正道，同时还要时刻想着周围人的利益，不能为了一己私利而不顾别人，只有这样大家才能帮助你，才能渡过艰险。

四十　解卦——忧患意识，解除艰难

下坎上震，雷水解

解，利西南，无所往，其来复吉。有攸往，夙吉。

上六，公用射隼于高墉之上，获之无不利。

六五，君子维有解，吉。有孚于小人。

九四，解而拇，朋至斯孚。

六三，负且乘，致寇至，贞吝。

九二，田获三狐，得黄矢，贞吉。

初六，无咎。

解卦是《易经》的第四十卦，在蹇卦之后，是蹇卦的复卦，卦象就是蹇卦卦象的颠倒，叫作雷水解。蹇卦代表艰难的状态，这时要积极地想办法解决困难，所以蹇卦之后是解卦。《说文解字》说："解，判也，从刀判牛角。""解"由角、刀、牛三个部分组成，意为用刀解剖牛角，后引申为解除、舒缓之意，所以解卦阐明的就是用积极的行动摆脱危险、解除艰难。

解，利西南，无所往，其来复吉。有攸往，夙吉。

"解，利西南"，蹇卦就说了"利西南，不利东北"，这里又说在西南方是有利的。西南方是坤卦，代表大地，在平坦的大地上行走，也就代表解除了艰难；同时也隐含包容、宽容、大度的意思，因为大地是最宽厚的，所以我们要用宽厚大度的心来解除困难；另外，坤卦还有众人的意思，在八卦里，乾卦的笔画最少，三根阳爻也就是三根线，坤卦全是阴爻，每根阴爻画两条线，一共有六条线，是笔画最多的，这表明解除困难要依靠众人的努力，所以"利西南"。

"无所往，其来复吉"，不要再前进了，要退回来，这样才吉利。"有攸往，夙吉"，要继续前往，越早越吉祥。为什么前面说不要前往，后面又说要继续前往呢？不要继续前进是指下面的坎卦，因为坎卦代表危险，遇到危险时，当然不能贸然前进，也就是说困难还没解除不要继续前往；后面要继续前往是指上面的震卦，震卦是打雷，表示春天开始到来的场景，这时就要继续前往，也就是说困难解除后要继续前往，而且越早前往越好。这说明时位不同，采用的做法也不同。

《彖》曰：解，险以动，动而免乎险，解。解，利西南，往得众也。其来复吉，乃得中也。有攸往夙吉，往有功也。天地解而雷雨作，雷雨作而百果草木皆甲坼。解之时大矣哉。

"解，险以动，动而免乎险，解"，"险"指下面的坎卦，坎为险；"动"指上面的震卦，震为动；在危险的时候要采取行动，这样才能免除危险，这就叫"解"。"解，利西南，往得众也"，解卦为什么有利于西南方呢？因为西南方是坤卦，坤卦代表众人，所以往西南方走会得到众人的帮助。

"其来复吉，乃得中也"，回来就能吉祥，因为退回来之后走的是中道，顺应的也是中道，就吉。"有攸往夙吉，往有功也"，要继续前进，越早越吉祥，因为前往就可以获得功绩，指困难刚刚萌芽时就要去解决，"夙"是早。所以说越早越容易解决，也就越容易取得功绩。

"天地解而雷雨作"，"天地"指阴阳二气，阴阳二气解开的时候就形成了雷雨。"雷雨作而百果草木皆甲坼"，"百果"指各种果树、草木，"甲"指植物种子的壳，"甲"字上面就像头包了一个壳，"坼"通"拆"，是裂开的意思。这句话是说雷雨大作，花草果木的胚胎都裂开了、蓓蕾都绽放了，指春回大地、万物复苏，出现了生机勃勃、欣欣向荣的景象。

"雷"和"雨"是指解卦，卦象是雷水解，上面的"雷"是打雷，下面的"水"是下雨。从这个卦象中，我们还可以看出这种场景：上面是雷，下面是水，水结冰了，打雷把冰解开了。解卦既可以指雷雨大作，又可以指雷把冰解开，这些形象的比喻表明解除了苦难，迎来了生机勃勃、欢天喜地的场景。

《象》曰：雷雨作，解。君子以赦过宥罪。

"雷雨作，解"，雷雨交加是解卦的形象。我们可以想象这样的场景：打着雷，下着雨，雷在上面，雨在下面，雨下下来了，表明艰难已经解除了，这是解卦，叫雷水解或雷雨解。如果颠倒一下，雷在下面，雨在上面，乌云还很密集，雨还没下下来，代表艰难的局面，就是屯卦，叫水雷屯或云雷屯。

"君子以赦过宥罪"，君子要按照这个卦象，赦免过失，宽恕曾经有罪过的人。也就是模仿雷雨兴起、万物疏解的场景，对有过错、犯过罪的人要宽容，不要以怨报怨，要以德报怨，用宽容、舒缓的胸怀开释有过错的人，这就是"恕"，也就是卦辞说的"利西南"。"西南"是大地，大地具有宽容厚重的品格。为什么这时要宽容、赦免有过错的人呢？这是天人合一的表现，因为春天来了，万物是生发的，所以我们也要做生发的事情，千万不要做严苛的事情。比如春节过后，员工回到岗位上，这时领导要表扬、鼓励他，不能劈头盖脸地训斥他，不然他这一年可能都过不好。

初六，无咎。
《象》曰：刚柔之际，义无咎也。
"无咎"，没有灾祸。

"刚柔之际"有三个意思：第一，初六爻是阴爻在阳位上，这就是"刚柔"，也就是阴阳和谐；第二，初六爻是阴爻，而第二根爻是阳爻，这是阴阳相互为邻；第三，第一根爻与第四根爻相呼应，第四根爻是阳爻，与初六爻构成了阴阳相互感应的关系。这就告诉我们在困难刚刚解除，或想要解除时，一定要刚柔相应，也就是要阴阳和谐，相互感应帮衬，这样才没有灾祸。

"义无咎也"，从道义上讲没有灾祸。因为解卦是解除了矛盾、困难。初六爻是刚刚开始解除，这时事物的各个方面都开始重新回到和谐的局面，一般情况下不会很快产生新的矛盾，所以不会有灾祸。

九二，田获三狐，得黄矢，贞吉。

《象》曰：九二贞吉，得中道也。

这里打了一个比喻，打猎的时候捕获了三只狐狸，又得到了金黄色的箭，这是非常吉祥的。这是比喻什么呢？"田获三狐"，"田"不是种田，而是田猎、打猎，"三"代表"多"，狐狸非常狡猾，看到人来的时候是要躲藏的，预示着危险解除时潜藏着很多忧患，所以要去发现并清除隐患，而且要有持续不断的忧患意识。"得黄矢"，九二爻处于下卦坎卦（危险）的中位，是刚爻，代表肩负很大的责任，同时他也是阳刚的人，会得到"黄矢"——金黄色的箭。黄色是土的颜色，土是中位，比喻有居中不偏的美好品质。在危难解除后要守住中正之道，才能防患于未然。

只要刚直、居中、保持中正之道，艰难就能解除，同时还要有忧患意识。

六三，负且乘，致寇至，贞吝。

《象》曰：负且乘，亦可丑也。自我致戎，又谁咎也？

到了六三爻这个时位，背负着贵重的东西，乘坐着华丽的车子，结果招来强盗前来抢东西，这是非常遗憾的。这是说在困难解除的时候还潜伏着危险，所以千万不能炫耀自己，否则会招来灾祸。

"负且乘，亦可丑也"，背负着贵重的东西，乘坐华丽的车子，这是非常丑陋的事情，因为觉得困难解除，了不得了，就开始炫耀自己。其实错了，因为六三爻还在坎卦中，还处于危险的阶段，必须要时刻警惕。为什么招来了强盗呢？"自我致戎，又谁咎也"，是自己招来的兵寇，又能怪谁呢？六三爻是阴爻，也可以说他的这种做法是小人得志，窃取了高位（六三爻在下卦的最高位），又没走正道，阴爻居阳位不是当位；同时还炫耀自己，觉得自己已经脱离危险了，没有忧患意识，结果就招来了危险和灾祸。

九四，解而拇，朋至斯孚。

《象》曰：解而拇，未当位也。

解除了脚趾上的束缚，朋友就会来帮助你。九四爻已经进入上卦，是震卦的开始，已经真正解除了危险。从哪里解除的呢？从下往上解除的。人最下面是脚趾，这里比喻开始解除艰难。"孚"是诚信，因为诚意、诚信使得朋友都来提供帮助。这个朋友指谁呢？第四爻跟第一爻相应，所以这里的朋友指初六爻。同时，九四爻的上下爻也都是阴爻，都跟九四爻相应，表示众多朋友都会来提供帮助。

九四爻是阳爻居阴位，位置不当；而且又不中，既不在第二位也不在第五位。不中不正，该怎么办呢？要想尽办法解除束缚。解除这种艰难的局面，光靠自己是不行的，还需要朋友的帮助，那就要"孚"，用自己的诚信、诚意、阳刚的本质（九四爻是阳爻）感召朋友前来帮助，这样就能解除艰难。

六五，君子维有解，吉。有孚于小人。

《象》曰：君子有解，小人退也。

"六五，君子维有解，吉"，到六五爻的时空点，君子虽然有艰难，但是能够解除，这是吉祥的。"维"的"纟"代表绳子，"维"就是维系、束缚，表示艰难，把它解除掉，就吉了。

"有孚于小人"，要用诚信去感化小人。君子被小人束缚住了，要解除掉，用什么解除呢？首先六五爻居于中位，要守中道；同时它是阴爻，所以要阴柔、宽容、仁慈、诚信，用这样的"孚"来感化小人。这样"小人"就会意识到自己的错误，自然而然地转恶为善，然后束缚就解除了，矛盾就化解了。所以要宽容，走中道，采用不偏执的方法去排除隐患、感化小人。

君子解除了束缚，小人也就退避了。退避不是指小人走掉了，而是被感化了，转变成好人了。所以，解决矛盾、解除艰难最高明的智慧是化敌为友、转恶为善，和曾经的敌人"相逢一笑泯恩仇""化干戈为玉帛"。

上六，公用射隼于高墉之上，获之无不利。
《象》曰：公用射隼，以解悖也。

"公用射隼于高墉之上"，"隼"是凶猛的鸟，它和鹰都属于凶猛的飞禽，这里被用来比喻凶残、贪食的乱臣贼子，也代表不一般的忧患，是比较显著、严重的灾祸；"墉"是墙，"高墉"就是高墙。这句话的意思是王公把猛禽从高高的墙上射下来，比喻王公能及时清除窃取高位的乱臣贼子。上六爻是最高的时位，最高位往往都比较危险，因为物极必反，但这里不是，反而能把"隼"射下来，把忧患解除掉，这种解除非常难得。虽然进入上卦震卦后灾祸就开始解除了，一开始是脚趾上的束缚被解除掉了，到震卦的第二个位置时，身上的绳子也被解除掉了；但最高位还潜伏着最大的危机——一个窃取高位的乱臣贼子，要把他也解决掉，这样才算真正渡过了艰难，解除了危机。

王公把猛禽射下来，是为了解除掉跟自己不同心同德、有悖逆之心的小人。

解卦是讲怎么解除危险、隐患的。如何解除呢？首先，要有一颗宽容的心，要"赦过宥罪"，所以它描述了雷雨大作、生机勃勃的春天的景象，表示我们对待小人、敌人也要有宽容的心，并用诚信来感化他们，化敌为友、转恶为善。其次，要有忧患意识，不要以为解除了忧患就万事大吉了，还有狐狸、鹰隼等潜伏的危机在等待着你。最后，要当机立断，对与自己彻底背离的人不能心慈手软，要把那些窃取高位的人解决掉，这样才能真正解除隐患。

四十一　损卦——减损私欲，利己利人

下兑上艮，山泽损

损，有孚，元吉，无咎，可贞，利有攸往。曷之用，二簋可用享。

上九，弗损益之，无咎，贞吉，利有攸往，得臣无家。

六五，或益之，十朋之龟，弗克违，元吉。

六四，损其疾，使遄有喜，无咎。

六三，三人行，则损一人；一人行，则得其友。

九二，利贞，征凶，弗损益之。

初九，已事遄往，无咎，酌损之。

损卦是《易经》的第四十一卦，在解卦之后，也就是解除艰难之后要减损。因为困难解除、矛盾缓解之后容易懈怠，就会造成损失，所以解卦之后是损卦。损卦告诉我们要减损自己去增加别人，和后面的益卦构成一对关系。损卦是减少自己，益卦是增加别人，一个是减少，一个是增加，合在一起叫作损益之道。"损"和"益"往往是连在一起讲的，如损卦《彖传》说"损益盈虚"，《黄帝内经》有"七损八益"，《道德经》也讲了"为学日益，为道日损"，还有"天之道，损有余而补不足"。"损有余"就是损、减少，"补不足"就是益、增加。要减损什么呢？要减损私欲、过多的财富、多余的东西，这样才能有益于别人。

损，有孚，元吉，无咎，可贞，利有攸往。曷之用，二簋可用享。

"损，有孚，元吉，无咎，可贞，利有攸往"，要减损自己，首先要有诚心、决心、信心，从一开始就吉祥，或者说抓住本源就能吉祥，没有灾祸，可以守持正道，有利于继续前往。"曷之用，二簋可用享"，用什么来表示呢？可以用两个竹编的盆子来献上祭品。"簋"字前面已经讲过了，是盛器，比如坎卦六四爻"樽酒，簋贰"，意思是一樽酒，两簋食物，这都是指简陋的祭品。古代祭祀一般用八簋、六簋、四簋，很少用两簋，所以"二簋"就比喻微薄、很少的东西。用很少的东西祭祀祖先和神灵本来是不恭敬的，但是心中有诚意，就不在乎东西有多少了，这就体现了减损之道。所以减损最重要的是"有孚"，心中要虔诚。

现代社会想做到"损"很不容易，现代人都追求多，越多越好，包括财富、名声等，比如很多企业追求多元化的发展，越做越大，结果最后倒闭了；人也是这样，都想多得，在饮食方面，什么好东西都想吃，吃得越来越多。因此我们可以发现，无论个人还是团队，最后都是撑死的，而不是饿死的。所以要懂得"损"，也就是"舍"，"有舍有得，不舍不得，小舍小得，大舍大得"，这句话谁都知道，但做起来却不容易，换种说法叫"有损有益，无损无益，小损小益，大损大益"，这都是一个道理，最关键的是要真正去做。

《彖》曰：损，损下益上，其道上行。损而有孚，元吉，无咎，可贞，利有攸往。曷之用，二簋可用享。二簋应有时，损刚益柔有时，损益盈虚，与时偕行。

"损，损下益上，其道上行"，损是要减损下面的，增加上面的，也就是要向上奉献。这样的话，道就向上行走。为什么要减损下面的，增加上面的？因为损卦是山泽损，上面是山，下面是泽。从客观来说，沼泽是少的，因为大地是平的，沼泽低于大地，大地减少后凹下去就变成沼泽了；而山要高于大地，所以它是增加的。

从损卦的形成来看，损卦是从泰卦变来的。泰卦上面是大地，下面是天，叫地天泰。泰卦的第三根爻本来是阳爻，现在到损卦变成了阴爻，表明九三爻已经减损了，然后用减损掉的去增加最上面那根爻，泰卦最上面的爻是阴爻，现在变成阳爻了，这就叫"损下益上"。从这句话的含义来看，"损下益上"是减少自己增加别人，为什么呢？就自然现象来说，上面是天，下面是地，人是站在下面的，所以下面是人，这就是说要减少个人的行为或私欲去增加有利于天下人的事情，要向上（天道）奉献，做符合天道的事情，为了天道而减少自己，所以说减损之道实际体现了无私奉献、积极向上的精神。因此《象传》一开始就说"损下益上，其道上行"。

卦辞说："曷之用，二簋可用享。""曷"是"何"，有什么用处？用两簋的食物做祭品就可以了。《象传》解释这句话说"二簋应有时"，用两簋盛着食物去祭祀祖先一定要符合时机，强调了"时"。接下来又强调了"时"，"损刚益柔有时"，减损阳刚增加阴柔也要符合时机，这里的"损刚益柔"实际就是损多益少。在《易经》里，很多卦的《象传》里都提到了"时义大矣哉"，就是要符合时机、时势、时令。这个"时"就是天时，是天道的一种表现形式。"损益盈虚，与时偕行"，要增加还是减少，要盈满还是虚亏，都要符合时机、与时俱进。"损益盈虚"有两种解释：第一种，有损有益，有盈有虚；第二种，"损"作动词，减少，"损益"即减少多的，"盈"也作动词，是增加、填满，"盈虚"即把虚空的东西给增加、填满了。两种解释都可以。总之都要"与时偕行"，所以最后这句话连续用三个"时"，两个"有时"，一个"与时"。

损益之道是最符合辩证法的，它告诉我们有损一定有益，有往一定有来，有盈一定有虚，只要符合时机就可以了。也就是该损的时候一定要损，该益的时候一定要益，该虚的时候一定要虚，该盈的时候一定要盈。损的同时就益了，益的同时就损了，虚的同时就盈了，盈的同时就虚了，它们是相反相成的关系。

《象》曰：山下有泽，损。君子以惩忿窒欲。

"山下有泽，损"，《象传》从形象来看这个卦，损卦的形象是山在上面，泽在下面。我们可以想象一下，减损下面沼泽的土来增加上面的山，山就会越来越高，沼泽就会越来越低，这就是减损的一种情景；我们还可以来想象一下，山在上面，沼泽在下面，山会慢慢往下陷，被减损了，而沼泽会被慢慢填满，这样山越来越低，沼泽越来越高，慢慢就平衡了，所以减损是互相的。君子看到这样的场景应该怎么做呢？"君子以惩忿窒欲"，要抑制愤怒、控制私欲，也就是修养自己的德行，把愤怒、私欲等多余的东西减少。

初九，已事遄往，无咎，酌损之。

《象》曰：已事遄往，尚合志也。

"已事遄往，无咎"，"已"表示完成，"已事"是完成了什么事呢？完成了修养之事。这时就要迅速前往，前面一个卦是解卦，就是解除困惑、艰险以后要迅速前往去帮助、补益别人，所以要减损自己，这样就没有灾祸。为什么要"酌损之"，斟酌地减损自己呢？这是说要看时机和对方，对方指第四爻，因为第一爻和第四爻相应。

"尚"通"上"，要跟上面的意志相合，上面是指六四爻。初九爻是阳爻，六四爻是阴爻，刚好阴阳相应。在损卦刚开始的时候，初九爻的阳爻比喻家底比较富裕，精力比较旺盛；六四爻的阴爻比喻家底比较贫穷，精力比较不济，所以初九爻要尽快减损自己去补益六四爻。

九二，利贞，征凶，弗损益之。

《象》曰：九二利贞，中以为志也。

有利于守正道，但是如果轻举妄动去出征，就会有凶险，所以不用减损自己就可以有益于别人，"弗"是"不"的意思。损卦六根爻大部分都是讲减损自己，只有九二爻和上九爻讲"弗损益之"，不用减损自己就可以帮助别人、有益于别人。这是什么原因呢？因为九二爻居中位，守持中道，是根阳爻，此时要量力而行，要公平公正、不多不少。如果这时去抢别人的东西、去征讨别人，轻举妄动，肯定有凶险，因为这只是为了增益自己。

"中以为志也"，守持中道作为自己的志向。这时不必减损自己，但要用志向和精神上的东西去补益对方——六五爻。因为第二爻和第五爻相应，它们志同道合，都是守中道的，所以九二爻不必在物质上自我减损，从精神上就可以补益六五爻。

六三，三人行，则损一人；一人行，则得其友。
《象》曰：一人行，三则疑也。

《论语》里有一句话："子曰：三人行，必有我师焉，择其善者而从之，其不善者而改之。""三人行"，其中必有一个是我的老师。而损卦讲的"三人行，则损一人；一人行，则得其友"是什么意思呢？字面意思就是三人出行的时候，会损失一个人；一个人出行时，就会得到朋友。

一个人出行是很好的，三个人出行的时候会遭到别人的怀疑。对这句话有两种理解。第一种，三人出行要损一人，也就是剩两个人。一人出行，得到朋友，最后还是有两个人，这两个人的基础是"一"——一个人。第二种，三个人出行最后要减成一个人，还是强调一个人，然后这一个人出行的时候就会得到朋友。其实这两个角度的理解关键之处都在于"一"，这个"一"代表一心一意、一个目标、一种信念、一种理想，所以"一"非常重要。

损卦强调减少，而最少的就是一，因为零这个数字很晚才传到中国，是从阿拉伯数字里传过来的。当然阿拉伯数字不是阿拉伯人发明的，而是印度人发明的，印度人崇尚零。先秦时期没有零这个数字，所以老子《道德经》强调"一"，叫"少则得，多则惑"，最少就是一，要减少到一，"天得一以清，地得一以宁，神得一以灵，谷得一以盈，万物得一以生，侯王得一以为天下正"。所以只有一个目标、一个信念，我们才能心无旁骛、专心致志、一心一意，才能成功进而登上幸福的极高境界。

好多事情都是由于我们求多，求到最后就迷失了。"三则疑也"，"三"代表多，于是招来别人的怀疑，也就是老子说的"多则惑"，就迷惑了。

六四，损其疾，使遄有喜，无咎。

《象》曰：损其疾，亦可喜也。

"疾"是疾病，引申为身上的恶习、贪欲；"遄"是快速，初九爻也说了这个字——"遄往"，急速地前往。这句话是说改掉自己的毛病，马上就能得到喜悦，没有灾祸。这个毛病在哪里呢？毛病就在于求多。

改掉自己求多的毛病，当然是喜悦的事情。意思是一个人减掉了自己的恶习、私欲、求多的毛病后，就能获得真正的幸福。所以我认为幸福就是极简主义，越简单、越简朴实际上就越幸福。

六五，或益之，十朋之龟，弗克违，元吉。

《象》曰：六五元吉，自上佑也。

损卦除了六五爻，其他五条爻辞都讲了"损"，六五爻不仅没讲，反而还讲"益"。"或益之，十朋之龟"，"或"有两个意思：一是有的时候，二是有的人，这里两种解释都可以。从别人的角度来说，理解为有人为了表达敬意，送来价值二十贝的龟；从自己的角度来说，自己在六五爻的时空点上要增加价值二十贝的龟。一个"朋"是两个贝，"朋"字现在写作两个"月"，实际上最早的写法是两个贝壳。"朋"和"贝"都是古代的货币单位，"十朋"是二十个贝，说明比较昂贵。"龟"是尊贵的、神圣的动物，古代崇尚占卜，主要就是用龟甲来占卜，这里是指什么呢？

如果是别人送来价值二十贝的龟，就说明自己受益了，因为损卦的下卦主要讲怎么减损自己，而上卦主要讲怎么受益，尤其是六五爻，六五爻受了谁的好处呢？九二爻直接来补益六五爻，所以六五爻受益于昂贵的灵龟，不必要推辞，是吉祥的。如果是自己增加二十贝的龟，要补益自己，也是自己要受益，为什么会受益呢？

"自上佑也"，这是来自上天的保佑。再加上龟，"龟"字带有神灵的意思，会受到神灵的保佑。为什么？因为六五爻居中位，行的是中道，而且损卦的上卦是一座山，是艮卦，艮卦代表"止"，能停止，说明是没有私欲的，应该受到奖赏。

上九，弗损益之，无咎，贞吉，利有攸往，得臣无家。
《象》曰：弗损益之，大得志也。

"上九，弗损益之，无咎，贞吉，利有攸往"，这里又说了一次不用减损自己也能让别人受益，是没有灾祸的，守持正道，有利于继续前行。上九爻是上卦最后一爻，上卦是止，"止"说明这个人没有太多膨胀的欲望，能止住，这时不用去减损自己也会受到补益。受到谁的补益呢？六三爻。最后一爻往往是凶的，而这里却是大吉，为什么呢？因为整个大环境是减损自己，到最后就不必刻意减损自己了，这时已经获得老百姓的爱戴了。"得臣无家"，得到广大臣民的爱戴。"臣"不仅是指老百姓，还有大臣。"无家"有两种含义：第一，不限于一家一户，就是得到很多老百姓的拥戴；第二，没有自己的家，这样更好，更符合损卦的意思，减损到最后连自己的家都没有了，也就是不顾小家，顾的是天下的大家。

"大得志也"，大得民心。上九爻是阳刚之爻居最高位，所以他是君王。上九爻下面连续三根爻都是阴爻，代表老百姓，这些老百姓都居于君王的下面，是大得民心、天下归一、众归之象；并且上九爻不顾自己的小家，完全为天下的大家，肯定会受到拥戴，这就是"处处无家处处家"。

损卦讲的减损之道表达了《易经》的核心价值观念：减损自己的私欲，有益于大众，这符合天道的公平性原则。怎么来减损呢？第一，要符合时机，不同时位的减损方式是不同的，有时要损，有时不必要损。第二，要符合人心，要损小家以益大家、损自我以益大众，这样才能获得民心和广大臣民的爱戴，也能使别人受益。

四十二　益卦——损己益人，合乎时机

下震上巽，风雷益

益，利有攸往，利涉大川。

上九，莫益之，或击之，立心勿恒，凶。

九五，有孚惠心，勿问元吉，有孚惠我德。

六四，中行告公从，利用为依迁国。

六三，益之用凶事，无咎。有孚中行，告公用圭。

六二，或益之十朋之龟，弗克违，永贞吉。王用享于帝，吉。

初九，利用为大作，元吉，无咎。

益卦是《易经》的第四十二卦，在损卦之后。损卦是减少，而益卦是增加，损卦和益卦刚好构成反卦，山泽损的卦象颠倒之后就变成了风雷益的卦象。损卦主要讲如何减损自己，而益卦主要讲如何增益别人。损卦和益卦要结合起来看，实际上它们表达的意思都是减损自己、增加别人。

益，利有攸往，利涉大川。

益卦，有利于继续前往，渡过大河大川。只要是增益别人，肯定是非常有利的。

《彖》曰：益，损上益下，民说无疆。自上下下，其道大光。利有攸往，中正有庆。利涉大川，木道乃行。益动而巽，日进无疆。天施地生，其益无方。凡益之道，与时偕行。

"益，损上益下"，益卦通过减损上面来增加下面。这是什么意思呢？结合损卦来看就清楚了，损卦与益卦刚好相反，是"损下益上"。如果从卦变的角度来看，损卦是从泰卦变来的，而益卦是从否卦变来的。否卦是天地否，上面是天，下面是地，减少上卦的九四爻，它就变成了阴爻，然后增益到下卦坤卦的初六爻，它就变成了阳爻，这就构成了风雷益卦。如果从卦意的角度来看，上卦代表君主、统治者、领导者、管理者，下卦代表百姓、群众、被领导者、被管理者，所以"损上益下"表明上级、领导者、管理者、君主要主动减少自己并增加下面的利益。"民说无疆"，这样下面就会有无边无际的喜悦，"说"通"悦"，"无疆"就是无边无际。怎么看出"无疆"呢？益卦的第二、第三、第四爻构成了一个互卦——坤卦，坤卦就是无边无际的，叫坤厚无疆。

"自上下下，其道大光"，两个"下"字连用，前一个"下"是动词，下来；后一个"下"是名词，下面的、下位。这句话的意思就是从上面把自己的利益布施给下面，这样的品行、道义是大光明的，是了不起的做法。"道"指"凡益之道"。

"利有攸往，中正有庆"，这是解释卦辞"利有攸往"的。为什么有利于继续前往呢？因为守中道、正道，主要指第二爻和第五爻，第二爻是阴爻居阴位，第五爻是阳爻居阳位，这两个爻都中正，能守住中正之道，所以是值得庆幸的事情。九五爻不断减损自己来增加六二爻，也就是上面的减少了去增加下面的，这样终究是喜庆的。"利涉大川，木道乃行"，为什么有利于渡过大河大川？"木道"可以理解为船，因为船是用木头做的，乘着这条船就可以渡过大河大川。船指益卦的上卦巽卦，巽卦可以代表风、木、船，上面的君主一心想着下面的百姓，把自己的利益减少来使百姓受益，这样百姓就好比一条船，会承载着君主渡过大河大川，也就是说会受到百姓的拥戴。益卦上面的风（巽卦）在五行中属阴木，下面的雷（震卦）在五行中属阳木，所以说"木道乃行"。

"益动而巽"，"动"是前进，指震卦；"巽"是谦逊的，指巽卦。这句话的意思就是要不断加强道德修养，而且又要很谦虚，这样就能"日进无疆"，品德、品行每天都在进步，而且进步得无边无际。这里又说"无疆"，也是指那个互卦——坤卦，像大地一样无边无际。"天施地生，其益无方"，上天是施与的，大地是化生万物的，天和地都是在增益别人，而且"无方"。"无方"和"无疆"是一个意思，就是没有边际。

"凡益之道，与时偕行"，益卦的增益之道是与时偕行的。前面损卦的《象传》说"损益盈虚，与时偕行"，跟这句话的意思一样，也就是说这种减损自己增益别人的行为，是与时令、时机、时间、时位永存在一起的，广大无限、无穷无尽。为什么呢？因为这种行为是天地万物、天地时空本来就应该有的行为。"损有余而补不足"是符合天道的，天道是永恒的，天地之道是无边无际的。"益"还有利益的意思，只要同心协力，彼此之间就能增加各自的利益，所以益卦的"益"除了有增加别人的意思，还有利益、效益的意思。这八个字说明不同的人和集体可以与时俱进地增加彼此的共同利益，这样就能和谐共生、互赢、互助。

《象》曰：风雷益，君子以见善则迁，有过则改。

《象传》是从这个卦的形象上来看，"风雷益"，又刮风又打雷，打雷、刮风这两种情景是互相增益的，能相得益彰，所以气势非常大，构成了益卦。"君子以见善则迁，有过则改"，君子看到善言善行的人就虚心向他学习，而看到自己有过错就马上改正。"见善则迁""见贤思齐"都是一种增益，增加自己的善德善行。"有过则改"是一种减损，改正自己的缺点，当然"见善则迁"和"有过则改"是互动的关系，这样才能成为君子。

初九，利用为大作，元吉，无咎。

《象》曰：元吉无咎，下不厚事也。

"初九，利用为大作"，初九爻刚刚开始是有利于做大事的。做什么样的大事呢？增益别人、大众，也就是为人民谋福祉、为人民服务，所以"元吉，无咎"，一开始就吉祥，没有灾祸。

《象传》的解释与爻辞的解释好像是相反的，《象传》说初九爻刚刚开始，不能胜任大事，其实这是没错的。但是由于益卦是"损上益下"，下卦都是受益方，初九爻得到了六四爻的资助，所以能担当大事。此外，自己还要去补益，也就是给大众增加福利、福祉，不能占为己有，这样就会吉。

六二，或益之十朋之龟，弗克违，永贞吉。王用享于帝，吉。

《象》曰：或益之，自外来也。

这条爻辞和前面我们讲过的损卦的六五爻的爻辞差不多，说的是有人送来了价值二十贝的龟，不能去拒绝，永远保持正道就会吉祥。损卦是在六五爻提到"十朋之龟"，而益卦是在六二爻提到的，都是阴爻处在中位时，一个是上卦的中间，一个是下卦的中间，这说明走中道能获得大的效益——二十贝的龟。下卦是受益方，收到大的灵龟，但不能据为己有，要把灵龟献给上帝、天帝，这两个词早在殷商时期的甲骨文里就有了。上帝就是天帝，就是献给老天，老天就会降福，就会获得吉祥。

"自外来也"，从外卦（上面）获取的、得到的。"外"指九五爻，也就是君主、君王赏赐的，所以六二爻得到灵龟后，照样要回报给上帝。

六三，益之用凶事，无咎。有孚中行，告公用圭。

《象》曰：益用凶事，固有之也。

六三爻还在下卦，是下卦震卦最高的一爻，所以还是受益方。"益之用凶事"，自己受益之后，就要去处理凶险的事情。因为六三爻是下卦到头了，比较凶险，所以要赶紧处理，怎么处理呢？就是"有孚中行"，要内心虔诚地把自己得到的奉献出来，按照中道来行事。因为六三爻不居中，而且不正，所以我们要走正道。具体做法是什么呢？这里打了一个比喻——"告公用圭"：获得了玉圭，就要去告诉王公。一般人得到珍宝后会私藏起来自己受益，这种做法是不行的，会更加凶险，所以要告知别人——王公、大王。告知别人的意思就是要献出去，这样才能逢凶化吉。

自己受益后要去处理凶险的事情，这是本来就应该做的事情，也就是说这是符合道义的事情。这告诉我们自己受益后要懂得内心虔诚、恭敬地付出，学会分享，这是我们所有人都应有的美德，也是企业家成功的秘诀。

六四，中行告公从，利用为依迁国。

《象》曰：告公从，以益志也。

六四爻要按中道来行事，去告诉王公，为了大众的利益，君主要听从迁移国都的建议。六四爻不在中位，所以更要走在中道上，要公正地去处理事情，并且要告诉王公（君主、领导者）迁移国都。就现在而言，要迁移国都是非常困难、重大的事情，但在古代不是这样，为了趋利避害经常迁移国都。六四爻已经到了上卦，上卦主要是减损自己，这里表示君主为了老百姓的利益去迁都，去做有利于老百姓的事情，哪怕迁都再困难，也要去做。

告诉王公听从老百姓的声音，这样就能增加、增益心志。这是告诉我们去做迁都这样重大的事情，看起来有点劳民伤财，实际上是增加了自己在老百姓心中的地位，自己爱民的志向反而得到增益了。

九五，有孚惠心，勿问元吉，有孚惠我德。

《象》曰：有孚惠心，勿问之矣。惠我德，大得志也。

这里连续说了两个"有孚"，都是诚心诚意的意思，但施惠、增益的对象不同。第一个"有孚"是施惠天下老百姓，诚心诚意地使天下老百姓受益；第二个"有孚"是诚心诚意施惠天下老百姓后，最后回报了"我"的恩德，所以是使"我"受益的。两个"有孚"是因果关系，只有诚心诚意施惠天下人，天下人才会来报答；也可以说是因为"我"诚心诚意施惠天下人，所以"我"才受到天下人的回报。

九五爻又中又正，且居于最尊贵的位置，是君主、最高领导者，这是教最高领导者该怎么做。益卦上卦以减损为主，所以这里首先要减损自己，然后去补益别人，最后自己反而受益。当然，这样做的关键是"孚"，"孚"就是虔诚、诚心诚意，也就是说你诚心诚意去帮助、补益别人，使别人受到福祉，一定不要想自己的回报，诚心诚意地付出了，回报是自然而然的事情，不要为了回报而去付出，所以先是"有孚惠心"，然后才是"有孚惠我德"。

"有孚惠心"是不要问结果。"有孚惠我德"是大得民心。

上九，莫益之，或击之，立心勿恒，凶。

《象》曰：莫益之，偏辞也。或击之，自外来也。

最后一爻为什么凶险呢？因为没有人来助益、增益，反而有人来攻击，导致心志不够坚定，就会凶险。我们可以对比来看，益卦最上面一爻是凶，而损卦最上面一爻是吉，它们的区别在哪里呢？损卦是损己益人，所以是吉的；而这里的益卦是损人益己，所以不会受到别人的增益，反而会受到攻击。

益卦的上卦不是要增益别人吗？怎么到上九爻反而是增益自己呢？"立心勿恒"，因为心志不够恒定。为什么说心志不够恒定呢？因为益卦上卦是巽卦，巽卦有个意思是总像风一样善动，巽卦有一个基本卦义——"入也"，就是往自己这边进入，进入自己的口袋，所以巽卦一开始两根爻是不错的，一直要去补益别人，但是这种做法没有坚持到底，变得损人利己，就遭到了别人的攻击，就凶险了。

"偏辞"，言辞太片面了，片面地追求自己的利益，所以遭到别人的攻击。"或击之，自外来也"，有人会攻击他，这个人是什么人呢？是从外面来的人。这个人其实就是被减损了利益的人，所以这个人肯定会来报复上九爻。

益卦告诉我们一个道理：想受益必须先减损；反之，如果一味求益一定会受损，所以损卦和益卦要结合起来看。孔子在读到损卦和益卦时，发出"自损者益，自益者缺"的感慨，就是自己减少自己的人会受益，自己求利益的人反而会有缺失。《淮南子》也说："益、损者，其王者之事与！事或欲与利之，适足以害之；或欲害之，乃反以利之。利害之反，祸福之门户，不可不察也。"益卦、损卦这两个卦大概是做王、做领导的最大的事情。损卦和益卦直接涉及利和害，就像做事情，去做有利的事情，结果反而有害；去做那些不利的事情，结果反而会变得有利。所以，祸福相依、利害相反，这就是损益之道。三国时期魏国的王弼就说过："益之为用，施未足也；满而益之，害之道也。"也就是说要在不足的地方去增加它，如果已经盈满了还要去增益它，肯定是有害的。

所以益卦告诉我们不要想着自己获益，而是要使别人获益，这样自己反而会受益。益卦还告诉我们增益之道必须要识时，与时偕行，不可以胡乱地、不合时机地去增益，因为这样会有害。

四十三　夬卦——果断决策，明辨是非

下乾上兑，泽天夬

夬，扬于王庭，孚号有厉，告自邑，不利即戎，利有攸往。

上六，无号，终有凶。

九五，苋陆夬夬，中行无咎。

九四，臀无肤，其行次且，牵羊悔亡，闻言不信。

九三，壮于頄，有凶，君子夬夬，独行遇雨，若濡有愠，无咎。

九二，惕号，莫夜，有戎勿恤。

初九，壮于前趾，往不胜为咎。

　　夬（guài）卦是《易经》的第四十三卦。"夬"是"决"字去掉"氵"，与"决"字意思一样，表示决断、果断。夬卦在益卦之后，益卦是增加，增加到了极点，太满了就会"溃决"，这时就要果断采取行动。

　　夬卦的卦象很特殊，也很好识别。上面是泽（兑卦），下面是天（乾卦），构成了泽天夬。夬卦下面是五根阳爻，最上面是一根阴爻，代表阳气要充满了，如果最上面一根还是阳爻就是乾卦，就是纯阳了。所以夬卦是还没到纯阳的时候，但阳气已经非常足了。

　　夬卦是十二消息卦之一，代表三月。夬也有决断的意思，就是说阴气马上要被决断掉了，阳气要全部填满了。这个卦义告诉我们：阴阳矛盾激化的时候（此时阳爻过多，阴爻仅有一根），要以阳刚决断的做法把阴气彻底断掉。在十二消息卦中，阳爻代表君子，阴爻代表小人。所以这时君子要果断清除小人，正气要果断压倒邪气，这就是夬卦。

夬，扬于王庭，孚号有厉，告自邑，不利即戎，利有攸往。

"夬，扬于王庭"，"扬"是公布，在大王的宫殿上当众果断公布小人（夬卦中唯一的阴爻）的罪恶。谁来"扬"呢？就是大王。"孚号有厉"，"孚"是诚心诚意的；"厉"指危险，还有警惕的意思，这句话就是说要诚心诚意地号召大家保持警惕之心，防范小人，因为小人处于最高一爻，还压着大家。夬卦下面五根阳爻，上面一根阴爻，表示阳盛阴衰的时候，比喻君子之道兴盛了，小人之道开始消亡，君子可以在朝廷上制裁小人，但小人还在最高位，所以还是要警惕。君主处在九五爻的位置，因为九五爻又中又正，且是最尊贵的位置，代表大王心中有"孚"，因为他是最公正的。他要怎么做呢？要告诉大家马上把小人决断掉，但还是要保持警惕。

在哪里公布呢？"告自邑"，"邑"是城堡，也可以推广为国家。这是什么意思呢？就是要在国家、城堡里公布小人的罪恶，小人指最上面的阴爻。但是"不利即戎"，公布的时候不要出兵作战，"戎"指出兵打仗，也就是说不能用太过度的手段来惩罚小人，而是要靠道德的手段征服小人。所以"利有攸往"，只要公布小人的罪恶就行了，这样是有利于继续前行的。这告诉我们做决断时要把握度，不能太过分。

《彖》曰：夬，决也，刚决柔也。健而说，决而和。扬于王庭，柔乘五刚也。孚号有厉，其危乃光也。告自邑，不利即戎，所尚乃穷也。利有攸往，刚长乃终也。

"夬，决也，刚决柔也"，夬卦是一种决断，是阳刚对阴柔的决断。"健而说，决而和"，"健"是指下卦乾卦的刚健，"说"指上卦兑卦的喜悦，只有又刚健又喜悦，才能果断、决断地去征服阴爻，并达到和谐的局面。这个卦的意义太重大了，一般人做决断时，往往太刚强、太过分、太武断，并且面带怒色，这种决断方式是错的。这里告诉我们采取果断行动的时候，要"说"，不仅要面露喜悦，而且要心中愉悦，这就达到阴阳中和了，就会和谐。

"扬于王庭，柔乘五刚也"，为什么要在朝廷上公布小人的罪恶呢？因为柔爻（最上面的阴爻）乘着下面的五根刚爻，太过了，所以大王有职责把小人的罪过公布出去。"孚号有厉"，要诚心、真诚地号召大家提高警惕。为什么呢？"其危乃光也"，有了危机感，才能走向光明。所以看准了怎么做，采用果断措施的时候，还要有危机意识。

"告自邑，不利即戎"，为什么要在国家、城堡里公开宣告，同时又不能立即动武呢？因为"所尚乃穷也"，全靠武力、用兵打仗去征服小人，是行不通的。"利有攸往"，为什么夬卦有利于继续前往呢？"刚长乃终也"，因为刚爻一直在生长，最后长到头，全部变为阳爻，变为乾卦，这是有利、吉祥的事情。

《象传》告诉我们的决断、果敢指什么呢？既指果敢的行为，又指刚毅的性格，还代表一种内在的道德。我想起《论语》中曾子的一句话："士不可以不弘毅，任重而道远。"这就是一种刚毅的品性。怎么才能果断地决策呢？首先要有刚毅的性格，然后采取行动，但是这种行动不是去讨伐别人，而是用道德去感化，只要把小人的罪过公布出来就行了，由道德法庭审判他。同时还要"决而和"，最终要达到和谐。

《象》曰：泽上于天，夬。君子以施禄及下，居德则忌。

"泽上于天，夬"，夬卦上面是沼泽，下面是天，沼泽里的水已经上升到天上了，这就是夬卦。为什么呢？我们可以想象一下，水在天上是雨，但这里不是普通的雨，而是盈满的沼泽之水从天上溃决而下，是倾盆大雨，这是果断、气势盛大的场景，就好像天上的雨落下来滋润万物、普润大地。"君子以施禄及下"，君子要按照这个卦象把利禄、好处、福祉给老百姓。否则"居德则忌"，自己以功德自居，把功名利禄全部占为己有，就会遭来老百姓的忌恨。

《彖传》的解释是要果断地制裁小人，《象传》的解释是君子要果断地把自己的恩德施惠于老百姓。《彖传》和《象传》的解释看起来不一样，实则有内在联系，都在讲要果断行事。《彖传》是针对小人说的，而《象传》是针对老百姓说的，对象不同所以做法不同，但都强调要果断，不能犹豫不决。

初九，壮于前趾，往不胜为咎。
《象》曰：不胜而往，咎也。
刚开始的时候，脚趾就强大，前进不会胜利，有灾祸。初九爻是阳爻居阳位，表明做得太过了。事物刚开始的时候不宜太强盛、冒进，所以决断、果断要把握度，讲次序，不能一开始就冒进，要慎重，先做好详细的调研，然后再慢慢采取措施。
没有取胜的把握就急于前进，必然会有灾祸。

九二，惕号，莫夜，有戎勿恤。
《象》曰：有戎勿恤，得中道也。
"惕号"，警惕呼号。"号"也可读hào，意思是到了第二个时空点，大家都要警惕。"莫夜，有戎勿恤"，"莫"通"暮"，晚上要出现兵乱，但是不必担忧。因为大家都警惕了，这样就能避免凶险。
九二爻居第二位，要守中道，表明阳刚之人处在中间，又处在阴柔的位置，所以能进能退，并且警惕以应付不测。不仅自己警惕，还告诉别人要警惕，所以即便晚上出现兵乱，也不必去担忧。

九三，壮于頄（qiú），有凶，君子夬夬，独行遇雨，若濡有愠，无咎。
《象》曰：君子夬夬，终无咎也。
"壮于頄，有凶"，"頄"是颧骨，在眼睛下面，两腮上面，就是面颊骨。

"壮"代表太过分，所以"壮于頄，有凶"，就是说脸上都露出了怒容，就有凶险了。九三爻是下卦到头了，阳爻居阳位，这时果断性是最强的，同时它又跟上六爻（小人）呼应，这表明九三爻受到小人的影响，太过分了，所以有凶。

君子应该怎么做呢？"君子夬夬"，两个"夬"字连用，表示该在决断的时候就要采取果断的方式。"独行遇雨"，独自前行遇到下雨。"雨"指上六爻，上六爻是唯一的阴爻，是阴柔的，雨水也是阴性的，因为上六爻是小人，所以"雨"在这里是不好的，指遇到不好的情况。"若濡有愠"，"濡"是被沾湿了，下雨把自己身上都沾湿了，所以恼怒，"愠"就是恼怒。《论语》里有一句："人不知而不愠，不亦君子乎？"这个"愠"也是恼怒。"无咎"，最终没有灾祸。为什么最终没有灾祸呢？因为整个卦有五根阳爻，只有一根阴爻，代表整体形势是好的，是阳长阴消的场景。这表明九三爻最后认清了形势，理智地做出了正确的决断，和其他阳爻一起制服了最上面的阴爻，所以没有灾祸。

九四，臀无肤，其行次且，牵羊悔亡，闻言不信。

《象》曰：其行次且，位不当也。闻言不信，聪不明也。

九四爻是比较凶险的场景，表示太过度了。"臀无肤"，屁股上都没有皮肤了。所以"其行次且"，"次且"通"趑趄"，表示走路的时候很艰难，想进又不敢进，也代表犹豫不决。因为九四爻是阳爻居阴位，不正，所以得不到大家的帮助，行动会困难，就像屁股上脱掉了皮一样，走不动路。这时该怎么做呢？"牵羊悔亡"，牢牢牵住这只羊，悔恨就会消亡。九四爻已经进入了上卦兑卦，兑卦在动物中指的是羊，具体来说"羊"指九五爻，九五爻又中又正，是居于最尊贵位置的领导。九四爻牢牢牵着九五爻这个领导，就不会有悔恨。可是，他这时犹豫不决，"闻言不信"，听到别人的忠告又不相信，是一种忧郁之象，肯定会吃大亏。

"其行次且，位不当也"，行动为什么这么艰难呢？因为位置不正。为什么"闻言不信"？因为"聪不明也"。"聪"是耳字旁，代表听力，后来引申为聪明、聪慧，"聪不明也"就是说这个人听力不行、不明白。所以这里告诉我们一定要善于听别人的忠告，去牵住九五爻。

九五，苋陆夬夬，中行无咎。
《象》曰：中行无咎，中未光也。

"苋陆"也叫商陆，是一种植物，又称大苋菜、山萝卜。它的叶子比较嫩，所以王弼的解释是："苋陆，草之柔脆者也。"在植物里面，它的草叶比较柔脆、娇嫩。九五爻作为又中又正居于尊位的领导，有辨别是非的能力，且能果断采取措施。为什么说有辨别是非的能力呢？因为苋陆本身是有毒的植物，但它的叶子很好吃，有很多人过量服用后就中毒了；另外，苋陆可做药用，可以泻下逐水，比如腹水的时候可以用苋陆泻下，并且可以消除水肿，它可以被用于二便不通、痈肿初起，但这个药本身有毒，所以要善于运用、辨别。这是指九五爻能辨别上面唯一的阴爻（小人），而且可以"苋陆夬夬"，像斩断苋陆一样果断地斩除掉。"中行无咎"，九五爻居中，又中又正，按照中道来做，没有灾祸。就是说斩断的时候不能太过分，不能通过用兵打仗把小人灭了。

中正之道还没有发挥过度，也就是还没有把上面的阴爻彻底斩断。如果彻底断了，夬卦就变成乾卦了，所以还没有最终达到光明之道。

上六，无号，终有凶。
《象》曰：无号之凶，终不可长也。

不要去哭号了，终究是有凶险的。因为上六爻是唯一的一根阴爻，它下面五根爻全是阳爻，代表小人凌驾于君子之上，所以此时上六爻非常得意。但这里说了，凶险已经在里面，到那时再求饶是没有用的。

"终不可长也"，终究不可能长久的，所以大喊大叫、哭号也没有用。这表示整个夬卦是君子道长、小人道消。在这种时势之下，上六爻虽然还有一定的权势，因为还在最高位，但已经"惶惶不可终日"了，最终会消亡，夬卦会变成乾卦，变成大光明。

整个夬卦告诉我们要果断决策，从六条爻辞来看，就是讲怎么和小人决断。六条爻辞里，除了九五爻是吉的，其他基本都有凶险，这是告诉我们在好的时势下应该怎么做。第一，不能太过度、过分地决断，或者刚愎自用，或者太愤怒，不能把握时机，比如一开始就逞强"壮于前趾"，第三根爻"壮于頄"，又怒形于色，这些就太过了，这种做法是不行的。第二，在形势很好的情景下，做决断时要保持警惕，因为还潜藏着危机，所以要有忧患意识。第三，在采用果断决策时，要恩威并施，不能一味去征讨别人，置别人于死地是不行的，要靠自己的"孚"（诚信、道德）去感化别人，要"健而说，决而和"，既要刚健又要喜悦，既要决断但最终又要和谐，这就是夬卦的智慧。

四十四　姤卦——相遇相知，中正包容

下巽上乾，天风姤

姤，女壮，勿用取女。

上九，姤其角，吝，无咎。

九五，以杞包瓜，含章，有陨自天。

九四，包无鱼，起凶。

九三，臀无肤，其行次且，厉，无大咎。

九二，包有鱼，无咎，不利宾。

初六，系于金柅，贞吉，有攸往，见凶，羸豕孚蹢躅。

姤卦讲男女是怎么相遇相知的，也可以放大到君臣、朋友之间是怎么相遇相知的。"姤"，意为相遇，"姤"和"逅"差不多，邂逅是不期而遇，也就是没有约定、偶然碰到，而"姤"既可以指意外的相遇，也可以指相约的相遇，所以《广雅》解释："姤，遇也。"就是相遇的意思。相遇的意思非常广，对男人来说是怎么遇到女人，对女人来说是怎么遇到男人；对领导来说是怎么遇到下级，对下级来说是怎么遇到领导；还有怎么遇到志向相同、能够帮助自己的朋友；等等。这都是姤卦要解读的。

姤卦的卦象很有意思，上面是五根阳爻，下面是一根阴爻，恰好是前面夬卦颠倒之后的卦象。姤卦也是十二消息卦之一，在乾卦之后，这时阴爻开始复苏。乾卦是阴历四月，表示阳气到头了；姤卦是阴历五月份，表示阴气开始慢慢上升。

姤，女壮，勿用取女。

姤卦，是女人太强壮了，不要娶这样的女人。为什么说是女人太强壮了？因为一女（一根阴爻）遇五男（五根阳爻），说明这个女人太强盛，和五个男人都有交往且放不下，说明不坚贞，行为不正，有些水性杨花，不能跟她久处，所以这种女人不适合娶回去，但是从另一个方面来说，如果女人不壮，守着阴柔之道，就可以娶。姤卦的卦辞反映了《易经》崇阳抑阴的思想，有男尊女卑的思想。卦辞从正反两方面说明了男女、君臣、朋友相遇的道理，总而言之，就是要符合礼，要守正。

《彖》曰：姤，遇也，柔遇刚也。勿用取女，不可与长也。天地相遇，品物咸章也。刚遇中正，天下大行也。姤之时义大矣哉。

"姤，遇也，柔遇刚也"，姤代表有意识的相遇，是柔遇到刚、女人遇到男人、阴柔遇到阳刚的场景，是不同类间的相遇。"勿用取女，不可与长也"，不能娶这样的女人，因为跟她相处不可能长久。为什么呢？因为她上面被五个男的压着，这种场景肯定不能长久。

什么才是真正的相遇呢？"天地相遇，品物咸章也"，天和地之间要相遇相合，这样才能使万事万物都彰显、化生。"品物咸章"，前面有类似的说法，如乾卦的《彖传》有"品物流形"，坤卦的《彖传》有"品物咸亨"，"品物"指万事万物，"品"是"类"，"咸"是"都"，"品物咸章"就是万事万物都能彰显，都能强盛壮大。所以虽然姤卦的卦辞说不要娶这样的女人，但它其实从反面说明了天地要相遇，男女之间要相遇相合，这样才能使万事万物"咸章"，所以这里强调的是阴阳中和。

"刚遇中正，天下大行也"，"刚"指男人，刚正的男人如果遇到能够守持正道、中道的女人，就会天下安宁、社会和谐。所以这里从男女出发，实际是强调整个社会都要阴阳相合。"姤之时义大矣哉"，姤卦的时位、时机是非常重大的。从这里我们可看出姤卦重点是讲怎么有意识地使男女相遇，进而推广到整个社会人伦，而不是无意识的邂逅、艳遇、偶遇。

《象》曰：天下有风，姤。后以施命诰四方。

"天下有风，姤"，姤卦是"天风姤"，上面是天，下面是风，是天下吹着风或者叫风行于天下。看到这种场景我们脑子里马上会浮现出一个画面：风能吹遍四面八方，这是指要与万事万物相遇，所有地方和四面八方的人都跟风相遇相合了。"后以施命诰四方"，"后"指君主。君王看到这样的卦象，就应该效法姤卦，广泛地向天下昭告命令，让每个人都知道，这样就能做到上下通达、相遇相知，形成一片和谐的局面。

初六，系于金柅，贞吉，有攸往，见凶，羸豕孚蹢躅。
《象》曰：系于金柅，柔道牵也。

初六爻非常重要，是姤卦里唯一的阴爻，代表唯一的女子。爻辞用两种场景作比喻表示正反两方面。一个是吉的方面，"系于金柅，贞吉"，"金柅"指金属做的刹车器，女子如果坚贞，就好像把心牢牢地系在刹车器上，守正道就吉。这是指什么呢？刹车器就是刹住、止住，表示不要躁动。看到五个男人，心不要动，找其中一个就行了，这时不能受迷惑，要守一、守正道，肯定会吉，这样的女人就可以娶。另一个是凶的方面，"有攸往，见凶，羸豕孚蹢躅"，看到五个男人就想贴上去，有凶险，但是不知道贴谁，比较躁动，像瘦弱的母猪。"羸豕"是瘦弱的母猪，因为母猪瘦了想吃东西，就躁动不安；"孚"是躁动，"蹢躅"是徘徊，也就是心没有定住，看到这五个男的，不知道选哪一个，这时就有凶险。这告诉我们相遇的时候不能太轻浮、太浮躁，内心要坚贞、守一。

阴柔之道上进的时候受到了限制，也就是自己定住了，不再蠢蠢欲动，沉得住气了，安稳且能守住正道，不冒进了，这时肯定是吉的。这里除了指沉得住气还有一个意思，就是不要主动出击，不要冒进，而是要等待上面的人来跟自己相遇，自己只需守住正道，像刹车器一样牢牢刹住就可以了。

九二，包有鱼，无咎，不利宾。
《象》曰：包有鱼，义不及宾也。

"包有鱼"，"包"通"庖"。《庄子》内七篇的《养生主》讲了一个非常有名的故事——庖丁解牛，"庖丁"是厨师，所以"庖"就是厨房，"包有鱼"就是厨房里有鱼，后面的九四爻是"包无鱼"，与九二爻刚好相反。这是什么意思呢？九二爻跟唯一的女人（初六爻）是相邻的关系，也就是他们刚好遇到了；而九四爻和初六爻虽然是相应（第一爻和第四爻相应）的，但隔得太远，所以没有相遇，"鱼"通"遇"。"无咎"，是很好的，初六爻的女人和上面五个男人都会有关系，但如果与九二爻这个时空点的男人相遇是非常好的。

为什么"不利宾"？不利于用来招待宾客呢？一般来说，杀鱼招待宾客是很高的招待礼遇，是把宾客当作贵客。这里的意思就是不要把对方当作宾客，如果把对方当作宾客，反而是不利的，因为太见外了，第一爻和第二爻是相邻、相合的，不必太客气、太生分。这告诉我们交友的一个原则，不要过分客气、热情，甚至肉麻，这样别人是受不了的。有一句话叫"君子之交淡如水"，真正的生活是平平淡淡的，要掌握火候。

九二爻居中位，刚好适中，也就是在交友或者男女相遇时，要把握好度，既不要显得过分热情，也不要显得过分生疏。如果太过分了，又杀鱼又做很丰盛的饭菜，就过分热情了，和"拒人千里之外"是一样的，所以要符合中道。

九三，臀无肤，其行次且，厉，无大咎。
《象》曰：其行次且，行未牵也。

姤卦九三爻的爻辞和夬卦九四爻的爻辞意思差不多。屁股上没有皮肤，走路艰难，虽然危险，却没有大的灾祸。

走路很艰难，是由于行动没有受到牵拉、搀扶。因为九三爻是下卦最上一爻，又是刚爻处在阳位，太刚了又不居中，而且和唯一的阴爻也不相应，所以没有人来帮扶，表示事情比较艰难，还没有到相遇的时机，也就不会相遇。

九四，包无鱼，起凶。

《象》曰：无鱼之凶，远民也。

厨房里没有鱼，就会出现凶险。九二爻是有知遇的人，九四爻是没有知遇的人，说明虽然九四爻和初六爻相应，但隔得太远，九四爻太高高在上了。

为什么有凶险？因为跟百姓隔得太远了。九四爻是从君主和百姓相遇来说的，男女之间相遇也是同样的道理。男的和女的隔得太远，中间还隔了好几个人，就不会相遇。这告诉我们要想找到知遇的人，不应该高高在上，而是要主动贴近，不要等别人来和自己相遇。

九五，以杞包瓜，含章，有陨自天。

《象》曰：九五含章，中正也。有陨自天，志不舍命也。

"以杞包瓜"，九五爻是相遇的最好时机，因为它又中又正，好比杞柳（高大而多藤的树）的枝叶包裹甜瓜这样的相遇。也就是说九五爻是棵大树，相遇的人像甜瓜，指相遇的牢固，同时也是指"含章"，把自己的才华隐藏起来。这样的话，"有陨自天"，好的时机就会从天而降。此处可以指处在中正时位的男人，肯定有好的机会，这个机会是因为他没有违背天道。对君主而言，会遇到贤人；对男人而言，会遇到好的女人。

南宋诗人杨万里写的诗清新自然，浅近明白，富有幽默感。他有一句诗非常有名："小荷才露尖尖角，早有蜻蜓立上头。"但好多人不知道他还写过一本书——《诚斋易传》，他解释此卦的九五爻时有句话说得非常好："舜遇尧为天人之合。"就是说尧从天命出发，遇到舜并把位置让给他，舜后来也一样，把位置让给禹，他们之间的相遇就好像"天人之合"，是老天给他的机遇。我们再看九五爻的意象，杞柳这棵高大的树上结了成熟而甜美的瓜。有个成语就叫"瓜熟蒂落"，也就是"有陨自天"，时机成熟了，自然会遇到贤人。

上九，姤其角，吝，无咎。
《象》曰：姤其角，上穷吝也。

这个场景就不好了，上九爻会遇到空荡荡的角落，这是遗憾的，不过好在没有大的灾祸。"角"，一种解释是空荡的角落，也就是相遇的时候遇到了死角，当然是很遗憾的；另一种解释是牛角、羊角等，这里指上九爻跟九三爻相应，但是两根爻都是阳爻，就好像两根牛角对碰，肯定会互相抵触，所以肯定不能相遇。为什么呢？因为姤卦中的五根阳爻都争着跟初六爻相遇，这种阴阳相遇叫异类相遇；但如果是阳跟阳相遇就是同类相遇，会互相排斥。

"上穷吝也"，走到头了，好比这个人走到天涯海角，走到了最远、最角落的地方，就不会有相遇的机会。对君主来说，千万不能和老百姓离得太远，否则就没有老百姓来与你相遇。

我们来总结一下，姤卦是在讲相遇的道理。第一，姤卦是讲君主如何遇到贤臣。首先，要有中正之道、包容之心，包容相遇的人，就像柳树的叶子包裹着甜瓜；另外，自己不要太高高在上，不要远离贤人，不能浮躁，要庇佑贤人，主动跟贤人相遇。

第二，姤卦更重要的还是在讲男女之间的相遇，也就是求偶的道理。对女人来说，如果她居在下面、阴柔、坚贞，就可以和她相遇，可以娶她；但如果这个女人太刚强，一女遇五男，又不稳定，水性杨花、不坚贞，这样的女子就不可娶。对男人来说，五根阳爻是五个男子，像九二爻、九五爻就可以相遇，他们会遇到很好的女人。九二爻、九五爻这样的男人最大的特点是什么呢？走中道，能把握度，既不过分热情，也不过分冷淡，同时包含着自己的才华，跟他相处时，不觉得累。如果遇到一个太有才华又爱显摆自己的人，与这样的人相处会很累，所以情商高就是让别人舒服，如九二爻、九五爻这样的人，能使相遇的女人觉得很舒服。但像九三爻、九四爻、上九爻就没有相遇，或者说有遗憾，九三爻、九四爻不处在中位上，做事情犹豫不决、很艰难，没有包容之心，所以不能跟这样的男人相遇；上九爻同样如此，高高在上，个性上又容易钻牛角尖，这样的男人也没办法跟他相遇。

四十五　萃卦——会聚之道，在人在德

下坤上兑，泽地萃

萃，亨，王假有庙。利见大人，亨，利贞。用大牲吉，利有攸往。

上六，赍咨涕洟，无咎。

九五，萃有位，无咎。匪孚，元永贞，悔亡。

九四，大吉，无咎。

六三，萃如嗟如，无攸利，往无咎，小吝。

六二，引吉，无咎，孚，乃利用禴。

初六，有孚不终，乃乱乃萃。若号，一握为笑，勿恤，往无咎。

萃卦是《易经》的第四十五卦。"萃"是草字头，代表草木滋生，也就是会聚在一起的意思。萃卦在姤卦之后，姤卦是事物相遇，相遇之后就会慢慢聚在一起，所以萃卦实际上是讲怎样会聚人才、财物、美德。萃卦的卦象是泽地萃，上面是沼泽，下面是大地，描述的是大地上面有沼泽，沼泽的水会聚在一起。

萃，亨，王假有庙。利见大人，亨，利贞。用大牲吉，利有攸往。

萃卦是亨通的，君主、君王到庙堂里祭祀，感召神灵，就能保住自己的江山社稷。所以有利于大人守持正道，是亨通的。用大牲口吉利，有利于继续前往。这条卦辞主要是说明君王如何会聚有才能的、贤明的人。这里有个字很重要——"假"，感应的意思，也就是君王只有感应了神灵，用虔诚的心感召有才能的人，神灵才会保佑他，有才能的人才能会聚在他身边。用什么来感应神灵呢？祭祀。

如何才能看出君王祭祀是否虔诚呢？用"大牲"，大牲口，"牲"指"牺牲"——牛、羊、猪。祭祀的时候用牛就是"大牲"，表示这种祭祀的规格很高，也表示祭祀的人非常虔诚。引申一下，君主要招徕天下英才，也要不惜花费重金，给别人丰厚的待遇，以表示他的虔诚，这样天下英才就能会聚在他身边。

《彖》曰：萃，聚也。顺以说，刚中而应，故聚也。王假有庙，致孝享也。利见大人，亨，聚以正也。用大牲吉，利有攸往，顺天命也。观其所聚，而天地万物之情可见矣。

"萃，聚也"，"萃"是会聚。怎么才能聚集在一起呢？"顺以说"，首先要柔顺而喜悦，柔顺指下面的坤卦，喜悦指上面的兑卦，就是说君主在招徕天下英才时首先要有欢喜、喜悦的心，而且要柔顺。同时"刚中而应"，"刚中"指刚爻，心中要有目标、要坚定，而且跟所招徕的英才相感应，这样就能会聚。"王假有庙，致孝享也"，君王感召神灵到庙堂里来的祭祀，是为了表达孝道，所以要奉献诚心。因此《彖传》最后说"观其所聚，而天地万物之情可见矣"，体会萃卦会聚的内涵，那么天地万物所有的情况都能显现出来。也就是说只要自己的内心柔顺、谦虚、虔诚、喜悦，按照天道来做事，又能奉献出自己的一切，那么无论会聚什么东西，人才也好，钱财也好，都能成功。

《象》曰：泽上于地，萃。君子以除戎器，戒不虞。

"泽上于地，萃"，沼泽居住在大地上面，是萃卦之象。沼泽里面有水，水又会聚在地上，这就是会聚之象。"君子以除戎器，戒不虞"，君子看到这样的卦象要修整兵器，戒备不测之变。这里是从另外一个角度来说会聚，好比修一个堤坝把水围起来，会聚的时候要注意堤坝是容易毁坏的。堤坝怎么容易毁坏呢？有个词叫"千里之堤，溃于蚁穴"，一个小小的蚂蚁洞能造成整个堤坝的崩溃，所以是从反面来说一定要防备，也就是说灾祸也可以一点一点会聚而成，最后把整个大堤都破坏掉，所以要保持警惕，要戒备。

初六，有孚不终，乃乱乃萃。若号，一握为笑，勿恤，往无咎。

《象》曰：乃乱乃萃，其志乱也。

"初六，有孚不终，乃乱乃萃"，第一根爻初六爻是刚开始，想要会聚首先一定要诚心，如果不能保持到最后，一定会造成混乱的会聚，说明诚心一定要坚持到底。"若号，一握为笑，勿恤，往无咎"，如果这个时候哭号，就可以握手言和、欢笑，这样的会聚就没必要担忧了，不会有灾祸。这是说在混乱的时候要哭号，哭号是为了引起别人的关注、同情，也是感召、感应的一种表现，叫"嘤其鸣矣，求其友声"。初六爻一哭号，表明自己的弱势，就会得到九四爻的回应，所以初六爻和九四爻就会聚在一起，一握手就能感觉到它的温暖，脸上就会露出笑容。九四爻是阳爻，初六爻是阴爻，所以这个时候就阴阳和合、会聚了，力量就强大了，所以即使混乱也不用担忧，继续前往也没有灾祸。

六二，引吉，无咎，孚，乃利用禴。

《象》曰：引吉无咎，中未变也。

"六二，引吉，无咎"，到第二个时空点会受引导而会聚，这是吉利的，没有灾祸。这是受谁的引导呢？第二爻和第五爻相应，所以六二爻是受到九五爻的引导。九五爻是中正之爻，是符合天道的一根爻，所以这种会聚一定是吉利的。"孚，乃利用禴"，这里强调了一个字——"孚"，只要内心诚信，哪怕是用微薄的祭祀，也是吉利的。"禴"指古代春季的一种比较微薄的祭祀，卦辞上讲要用"大牲"，而这里说用微薄的祭祀，也照样是吉的，可以看出会聚之道关键在于心中是否诚信。

六三，萃如嗟如，无攸利，往无咎，小吝。

《象》曰：往无咎，上巽也。

聚合的希望在叹息声中破灭了，所以它发出感叹的声音，这是没有好处的，继续前行的话，没有灾祸，但会有小小的遗憾。

"萃如嗟如，无攸利"，"嗟如"指叹息、感叹，会聚而没有人时，心中发出感叹，但光感叹是没有用的。为什么六三爻在会聚的时候会叹气呢？因为会聚不到有才能的人，六三爻和最重要的九五爻既不相应又不相比，也就是说得不到德高望重之人的支持或者会聚，而只能跟上六爻相聚，但上六爻和六三爻都是阴爻，"同性相斥"，不是诚心诚意的相聚。这时该怎么做呢？"往无咎，小吝"，可以继续前往，虽然没有大的利益，但是也没有灾难。为什么呢？六三爻继续前往是九四爻，再继续前往是九五爻，也就是说会得到阳刚之人的相比（上下相邻的关系叫"比"）。六三爻是阴爻，九四爻是阳爻，阴阳相比和，所以不会有大的灾难发生。

九四，大吉，无咎。
《象》曰：大吉无咎，位不当也。

大吉大利，没有灾祸。这个时候是最好的会聚时机，为什么呢？萃卦九四爻下面的三根爻全是阴爻，这个坤卦代表大地，也指众人，众人都会聚在九四、九五这两根阳爻之下，也就是九四爻受到了众人的拥戴。按说九四爻位置是不当的，阳爻居阴位，为什么"大吉，无咎"呢？因为九四爻已经进入上卦了，上卦是兑卦，兑为柔、为顺、为喜悦，也就是说在会聚的时候能用一颗非常喜悦的、彻底放下自我的、彻底奉献的心，得到了下面众人的拥戴，所以得人心更重要。

九五，萃有位，无咎。匪孚，元永贞，悔亡。
《象》曰：萃有位，志未光也。

会聚的时候居于尊贵的位置没有灾祸。虽然还没有广泛地取信于民，但是一开始就坚守正道，这样就不会有悔恨。

"九五，萃有位，无咎"，九五爻居于最高的、最尊贵的位置，这样一个中正之人，用一颗会聚之心，肯定是没有灾祸的。"匪孚"，为什么这时还没有广泛地取信于民？宋代理学家朱熹对此有一个解释："此言有位而无德，则虽萃而不能使人信。"这个九五爻有九五至尊的位置，但是没有这个德，也就是还没有虔诚、诚实的心志，那么虽然有会聚之心，也不会使别人相信。这个时候要干什么呢？"元永贞，悔亡"，要"元"，要像一开始那样保持诚信的心、坚守正道，这样就不会有悔恨。所以，保持初心是多么重要！

上六，赍咨涕洟，无咎。

《象》曰：赍咨涕洟，未安上也。

"赍咨"是嗟叹，"涕"指眼泪，"洟"指鼻涕，这四个字都指叹息、哀叹、痛哭、流涕，但是没有灾祸。

"未安上也"，上六爻在上面还不能安居。上六爻居于萃卦的最高位，"高处不胜寒"，他本来应该和六三爻相应，可是上六爻和六三爻都是阴爻，两根阴爻不相应，所以上六爻就惶恐不安，不能安居在上面。这时候想要会聚，但是没有人跟他会聚，怎么办呢？所以他就先叹息，但叹息也没有用，接着就流眼泪流鼻涕，这是在反省了。"知错能改""见贤思齐"，这样就能改变不相应的局面，所以最终没有灾祸。

来总结一下萃卦，我们知道有一句话叫"物以类聚，人以群分"，怎么相聚呢？萃卦给了我们两个方面的启示：一是从正面来说，比如说会聚神灵、祖先，当然也有会聚人才、钱财，要有虔诚的心和中正的美德，这样来感召神灵、万物、百姓、人才；二是从反面来说，比如说会聚了小人、灾祸，即便是小小的灾祸，不断会聚之后也会酿成大灾祸，所以会聚一定要守正道，然后把这种会聚之道推广到万事万物之中。

四十六　升卦——积小成大，顺势上升

下巽上坤，地风升

升，元亨，用见大人。勿恤，南征吉。

上六，冥升，利于不息之贞。

六五，贞吉，升阶。

六四，王用亨于岐山，吉，无咎。

九三，升虚邑。

九二，孚，乃利用禴，无咎。

初六，允升，大吉。

升卦是《易经》的第四十六卦，讲怎么慢慢上升。升卦在萃卦之后，"萃"是会聚，会聚之后就要慢慢上升，所以萃卦之后是升卦。

升卦的卦象是地风升，上面是大地，下面是风，风开始慢慢升出大地，还要继续上升，一直升到空中，这就叫"风行天下"。整个卦是上升的趋势，讲事物要顺势上升、积小成大、积少成多的道理。

升，元亨，用见大人。勿恤，南征吉。

"升，元亨"，升卦一开始就亨通。为什么说"用见大人"，它的作用有利于出现一个大人？因为这个时候的时空点、环境、趋势适合于出现大人，也就是说上升之道是适合于为大人所用的，不利于为小人所用，适合于做大的事业，有大的作用，所以这里有个"用"字。而前面的萃卦是"利见大人"，两个卦都

有一个"大人",这两个卦我们要配合起来看,它们是一对:升卦是萃卦颠倒过来的卦,萃卦是泽地萃,升卦是地风升。也就是说在积蓄了人才、钱财、美德之后,一定会上升。什么叫"大人"呢?就是"与天地合其德"的人,符合天道的人。

"勿恤",不用担忧。为什么说"南征吉",往南边去征战吉利呢?因为南方是离卦,离为火,为光明,暗示这个大人心中光明,所以到南边去征战表明是正义的征战,肯定是吉利的。我们看升卦的上下卦,上面是大地(坤卦),在西南,下面是风(巽卦),在东南,一个西南,一个东南,刚好都有一个"南"字,所以往南去征战是吉利的。

《彖》曰:柔以时升,巽而顺,刚中而应,是以大亨。用见大人,勿恤,有庆也。南征吉,志行也。

《彖传》开头四个字非常重要,叫"柔以时升"。怎么才能上升呢?要柔顺,按时而升。"柔"指上下两卦,上面的坤卦是柔的,下面的巽卦也是柔的,所以想要上升就不能强硬。

"巽而顺","巽",下面的巽卦代表要谦逊;"顺",上面的坤卦代表要顺应、柔顺。"刚中而应",心中要刚强,要守原则,这里指两个中位——九二爻和六五爻。九二爻在第二个位置,是刚爻;六五爻在第五个位置,是阴爻。这样九二爻和六五爻一刚一柔、一阳一阴,刚好相应,同时"刚"(九二爻)居中,那么肯定可以上升。

为什么"南征吉",向南征战吉利呢?因为"志行也",符合自己的志向的行动,肯定吉祥、吉利。符合自己的志向是什么志向呢?是光明的志向。因为南方是离卦,是光明,也可以看成是符合天道的志向。

《象》曰:地中生木,升。君子以顺德,积小以高大。

"地中生木,升",升卦是大地中间生出树木(木)的卦象。下面的巽卦可以代表树木，树木开始在地下，肯定要长（生）出来，要破土而出，这是大趋势，构成升卦之象。"君子以顺德，积小以高大"，君子看到树木先在大地里，然后慢慢生出来，越长越高，变成参天大树，这就告诉我们做一个君子也要顺势而为，要慢慢积累，先积累小善，越积越多，就会变得高大、崇高。

《周易》特别重视顺应的过程，比如坤卦《文言传》说："积善之家必有余庆，积不善之家必有余殃。"善德慢慢积累肯定会变得崇高，所以"勿以善小而不为，勿以恶小而为之"，就是这个道理。老子也说"合抱之木，生于毫末"，几个人合抱着的大树，是从非常小的树苗开始慢慢长，长成参天大树的。这也就是乾卦说的"进德修业"，我们的事业也是从小慢慢做大的，不要想着一口就吃成一个大胖子。

同时，这里还蕴藏着一个非常重要的道理——因果。积累了善行，哪怕是很小的善德，只要一点一点积累，最终一定会成为一个崇高的人，事业会做大，人格会崇高。所以朱熹解释此卦时说"木一日不长，便将枯瘁"，木树如果一天不长就会枯萎；"学者之于学，不可一日少懈"，学者对于学问，也不可以有一天的懈怠，因为懈怠一点，也会从小慢慢变大，变成大的懈怠，就功亏一篑了。

初六，允升，大吉。
《象》曰：允升大吉，上合志也。

"初六"，刚开始第一根是阴爻。"允升，大吉"，"允"非常重要，它有两个意思：一是指诚信，二是指合适、适宜。也就是说升卦一开始就要诚信，而且要符合时机地往上升，才会大吉大利。

初六爻的志向跟上面刚好相同，上升符合树木往上生长的志向，所以这时肯定是吉利的。初六爻是阴爻居第一位的阳位上，这叫"不正"，要说起来它是不合适的，这里为什么说"允"（合适）呢？这就是上升之道的关键——柔：下卦是巽卦，巽卦就是谦虚、柔顺，同时初六爻又是阴爻，是阴柔的，所以想要上升一定要温柔、谦虚。

九二，孚，乃利用禴，无咎。

《象》曰：九二之孚，有喜也。

这是讲心中要"孚"（虔诚），"孚"了之后要用"禴"（微薄的祭祀）。哪怕是微薄的祭祀，也是没有灾祸的，关键就在于心中是不是诚信、虔诚。前面萃卦的六二爻也讲了"禴"，只要心中诚信，哪怕再微薄的祭祀也没有灾祸。萃卦的六二爻和升卦的九二爻都在第二个位置讲了同样一句话，这里的关键在于第二个位置是中位，要守中正之道，这样就会感召神灵，神灵就会来帮助你、保佑你，意思是心中遵从先祖的美德、精神，就会得到庇佑，没有灾祸。

因为九二爻诚信，当然就有喜庆。

九三，升虚邑。

《象》曰：升虚邑，无所疑也。

上升到一个虚空的境地，"虚邑"是虚空的境地。这时为什么会上升到一个虚空的境地呢？九三爻是下卦的最上一爻，是阳爻，再往上就是坤卦了，坤卦三根爻中间都是虚的、空的，所以马上就要进入虚空的境地了。

"无所疑也"，不要有迟疑，马上就会继续往上升，升到虚空的境地。这是吉还是凶呢？它没有说，但肯定是吉的。因为按照《易经》的整体思想，我们要崇尚柔柔地、慢慢地、顺应天道地上升，而且要进入虚空的境地，也表示我们应该怀有虚空的胸怀，这样就"如入无人之邑"。这是程颐的解释，好像进入一个没有人的情景中，也就是进入一条虚空的道路。道路上没有任何东西阻拦，是一条光明大道，是非常顺利的。

六四，王用亨于岐山，吉，无咎。

《象》曰：王用亨于岐山，顺事也。

"王"是周文王，周文王在岐山祭祀神灵，这是吉利的，没有灾祸。周文王在岐山祭祀神灵的故事在《易经》多个卦中都讲到了，这里指什么呢？周文王每年到岐山去祭祀神灵，是为了顺从天道，叫作"敬天法祖"，这样做就顺应了事物上升的规律。

顺应了天道人意，肯定就吉了。我们都知道周文王其实一辈子也没当上王，只是西伯侯，是他的儿子姬发灭了商朝后才追封他为文王的。周文王在世时，每年都要到岐山去祭天，他是非常有德信、仁义的人，其他诸侯国都支持他，所以他的儿子才能把商纣王推翻，这个过程是逐渐上升、符合天道的过程。所以我们做任何事情首先要考虑是否符合天道，"敬天法祖"应该成为我们现代人的信仰，要把它继承下来。

六五，贞吉，升阶。
《象》曰：贞吉升阶，大得志也。
六五爻，守持正道了，就吉利了，就像沿着向上的阶梯一样会步步高升。

守持正道就吉利，像沿着阶梯一样会步步高升，是因为大大地得到了上升的志向。六五爻是阴爻居阳位，是不正的，但它位于上卦坤卦的中间，既具有大地的柔顺之心，又是中位，而且是最尊贵的位置，所以大得民心、大得天志，就能一步一步高升。

上六，冥升，利于不息之贞。
《象》曰：冥升在上，消不富也。
糊涂地、昏暗地上升，有利于不停止地守持正道。"冥升"，"冥"是糊里糊涂、昏昏暗暗的样子。这里为什么是糊里糊涂、昏昏暗暗地上升呢？因为这时已经在最高位了，它又是一根阴爻，"高处不胜寒"，它的能力还没达到，物极必反，就会昏昏暗暗。所以升的最好状态是六五爻，再往上就太过了。那么既然是上升，这时该怎么做才能趋利避害呢？"利于不息之贞"，要不停止地坚持正道，回到六五爻的中正之道上，不要老想着往上升，该升的时候升，不该升的时候就不要升。

要主动消减自己，不能只自己求得富贵。明代易学家来知德说这根爻是开了一扇迁善之门，"迁善"就是向善，做积德、善良的好事，这样才能改变糊里糊涂、昏暗上升的局面，才能趋利避害。

我们来总结一下，升卦是告诉我们积小成大、顺势上升的道理。做官的想升官，职员想升职，做生意的想继续发财，人人都想上升，都是有意义、正当的。但是上升时一定要记住两点：第一，要"刚中而应"，心中要刚，"刚"代表原则，也代表光明的心，因为卦辞里讲"南征吉"，南方是离卦，离卦就是光明，要光明磊落、坦坦荡荡，这样才能刚强，而且要"应"，要适应天道、民心，这一点很重要，做人正直才能上升；第二，要"柔以时升"，要柔顺、谦虚，不能为了上升去搞歪门邪道、不光明正大的事情，只有柔顺、顺应时事，该上升时就上升，不该上升时就停下来，才能不断上升，获得大吉利。

四十七　困卦——困境奋起，不改志向

下坎上兑，泽水困

困，亨，贞，大人吉，无咎，有言不信。

上六，困于葛藟，于臲卼，曰动悔，有悔，征吉。

九五，劓刖，困于赤绂，乃徐有说，利用祭祀。

九四，来徐徐，困于金车，吝，有终。

六三，困于石，据于蒺藜，入于其宫，不见其妻，凶。

九二，困于酒食，朱绂方来，利用亨祀，征凶，无咎。

初六，臀困于株木，入于幽谷，三岁不觌。

困卦是《易经》的第四十七卦，"困"是穷困、困难的意思。困卦在升卦之后，也就是升卦继续上升而不停止，反而会造成穷困。但困卦实际是告诉我们怎样在困境中奋起，摆脱困境。

困卦的卦象是泽水困，上面是沼泽，下面是水，也就是沼泽中已经没有水了，水到了沼泽的下面，表示一种困境。如果沼泽上面有水，是节卦，叫水泽节，就是水太多了，需要节制。

困，亨，贞，大人吉，无咎，有言不信。

"困，亨"，困卦是亨通的，为什么呢？因为"贞"，要坚守正道。"大人吉，无咎"，对大人来说是吉祥的，没有灾祸。"有言不信"，在困境中说的话难以让人信服，因为穷困中说的话，别人是不会相信的。这时应该怎么做呢？要少说话，不说话，因为说多了别人也不听。

《彖》曰：困，刚掩也。险以说，困而不失其所，亨，其唯君子乎。贞大人吉，以刚中也。有言不信，尚口乃穷也。

"困，刚掩也"，困卦为什么"困"呢？因为刚性被遮蔽了，所以一个人穷困，主要还是因为自己的本性、刚强的心被遮蔽、淹没了，不能生长了，当然就穷困了。所以这时要怎么做呢？"险以说，困而不失其所，亨，其唯君子乎"，要用平和愉悦的心态来面对艰险。困卦下面的坎卦是艰险，上面的兑卦是喜悦，这是告诉我们在艰难、穷困的时候，心态是最重要的，要喜悦，这种良好的心态对克服困境非常重要。"困而不失其所"，在困难的时候，不要失去自己的信心、志向、使命和行为准则。"亨，其唯君子乎"，这样做一定会亨通，能克服险境才算得上君子——卦辞中说的"大人"。

"贞大人吉，以刚中也"，坚守正道做大人就吉祥，因为以阳刚处于中正的位置。这是指九二爻和九五爻都以刚爻处在中位上，表明刚强坚毅的志向，同时又守在中道。"有言不信，尚口乃穷也"，在困难的时候你说的话别人不会相信，如果这时你还夸夸其谈，必定会更加穷困。所以这时要多修己德，少说为佳，心中不改变自己的志向，以刚处中，这才是对待穷困的策略。

《象》曰：泽无水，困。君子以致命遂志。

水居住在沼泽的下面，沼泽中就没有水而干枯了，这是非常困难的。这时君子要怎么做呢？要舍弃生命，实现志向，即使舍弃生命也要去实现自己的志向。这句话对后世的影响极大，激励了无数仁人志士为实现自己的志向而"抛头颅，洒热血"。孔夫子就说过："无求生以害仁，有杀身以成仁。"（《论语·卫灵公》）意思是不要为了自己的生命，去伤害仁义，要舍弃自己的生命以成就仁义。孟子也说过："生，亦我所欲也，义，亦我所欲也，二者不可得兼，舍生而取义者也。"（《孟子·告子上》）为了志向，抛弃自己的生命也要去做仁义之事。

这就是"致命遂志"更具体的表述，也就是要杀身成仁、舍生取义，这种精神铸就了无数英雄。文天祥在《过零丁洋》里说："人生自古谁无死，留取丹心照汗青。"所以说困境对一个人的磨砺是无形的，但是大有裨益。"沧海横流，方显英雄本色"，只有经过了困厄的磨砺，仍然不改其志的人，才能称得上当之无愧的真君子、大丈夫。

初六，臀困于株木，入于幽谷，三岁不觌。
《象》曰：入于幽谷，幽不明也。
自己的臀部卡在木桩上，退到幽深的山谷中，三年没有露面。这是形容陷入困境之深，难以自拔，所以只能退到幽深的山谷里躲起来，不敢露面。因为这根爻是初六爻，本来一开始就比较弱，再加上是阴爻，没有力量来摆脱困境，所以只好隐退。困卦六条爻辞里都讲到了"困"，讲了在困境中的六种景象及其相应的做法。
退到幽深的山谷中，是因为处于幽暗的、不为人知的地方，也就是把自己隐藏起来，这是一种策略。

九二，困于酒食，朱绂方来，利用亨祀，征凶，无咎。
《象》曰：困于酒食，中有庆也。
被美酒美食所困扰了，但荣华富贵即将到来，有利于主持祭祀，去征讨别人虽然有凶险，但没有大的灾祸。
"困于酒食"有两种理解：一种解释是没有酒食，没有吃的喝的，表示艰难坎坷；另一种解释是拼命吃喝，借酒浇愁。我觉得前一种解释更好一些。为什么这时还有"朱绂方来"呢？朱绂是红色的绶带，也就是说荣华富贵即将到来。为什么呢？因为九二爻是阳爻居中位，能够守住中道，也就是《象传》中说的"刚中"——以刚处中，心中坚定的志向还能坚守住，所以即使没有酒食，也能安贫乐道，最终能走出困境。"中有庆也"，因为持守中道，必有喜庆，有荣华富贵。

六三，困于石，据于蒺藜，入于其宫，不见其妻，凶。

《象》曰：据于蒺藜，乘刚也，入于其宫，不见其妻，不祥也。

被乱石困住了，被带刺的荆棘绕住了，他逃脱了回到家中，却没有见到自己的妻子，所以是凶险的。

六三爻处在最艰险的位置，从六根爻来看，它在下卦的最高位，又是一根阴爻，处在不正的位置，所以它的困难程度是最高的。又被石头困住，又被荆棘缠住，又"不见其妻"。"妻"指上六爻，两根爻都是阴爻，互不相应。

九四，来徐徐，困于金车，吝，有终。

《象》曰：来徐徐，志在下也。虽不当位，有与也。

慢腾腾地到来，是因为途中被一辆金车困住了，虽然遇到一些麻烦，但最终能够善终。

"困于金车"，"金车"代表很名贵的车，只有非常高贵的人才适合坐这样的车，这里的意思是说被名利困扰，是有遗憾的。九四爻已经进入上卦，是阳爻居阴位，位置不当，但是它和下面的初六爻阴阳相呼应，也就是说得到了下面人的帮助，还是能摆脱困扰的。表明已经取得荣华富贵了，这个时候千万不能为富贵所困扰，忘了当初困难的情景，依然要坚持发愤图强的信念，同时对最下面的人要给予帮助。所以这根爻告诉我们，一方面要坚持当初在困境中发愤图强的信念；另一方面，当看到和自己相应的人也处在自己当初那种困境时，要给予他帮助。

九五，劓刖，困于赤绂，乃徐有说，利用祭祀。

《象》曰：劓刖，志未得也。乃徐有说，以中直也。利用祭祀，受福也。

施行削鼻子、砍脚的重刑被尊位所困了，只有慢慢摆脱这种困境，才有利于祭祀。

九五爻的"劓刖"两个字很吓人。"劓"是削鼻子，"刖"是削足——把脚斩断，这是古代的两种酷刑。这两种酷刑是对自己还是对别人呢？从后面可以看出是对别人实施重刑，后面一句是"困于赤绂"，也就是困于荣华富贵和自己的权力，说明这时居于最高的位置。已经有权力和荣华富贵了，还去实施这种重刑，这是错误的。所以后面说"乃徐有说"，要慢慢放弃这种酷刑，去推行刚中正直之道，这样才能取信于民。"利用祭祀"，用自己的中正之德去祭祀，才能感召到神明的保佑。

上六，困于葛藟，于臲卼，曰动悔，有悔，征吉。
《象》曰：困于葛藟，未当也。动悔有悔，吉行也。

被藤蔓所绊住，所以心中惶恐不安，这时如果立即悔悟，有了悔悟再出征就是吉利的。因为上六爻已经到了困卦的尽头，处于最高的位置。"贵而无位，高而无民"，下面又是两根刚爻，表示没有跟它相应，它自己很柔，乘在刚上，就是困穷到了极点，所以它的位置是不当的。这时候要怎么办呢？马上悔过，及时醒悟，用了两个悔——"动悔"和"有悔"，"动"就是立即行动，这样就能克服困境，获得吉祥。

困卦六根爻都有"困"字，说明了在不同时空点上"困"的情况及应该怎么做。初六爻讲"隐"的重要性，到了上六爻讲要悔，要反省自己，这样就能化凶为吉，所以困卦是告诉我们如何在困境中摆脱困境。这里有三根阴爻和三根阳爻：三根阴爻说明在困难面前要用巧妙的方法——后退、隐居，后悔，也就是不要去争，这样做不是消极而是一种策略；三根阳爻说明要坚守住刚正的美德、初心，在困难的时候要舍生取义、保持气节，这样做任何困难都能攻克。

四十八　井卦——修身养己，施惠别人

下巽上坎，水风井

井，改邑不改井，无丧无得，往来井井。汔至，亦未繘井，羸其瓶。凶。

上六，井收勿幕，有孚，元吉。

九五，井洌，寒泉食。

六四，井甃，无咎。

九三，井渫不食，为我心恻，可用汲，王明，并受其福。

九二，井谷射鲋，瓮敝漏。

初六，井泥不食，旧井无禽。

井卦是《易经》的第四十八卦，"井"在这里的意思是井养。井是用来打水的，打水之后就能滋养人，井已经被人格化了。井卦既是讲养自己，也是讲养别人。井卦在困卦之后，是困卦的反卦，它的卦象是水风井，上面是水，下面是风。风是巽卦，巽卦也可以作木头讲，水下面有木头，就像一口井。古代挖井之后会在井底放几块木头，用于去除污泥，所以井卦的卦象就取了这个景象——在水底搭了四块木头，井卦这个"井"字就是指水下有四块木头。

井，改邑不改井，无丧无得，往来井井。汔至，亦未繘井，羸其瓶。凶。

村庄可以迁移，但是井不能迁移，它既不枯竭，也不盈满，来来往往的人都来取用井水，但是快要把汲水瓶提到井口时，却一下子打翻了，所以就有凶险。

我们都听说过一个成语——背井离乡，可见井和故乡是紧紧联系在一起的。《象传》还有一句话是："改邑不改井。"（村庄可以迁移，但是井不可以迁移。）"汔至，亦未繘井，羸其瓶。凶"，汲水瓶几乎都要被提到井口了却突然打翻，功亏一篑，是凶兆。

《彖》曰：巽乎水而上水，井。井养而不穷也。改邑不改井，乃以刚中也。汔至亦未繘井，未有功也。羸其瓶，是以凶也。

"巽乎水而上水，井"，要顺应水性把水引上来，这就是井卦之象。"井养而不穷也"，水井养育的功德是没有穷尽的，因为水井的作用就是养人。"改邑不改井"，为什么说一个村庄可以迁移，但是井不能迁移呢？因为"刚中也"，如果就坎卦而言，坎为水，外柔内刚，水再怎么变化，无论是固态、液态还是气态，水分子是永远不变的，这是阳刚居中，本性不可改变，也指用井养人的品德不会因环境的改变而改变。

"汔至亦未繘井"，为什么水瓶快到井口的时候就被打翻了呢？"未有功也"，还没有实现用水养人的目的，还没有成功。"羸其瓶，是以凶也"，把瓶打翻了，当然是凶兆。比喻人的德行始终要保持，越到后面越艰难，但是越到最后越要坚持，否则就会功亏一篑。所以井卦是告诉我们要有刚中的品德，坚持像井水一样不要枯竭，也不要盈满，要像水井一样来养别人，保持这种美德。作为一个君子就应该修养自身，并且惠及别人。

《象》曰：木上有水，井。君子以劳民劝相。

《象传》从卦象上来解释井卦。"木上有水，井"，下面的巽卦代表木头，是井底下放的四根木头，上面是水，这就构成了一口井。"君子以劳民劝相"，君子看到这样的卦象，要慰劳人民，"相"指互相帮助、鼓励，号召人们相互帮助，就像井水的功能一样。

初六，井泥不食，旧井无禽。

《象》曰：井泥不食，下也。旧井无禽，时舍也。

井底有淤泥了，这口井就不能食用了，年久失修的老井连飞禽都不会来。初六爻是说井底有了淤泥，井水就会浑浊，这表示一个人心中有了污染。那应该怎么办呢？应该修心，把心洗一洗，这样才能去滋养别人。只有修养好自己，也就是"时时勤拂拭，莫使惹尘埃"，点点滴滴地去修行，这样才能用井水滋养别人，也就是用自己的内心、行为去服务别人。

"下也"，初六爻处在井卦的最下面，是最低的一根爻，好比是井底的位置。"旧井无禽"，这个井太老旧了，年久失修，连飞禽都不来了，所以要"时舍也"，说明被时代抛弃了。这根爻告诉我们要不断修持自己，否则就会被时代淘汰。

九二，井谷射鲋，瓮敝漏。

《象》曰：井谷射鲋，无与也。

井中出水的孔窍可以用来养小鱼，水瓮破损了。"井谷"指井里冒水的孔窍，"射鲋"是古代的一种小游戏，就是射井水里的鱼的游戏。井本来是用来喝水的，这里却用来射鱼，说明井水因污染而不能食用了，再加上水瓮也破损不能用来取水了，表示井已经没有什么用处了。

"无与也"，没有人和它相接应。九二爻是阳爻居阴位，位不正，表示没有走上正道。九二爻和九五爻相应，但它们都是阳爻，阳爻跟阳爻不和，不能共事，所以没有发挥出作用。

九三，井渫不食，为我心恻，可用汲，王明，并受其福。

《象》曰：井渫不食，行恻也。求王明，受福也。

九三爻的大意是，井水这时非常清洁，却没有人来饮用，所以我心中为此感到恻隐悲痛，可以汲取井水饮用，君王圣明，这样大家就可以享受福祉了。

"九三，井渫不食，为我心恻"，九二爻时井水已经浑浊了，但到九三爻时井中的泥沙已经除去，所以涌出来洁净的水，但还不能被食用。这是比喻人有了才德，但是不被任用，这样的状况是令人悲痛的。应该怎么办呢？"可用汲"，要赶快汲取这个水，因为水特别清洁，这是暗示一个人虽然不被君王所任用，但还是要坚持自己的内心，就像屈原所说的"举世皆浊我独清"。"王明，并受其福"，这样的话就会有贤明的君主来赏识你，然后你会得到福泽，这是说保持纯洁心的重要性。

六四，井甃，无咎。

《象》曰：井甃无咎，修井也。

"甃"指要修整，也就是说维修水井就没有灾祸。六四爻已经进入上卦了，是上卦的开始，表明自己的修炼、修心、修德要坚持下去，即使到了第二个阶段，也要继续修整。六四爻是阴爻居阴位，是得位的，但是它跟下面的初六爻没有呼应，因为阴爻和阴爻不呼应，所以还需要修整。六四爻进入上卦的坎卦，坎卦代表一种危险，在危险的境地中要修养自己，只有把自己修养好了，才能去施惠别人。

九五，井冽，寒泉食。

《象》曰：寒泉之食，中正也。

经过六四爻的修整，井水已经清冽了，就像甘甜清凉的泉水一样可食用了。

"中正也"，九五爻是阳刚之爻，居中正之位，通过前面的修整、修炼，自己达到了最尊贵的位置，就好比当了领导，在这个位置上就要去帮助别人。所以这个食用不是自己食用，而是要让天下人去食用清澈的泉水。

上六，井收勿幕，有孚，元吉。

《象》曰：元吉在上，大成也。

水井已经修整完工了，但是不能覆盖住井口，还要怀着虔诚的心，这样就大为吉祥。到上六爻整个卦就结束了，井卦已经到头了，就是说水井修整完工了，这时千万要注意"勿幕"，不要把它盖住，也就是说自己修养好了之后，不能"独善其身"，还要"兼济天下"，要广泛地去滋养、施惠别人。

到了上六爻时会有大的成就，会功德圆满，这个时候仍然要低调谦虚，这样才能达到"大成"的境界。井在这里已经完全被人格化了，比喻君子做人的美德。

井卦六根爻辞表示从井水被污染、有淤泥，然后慢慢修整，到最后井水清澈，并用井水来供养别人的过程。井卦分为下卦和上卦，下卦的时候，井水基本上处于积满淤泥的状态，还不能用；上卦的时候，井水就开始清澈了，可以用了。从这里也可以看出一个人的修养是渐进的过程：内心先是有杂染，然后慢慢把杂染洗涤掉，最后就可以用光明清澈的心去帮助别人。井水是容易污染的，也表示人需要随时修身。井水也可以养人，表明要把自己的美德广泛地施行、供养给别人。所以，最后都是"有孚，元吉""在上""大成"，可以居最高位，有大的成就。

井卦的第五爻和第六爻的爻辞非常重要，是告诉我们在获得一定的社会地位、取得了成功和财富之后不能忘本，有好处要跟大家一起分享，这里的"大家"涵盖能接触到的所有人。有了好处是否能和大家一起分享，是考验成功人士度量和胸襟的方法之一，也是考验他是否有能力把事情做大、做强的必备素质。其实胜利的成果越分享越能得到大家的信任和拥戴，果实也会越丰满。如果反过来，井修好了却把盖子盖上，就会像卦辞说的，打水的水瓶快取到井口的时候，一下子被打翻，功亏一篑。

四十九　革卦——革除旧弊，创立新制

下离上兑，泽火革

革，己日乃孚，元亨，利贞，悔亡。

上六，君子豹变，小人革面，征凶，居贞吉。

九五，大人虎变，未占有孚。

九四，悔亡，有孚，改命吉。

九三，征凶，贞厉，革言三就，有孚。

六二，己日乃革之，征吉，无咎。

初九，巩用黄牛之革。

革卦是《易经》的第四十九卦，讲的是变革、改革，是《易经》里比较重要的一卦，因为《易经》就是讲变的。"革"指变革，是一种大的变。"革"字本来是指皮革、皮毛，也指把兽皮上的皮毛去掉的过程，引申为革新、革命、改革。革卦的卦象是泽火革，上面是沼泽，下面是火，沼泽里面有水，水跟火在一起是相克的关系，所以一定会发生大的变革。

革，己日乃孚，元亨，利贞，悔亡。

在己日的时候实行变革，就能取信于民，一开始就亨通，有利于守持正道，悔恨最后会消亡。

"己日"是什么意思呢？"己"是天干数，排在第六位。为什么在第六位或者第六天要变革呢？这跟当时的思维模式有关系，因为殷商时期已经开始崇尚

"五"了，后来就有了五行、五脏、五气、五时等说，也就有了河图洛书，河图洛书都崇尚"五"。崇尚"五"的思想最早来源于人体的结构，比如一只手有五根指头，一只脚也有五根趾头，所以第六位实际上就是后面五个的开始。"己庚辛壬癸"是从"己"开始的，所以"五"之后的"六"，也就是"己"成为变化之后新一个阶段的开始，所以与之相适应的，就要在己日实行变革。己日也就是六改革了之后会出现的一个新景象，所以叫七日来复。这个卦辞告诉我们在改革的时候要"孚"——取信于民；并且要"元亨"，"元"是抓住初心、事物的本源，也就是要符合天道、正道，这样就会大吉大利。

《彖》曰：革，水火相息，二女同居，其志不相得，曰革。己日乃孚，革而信之。文明以说，大亨以正，革而当，其悔乃亡。天地革而四时成，汤武革命，顺乎天而应乎人，革之时大矣哉。

"革，水火相息，二女同居，其志不相得，曰革"，革卦是水和火相遇了，火就会熄灭。革卦的上卦兑卦是少女，下卦离卦是中女，这两个女人居住在一起，她们的志向不相合，就一定会变革。

"己日乃孚，革而信之。文明以说，大亨以正，革而当，其悔乃亡"，在己日的时候推行变革，就能取信于民，这是因为变革为老百姓所信任、赞同。而改革的目的就是要使天下人心中光明、人心愉悦，所以这种变革是亨通的、符合正道的，改革就需要符合正道，这样悔恨就会消亡。"文明以说"，是说革卦是离卦在下面，兑卦在上面，离卦是文明，兑卦是喜悦，所以改革的目的就是使天下人心中光明、人心喜悦。

"天地革而四时成"，天和地的变革会导致四时的形成。"汤武革命"，"革命"一词就出自这里，"汤"是商汤，"武"是周武王，商汤把夏桀推翻了，周武王把前朝的商纣王推翻了。夏桀和商纣王都是历史上有名的暴君和昏君，他们没有顺应天道，人民就反对他们。"顺乎天而应乎人"，商汤和周武王顺应民心推翻了前朝的暴政，这种变革是顺天应人的，一定会成功。"革之时大矣哉"，所以革卦的时位是多么重大。

《象》曰：泽中有火，革。君子以治历明时。

"泽中有火，革"，革卦的卦象是沼泽中有火，象征变革。上卦是沼泽，下卦是火，火在下面，沼泽中的水在上面，水一定能把火浇灭，它们是相克的，两不相得，一定会变革，这就是革卦的卦象。

"君子以治历明时"，这个时候，君子就要按照卦象，根据变革的规律来制定历法，明确时令。在中国历史上，每当有重大变革时，比如改朝换代，往往都要改变历法，如夏代把正月定在一月，商代把正月定在十二月，而周代把正月定在十一月，这都是变革的一种表现。制定历法是为了彰明四季的变化，实际上就是朝代变更了，历法就变了，这是与时俱进、与时偕行，也反映了在农耕社会，历法对于人们的生产、耕种、作息具有重大的指导意义。

初九，巩用黄牛之革。
《象》曰：巩用黄牛，不可以有为也。

用黄牛的皮把它牢固地捆绑住。什么意思呢？这是指在刚刚改革的时候，大家可能不太理解，上面又缺乏强有力的人物援助，所以这时只能坚守信念，不可以贸然行动、大胆妄为。

用黄牛的皮绑住，不可以去乱作为。但还是要坚守住信念，就像黄牛的皮一样，把信念坚守住，潜下心来积蓄力量，等待时机，一定能成功。

六二，己日乃革之，征吉，无咎。
《象》曰：己日革之，行有嘉也。

到己日的时候就可以推行变革了，再前进就吉祥了，没有灾祸。六二爻代表到了己日，也就是说到了天干的第二个"五"的开始，所以是符合天时的。因为六二爻是柔爻处在柔位上，而且是一个中位，又中又正，所以它可以变革。

己日的时候推行变革，行动一定会获得嘉奖。

九三，征凶，贞厉，革言三就，有孚。
《象》曰：革言三就，又何之矣。

这个时候如果激进会有凶险，即使行动正当也难免危险，所以变革的言论要被多次讨论，才会被百姓相信。

这个时空点是不能贸然前进的，也不能贸然改革。因为九三爻处在下卦的最高位，又是阳爻居阳位，容易急躁冒进，最容易犯错误。所以这时要"革言三就"，要再三反思、再三地听从百姓的意见。"革言"就是主张变革的言论，"三"代表多次，要多次跟百姓探讨。如果变革没有得到百姓的认同，肯定会失败；只有被百姓同意了，才能"有孚"，也就是得到百姓的帮助和信任。从这句话我们可以看出改革的目的是要获得百姓的赞同，也就是要给百姓带来福祉。

九四，悔亡，有孚，改命吉。
《象》曰：改命之吉，信志也。

这个时候悔恨会消除，要有诚心，改变命运就是吉利的。

九四爻已经进入兑卦，也就是第二个阶段的开始，这是一种转折，也是一种改变，所以就会"悔亡"，悔恨会消失，有利于改革。但还是要"有孚"——坚持诚信，这样就能"改命吉"——改变命运，就能吉祥。因为这时是刚爻居阴位，不处于正位，所以要去改变命运，才能达到上面的九五。

九五，大人虎变，未占有孚。
《象》曰：大人虎变，其文炳也。

大人像猛虎一样去推行变革，没有占卜也能获得别人的信任。

九五爻就是一个"大人",大人是一个品德高尚、智慧超群、非常有能力的人,他又居在最尊贵的中正之位,所以完全可以像猛虎一样去推行变革,就是说要来一场强有力的、重大的、猛烈的变革,这是一种统领全局的变革。

这里有一个词——"虎变",意思是老虎的花纹。老虎的花纹是美丽的,比喻大人有美好的道德,他推行的变革好像老虎的花纹一样,有光彩、有变化,同时纹路也代表了有条理。

上六,君子豹变,小人革面,征凶,居贞吉。
《象》曰:君子豹变,其文蔚也。小人革面,顺以从君也。

君子像豹子一样推行变革,庶民(百姓)会改变自己的面貌,冒进还是会有凶险的,定居不动、守住正道,就可以吉祥。

九五爻是"虎变",上六爻是"豹变"。"豹变"和"虎变"有什么区别呢?豹子虽然凶猛,但比不上老虎,老虎是百兽之王。虎额头的花纹就像一个"王"字,非常鲜明,所以"虎变"指重大的、猛烈的、统领全局的变革;豹子的花纹是细密的,不及老虎的花纹彰明,所以"豹变"指稍微小一些的变革。所以这条爻辞是从正反两个方面来说的:前一句说"君子豹变",要像豹子一样去变革;但后一句又说"小人革面","小人"指百姓,百姓也要去改变面貌。这是指两种不同的人,他们的变革有不同的目的。

"征凶,居贞吉",这也是从正反两方面来说明的:从正面来说,"征"是动,意思是贸然行动是凶险的;从反面来说,"居"是静止不动,这个时候不要贸然行动,守住正道就是吉的。说明在这个时空点改革的两种不同做法会带来两种不同的结果。

"君子豹变,其文蔚也",君子像豹子一样推行变革,他的文采美德蔚为大观。九五爻是"大人虎变,其文炳也",这里是"君子豹变,其文蔚也","蔚"比"炳"在程度上要弱一些,"炳"指灿烂,是火字旁,"蔚"指茂盛,是草字头,"文炳"和"文蔚"都是指文采的华丽。

"小人革面，顺以从君也"，要改变自己的面貌，是为了顺从九五爻君王的美德。"小人"不能简单理解为品行低劣的人，其实"小人"在这里指庶民，即一般百姓。我们所居住的环境每天都在发生变化，所以我们要及时调整自己的行为，及时变革，迅速开始行动，这样才能立于不败之地。

革卦给我们的启示是告诉我们变革的方法：一方面要顺应天道，另一方面要顺应人道。革卦的六根爻表示的是不同时位、不同特征、不同做法的变革以及产生的不同结果。改革的结果一定会带来创新，所以叫革新，也就是革故鼎新，改变旧的，树立新的，或者革除旧弊，创立新制。

五十　鼎卦——打破惯性，破旧立新

下巽上离，火风鼎

鼎，元吉，亨。

上九，鼎玉铉，大吉，无不利。

六五，鼎黄耳，金铉，利贞。

九四，鼎折足，覆公悚。其形渥，凶。

九三，鼎耳革，其行塞，雉膏不食，方雨亏悔，终吉。

九二，鼎有实，我仇有疾，不我能即，吉。

初六，鼎颠趾，利出否。得妾以其子，无咎。

鼎卦是《易经》的第五十卦。鼎本来是古代用来烹饪的一种器具，有三足圆鼎、四足方鼎。最早的鼎是用黏土烧出来的，后来就用青铜铸造了。传说大禹铸造了九鼎——"禹铸九鼎"，象征九州。从这以后，鼎就从炊具发展为传国重器，成为一种礼器，是国家和权力的象征。一般一个国家灭亡了，鼎就要迁移。比如，夏朝灭亡了，商朝兴起，九鼎就会被传到商朝的首都；商朝灭亡了，周朝兴起，九鼎就会被迁移到周朝的首都。国灭了，要迁鼎表示新朝代的开始，所以这里的鼎也表示鼎新、创新。鼎既表示权力的至高无上，也表示一种创新的局面。

鼎卦的卦象为火风鼎，上面是火，下面是风，就好比上面烧着火，下面吹着风，所以火会越烧越旺，把鼎里的食物煮熟了。我们再看卦象的构成，最下面一根阴爻好比鼎的脚；第五根爻也是阴爻，表示鼎的两耳；中间是阳爻，表示鼎腹，所以这个卦的卦象就好像一个鼎的形状。

鼎，元吉，亨。
鼎卦一开始就大吉，是亨通的。

《彖》曰：鼎，象也。以木巽火，亨饪也。圣人亨以享上帝，而大亨以养圣贤。巽而耳目聪明，柔进而上行，得中而应乎刚，是以元亨。

"鼎，象也。以木巽火，亨饪也。圣人亨以享上帝，而大亨以养圣贤"，鼎卦取的是烹饪的器具鼎的形象，下卦的巽卦代表木，上卦的离卦代表火，意思是用木柴点火进行烹饪。圣人用烹饪的食物来供奉神明，还要用大规模的烹饪来蓄养圣人、贤人。

"巽而耳目聪明，柔进而上行，得中而应乎刚，是以元亨"，这句话是解释为什么鼎卦一开始就是亨通的。巽卦表示顺从，奉养了圣贤，顺从了天道，就可以耳聪目明。柔顺地往上升，会得到中正之位；又往下，呼应了阳刚，所以一开始就亨通。

从这句解释中我们可以看出，要想鼎新一开始就大吉大利，必须从两个方面来做：一方面，统治者或领导，首先要用食物来供养神明、天道，同时还要供养圣贤，也就是供养他下面有才能的人；另一方面，他自己也要谦逊，同时还要聪明，并且要像巽卦一样柔顺、谦虚地上升，同时要占据中正之位，也就是守住中正之道，这样才能一开始就亨通、大吉大利。所以"元"非常重要，也就是初心，这个初心是什么呢？一方面是上面的离卦，是美丽、光明的心；另一方面是下面的巽卦，是谦虚、柔顺的心。

《象》曰：木上有火，鼎。君子以正位凝命。

"木上有火，鼎"，木上面燃烧着火，好像鼎里面煮着食物。食物煮熟后，就可以供人来吃，化生为熟以养人就构成了鼎卦之象。"君子以正位凝命"，鼎的形状是三足两耳，是一种严肃、庄重之象。作为君子就应该这样，首先要端正自己，像鼎一样方方正正的；同时鼎也是国之重器，能够养人，所以君子也要坚守自己的使命。

初六，鼎颠趾，利出否。得妾以其子，无咎。

《象》曰：鼎颠趾，未悖也。利出否，以从贵也。

"初六，鼎颠趾，利出否"，一开始的时候，鼎足翻了，这是好事，有利于倒出里面的废物。初六爻是刚刚开始，又是阴爻，表示比较柔弱，好比鼎足不稳，一下子翻了。这看起来是不好的事情，实际上是好事，表示把鼎里的废物全部倒出来，意思是要创新首先要清空、归零，抛弃旧有的东西，也就是要打破旧有的思维惯性，对过去的东西来一个彻底的否定。

"得妾以其子，无咎"，娶了一个妾，她生了孩子以后得宠，所以没有灾祸。

初六爻是鼎卦的最下一位，地位比较卑贱，要摆脱这种地位，就要颠倒，就像要把鼎颠倒过来。可是初六爻的力量不够，需要顺从上面的尊贵者，初六爻上面有九二爻和九四爻两个尊贵者。九二爻在初六爻正上面，九四爻跟初六爻刚好相呼应，取得了这两爻的支持，初六爻就能革故鼎新。

九二，鼎有实，我仇有疾，不我能即，吉。

《象》曰：鼎有实，慎所之也。我仇有疾，终无尤也。

"九二，鼎有实"，九二爻是阳爻居中位，阳爻是实的，意思是鼎中装满了食物。"我仇有疾"，"仇"指配偶，九二爻的配偶是六五爻，六五爻是阴爻居阳位，表示力量还不够，所以"有疾"，有一点小毛病。所以"不我能即，吉"，没有办法跟我相近或者来帮助我，但是不必要太担忧，不会有太多过错。为什么呢？因为这时鼎里已经装满了食物，表示九二爻是有力量的。

要注意"鼎有实"还有一个意思是"慎所之也"，就是要谨慎地继续前进，要不然鼎里面的食物会溢出来。这就预示着在创新的时候要谨慎向前，才能获得成功。

九三，鼎耳革，其行塞，雉膏不食，方雨亏悔，终吉。

《象》曰：鼎耳革，失其义也。

"九三，鼎耳革，其行塞，雉膏不食"，鼎上面的两个耳朵是用来插上棍子抬鼎的，而现在鼎的耳朵被堵住了，插不进抬鼎的棍子，而且道路又被堵塞了，所以鼎不能被抬过去煮野鸡羹，精美的野鸡羹就吃不上了。这比喻在创新的过程中遇到了困难，因为九三爻是第一个阶段到头了，它又是阳爻，预示着创新过程中的革新过于激进，结果反而遭遇困境，叫"三多凶"。

"方雨亏悔，终吉"，但是好在这时下雨了，被雨一淋，头脑就清醒了，有些后悔了。这时要对自己的行为加以反思，改变了一些不正当的做法，最终就会吉利，也就是最后会取得成功。这就告诉我们在改革创新的过程中，不要冒进，要冷静、谨慎。

"鼎耳革"，鼎的耳朵被堵住了，当然也可以解释为鼎的耳朵被革除掉了。"失其义也"，失去了鼎的意义，也就是告诉我们改革创新如果过于激进的话，就处理不好各方面的关系，结果局面变得更加糟糕，也就失去了改革创新本来的意义。

九四，鼎折足，覆公餗。其形渥，凶。

《象》曰：覆公餗，信如何也。

鼎把脚折断了，王公的美食被倒出来了，鼎身也被污染了，所以是凶险的。

王公的美食怎么一下子被倒出来了呢？因为九四爻已经进入第二个阶段，是阳爻居阴位，不正，而且又没在中位上，既不中又不正，所以它行事自不量力，结果造成凶险的局面，好比鼎负重过多，把鼎的脚给折断了。

大家肯定认为这根爻的爻辞是凶的，对不对？可是在《论衡》中记载了这样一个故事，当时鲁国要去攻打越国，孔子的学生子贡占卦就占到了这根爻，所以子贡说鲁国肯定是凶的，而且脚会断掉，但是孔子却认为鲁国肯定是吉的。为什么呢？孔子说，越国人居住在水边，善于用舟，不善于用脚，而我们鲁国人是在陆地上，善于用脚，不善于用舟，所以会折断脚的是越国人，而不是我们鲁国人，后来果然是鲁国取胜了。因此我们看爻辞不能机械地比附，一定要按照具体的情况分别对待，从中学到一种智慧。

把王公的食物给倒出来了，这实际上是指信用不足，表示不被别人所相信。也就是说这根爻是不中不正的，显然是不太讲诚信，肯定要半途而废，会折断腿脚。

六五，鼎黄耳，金铉，利贞。
《象》曰：鼎黄耳，中以为实也。

鼎有两个黄色的耳朵，用金属做的鼎杠，所以有利于守持正道。六五爻是阴爻，阴爻有两根线段，就像两个耳朵。黄色是金属的颜色，同时又说"金铉"——金属的鼎杠，这表示六五爻居中。中也是黄色，是尊贵的、坚硬的，所以有利于走正道。

鼎有黄色的两耳，居中所以获得了坚实。

上九，鼎玉铉，大吉，无不利。
《象》曰：玉铉在上，刚柔节也。

鼎有玉做的杠，所以大为吉祥，没有不利。六五爻说的是"金铉"，"金铉"是金属做的，是刚硬的；这里说的是"玉铉"，玉是温润的，"玉铉"比金属做的鼎杠要柔弱一些。

"玉铉在上"，这个时位是阴柔之位，阴柔之位需要阳刚的爻来调节，所以上九爻是阳爻在阴柔之位上，叫"刚柔节也"，这样才能相得益彰。"刚柔节也"，就好像那块玉，刚中有柔，柔中有刚，所以这里用"玉铉"表示。

我们来总结一下鼎卦，鼎的用途主要有两个：一是烹饪；一是国家礼器，象征权力。所以鼎卦给我们两大启发：一个是要供养圣贤之人，顺应天道人意；另一个是要端正自己的位置，严守自己的责任、使命。无论是哪一个，都要涤除旧的东西，开创新的局面，所以鼎卦六根爻也告诉我们在不同时位的创新方法。

五十一　震卦——谨慎行事，勿犯天道

下震上震，震为雷

震，亨。震来虩虩，笑言哑哑，震惊百里，不丧匕鬯。

上六，震索索，视矍矍，征凶。震不于其躬，于其邻，无咎。婚媾有言。

六五，震往来，厉，亿无丧有事。

九四，震遂泥。

六三，震苏苏，震行无眚。

六二，震来厉，亿丧贝，跻于九陵，勿逐，七日得。

初九，震来虩虩，后笑言哑哑，吉。

震卦是《易经》的第五十一卦。上面是雷（震卦），下面也是雷（震卦），是一个纯卦，表示打雷。震卦的卦象是阳爻在最下面，上面是两根阴爻，如果三根爻都是阴爻就是大地（坤卦），而最下方有一根阳爻，也就是有一团阳气。古人说这团阳气在春天的时候要从大地里冒出来，它冒出来的时候会发出轰隆的声音，这就是打雷，所以叫"阴阳合为雷"。

打雷是在什么时候呢？是在阳历的三月六日左右。这个节气叫惊蛰，把冬眠的动物惊醒了，此时天气开始转暖。"春雷响，万物长"，万物开始生长，中国大部分地区开始进入春耕的季节。惊蛰最早叫"启蛰"，意思是要春耕了，冬眠的动物也要开始动了。《诗经》里有一句"如雷如霆，徐方震惊"，像打雷一样，徐国就开始震惊了，所以"震"有两个意思：一个是震动，万事万物发动了，预示欣欣向荣、好的开端；另一个是震惊，因为打雷表示老天的惩罚，这时要警惕、戒惧。震卦卦辞说的主要是后面这个意思。

震，亨。震来虩（xì）虩，笑言哑哑，震惊百里，不丧匕鬯。

震卦是亨通的。惊雷滚滚而来，令人非常恐惧，但是后来人们会谈笑自如。这时惊雷响彻了一百里，范围极广，但是不要丢失祭祀用的食具和香酒。从卦辞我们可以看出，震卦是讲我们面临惊险时怎样保持警惕的心渡过惊险的。

"震来虩虩"，雷一个接一个滚滚而来，因为上下卦都是震卦，表示打雷，所以万事万物是惊慌恐惧的。后来为什么"笑言哑哑"呢？因为已经转危为安了。为什么能转危为安呢？因为"不丧匕鬯"。"匕"是祭祀的时候用来盛食物的像勺子一样的器具，"鬯"是指祭祀用的香酒。这里为什么要提到祭祀呢？因为古代君主叫天子，天子要按照老天的旨意行事，而打雷就是天的警示，所以君主一定要有敬畏心，通过祭祀表达自己的敬畏心，并且按照天道来行事；同时，它还比喻君王的号令也要像惊雷一样，让天下所有人都有畏惧感，做到令行禁止，这样才能使宗庙祭祀、江山社稷长盛不衰。

《彖》曰：震，亨。震来虩虩，恐致福也。笑言哑哑，后有则也。震惊百里，惊远而惧迩也。（不丧匕鬯，）出可以守宗庙社稷，以为祭主也。

"震，亨。震来虩虩，恐致福也。笑言哑哑，后有则也"，震卦为什么亨通呢？惊雷滚滚而来，是由于保持了恐惧、谨慎的心，所以能带来福祉。后来为什么谈笑自如呢？是因为遵循了天的法则。

"震惊百里，惊远而惧迩也。出可以守宗庙社稷，以为祭主也"，这是解释"震惊百里"和"不丧匕鬯"。"震惊百里"就是要使远近都惊惧，表示疏而不漏，上下一致，也就是指君王的号令像惊雷一样，所有人都必须听从并有畏惧感。"不丧匕鬯"是说即使君主外出，也可以守住宗庙和社稷，成为祭典的主持人；震卦代表长子，君主外出，长子在家里，他也可以守住江山社稷。前一句是从空间说的，后一句是从时间说的，这样无论远近、无论君主还是长子，只要世代保持警惧之心，也就是敬畏天道的心，就能千秋万代永固江山社稷。

《象》曰：洊雷，震。君子以恐惧修省。

再次打雷就是震卦之象，君子要用恐惧修身来醒悟、反省。"洊"是再、接二连三。

上下卦一样的卦叫纯卦。在六十四卦中只有八个纯卦，上经有四个纯卦——乾、坤、离、坎；下经也有四个纯卦——震、艮、巽、兑。震卦也是纯卦，表示一个接一个的惊雷，是一种恐惧之象。君子要按照这个卦象来戒惧、反省自己，保持诚惶诚恐、谨慎小心的心态，这样就能避免受到上天的惩罚，从而渡过艰难。

初九，震来虩虩，后笑言哑哑，吉。

《象》曰：震来虩虩，恐致福也。笑言哑哑，后有则也。

初九爻的爻辞和卦辞差不多，一开始惊雷滚滚而来，非常恐惧，后来就谈笑风生了，是吉祥的。

这里《象传》的解释和卦辞《象传》的解释是一样的。因为恐惧、有敬畏心，所以带来了上天的福佑。知道了遵守法则，才能谈笑风生，说明了遵守天道、法则的重要性。

六二，震来厉，亿丧贝，跻于九陵，勿逐，七日得。

《象》曰：震来厉，乘刚也。

这条爻辞特别有意思，可以想象一下这种场景：惊雷到来的时候是非常危险的，一个人一慌张，把许多钱币弄丢了，所以他登上很高的山坡想把钱币找回来。当时没找回来，但其实不需要去寻找，七天后钱币自然会回来。这是为什么呢？

六二爻是阴爻居阴位，阴爻一般表示比较柔弱，但居阴位上是正的，而且它在下卦的中间，又居中位，也就是守正道了。所以六二爻在这里的意思就是它能够柔弱地反省，反省为什么这个时候天要打雷，钱为什么丢失了，找出自己的不足，然后按照天道、中正之道来做，身外之物就会失而复得。为什么七日回来呢？在复卦中我们讲过"七日来复"，其实震卦也是一种"七日来复"。震卦的上下卦都是最下面一根阳爻、上面两根阴爻，表示阳气刚刚恢复，代表一个周期的开始。

六三，震苏苏，震行无眚。
《象》曰：震苏苏，位不当也。
惊雷响起的时候，惶恐不安，因为恐惧而谨慎行事，这样就没有灾祸了。"苏苏"表示恐惧不安的样子。六三爻已经是下卦的最上一爻，是阴爻居阳位，表示第一个阶段到头了，所以这时它更加恐惧，但只要保持恐惧之心，就没有大的灾祸。

九四，震遂泥。
《象》曰：震遂泥，未光也。
惊雷响起的时候，它受到惊吓一下子掉到泥塘里去了。
九四爻已经到了上卦，是第二个阶段的开始。它是一根阳爻，但是居阴位，位置不当，所以叫"未光也"。它还没有把自己的才能发扬光大，没有把阳刚之德发挥出来，就像人陷在了泥潭里。陷在泥潭里应该怎么做呢？后面并没有说，但从这根爻来看，九四爻是根阳刚之爻，所以要保持初心、阳刚的心。

六五，震往来，厉，亿无丧有事。
《象》曰：震往来厉，危行也。其事在中，大无丧也。
惊雷不断滚滚而来是很危险的，但只要谨慎行事就没有大的损失。六五爻是阴爻居阳位，位置是不当的，同时它又乘着下面阳刚的九四爻，所以往来都危险。但它又居上卦的中间，是一个尊位，所以只要守持中道、谨慎前行，就没有大的灾祸。

上六，震索索，视矍矍，征凶。震不于其躬，于其邻，无咎。婚媾有言。

《象》曰：震索索，中未得也。虽凶无咎，畏邻戒也。

这里连续展现了三种情景。第一种情景是"震索索，视矍矍，征凶"，一开始天上打着惊雷，人是会恐惧的，畏缩不前，视线会左右环顾，两眼也惊恐不安，这表示一种恐惧危险的局面，所以这时不能贸然前行，冒进就会有危险。第二种情景是"震不于其躬，于其邻，无咎"，雷没打到自己身上，而是打到了邻居身上，但最终没有灾祸。为什么呢？因为他有准备了，防患于未然了，所以最终没有危险。第三种情景是"婚媾有言"，如果这时候求婚配的话，会招来口角，会有争议，所以这时不宜行动，不宜谋求阴阳和合。因为这是上六爻，所以它求的婚配是六三爻，但由于上六爻和六三爻都是阴爻，阴跟阴不能相配，就会发生语言上的争执，这就说明在面临危机的状态下，保持阴阳和合的重要性。

震卦通过雷动之象，告诉我们这时要谨慎行事，千万不能触犯天道、法律。因为打雷是上天震怒的表示，老子说"天网恢恢，疏而不失"，俗话是"天网恢恢，疏而不漏"，也就是说，违背天道的人，到任何一个地方都会受到惩罚。所以震卦告诉我们两个意思：第一个是要谨慎戒惧，按天道来做事，这样才有福；第二个是统治者的号令或者制定的法律、法规要按照天道来制定，这样的号令还要贯彻执行到所有人、所有地方，远近无一遗漏，这样才能保住江山社稷。

五十二　艮卦——抑制私邪，安于本分

下艮上艮，艮为山

艮，艮其背，不获其身，行其庭，不见其人，无咎。

上九，敦艮，吉。

六五，艮其辅，言有序，悔亡。

六四，艮其身，无咎。

九三，艮其限，列其夤，厉熏心。

六二，艮其腓，不拯其随，其心不快。

初六，艮其趾，无咎，利永贞。

艮卦是《易经》的第五十二卦，在震卦之后。震卦是打雷，艮卦是一座山，艮卦的卦象跟震卦刚好相反，震卦颠倒过来就是艮卦。艮卦也是一个纯卦，下卦是艮卦，上卦还是艮卦，也就是下面是一座山，上面还是一座山。山是什么意思呢？打雷是动，山是稳定的、静止的、终止的，所以艮卦主要讲怎样终止欲望。

历史文献上记载的古"三易"（《连山易》《归藏易》《周易》）中，《连山易》的第一卦是艮卦，《归藏易》的第一卦是坤卦，《周易》的第一卦是乾卦。这三部《易经》代表了三大思想，深深影响了春秋战国时期的三大家：《周易》以乾卦为首，以阳刚为主，主要影响了儒家；《归藏易》以坤卦为首，以阴柔为主，主要影响了道家；《连山易》以艮卦为首，是指要静止，要像山一样稳定，我认为它主要影响了墨家。

艮卦在历史上的影响非常大，除了墨家，儒家、道家、中国化的佛家也都非常重视艮卦的意思——止。儒家讲要"止于至善"，要"知止而后有定"；道家讲"致虚极、守静笃"；中国化的佛家，比如天台宗有个"止观法门"。唐代著名佛学学者李通玄说过，用一个字来概括《华严经》就是"止"，叫"故止一处，无事不办"，只要止在一个地方，没有什么事情是做不成的。

艮卦从山引申到止，止实际上是一种最高的境界。这里"止"有两个意思：一个是要停止，主要是制止邪欲、妄动；另一个是达到，比如止于正道、止于本分，就像《大学》里说的"大学之道，在明明德，在亲民，在止于至善"，也就是要达到至高至善的境界。

艮，艮其背，不获其身，行其庭，不见其人，无咎。

"艮其背"，要制止自己的后背。这里为什么说一开始要停止在后背，而不是停止在胸、手或者脚呢？因为"背"有背离的意思，同时又有制止的意思，这里是说人应该与邪欲彻底背离。"不获其身"，不要让它沾在自己的身体上，就是说不要让私欲沾上自己的身体。为什么"行其庭，不见其人"，行走在有人的庭院里面，但是又没有见到那个人？就是因为相背离了。实际上这里说看不见那个人是指看不见邪欲。为什么呢？因为制止住了，所以"无咎"，没有灾祸。

《彖》曰：艮，止也。时止则止，时行则行。动静不失其时，其道光明。艮其止，止其所也。上下敌应，不相与也。是以不获其身，行其庭不见其人，无咎也。

"艮，止也。时止则止，时行则行。动静不失其时，其道光明。艮其止，止其所也"，艮卦就是静止、停止、制止。应该静止的时候就要静止，应该前进的时候就要前进。无论是动还是静，都不要失去应有的时位，这样它的前途就是光明的。艮卦所说的"止"，是要止于合适的处所、时位。

"上下敌应，不相与也"，上下都是敌对的，而不是互相交合的。因为艮卦的下卦和上卦都是艮卦，所以相对应的爻位全是不相应的，比如第一爻和第四爻都是阴爻，第二爻和第五爻都是阴爻，第三爻和第六爻都是阳爻，所以这样就不相应了，不相交往。"是以不获其身，行其庭不见其人"，因此不要让私欲沾到自己的身上，好比走在庭院里面，是两两相背，看不到那个人，就是看不到邪欲，结果怎么样呢？"无咎也"，没有灾祸，因为邪恶、邪欲被抑制住了。

《象》曰：兼山，艮。君子以思不出其位。

"兼山，艮"，两座山重叠，下面一座山，上面一座山，构成了艮卦之象。"君子以思不出其位"，君子按照这个卦象，思考的问题不要超出自己的本位，这也是止的一个意思，就是止于本分、止于正道。

初六，艮其趾，无咎，利永贞。
《象》曰：艮其趾，未失正也。

艮卦的六根爻都是围绕"止"来阐释的，从下到上，讲了止的六个阶段。"艮其趾，无咎，利永贞"，停止脚趾的运动，没有灾祸，有利于守持正道。

因为初六爻是刚刚开始，是阴爻居开始的位置，所以这时要静止。"艮其趾"，就是从脚趾开始。我们前面好几个卦都讲到了，一般如果第一根爻说人体，对应的就是脚趾，如咸卦一开始就"咸其趾"，从脚趾开始感应。这里也一样，"艮其趾"，如果脚趾一开始的时候就停止住了，就不会走邪路。

脚趾停住了，才不会失去这个正道。

六二，艮其腓，不拯其随，其心不快。
《象》曰：不拯其随，未退听也。

"腓"是小腿肚子，这里是指停止腿的运动，不要跟随上级一起行动，否则会导致心中不畅快。

"不拯其随"，不要随着上面动。上面指什么呢？是九三爻。因为六二爻是第二根爻，又中又正，符合中正之道，所以要静止住，不要跟随着九三爻动。九三爻是指腰部，是根凶爻，所以如果六二爻跟着九三爻一起动，心中就会不畅快。

九三，艮其限，列其夤（yín），厉熏心。
《象》曰：艮其限，危熏心也。
要停止住腰部的活动，裂开了背脊上的肌肉，就会有凶险，就像熏烤着自己的心一样。
"九三，艮其限"，九三爻是比较凶险的，它是阳爻居阳位，是下卦的最高位。阳爻主动，而艮卦要静，所以它的停止是突然停止。这时候已经到了腰部，腰部本来在动，而它突然停止，这个时候就会发生危险。发生什么危险呢？"列其夤，厉熏心"，背脊上的肌肉会裂开，就像熏烤着自己的心一样危险。这根爻从反面告诉我们止的关键在于当止则止，当然要合理地止，不能戛然而止。

六四，艮其身，无咎。
《象》曰：艮其身，止诸躬也。
停止上身的运动，就没有灾祸。
这时候又往上了，从腰到上身，上身要停止运动，同时还预示着我们的上身不要被各种邪欲和污染沾染，也就是抑制私欲，安守本分，这样就没有灾祸。
"止诸躬也"，即要抑制住自己的各种私欲和行动。

六五，艮其辅，言有序，悔亡。
《象》曰：艮其辅，以中正也。
"艮其辅"，"辅"本来是指上牙床，在这里指嘴，这里又往上升了，指要抑制住嘴巴的妄语。六五爻处在上卦的最中间，是一个尊位，又是阴爻处在阳位上，这时要禁止说话，叫"戒妄语"，不要说空话、假话、大话、奉承人的话。

止语是最难做到的,"祸从口出",所以这时要止住。老子说"塞其兑",就是指把嘴闭上。"言有序",如果要说话,一定要说有条理的话,就是要按照天理、天道来说一些正理、正法。这样的话就"悔亡",悔恨就会消亡。

上九,敦艮,吉。
《象》曰:敦艮之吉,以厚终也。
以敦厚的品德止住邪欲,就会吉祥。
上九爻是最高一根爻,是阳爻。阳爻一般都好动,这时要保持住止,所以用了一个"敦"。"敦",不仅指敦厚,而且指要保持初心,因为它已经到最后了,最后还要守住一开始那种静止的品德,这样才能大吉大利。所以宋代理学家程颐说:"天下之事,唯终守之为难。"

艮卦从正反两方面给了我们启发:第一是要止住邪欲和妄念,第二是要安于本分和守持正道。综合看一下艮卦的六根爻,分别指人体的六个部位,从下往上代表从脚趾到腿肚子、腰、上身、嘴,这是一个逐渐停止的过程,可以看作一个人从低到高六种不同的静止程度。

六根爻里为什么有吉有凶呢?比如九三爻是凶险的,为什么呢?因为它在应该止的时候是戛然而止,没有处理好止和动的关系,所以就凶险。上九爻也是阳爻,为什么吉呢?因为它是"敦艮",用敦厚的品德来止,是慢慢地静止,知道时位地静止,所以就吉祥。从整个卦可以看出,只要处理好动和静这对辩证关系就会吉,处理不好就会凶。其实止的目的也是为了动,比如"止邪"——止住邪欲,同时也就是要"行正"——行为、行动端正,所以这两者其实是相辅相成的。该停止的时候要停止,该行动的时候要行动;反之,如果不该行动的时候行动,不该停止的时候停止,就会凶。

五十三　渐卦——循序渐进，按矩前行

下艮上巽，风山渐

渐，女归吉，利贞。

上九，鸿渐于陆，其羽可用为仪，吉。

九五，鸿渐于陵，妇三岁不孕，终莫之胜，吉。

六四，鸿渐于木，或得其桷，无咎。

九三，鸿渐于陆，夫征不复，妇孕不育，凶，利御寇。

六二，鸿渐于磐，饮食衎衎，吉。

初六，鸿渐于干，小子厉，有言，无咎。

渐卦是《易经》的第五十三卦，在艮卦之后。艮卦代表停止，事物不可能永远停止，停止之后又要渐渐地前进，所以渐卦的意思是渐渐前进。渐卦的卦象是风山渐，下面是山，上面是风，风又有树木的意思，所以渐卦的卦象就是下面一座山，山上长出了树木，树木慢慢往上生长。

渐，女归吉，利贞。

用女子出嫁作比喻，渐卦好比女人出嫁，是吉的，守正道是有利的。女子出嫁为什么用"归"呢？因为古代女子被看成是丈夫家的人，出嫁就相当于回家，所以用"归"。为什么用女人出嫁作比喻呢？因为古代女子出嫁要经过非常严格的仪式，《礼记·昏义》中就可以见到"六礼"的记载，包括纳采、问名、纳吉、纳征、请期、亲迎，这些仪式要逐步完成，才算完成了婚礼。这个过程

是循序渐进的，所以用嫁女儿作比喻。但渐卦六条爻辞里没有说嫁女儿，而是说了另一种动物——鸿雁——是怎么渐渐飞行的。这些都是比喻，比喻万事万物都有一个渐进的过程，这个过程就是一个从小到大、从低到高、从少到多的顺序。

《彖》曰：渐之进也，女归吉也。进得位，往有功也。进以正，可以正邦也。其位，刚得中也。止而巽，动不穷也。

"渐之进也，女归吉也"，渐卦是渐渐前进，好比女子出嫁，是吉祥的。"进得位，往有功也"，前进获得了时位，往前就会成功，这是说只要按照次序行事就会成功。"进以正，可以正邦也"，渐渐地遵循正道前进，就可以端正一个国家，使国家走上正轨，这就是以小见大。"其位，刚得中也"，居于尊位，阳刚处在中正的位置，这里居于尊位的是九五爻，九五爻处在又中又正的位置。"止而巽，动不穷也"，下卦是艮卦，是静止的，指内心要静止。上卦是巽卦，巽卦代表谦逊、和顺、顺从，这样行动才不会有穷困。这是强调了时位、正、中，只要按照时序，坚守正道，又遵循中道，然后渐渐前进就能成功，不会穷困。

《象》曰：山上有木，渐。君子以居贤德善俗。

渐卦是山上长了一棵树，这棵树渐渐往上长，这就是渐卦的卦象。君子按照这个卦象，安居以蓄积贤德，改善风俗。

这里实际上也说了一个过程，首先贤德是指自己，自己要贤，然后才能让别人也贤，再逐渐扩大，才能改变一方的风俗。

初六，鸿渐于干，小子厉，有言，无咎。
《象》曰：小子之厉，义无咎也。

渐卦的六条爻辞都是用鸿雁（大雁）来比喻的。这只鸿雁渐渐降落在水边，就像年轻人遇到了各种危险，虽然有中伤的言语，但最终没有灾祸。

渐卦的六根爻说的是鸿雁从低到高的飞行过程。初六爻说的是鸿雁停在水边，就像小孩子一样会遇到危险，表示刚开始就需要谨慎，渐渐靠近岸边，最终就不会有危险。

六二，鸿渐于磐，饮食衎衎，吉。
《象》曰：饮食衎衎，不素饱也。

这时鸿雁可以往高一点飞了，渐渐降落在磐石（大石板）上，这时它是和乐融融地喝水、进食的，是吉利的。

因为六二爻处于第二个时位，在中间，又是阴爻居阴位，又中又正。鸿雁停留在磐石上又吃饭又喝水，是不是不用再往上飞了呢？不是的。如果不再往上飞，还是会有危险。这里也是一个比喻，比喻鸿雁要渐渐往高处飞，磐石只是一个休息的地方。

九三，鸿渐于陆，夫征不复。妇孕不育，凶，利御寇。
《象》曰：夫征不复，离群丑也。妇孕不育，失其道也。利用御寇，顺相保也。

鸿雁又渐渐地往高处飞了，飞到了小山上，丈夫远征还没有回来。妻子怀孕了也没有办法养育，所以是凶险的，但这时有利于抵御外敌。

九三爻的时空点在下卦的最高位，大雁飞得更高了，飞到小山上去了，然后用丈夫和妻子来比喻，好比丈夫远走不复返，而这时妻子怀孕了，她无颜生育。丈夫已经远走不复返了，为什么妻子还怀孕了？可能是她失去了贞节，违背了夫妻之道，所以是凶险的。最后为什么能抵御外来的强寇呢？说明这个时候女子如果能坚守正道，顺应夫妻之道，就能保住平安。

"顺相保也"，只有顺应了夫妻之道，才能保住平安。同时，这句话也是说丈夫的，丈夫在外征战，如果他能坚守正道，就能平安，有利于在外面抵御强寇。

六四，鸿渐于木，或得其桷，无咎。

《象》曰：或得其桷，顺以巽也。

这时大雁又渐渐飞到了高树上，有的找到了大树的树杈，所以没有灾祸。

六四爻已经进入第二阶段了，是阴爻居阴位，所以这时的大雁是谦逊的、顺应的，因为这时已经到了上卦的巽卦。大雁停留在树杈上，说明它找到了自己的位置，只要找准自己的位置，就是有利的。这也是启发我们要循序渐进，找到自己的位置，并且要谦逊。进入上卦巽卦以后的三根爻都是吉的。

九五，鸿渐于陵，妇三岁不孕，终莫之胜，吉。

《象》曰：终莫之胜吉，得所愿也。

这时大雁又逐渐飞到了高岗上，妇女三年没有怀孕，也没有人能战胜她，所以是吉利的。这个时候鸿雁飞得更高了，再看这个女人，她的丈夫远去了，但是她三年没有怀孕。"三"代表多，多年都没有怀孕，说明这个女子很坚贞。那些男人看到女子的丈夫已经远去了，所以来引诱、威逼她，但她始终不屈服，所以她是吉祥的。因为这个时位又中又正，这名女子坚守妇道，所以是吉利的。

这名女子坚守信念，所以实现了自己的愿望。九五爻和下面的六二爻是相应的，一阴一阳、心心相印、夫妻相合，所以没有什么东西能战胜这对夫妻。从这里可以推广到家庭、企业、国家，只要上下相合、内外相应，坚守住正确的价值观，那么任何东西都无法战胜。

上九，鸿渐于陆，其羽可用为仪，吉。

《象》曰：其羽可用为仪吉，不可乱也。

这时大雁渐渐飞到高高的山顶上了，它的羽毛可以用来制作典礼的装饰，这是吉利的。

"鸿渐于陆"，九三爻和上九爻都说了"鸿渐于陆"，但这两者是有所不同的。九三爻的"陆"指小山，而上九爻的"陆"指高山，因为这根爻已经是整个卦最高的一根爻。"其羽可用为仪"，鸿雁的羽毛可以做幡旗上的装饰，这是古代的一种仪式，举的幡旗上往往要用羽毛做装饰，这是指礼仪不可以乱用，也就是次序不能乱，也比喻志向不乱。只有不乱，渐渐前进、渐渐按照礼仪来做，才是大吉的。另外，羽毛也是洁白、美丽的象征。这条爻辞跟古代一位非常有名的人物茶圣陆羽有关系（陆羽，字鸿渐），他的字就是按照这条爻辞来取的。《易经》的卦爻辞被很多名人用来作自己的名字，就是取它的吉祥之兆。

渐卦给我们最大的启发就是，事物的发展是有规律的，我们一定要循序渐进，不可以揠苗助长。这六根爻用大雁从低到高的飞行次序来说明循序渐进的道理。一般来说，只要按照次序前进，都是吉的；但有的时候也会凶，比如九三爻，凶的时候，只要顺行了、改变了，也可以逢凶化吉。

五十四　归妹卦——男婚女嫁，天地和谐

下兑上震，雷泽归妹

归妹，征凶，无攸利。

上六，女承筐，无实，士刲羊，无血，无攸利。

六五，帝乙归妹，其君之袂，不如其娣之袂良。月几望，吉。

九四，归妹愆期，迟归有时。

六三，归妹以须，反归以娣。

九二，眇能视，利幽人之贞。

初九，归妹以娣，跛能履，征吉。

归妹卦是《易经》的第五十四卦。"归"是出嫁，"妹"是少女，"归妹"就是嫁女儿或嫁少女。整个卦就是以少女出嫁作比喻，说明男婚女嫁、阴阳交合、天地感应的道理。

归妹卦的卦象是雷泽归妹，下面是沼泽，上面是雷。下卦的兑卦在自然界代表沼泽，在家庭里代表少女；上卦的震卦在自然界代表打雷，在家庭里代表长男。归妹就是说少女嫁给了年纪大一些的男人。

归妹，征凶，无攸利。

归妹，前进的话是有凶险的，没有什么好处。这是什么原因呢？为什么嫁女儿这么好的事情却说有凶险呢？其实这是有条件的，这个条件是如果嫁女儿的行为不当，前进就有凶险，也就是说男女和合不正当了，就有凶险。所以同

样是嫁女儿这件事情，爻辞里是有凶有吉的。如果时位不当，就是凶的；如果时位得当，就是吉的。

《彖》曰：归妹，天地之大义也。天地不交而万物不兴，归妹，人之终始也。说以动，所归妹也。征凶，位不当也。无攸利，柔乘刚也。

"归妹，天地之大义也"，少女出嫁，体现了天地阴阳和合的大道理。所以我们不能只看少女出嫁这一件事，这件事实际上是比喻了整个天地阴阳交合之道。"天地不交而万物不兴，归妹，人之终始也"，如果天地不交、阴阳不合，万物就不会兴起，所以出嫁少女是人伦的终结和开始。一切伦理关系都是从嫁女儿开始的，嫁女儿不仅是起点，也是终结。男女和合了，就组成了家庭，先有夫妻的关系，然后才有父子的关系、兄弟的关系，这样人类才能繁衍生息。为什么说天地不交呢？归妹卦的上卦是震卦，表示打雷，是阳性的，阳性的东西会上升；下卦是兑卦，表示沼泽，是阴性的，阴性的东西会下降。一个往上，一个往下，中间没有交通，阴阳就不交了，当然就凶险，这是从反面来强调阴阳一定要交合。

"说以动，所归妹也"，少女非常喜悦然后去行动，这时候才可以出嫁。"说"是下面的兑卦，也就是少女要喜悦；"动"是上面的震卦，长男跟她能够呼应，这个时候才是嫁女儿的好时机。"征凶，位不当也"，为什么前进有凶险呢？因为位置不正当。归妹卦中体现男和女最核心的两根爻就是中间的两根爻，也就是第二爻和第五爻，最重要的这两根爻位置都不当，九二爻是阳爻处在阴位上，而六五爻是阴爻处在阳位上，男女的位置都没摆正，当然没有好处，就会凶险。

"无攸利，柔乘刚也"，为什么没有利益呢？因为阴柔乘在阳刚上面了，阴柔之人骑在阳刚之人的头上，当然是没有好处的。这是指下面兑卦的六三爻乘着九二爻，就是阴爻骑在阳爻的头上；上卦震卦的六五爻乘在九四爻上面，这样都是阴柔乘在阳刚之上，当然是不利的。

这个卦是从反向思维来看，讲男婚女嫁是人类繁衍的根本因素，强调女子出嫁一定要守正道，以柔顺为本，要成为贤内助，否则就有凶险，当然这也反映了古代礼教对女子的约束。结合家人卦可以看出，不仅女子要守正道，男子也同样要守正道，"男女正，天地之大义也"，所以"正家而天下定矣"。

《象》曰：泽上有雷，归妹。君子以永终知敝。

"泽上有雷，归妹"，下面是沼泽，上面是惊雷，这就是归妹之象。沼泽上面打雷，表示春天来了，万事万物都非常欣喜地开始活动了。阳在上面动，阴在下面非常喜悦地跟从，好比少女跟随长男，表示少女就要出嫁了。"君子以永终知敝"，君子看到这样的卦象，要永远地保持夫妻之道，不让它被破坏。"知敝"就是知道弊端。弊端在哪里呢？就是位置不当。如果柔乘着刚，阴阳不交，长男和少女背道而行，肯定会导致败坏，这样不可能长久，这是一种告诫。

初九，归妹以娣，跛能履，征吉。
《象》曰：归妹以娣，以恒也。跛能履吉，相承也。

这根爻一开始是吉的，为什么呢？"娣"指妹妹。商代的时候，有一种习俗，妹妹要陪着姐姐出嫁，辅佐姐姐。初九爻居于最下位，表示少女是陪着姐姐出嫁的，但是因为她具有阳刚的贤德，她心甘情愿，这样虽然脚跛了（比喻遇到艰险），但是她仍能努力前行，所以最终是吉利的。

"以恒也"，这名少女能守着婚姻的常道、永恒之道。"相承也"，这位妹妹能以偏助正，共同侍候这个夫君，所以是吉利的。

九二，眇能视，利幽人之贞。
《象》曰：利幽人之贞，未变常也。

眼睛瞎了一只，视力不好了，但他仍然能够勉强去看东西，所以有利于幽居的人守持正道。

第一个时空点是跛了一只脚，到这里第二个时空点又瞎了一只眼，都代表非常艰险的局面。这里用了一个词，"幽人"——幽居的人，幽居就是隐居，意思是少女出嫁之后，好像隐居了一样。因为这个人不是她想嫁的，所以她的心中有点隐隐的不满，但她仍然守持正道，所以还是吉的。

"未变常也"，没有改变妇道人家的恒常之道，仍然守着节操。

六三，归妹以须，反归以娣。

《象》曰：归妹以须，未当也。

少女是以妾的身份出嫁的，所以她就返归等待时机，然后以"娣"的身份嫁作侧室。"须"在这里的意思是妾，"娣"是陪着姐姐一起出嫁的妹妹，这个身份比妾要高一些。

六三爻是阴爻居在阳位上，位置不当，所以要返回来等待时机。

九四，归妹愆期，迟归有时。

《象》曰：愆期之志，有待而行也。

等待出嫁的少女，延误了佳期迟迟未嫁，是在等待时机。第四爻已经进入第二个阶段了，也就是说少女在这时已经超过了婚龄，她现在的心理状态是什么样子呢？

"有待而行"，静静地等待时机，然后再前行。这是一种很好的心态，是妇人的贤德之志。九四爻配的是初九爻，两个都是阳爻，不相应，好比少女没有找到合适的男人，所以这时她就慢慢等待。现实生活中有很多大龄单身女子，她们是在等待，随便找一个人嫁了是对自己的不负责任。这种等待时机本来就是一件很好的事情，所以不必着急。

六五，帝乙归妹，其君之袂，不如其娣之袂良。月几望，吉。

《象》曰：帝乙归妹，不如其娣之袂良也，其位在中，以贵行也。

帝乙将他女儿出嫁，女儿穿的衣服还不如侧室的好看，就好比月亮将要圆满了，是吉祥的。

"帝乙归妹"，这是非常有名的故事，在泰卦里讲过帝乙是商纣王的父亲，当时他看到姬昌（周文王）很得人心，所以他就把自己的女儿嫁给了姬昌。帝乙的女儿是帝王之女，她的地位非高，她嫁给了当时身为王侯的姬昌，姬昌是周国的首领，叫西伯侯，这属于下嫁。"其君之袂，不如其娣之袂良"，但是帝乙的女儿品性非常好，她非常谦虚，穿的衣服都非常朴素，还没有侧室穿得好看，"袂"原来指衣袖，如联袂演出，这里指衣服。"月几望，吉"，这种品性非常好，各方面的行为都不太过分张扬，好比月亮快要满的时候，是人生最美的境界。

六五爻是阴爻居阳位，第五爻又是一个最尊贵的位置，还能保持中道，而且很谦逊、节俭，这种品德是难能可贵的，所以肯定会吉。

上六，女承筐，无实，士刲（kuī）羊，无血，无攸利。
《象》曰：上六无实，承虚筐也。
女子捧着一个篮筐，但是筐中没有实物，男子用刀杀羊，但是不见出血，这是没有益处的。

这是指古代贵族在男女婚礼上的一个仪式，是来祭祀宗庙的。女子要在筐里面放一些花草，男子要杀一头羊，然后用羊的血去祭奠。可是这里却相反，看不到这样的场景，这是一种不祥之兆，是没有好处的。

女子捧着空的筐，男子杀羊也不见血，这是比喻不能举行祭祀了，婚礼也不成了，夫妇之道也不能和合了。上六爻处在整个卦的最高位，下面的六三爻也是阴爻，阴爻跟阴爻不相应，所以至终都得不到相应，表明夫妇不能应和，不能和谐，这也从反面说明要想男女和合、阴阳和谐，一定要落到实处，根基要坚固，不要去追求那些虚无缥缈的东西。

归妹表面上是说男婚女嫁，实际上是在阐发一种天地阴阳和谐的道理：阴要以阳为归属，阴阳要和谐、沟通，这样阴阳、天地才能长久，万物才能繁衍。

归妹卦的卦辞是凶的，六条爻辞里有两根爻是凶的，其余四根爻都是吉的。凶的原因主要有两点：第一，位置没摆正，如第三爻和第六爻，有非分之想或处在太高的位置，但下面又落实不了，位置不正；第二，上下不沟通，阴阳不相合，从整个卦来说，震卦是阳气上升，兑卦是阴气下降，中间隔离了，这样是凶险的。而吉的四根爻都是位置摆正了：第一爻安于做偏室；第二爻能坚守正道、妇道；第四爻虽然婚期延迟了，但是能待时而嫁；第五爻最好，这么高贵的一名女子，却非常谦逊、节俭。这些都符合妇道、妇德，符合男女交合之礼，所以归妹卦是从女子的角度来说明天地之大义。

五十五　丰卦——丰盛硕大，又中又正

下离上震，雷火丰

丰，亨，王假之，勿忧，宜日中。

上六，丰其屋，蔀其家。窥其户，阒其无人，三岁不觌，凶。

六五，来章，有庆誉，吉。

九四，丰其蔀，日中见斗，遇其夷主，吉。

九三，丰其沛，日中见沫，折其右肱，无咎。

六二，丰其蔀。日中见斗，往得疑疾，有孚发若，吉。

初九，遇其配主，虽旬无咎，往有尚。

丰卦是《易经》的第五十五卦，表示丰收、丰满、丰大、丰盛。丰卦是教我们怎么使事物丰大，以及丰大之后如何保持的道理。丰卦的卦象是雷火丰，上面是雷，下面是火（电），也就是雷电齐鸣、声势浩大的场景。

丰，亨，王假之，勿忧，宜日中。

丰卦是亨通的，大王可以达到丰盛的境界，不必忧虑，适合像中午的太阳一样高举空中。

卦辞从两个方面说明丰的道理。"王假之"，要达到丰大的境界，怎么样才能达到呢？必须要有德行，有德的君主才能达到这样的境界。"勿忧，宜日中"，怎么保持丰大的状态？要像太阳一样居于中天，光明常照，这样才可以没有忧愁，否则一定会有忧愁。这个卦还告诫我们丰大是不容易的，保持丰大更加困难，提醒人们"丰不忘衰，盈不忘亏"的道理。

《彖》曰：丰，大也。明以动，故丰。王假之，尚大也。勿忧，宜日中，宜照天下也。日中则昃，月盈则食，天地盈虚，与时消息，而况于人乎，况于鬼神乎。

"丰，大也。明以动，故丰"，"丰"是大的意思。光明而且进取，所以能丰大。"王假之，尚大也"，大王怎么才能达到丰大的境界呢？需要崇尚宏大的美德。"勿忧，宜日中，宜照天下也"，不必忧虑，应该像正午的太阳一样，适合用自己的光明来普照天下。"日中则昃，月盈则食，天地盈虚，与时消息，而况于人乎，况于鬼神乎"，这句话非常有名，意思是太阳升到最中天的时候肯定要西斜，月亮最盈满的时候肯定会亏损。天地都是有盈满虚亏的，都会随时令消长，何况是人和鬼神呢！

这里说了一个普遍的规律：大王、君主以及所有人丰大、顺利的时候，一定要考虑到反面——亏损、不顺利的时候。所以要适中，不能太过，要知道物极必反的道理，始终保持住"如日中天"的状态是很难的，所以我们要加强自身的修养，要谦虚，守持中庸之道。我想起了老子《道德经》里的一段话："飘风不终朝，骤雨不终日。孰为此者？天地。天地尚不能久，而况于人乎？"狂风是刮不完一个早晨的，骤雨（暴雨）是下不完一整天的，总会停息。怎么造成的呢？这是天地的自然现象。天地都是这样，何况人呢？都是这个道理。

《象》曰：雷电皆至，丰。君子以折狱致刑。

雷电并作，是丰卦的卦象。君子要效法这种景象来判断诉讼、执行刑罚。

"雷电皆至，丰"，丰卦的上卦是震卦，是打雷；下卦是离卦，是闪电，这是天上轰隆隆地打雷又有闪电的场景，表明老天的威严，声势浩大。离卦还有光明的意思，表示老天在发怒，发出光明的号令，违背天道就要遭到惩罚。"君子以折狱致刑"，君子看到这样的卦象，要像雷电公一样刚正地断案、执法，动用刑罚。

我们可以联想到另一个卦——噬嗑卦，噬嗑卦是火雷噬嗑，上面是离卦（闪电），下面是震卦（打雷），跟丰卦正好上下颠倒，它也是这样一种场景，所以噬嗑卦的《象传》说"先王以明罚敕法"，噬嗑卦是"明在上，动在下"，也就是要先明白事理再立法。而丰卦与噬嗑卦恰好相反，是"动在上，明在下"，也就是说要把威严的法律挂在头上，让下面的老百姓明白触犯法律的后果。这两个卦实际上都是用闪电和打雷的威严来说明法律要严明，执法要公正。

初九，遇其配主，虽旬无咎，往有尚。
《象》曰：虽旬无咎，过旬灾也。

"遇其配主"，遇到跟自己相配的君主，也就是遇到实力相当的主人。"虽旬无咎"，"旬"指均，也就是实力相等，初九爻遇到的主人指九四爻，这两根爻都是阳爻，实力相当，所以容易去抗争。因为这时它已经丰大了，遇到主人的时候千万不能去抗争，太膨胀了就会招来灾祸；如果不去抗争，就不会有灾祸。"往有尚"，前往的话会得到重视。

想要去超越的话就有灾祸。

一般来说，上下相应的两根爻都是阳爻或阴爻的时候叫不和，往往是凶的。但丰卦很有意思，反而是吉祥的，初九爻和九四爻都是阳爻，如果它们相配合，不去竞争，就不会有灾祸。这对我们非常有启发意义：取得重大成功的时候，实力强大了，一定要学会居下，而且要甘心地处在下面，这不仅是一个成功人士对待上级的一种必要做法，而且也是每一个新入行的人一开始的必修课和必由之路。

六二，丰其蔀。日中见斗，往得疑疾，有孚发若，吉。
《象》曰：有孚发若，信以发志也。

扩大了草席，结果遮住了太阳，正午在太阳中还看见了北斗星。前往的话就会被猜疑，如果发挥了自己的诚信美德，最终会获得吉祥。

"六二，丰其蔀。日中见斗，往得疑疾"，"蔀"指院中木架上盖的草席，这里比喻阴暗的东西。如果阴暗的东西被放大了，就会挡住太阳，所以在太阳里能看到北斗星，说明这个时候已经暗下来了，看不到光亮了。这也比喻一个人在丰大的时候，往往容易把自己的阴暗面扩大，这样就会受到别人的猜疑。

"信以发志"，用诚信来发挥自己的志向，来保持自己光明的一面，就能变成吉的了。

这样的光明是什么呢？是又中又正的美德。因为六二爻是阴爻居阴位，并且又是中位，又中又正，要保持住，不要让阴暗的东西扩大。

九三，丰其沛，日中见沫，折其右肱，无咎。

《象》曰：丰其沛，不可大事也。折其右肱，终不可用也。

"九三，丰其沛，日中见沫"，"沛"指旗子，把旗子放大了，意思是自己阴暗的东西又进一步放大了，结果遮住了光明。九三爻是下卦最上的一根爻，下卦离卦代表光明，这时候一面旗子挡住了光明，是很危险的，以致太阳中不仅能看到北斗星，还见到了黑暗，就是黑暗的东西更加放大了。这时候应该怎么做呢？"折其右肱，无咎"，折断自己的右臂，就没有灾祸。我们绝大部分人都用右手做事，把右臂折断了就是把自己所有的能力都废除掉了，也就是不要施展自己的才能，把自己的才能彻底隐藏起来，这样才不至于招来灾祸。

九四，丰其蔀，日中见斗，遇其夷主，吉。

《象》曰：丰其蔀，位不当也。日中见斗，幽不明也。遇其夷主，吉，行也。

"丰其蔀，日中见斗"，九四爻这句话和六二爻是一样的，扩大了草席，遮住了太阳，以致在太阳中看到了北斗星。同样，扩大了草席就是扩大了自己的阴暗面，结果遮住了光明。"遇其夷主，吉"，"夷"是平安，这里指阴阳平和的君主，遇到这样的君主是吉祥的。君主指谁呢？有两种解释：一种是上面的六五爻，六五爻是阴柔之爻居君位，代表平和的主人；九四爻是阳刚之爻，居阴柔的下面，这种位置是非常好的。另一种是指下面的初九爻，初九爻和九四爻都是阳爻，他们的实力虽然是匹配的，但是由于他们不去争，所以是吉的。初九爻称九四爻为"配主"，九四爻称初九爻为"夷主"，强调了虽然两根爻都是阳爻，但是要互相匹配、谦让，这样才能避免凶险。这两种解释都可以，总而言之，九四爻已经进入了上卦，上卦是打雷，是一种动，在运动的时候，自己一定要平和下来。

六五，来章，有庆誉，吉。
《象》曰：六五之吉，有庆也。
能招徕有才华的人，必有喜庆和赞誉，是大吉祥。
六五爻是以阴爻居丰卦最尊贵的位置，是阳刚之位，也是中位，表明虽然很阴柔，但还是有阳刚的要素，而且能守住中道，以自己的诚信来感召天下有才能的人，这样就会得到有才能的人的辅助，自己的光明会越来越丰大，因此是吉祥的，是有福报的。

上六，丰其屋，蔀其家。窥其户，阒其无人，三岁不觌（dí），凶。
《象》曰：丰其屋，天际翔也。窥其户，阒其无人，自藏也。
扩大了房屋，用帘子遮盖了房子。通过门缝往里一看，静悄悄地看不到人影，三年都看不见人，这是有凶险的。
前面五根爻都是"吉"或"无咎"，最后上六爻却是有凶险，它展现了这样一种场景：自己已经居最高的位置了，这时候太得意自大，把自己住的屋子越盖越大，然后用帘子把整个家都盖住了，表明阴暗的东西、私欲太膨胀了。
"丰其屋，天际翔也"，房子盖得就像天空中飞翔的鸟儿一样把太阳遮住了，说明到极点了，太自大了，结果招来了凶险。"窥其户，阒其无人，自藏也"，这个屋子透过门缝往里看看不到人。说明屋子太大没有人气，而且三年都看不到人，表明时间很久了，是凶象。意思是把自己藏起来了，隐藏得非常深，所以别人看不透，也就是说把自己看得太高了，不与别人打交道，断绝了一切交往，这就是自绝于人。这个时候的丰大是只顾自己成功、盛大，不顾别人，肯定是凶险的。

丰卦实际上是告诉我们，丰大是一个过程，是暂时的、相对的，任何事物都是这样。丰大以后终究要趋于亏损，当然亏损也终究会趋于丰大，丰卦的卦辞和爻辞都告诉我们这样两个道理：一是怎么才能丰大，就是要保持光明的心、诚心，减少阴暗面，扩大光明面；二是丰大后一定要提高警惕，不能太膨胀、太自大，如果太膨胀、太自大，阴暗就会遮住光明，就会招来凶险。

五十六　旅卦——行旅客居，谨慎安宁

下艮上离，火山旅

旅，小亨，旅贞吉。

上九，鸟焚其巢，旅人先笑后号咷，丧牛于易，凶。

六五，射雉，一矢亡，终以誉命。

九四，旅于处，得其资斧，我心不快。

九三，旅焚其次，丧其童仆，贞，厉。

六二，旅即次，怀其资，得童仆，贞。

初六，旅琐琐，斯其所取灾。

旅卦是《易经》的第五十六卦，意思是在外旅游。旅游是一种消遣、放松，就像有人调侃说是从自己待腻的地方到别人待腻的地方。但最早的"旅"不是这个意思，最早的"旅"是指失去了自己的住所，远离故土，到异国他乡去避难、客居，或者是为了事业而背井离乡，或者是被流放。不管是哪种情况，都是客居他乡，都有一种思念故乡的忧愁心情。

古代有很多描写旅居生活的诗句，如伟大的诗人屈原在《离骚》中就有一句非常有名的诗句："路漫漫其修远兮，吾将上下而求索。"这是说前行的路程遥远漫漫。元代马致远的《天净沙·秋思》写道："枯藤老树昏鸦，小桥流水人家，古道西风瘦马，夕阳西下，断肠人在天涯。"表达了一位漂泊天涯的游子凄凉、孤独的心情。

旅卦其实不仅讲旅居，它还进一步推广到了人生的旅程。正如李白所说：

"天地者，万物之逆旅；光阴者，百代之过客。"天地好比是一间旅馆，我们都是里面的行旅之人，因为人生最多不过百十年，所以我们的人生又何尝不是匆匆的过客呢！

旅卦的卦象是火山旅，下面是山，上面是火。我们可以想象一下，火在山上蔓延，就像一个游动的过程；也可以想象下面是一座山，上面是太阳，一个人在山上走，是头顶着太阳的旅行。

旅，小亨，旅贞吉。

"旅，小亨"，旅卦有小小的亨通。"小亨"可以理解为小心谨慎才能亨通。"旅贞吉"，在旅行当中只要守持正道，就是吉祥的。这是指旅卦当中有两点非常重要：一是要小心谨慎，二是要守持正道。

《彖》曰：旅，小亨，柔得中乎外而顺乎刚，止而丽乎明，是以小亨，旅贞吉也。旅之时义大矣哉。

为什么旅卦能"小亨"呢？因为它"柔得中乎外而顺乎刚"，阴柔处在中正之位，并且能顺从刚强，意思是旅居的时候一定要柔弱、守中道。这是指旅卦两根处在中位的爻——六二爻和六五爻——都是阴爻，都是柔弱的，并且都顺从刚强者，因为六二爻和六五爻上面都是阳爻。这时要顺应强者，自己柔弱，这样就会吉。"止而丽乎明"，这是指下卦和上卦，"止"是静止、安宁，指下卦的艮卦，意思是旅居的时候一定要有静止的心，要安宁、虚静；"明"是光明，指上卦的离卦，"丽"是依附，意思是要安宁并且依附于光明。"是以小亨，旅贞吉也"，只有这样，才能获得吉祥。"旅之时义大矣哉"，所以旅卦的时义是非常伟大的，因为它不仅指旅行，还可以扩大到事业、人生。

《象》曰：山上有火，旅。君子以明慎用刑而不留狱。

"山上有火，旅"，山的上面燃烧着火，这就是旅卦的景象。君子看到这个卦象，就要提醒自己要光明、谨慎地去执行刑罚而不拖延诉讼。

为什么说山上有火是"旅"呢？"旅"在古代是一种祭祀的仪式，在《周礼·天官·掌次》中就有记载："王大旅上帝。"君王用"旅"祭祀上帝，在哪里祭祀呢？怎么祭祀呢？在山上设一个火坛，生火来祭祀。《论语·八佾》里记载："季氏旅于泰山。"在泰山上用火坛来祭天，一般来说，祭天地、山川，都是用"旅"这种仪式。

"君子以明慎用刑而不留狱"，所以君子看到这个卦象，就要生起敬畏之心，对刑罚、诉讼这样的事情要严明公正，不能拖延。前面好几个卦都讲到了刑罚、诉讼，一般都带"火"字，如雷火丰卦讲到了要"折狱致刑"，火雷噬嗑卦讲到了要"明罚敕法"。可想而知，"火"的意思就是要光明公正，不能徇私情。

初六，旅琐琐，斯其所取灾。

《象》曰：旅琐琐，志穷灾也。

在行旅的开始，举动如果猥琐、卑贱，就会招来灾祸。

我们想象一下，一个人远离故乡，出外旅行，如果一开始在志向上就短了人家一截，在行动上表现出猥琐、卑贱，这种人怎么会被别人瞧得起呢？所以这个时候一定要保持住自己的气节。初六爻是刚刚开始，又是阴爻，表明行动还比较柔弱，所以这个时候立志向就很重要。

"志穷灾也"，志向薄弱了、到头了，结果招来了灾祸。有句话叫"人穷志不穷"。如志一穷，人不穷也得穷了，就预示着灾祸开始了。古代那些旅居在外的人，如果保持崇高的气节，就会被人尊重，比如屈原被放逐在外，"虽九死其未悔"，他还要再"上下求索"，他志向没有穷、气节没有穷，所以被后世赞扬。

六二，旅即次，怀其资，得童仆，贞。

《象》曰：得童仆，贞，终无尤也。

居住在旅馆里，怀里藏着自己的钱财，还得到了一个忠贞的童仆，这个时候要守持正道。

"旅即次"，"次"指旅馆、客舍。六二爻非常好，好像一个人在外经商的时候，不仅得到了钱财，而且还得到了一个忠诚可靠的仆人，这是再好不过的事。

为什么六二爻有这么好的情景呢？因为六二爻居中位，而且是阴爻居阴位，又中又正，又积累了善德。下卦的艮卦，上面是一根阳爻，下面是两根阴爻，好比一座房子，也就是这间旅馆；童仆是哪根爻呢？是初六爻；钱财是哪根爻呢？是九三爻。九三爻现在来支持六二爻，而下面的童仆又在伺候上面的六二爻，所以六二爻大吉。

九三，旅焚其次，丧其童仆，贞，厉。
《象》曰：旅焚其次，亦以伤矣，以旅与下，其义丧也。

这根爻是大凶。投宿的旅馆起火了，丧失了自己的童仆，因为太刚正了，所以危险。九三爻跟六二爻的情景恰好相反，六二爻是刚刚得了一个仆人，而到九三爻是失去了一个仆人，这是什么原因呢？因为九三爻是阳爻居阳位，又是下卦的最上一根爻，太亢奋、太躁动了，不符合旅行之道。一个人旅行在外，是寄人篱下，这时要柔弱、虚静；如果躁动、亢奋，肯定会招来灾祸。

九四，旅于处，得其资斧，我心不快。
《象》曰：旅于处，未得位也。得其资斧，心未快也。

在旅行当中，暂时得到了一个栖息之处，获得了资助的器物，但我的心中还是不快乐。

九四爻进入上卦，是离卦光明，所以一开始会得到一些资助。关于"资斧"有两种说法：一是钱币，二是锐利的斧子。两种说法都说得通，斧子是用来干什么的呢？是旅行的时候用来披荆斩棘的。这个时候为什么心中不快呢？因为这个时候九四爻居住得不正，它是阳爻居阴位，没有得到适合自己的栖息之处；同时这时旅行得更远了，远离了自己的故乡、故国，心中有思乡、思国之情，所以还是不畅快。

六五，射雉，一矢亡，终以誉命。
《象》曰：终以誉命，上逮也。

射死了一只野鸡，丢失了一支箭，但是最终获得了赞誉和爵命。也就是这时被封爵了，这是旅行当中最佳的情况。

为什么要用野鸡来比喻呢？因为上卦是离卦，离在动物里是"雉"，也就是野鸡。野鸡很漂亮，比家鸡漂亮，所以离卦也代表美丽，在这里比喻美誉。"一矢亡"，一根箭丢失了，这是比喻什么呢？比喻会有小的损失，但是却能换来大的利益，这是值得的。因为六五这个时空点是柔爻居中位，也是一个尊位，所以有柔中文明之德，肯定能获得大的成功。

上九，鸟焚其巢，旅人先笑后号咷，丧牛于易，凶。
《象》曰：以旅在上，其义焚也。丧牛于易，终莫之闻也。

"上九，鸟焚其巢"，上九爻已经到最高位了，这时树上的鸟巢被烧毁了，比喻自己客居的房子被损坏了，已经是穷途末路了。"旅人先笑后号咷"，行旅的人先是欢笑，后来又号咷大哭。为什么要笑呢？上九爻是阳爻居最高的位置，因为得了高位所以笑，也就是他忘记了自己客居他乡，还在欢笑，所以后来就遭到了倾家荡产的灾祸。"丧牛于易，凶"，在田畔丢了一头牛，这是凶险的。这时他的任何消息亲人都不会知道，因为客居他乡。这也从反面告诉我们，即使身居高位也不能忘记自己的家园故土，否则稍有不慎就会丧失一切。

旅卦是通过一个人旅行在外的场景，表达人一生的旅程中会遇到的各种境遇。从这六根爻的情况来看，一般阴爻处中往往是吉的；阳爻太高亢了往往都是凶的。这就是要告诉我们，在人生的旅程中要谦逊、谨慎，内心要静止、安宁，行事要光明、公正。

五十七　巽卦——谦虚顺从，有节有度

下巽上巽，巽为风

巽，小亨，利有攸往，利见大人。

上九，巽在床下，丧其资斧，贞，凶。

九五，贞吉，悔亡，无不利。无初有终，先庚三日，后庚三日，吉。

六四，悔亡，田获三品。

九三，频巽，吝。

九二，巽在床下，用史巫纷若，吉，无咎。

初六，进退，利武人之贞。

巽卦是《易经》的第五十七卦，是一个纯卦，上面是巽卦，下面还是巽卦。巽代表风，风会从外面吹进来，所以它有进入的意思；风一吹，树木就顺从地动，所以巽卦还代表树木；树木在动，是怎么动呢？顺着动，所以巽卦还有顺从的意思，也有谦虚、谦让的意思。

风的流动性、适应性都很强，无孔不入，这种适应性也可以用在人与人的关系上，所以巽卦讲的是顺从、顺应，包括怎么顺应世界、人际关系，谁能顺应谁就能成功。人际关系非常多，如上下级关系、长辈后辈关系、平辈之间的关系，怎么处理好这些关系是大学问。当然顺应既是讲下面要顺应上面的旨意，也是讲上面要顺应下面的意志。各种关系都顺应了，人和人之间、人和社会之间、人和自然之间、人自己的身心也就和谐了，所以巽卦的意义是非常重大的。

巽，小亨，利有攸往，利见大人。

巽卦谦虚、柔顺、小心了，就会亨通，有利于有所行动，有利于出现大人。

"小亨"，"小"有小心、谦虚、柔顺的意思，这里主要是指巽卦最下面的阴爻。阴爻本来就是弱小的，所以它做事情要小心，而且要谦虚。巽卦是阴顺着阳，小顺着大；反过来，如果太刚强、太厉害，就难以亨通。"利见大人"，"大人"指初六爻上面的两根阳爻，这句话不仅是说有利于出现大人——九二爻和九五爻，而且是说要做一个大人，尤其是九五爻，不要一味顺从，而是自己也要保持刚健的中正之道，这样才会亨通。

《彖》曰：重巽以申命，刚巽乎中正而志行，柔皆顺乎刚，是以小亨，利有攸往，利见大人。

像两个巽卦重叠在一起来发布命令。阳刚的君子有中正的美德，所以他的意志被执行，阴柔者都顺从阳刚者，这样才是亨通的，有利于行动，有利于出现大人。

"重巽以申命"，为什么要说巽卦重叠了，可以发布命令呢？这是下面的人都顺应上面阳刚之人的环境，阳刚之人（君主）就可以发布命令，指环境非常顺利。这是从两个方面来说的：一是君主本身中正，符合天道；二是下面的老百姓也非常听话、顺应，这种环境是最有利于发布政令的。

为什么"小亨，利有攸往，利见大人"呢？这里从两个方面进行了解释。一是"刚巽乎中正而志行"，刚爻指有德的君子、尊者、领导，具有阳刚之德，这个时候就可以推行他的意志。既是阳刚之人又居中正之道的是谁呢？是九五爻。二是"柔皆顺乎刚"，柔爻就是阴爻，是居下面的，也就是下级，能够顺应阳刚者、上级，群众能够顺从领导，这是非常有利的。阴柔的是谁呢？是巽卦的初六爻和六四爻。

《象》曰：随风，巽。君子以申命行事。

风连着风，是巽卦之象。君子要效法这个卦象来发布命令、施行政事。风连着风是什么景象？是一种雷厉风行的景象。大风吹动了万事万物，无所不至，万事万物也无所不动、无所不顺，所以我们施行命令的时候，也要像风行天下那样无所不至，使听者都顺应。

初六，进退，利武人之贞。

《象》曰：进退，志疑也。利武人之贞，志治也。

巽卦的六条爻辞是讲在不同的时位应该怎样顺应，如果不顺应又会造成什么情况。

一开始，又前进又后退，有点迟疑不定，这个时候有利于勇武之人来坚守中正之道。

巽卦之人有个特点：进进退退的，随风倒，也就是做事犹豫不决。"初六，进退"，初六爻是刚开始，又是阴爻，所以顺从太过，没有主见，有点迟疑不定。这时候该怎么做呢？"利武人之贞"，要勇武、果断、坚定，改变迟疑、恐惧和懦弱的特性，像勇武之人那样果断，使意志变坚定，这样才有利。

九二，巽在床下，用史巫纷若，吉，无咎。

《象》曰：纷若之吉，得中也。

顺从地趴在床底下，效法史和巫那样谦卑，这样就吉祥，没有灾祸。

史和巫是古代的官职，在古代地位很高，他们的主要职责是沟通天地，所以这些官职实际上是做天地沟通的中介。他们非常谦逊，而且非常虔诚地对待这个工作。"巫"字上面一横代表天，下面一横代表地，中间一竖是把天地沟通了，然后是人。在古代，女的叫"巫"，男的叫"觋"。九二爻是阳爻居阴位，本身就是一种谦卑、谦虚，并且它守在中位，不偏，就像躲在床下一样，像巫官和史官那样侍奉着神明，这样就能吉利。同时九二爻跟上卦的九五爻是相应的，九五爻发布了命令，九二爻非常谦卑地顺应九五爻发布的命令。

九三，频巽，吝。

《象》曰：频巽之吝，志穷也。

勉强地顺从就会有遗憾。"频"通"颦"，意思是皱着眉头，表示不太情愿、忧虑。为什么九三爻不情愿顺从呢？因为它是下卦的最高一爻。

九三爻的心志困穷了，还没有振作起来。也就是说它的谦虚和顺从的品德已经丧失了，这时只能勉强装出来，所以会有遗憾。

六四，悔亡，田获三品。

《象》曰：田获三品，有功也。

这根爻辞里没有讲到"巽"，但实际上蕴含"巽"的意思。这时悔恨消除了，打猎的时候可以获得三类物品。

这里说了一种现象，古代贵族打猎的时候，获得的物品要分为三类：第一类物品是用来祭祀的，第二类物品是用来献给宾客吃的，第三类物品是供君主食用的。这里说打猎的时候这三类物品都获得了，是大的收获。为什么这个时候没有悔恨呢？因为六四爻上面是九五爻，六四爻谦虚和顺地顺应九五爻，把打猎获得的食品都奉献给了君主，这种谦虚顺应不是懦弱的表现，而是一种美德。六四爻是上卦的最下一爻，是阴爻，顺应着九五爻，这样当然没有悔恨，能取得大的成就和功勋。

九五，贞吉，悔亡，无不利。无初有终，先庚三日，后庚三日，吉。

《象》曰：九五之吉，位正中也。

只有守持了正道才能获得吉祥，悔恨才能消除，没有什么不吉利的。起初可能不太顺利，但是最终会有好的结果，如果在庚日前三天发布命令，在庚日后三天实施命令，就会获得吉祥。

九五爻是巽卦里起到关键作用的一爻。九五爻是九五至尊，代表了一个有德的君主，守的是中正之道。"先庚三日，后庚三日"，"庚"是十天干的第七位，庚日的前面三天是丁日，庚日的后面三天是癸日，这里不说丁日和癸日，而是以"庚"作为出发点，是很有意思的。实际上"庚"有"变更"的意思，因为庚已经到了第七位，已经过了中间数，所以要求变更。我们联想到蛊卦的卦辞："先甲三日，后甲三日。"以"甲"作为出发点，作为计数的依据，甲是十天干的第一位，所以表示事物的开端。为什么"先甲三日，后甲三日""先庚三日，后庚三日"都有"三日"呢？前面三天加后面三天是六天，再加上它自己，一共七日。七日在古代表示一个周期，正如复卦里所说的"七日来复"，"庚"又是第七位，所以它含有周而复始的意思。

九五爻又中又正，而且这个时候上下都顺从，所以发布政令，肯定能畅通无阻，所以大吉。

上九，巽在床下，丧其资斧，贞，凶。
《象》曰：巽在床下，上穷也。丧其资斧，正乎凶也。
这时顺从地匍匐在床下，就会丢失锋利的斧子，它又丧失了刚强的本性，所以是凶险的。

"巽在床下"，在九二爻里已经说了一次，表示很谦卑，是好事情。"无咎"，而这里躲到床下反而是凶的，为什么呢？因为这两个时位不同，上九爻是阳刚之人居最高位，但这是一个阴位，所以"上穷也"，屈卑到了极点，丧失了刚强的本性。"丧其资斧，正乎凶也"，就好比丧失了锋利的斧头，一把斧头失去了锋利的本性，就没用了，这时谦卑到头了，失去了自己的本性，就会被人看不起，结果自然是凶险的。这告诉我们，任何事物都不能过分，一过分就会走到反面去。

巽卦实际上是告诉我们一种人与人之间相处的智慧——顺。无论是下顺上，还是上顺下，都要注意以下几点：第一，要保持自己刚正不阿的本性，该顺的时候顺，不该顺的时候绝对不能顺；第二，顺应别人一定要发自内心、诚心诚意，不能矫揉造作，也不能勉强犹豫；第三，顺应要注意时位和火候，不能太过也不能不及；第四，顺应时要有一番作为，不是一味顺从别人，而要发挥自己的中正之德来发布命令，施行政令，让别人来顺应自己，这样才能有一番大作为。

五十八　兑卦——真诚平和，快乐之道

下兑上兑，兑为泽

兑，亨，利贞。

上六，引兑。

九五，孚于剥，有厉。

九四，商兑未宁，介疾有喜。

六三，来兑，凶。

九二，孚兑，吉，悔亡。

初九，和兑，吉。

兑卦是《易经》的第五十八卦，也是一个纯卦——上下都是兑卦。兑卦是前面巽卦颠倒之后的卦，也就是巽卦的反卦。

"兑"是什么意思呢？兑卦在自然界中代表沼泽，沼泽里有水，可以滋润万物，这样万物就喜悦了，所以兑卦有喜悦的意思。《说卦传》中说："说万物者莫说乎泽。"意思是能使万事万物喜悦的没有能比得过兑卦的。兑卦的卦象是下面两根阳爻，上面一根阴爻。阴爻可以看作羊角，所以兑卦也表示羊，羊是温驯、讨人喜欢的动物。我们再来看"兑"字，"兑"字好像是一个人张开了嘴，中间是口，张开嘴做什么呢？说话或者笑。所以"兑"字加言字旁是"说"，加竖心旁是"悦"，兑卦讲的就是快乐之道。

兑，亨，利贞。

兑卦是亨通的，有利于守持正道。

因为心中喜悦，所以能守持正道，自然就能亨通；反过来说，守持正道，心中必然是喜悦的。

《彖》曰：兑，说也，刚中而柔外，说以利贞，是以顺乎天而应乎人。说以先民，民忘其劳；说以犯难，民忘其死。说之大，民劝矣哉。

"兑，说也，刚中而柔外，说以利贞，是以顺乎天而应乎人"，兑卦是主喜悦的，表明阳刚居中而柔和处外，心情喜悦就有利于守持正道，所以兑卦既符合天道，又顺应人道。"刚中而柔外"，"刚中"是指中间的两根刚爻——第二爻和第五爻，这是心怀诚信；"柔外"是指柔和在外面，即兑卦最上面的柔爻，上下卦最高处都是柔爻。心中阳刚，外在柔弱、谦逊，这样就会受到大家的喜爱，当然最重要的是"顺乎天而应乎人"，既顺应天道，又顺应人道。

"说以先民，民忘其劳；说以犯难，民忘其死。说之大，民劝矣哉"，君子从内心发出喜悦，并且身先士卒，总跑在前面，老百姓就会任劳任怨，忘记自己的疲劳；如果君子能诚心诚意地奔赴艰难，老百姓也必然会舍生忘死。所以喜悦的意义非常伟大，老百姓可以按照喜悦之道自我勉励。《彖传》说出了快乐之道的本源。为什么快乐？因为君主身先士卒了，下面的老百姓就会感到真正的快乐。

《象》曰：丽泽，兑。君子以朋友讲习。

沼泽连着沼泽，构成了兑卦之象。所以君子要用喜悦的心态和朋友一起研习学业。

兑卦上下卦都是沼泽，就好比沼泽连着沼泽，沼泽里的水可以互相滋益，表明喜悦是和朋友在一起互相影响。什么叫朋友？古人说"同门曰朋，同志曰友"。同一个师门又有同样志向的人聚集在一起，互相切磋学问、讲习道义，心中是十分喜悦的，这就是《论语·学而》第一章里讲的："学而时习之，不亦说乎？有朋自远方来，不亦乐乎？人不知而不愠，不亦君子乎？"

我认为这三个"乎"就是人生的三重快乐境界。第一个层面："学而时习之，不亦说乎"，学了之后立即去实践的喜悦，我认为是偏于自己的乐，或者叫自我觉悟；第二个层面："有朋自远方来，不亦乐乎"，有同志、同门从远方来和自己一起切磋学问，这种快乐是更高一层的快乐；第三个层面："人不知而不愠，不亦君子乎"，君子有三达德——知、仁、勇，仁者是不忧的，知者是不惑的，勇者是不惧的，所以君子的这种快乐是更高境界的快乐。孔子在《论语·学而》里说的这三句话实际上是对兑卦的引申。

初九，和兑，吉。
《象》曰：和兑之吉，行未疑也。
六条爻的爻辞基本都有"兑"字。
"和兑，吉"，平和喜悦地对待别人，就会吉祥。"和"字特别重要，意思是平和、和顺。初九爻是刚刚开始，开始的时候就要心平气和，从内心发出真情，这样才能感化别人，这叫以真心换真心。

平和喜悦地对待别人，这样的行动才不会被人怀疑，别人不会觉得是假装的，一定会吉祥。

九二，孚兑，吉，悔亡。
《象》曰：孚兑之吉，信志也。
诚信、喜悦地对待别人就会吉祥，悔恨会消除。
九二爻是阳爻居阴位，而且是居中位，表示诚信、衷心，所以这种喜悦是真诚的，当然就会大吉。

六三，来兑，凶。
《象》曰：来兑之凶，位不当也。

前来讨人喜欢，有凶险。

六三爻是阴爻处在阳位上，位置是不当的，是指用不正当的手段求得别人的喜悦，因为不是发自内心的，而是用献媚的手法求得别人的喜悦，这种行为是有凶险的。

九四，商兑未宁，介疾有喜。

《象》曰：九四之喜，有庆也。

商量着喜悦的事情，但是心中还没有安宁下来，只有革除了疾病才能有喜庆。

"商兑未宁"，九四爻是上卦刚刚开始，也就是第二个阶段开始了，是阳爻居阴位，位置仍然不正。就像六三爻那种小人的做法，是献媚的，不是出自真心的做法，所以仍然是不吉的。这个时候该怎么做呢？"介疾有喜"，把它革除掉。"介"有隔离、消除的意思，意思是把"疾"（不正当的手段、疾病）消除了，就会有喜。

九五，孚于剥，有厉。

《象》曰：孚于剥，位正当也。

诚信被剥夺了，这是有危险的。

九五爻是又中又正，且居于最尊贵位置的一根爻，为什么还有"厉"（危险）呢？九五爻的爻辞是兑卦里唯一没有提到"兑"字的爻辞，但其实也隐含了"兑"字，可以理解为"剥兑"，喜悦被剥夺了。喜悦为什么被剥夺了呢？因为自己虔诚的心被别人剥夺了，所以喜悦一定也会被剥夺。

九五爻虽然本身是九五至尊，阳刚且居中正，但它上面的上六爻是阴爻，这根阴爻把九五爻压住了。从上六爻的爻辞可以看出，上六爻在引诱九五爻喜悦，九五爻把诚信、发自内心的喜悦给了上面的小人，想跟小人一起喜悦，就会有危险。这说明喜悦一定要找准对象，同时要坚定自己的内心，否则就有危险。

上六，引兑。

《象》曰：上六引兑，未光也。

引诱别人喜悦。上六爻是全卦的最高一爻，也就是最后一爻，说明整个喜悦已经到头了，它是根阴爻，要引诱下面的阳爻（九五爻）跟它一起喜悦。

上六爻引诱别人喜悦，它的内心不够光明。上六爻是阴爻居阴位上，有阴暗的一面，它的喜悦是别有用心、居心不良的，一定要警惕！这条爻辞实际上是从反面告诫我们要注意那些表面对你阿谀奉承、溜须拍马的人，他们很可能是在引诱你，他们的内心是不够光明的，向你行贿的目的是要获得更大的利益，将来的结果肯定是非常危险的。

兑卦所说的快乐之道最关键的是内心的真诚与平和，所以六条爻辞里只要是内心真诚平和的，就是吉祥的，比如第一爻是"和兑"，第二爻是"孚兑"；而那些要献媚别人，不是出于真心的喜悦，肯定是凶险的，比如第三爻是"来兑"，第六爻是"引兑"。

五十九　涣卦——挽救涣散，凝聚人心

下坎上巽，风水涣

涣，亨。王假有庙，利涉大川，利贞。

上九，涣其血，去逖出，无咎。

九五，涣汗其大号，涣王居，无咎。

六四，涣其群，元吉。涣有丘，匪夷所思。

六三，涣其躬，无悔。

九二，涣奔其机，悔亡。

初六，用拯马壮，吉。

涣卦是《易经》的第五十九卦，在兑卦之后。兑卦是喜悦，人生喜悦了，精神自然就舒散轻松了；但如果过度喜悦，人心就容易涣散，所以涣卦实际上是讲人心涣散的时候怎么凝聚人心。"涣"字是三点水旁，表示水波纹发散开来，《说文解字》讲："涣，流散也。"涣卦的卦象是上面是风，下面是水，表示水被风刮了以后涣散开的波纹。

涣，亨。王假有庙，利涉大川，利贞。

涣卦是亨通的。君王用美德来感召神明（人心）才能保住宗庙社稷，才有利于渡过大江大河，有利于守持正道。

"王假有庙"，在萃卦里已经出现过一次了，在家人卦里叫"王假有家"。"假"是"感召"，这里是指大王去感召人心；"王"也可以理解为周文王，因为周文王每年都要到岐山举行祭天仪式，通过这种仪式来感召天下人（包括其他诸侯国的人）来祭天，使人心凝聚而不涣散；"庙"指宗庙，是古代祭祀的场所，在宗庙祭天、祭祖的目的就是使大家有共同的信仰、信念、目标，这样人心就能凝聚，就能渡过困难险阻。"利涉大川"就代表可以渡过那些艰难险阻。

《彖》曰：涣，亨。刚来而不穷，柔得位乎外而上同。王假有庙，王乃在中也。利涉大川，乘木有功也。

"涣，亨"，涣卦的亨通在于两点。一是"刚来而不穷"，阳刚居住在阴柔当中，不会穷困。这是说涣卦下面的坎卦，上下都是阴爻，九二爻是刚爻处在阴柔当中，本来是艰难、危险的，但由于心中有刚强的信念和信仰，所以不会穷困。二是"柔得位乎外而上同"，柔爻居住在外面，并且与上面会同。"柔"指六四爻，居住在外卦，但它能与上面的九五爻阴阳相合、同心同德，它们一柔一刚，一阴一阳，能够相通。

"王假有庙，王乃在中也"，为什么君王能够感召神明，保住社稷呢？因为这个君王处在中位。君王指九五爻，不仅居中位，而且也是正位，可以用中正之德来凝聚人心。

"利涉大川，乘木有功也"，借助风乘在船上，是非常顺利的，最后有大的功德。涣卦的卦象是风水涣，上面的巽卦是风，也代表树木，树木可以做成船；下面的坎卦是水，也就是在水上乘着船，被风刮着前行，乘风破浪，大家同舟共济、同心同德，一定能克服艰难险阻，渡过大江大河，成功到达彼岸。

《象》曰：风行水上，涣。先王以享于帝，立庙。

"风行水上，涣"，风吹在水面上，水面涣散开波纹，就是涣卦的卦象。"风行水上"，给人两种不同的启发。一种是好的启发，风吹在水面产生的波纹是有规律的，散而不乱，非常自然美丽。

但另外也有一种反面的启发，看到风吹到水面上波纹散开，这是一种涣散的景象，表明人心已经不凝聚了，这是非常危险的。要怎么做呢？"先王以享于帝，立庙"，君王要通过祭祀天地、建立宗庙来凝聚人心。看上去好像是通过建立有形的宗庙来聚合人心，实际上是在说用自己的作为来吸引、凝聚人心。

初六，用拯马壮，吉。
《象》曰：初六之吉，顺也。
借助着健壮的良马来拯救涣散，就会吉祥。
初六爻是涣散的开始，是一根阴爻，比较阴柔，力量不足，所以它要借助健壮的良马（九二爻），只有这样才能避免涣散，获得吉祥。
初六爻要吉祥，要顺承着上面这匹良马。

九二，涣奔其机，悔亡。
《象》曰：涣奔其机，得愿也。
涣散之时奔向可以依靠的地方，这样悔恨就会消失。
"涣奔其机"，"机"通"几"，是一种条桌，在古代是用来坐的，但在马王堆出土的帛书《易经》中，"机"字写作"阶"。无论是坐的桌子还是走的阶梯，都是可以依靠的地方。这是指九二爻看初六爻，就好比是一张条桌；初六爻看九二爻，就好比是一匹壮马。
涣卦的下卦是水，也代表危险，这时中间阳刚的九二爻代表力量、守中道，并且能跟下面的初六爻阴阳相合，这样人心就会凝聚。所以九二爻在下卦中起关键作用，因为它上下都是阴爻，就靠它这个阳爻起聚合作用，也就是用它守中道又阳刚的美德，使上下之交（上下的人、周围的人）都得以团结。

六三，涣其躬，无悔。
《象》曰：涣其躬，志在外也。
涣散掉自身的不良习气，就没有悔恨。

涣散掉自身的不良习气,并立志于向外发展。

六三爻是下面坎卦的最高一爻,坎卦表示危险。要走出危险,只有向外发展,进入到外卦,也就是上面的巽卦中,所以它的志向就是向外发展。首先要把自身不好的东西消除掉、涣散掉,然后才能跟上面的人聚合,这样就能摆脱危险。

六四,涣其群,元吉。涣有丘,匪夷所思。
《象》曰:涣其群,元吉,光大也。
解除朋党,就会大吉祥。解除小团伙,凝聚成大团体,这样的做法不是平常人的思虑所能达到的。

六四爻已经进入了上卦,是上卦的开始。这时"涣"有两个对象:一个是"群",指小团体;一个是"丘",指大团体,像山丘那样大。这时不是为了小团体的利益,而是要凝聚成大团体,所以散中有聚。苏东坡的父亲苏洵解释"涣其群"是"圣人所欲涣以混一天下者也",在人心涣散的时候,最担心的就是"混一"——各自结党营私。所以这时要把朋党、小人的私群解散掉,然后去"成天下之公道"(《朱子语类》),成就大团体的利益、天下的公道。

九五,涣汗其大号,涣王居,无咎。
《象》曰:王居无咎,正位也。
"涣汗其大号",涣散掉身上的汗水,然后去发布重大的命令。九五爻是至尊,表明是王者、领袖。散发自己身上的汗水有两个意思:一个是他很勤劳,为了大众的利益不辞辛苦,所以大汗淋漓;另外一个是比喻,比喻像发汗一样地发布命令。

"涣王居,无咎",把君王的积蓄及时散发给人民,这样的话就没有灾祸。"居"是房子,这里可以理解为房子里积聚的财物,要把它散发掉。散发给谁呢?老百姓。这是《易经》中最为重要的智慧之一,只有把自己的东西散掉了,才能凝聚人心，也就是"财聚则人散，财散则人聚"。

上九，涣其血，去逖出，无咎。
《象》曰：涣其位，远害也。

发散掉忧愁，祛除内心的恐惧，这样就没有灾祸。"血"通"恤"，忧虑。"逖"通"惕"，马王堆帛书《易经》中这个字就是写作"惕"，"惕"就是恐惧。

上九爻到了最高位，已经涣散到极点了，四面八方的人其实已经开始聚合了。因为物极必反，"天下大势，分久必合，合久必分"，涣散到极点的时候必然就会聚合，这样就会摆脱掉天下涣散时期的忧愁恐惧，四面八方的人也会聚合在一起，拯救老百姓于水火之中，天下就归于一统了。

涣散的对象可以分为两类：一类是好的东西，如人心、团结一致的凝聚力，如果涣散掉了，就要想办法聚合起来；另外一类是不好的东西，应该涣散掉，如不好的习气、忧愁的情绪、团伙结党营私的行为等。所以，涣卦实际上是在说涣散和凝聚的关系，从涣散说到凝聚。散和聚实际上是互相依存的辩证关系，怎么在人心涣散的时候重新凝聚起来呢？最关键的就是统治者、领导者要用美德感召百姓，让大家都有信仰，这样人心才能凝聚起来。同时领导者也要改变或者消除不好的东西，如不良的习气、不好的情绪。

六十　节卦——节制之道，合理适中

下兑上坎，水泽节

节，亨，苦节不可贞。

上六，苦节，贞凶，悔亡。

九五，甘节，吉，往有尚。

六四，安节，亨。

六三，不节若，则嗟若，无咎。

九二，不出门庭，凶。

初九，不出户庭，无咎。

　　节卦是《易经》的第六十卦。"节"的繁体字是"節"，竹字头，取竹节、节制的意思。《说文解字》中说："节，竹约也。"竹节是拿来制约的。节卦在涣卦之后，涣卦是涣散、分离了，事物不可能永远分离，要把它节制住，所以节卦恰好是涣卦的颠倒。节卦的卦象是水泽节，上面是水，下面是沼泽，整个卦象就像沼泽里的水被沼泽四周的篱笆限制住了，水就溢不出来了。

　　"节"字的甲骨文像人跪坐的形状，这是古人的一种跪拜的大礼，所以节后来就成了礼节，和礼联系在一起，也就是儒家说的五常仁、义、礼、智、信的礼。《论语·学而》："知和而和，不以礼节之，亦不可行也。"知道了和，但不能按照礼去节制它，也是行不通的。《礼记·曲礼上》说："礼不逾节。"礼是不能违背节制之道的，说明一切都要从礼仪出发，而礼仪是从节制当中来的，所以节卦实际上讲的是节制之道。

节，亨，苦节不可贞。

节卦是亨通的，但如果过分节制，也是不可以守持正道的。

人和动物最大的区别就是人知礼节，懂得节制和停止，"发乎情止乎礼"。但如果过度节制，也是不可取的，这里的"苦节"就是指过分节制。所以节是适中的调节，如果超过了节制的限度，过犹不及，就成了"苦节"，人民就会受苦，这是不可行的。"苦节"相对的是"甘节"，九五爻的爻辞里就有"甘节"，甘美、快乐地节制。

节制究竟是节制什么呢？节制自己的私欲、行为、财物。如果节制太过分，就是吝啬。《儒林外史》中记载了严监生的故事，严监生去世时老不咽气，他伸出两个手指，眼睛瞪得大大的就是不闭上，无论家人怎么说，他就是不放下手指，不闭眼。这时他妻子一下明白了，马上说："你是不是指灯盏里还燃着两个灯芯啊？"于是把灯芯灭掉了一个，严监生一下就咽气了。这就叫"苦节"，太吝啬了，是不可取的。所以节卦是告诉我们怎么合适、适中地节制。

《彖》曰：节，亨，刚柔分而刚得中。苦节不可贞，其道穷也。说以行险，当位以节，中正以通。天地节而四时成，节以制度，不伤财，不害民。

"节，亨，刚柔分而刚得中"，节卦为什么亨通呢？因为刚健和柔顺被区分了，并且阳爻居中位。这是从卦变的角度来说的，因为节卦是从泰卦变来的：泰卦是三根阳爻居于下位，三根阴爻居于上位，它变成节卦之后，三根阳爻中的九三爻上升到第五位变成了节卦的九五爻，和阴爻聚居在一起了；三根阴爻中的六五爻下降到第三位，变成了节卦的六三爻，与阳爻聚居在一起了。所以分离的结果是阳刚的爻和阴柔的爻杂居在一起，两个中间的位置（第二爻和第五爻）都是阳爻，这就是阳刚处在中位，获得了中道，表示节制的时候要遵守中道，不能太过或不及。同时，刚柔相分，也表示礼节是从男女生活中制定出来的，是符合人伦大道的，是合适的。

"苦节不可贞，其道穷也"，过分地节制，是不可以守正道的，因为前进的道路已经穷困了。说明节制得太过分了，物极必反。

需要怎么做呢？"说以行险，当位以节，中正以通"，要喜悦地去节制，在适当的时位节制，遵循中正之道就能亨通。"说"（喜悦）是针对下卦的兑卦而言，因为兑卦主喜悦；而"险"指上卦的坎卦，坎为险，这是号召大家要喜悦地、发自内心地节制，这就是九五爻说的"甘节"，这样才有利于调动大家的积极性去克服艰难险阻。

"天地节而四时成，节以制度，不伤财，不害民"，天地是有节制的，春夏秋冬四季的循环以此形成，按照礼节之道来制定典章制度，就不会浪费钱财，也不会伤害老百姓。这句话是从天道讲到人道，天道要节制然后形成四时，人道也要节制才能保民聚财。

《象》曰：泽上有水，节。君子以制数度，议德行。

"泽上有水，节"，节卦的卦象是沼泽上面有水，也就是水流到沼泽里面了。沼泽对水有节制的作用，这就是我们今天说的"节约用水"。怎么才能节约用水呢？首先要把它汇集起来，会聚到池塘、沼泽里，好比用堤坝围住沼泽把它限制住，水就不会浪费，这就是节制的卦象。"君子以制数度，议德行"，君子要按照节卦的卦象制定礼仪，还要评议德行。前面偏于法，后面偏于德，法律和道德是相辅相成的，它们都是一种准则，是用来规范、节制人们的行为的，只有这样整个社会才能有序，人们才能安居乐业。

初九，不出户庭，无咎。
《象》曰：不出户庭，知通塞也。
不跨出庭院的小门，就没有灾祸。

这是什么原因呢？初九爻是刚刚开始，也就是节制的开始，所以要慎重，要慎守在家里。"不出户庭"（不要跨出家门），意思是不要跨过界线，这也是节制的表现。"户庭"，也可以比喻成言语，言语要谨慎，不要随便地说、不分场合地说，这就是佛家讲的"戒妄语"。《易经·系辞传上》引用孔子的话："君不密则失臣，臣不密则失身，几事不密则害成，是以君子慎密而不出也。""密"就是节制，也就是说国君如果不节制就会失去大臣，大臣如果不节制就会失去身家性命，如果不能保守机密大事就会遭遇灾祸，所以君子要谨言慎行。

九二，不出门庭，凶。

《象》曰：不出门庭，凶，失时极也。

不要走出庭院的大门，会有凶险。

"户"和"门"是不一样的，初九爻是"户庭"——庭院的小门，九二爻是"门庭"——庭院的大门。初九爻和九二爻都是不要走出庭院，为什么一个是吉，一个是凶呢？因为相同的做法在两个不同的时位被采用，其结果是不一样的，所以一吉一凶。

初九爻是刚开始，要谨慎、节制，而且前面被九二爻挡住了，道路是不畅通的，所以这时不能迈出庭院。九二爻已经到了第二个时空点，是一个中位，表示节制要适中。它前面的两根爻都是阴爻，没有东西挡路，这时不能再受拘束了。如果还是那么节制，连大门都不出，说明过分拘泥、节制，就不符合时势了，是自限其门、自断其路，会有凶险。

六三，不节若，则嗟若，无咎。

《象》曰：不节之嗟，又谁咎也。

没有把握节制的尺度，就只能叹息、后悔了，但没有灾祸。

六三爻是阴爻，处在下卦的最高位，下面乘着两根阳爻，好比柔弱的人踩在两个刚健的人头上，这是一种不节制、为所欲为的景象。如果继续这样下去，肯定会有灾祸。这时要意识到这样做是不对的，要反悔、叹息，才能免除灾祸。

六四，安节，亨。

《象》曰：安节之亨，承上道也。

安然自得地节制，是亨通的。

六四爻已经进入上卦，是阴爻居阴位，位置得当，所以这时的节制是出自内心而不是被逼迫的，这样就能安然地实行节制。

六四爻的上面是九五爻，它是安然地、心安理得地承接着这根九五爻，也就是工作中顺应着顶头上司，这样自然就亨通了。

九五，甘节，吉，往有尚。

《象》曰：甘节之吉，居位中也。

心甘情愿地节制，就会吉利，前行会有嘉奖。

这里的"甘节"和卦辞中的"苦节"形成鲜明对比，这里是自觉自愿地、快乐地节制。

这根爻是九五至尊，又中又正，所以这时的节制是恰到好处的，因此得到了快乐。《论语·学而》里说："礼之用，和为贵。"如果人人都觉得按照礼节来做很甘美，那么礼节就发生作用了。什么作用呢？达到和谐的境界。所以九五爻是节制、礼节的最高境界。

上六，苦节，贞凶，悔亡。

《象》曰：苦节，贞凶，其道穷也。

过分节制会带来痛苦，坚持下去肯定是凶险的，所以要及时觉悟，悔恨才会消亡。

上六爻是节卦最高的位置，表明节制已经到头了。但从另一个角度来说，这时的节制又太过分了，使人苦不堪言。所以一定要及时调整，按照九五爻来做，否则老百姓就会起来反抗，要想办法去化苦为甘，也就是说要先悔过，只有先悔过了，才不会有最后的痛苦。

节卦通过节制来讲我们应该如何对待生活，做人、做事、管理企业的普遍意义就在于有节度，包括自己的喜怒哀乐和日常生活也要符合节度。有了节制，才有节度，才能达到礼节、礼仪，进而达到和谐、和美的境界。

节卦的卦辞和六条爻辞很有意思，有时讲节制是"苦节"，有时讲节制是"甘节"。同一件事，有时说不走出庭院小门是吉的，有时又说不走出庭院大门是凶的。这一切最根本的原因在哪呢？其实就在于节制。礼节一定要适中，要符合时位。如果符合，就是心甘情愿、快乐地节制，就会吉祥；如果不符合，就是勉强痛苦地节制，就会凶险。

六十一　中孚卦——保有底线，诚信立身

下兑上巽，风泽中孚

中孚，豚鱼吉，利涉大川，利贞。

上九，翰音登于天，贞，凶。

九五，有孚挛如，无咎。

六四，月几望，马匹亡，无咎。

六三，得敌，或鼓或罢，或泣或歌。

九二，鸣鹤在阴，其子和之。我有好爵，吾与尔靡之。

初九，虞吉，有它不燕。

中孚卦是《易经》的第六十一卦。"中孚"的意思是心中要诚信。"孚"字在六十四卦的卦爻辞中多次出现，它的本意是什么呢？"孚"上面是一个"爪"，好像是一只手，下面是一个"子"，好像是一个孩子。《说文解字》解释"孚"，好像鸟儿用爪子紧紧地抱着自己的孩子。这种"抱"一定是紧紧地抱，否则鸟儿飞在空中，稍微一松，幼鸟就会摔下来，所以"孚"有真实、诚信的意思。

中孚卦的卦象特别有意思，上下各有两根阳爻，中间是两根阴爻，上下都是实的，中间是空的。中间这个空表示什么呢？表示心中的谦虚、包容、诚信，所以中孚卦实际上讲的就是诚信、信用、信任，最高的是信仰。从前面的卦爻辞中可以看出，只要有"孚"字的，一般都是吉的。

中孚，豚鱼吉，利涉大川，利贞。

心中诚信，就可以感化猪、鱼等动物，所以是大吉的，有利于渡过大江大河，有利于守持正道。

"豚鱼吉"，"豚"是小猪，"鱼"是小鱼，也就是说中孚卦的诚信能使小猪、小鱼等弱小的动物都受到感动，表示感化的范围非常广，所以是非常有利的。汉代大学者刘向曾说，如果君主能用他的诚信来感化百姓，天下一定会受到感化。比如尧和舜，"荒外从风，凤麟翔舞，下及微物，咸得其所"，像荒野上吹来了风，它是无所不至的，也像凤鸟在翩翩起舞，各种微小的事物都会受到感化。就像中孚卦的卦象——风泽中孚，沼泽上刮着风。这个风无所不至，什么地方都能吹到，意思是说诚信能把万事万物都感化。

《彖》曰：中孚，柔在内而刚得中，说而巽，孚乃化邦也。豚鱼吉，信及豚鱼也。利涉大川，乘木舟虚也。中孚以利贞，乃应乎天也。

"中孚，柔在内而刚得中，说而巽，孚乃化邦也"，中孚卦的柔爻在里面，刚爻在中位，所以是喜悦并且和顺的，可见诚信之德可以教化国家、百姓。"柔在内"，指整个卦象最中间的第三爻和第四爻都是柔（阴）爻；"刚得中"，第二爻和第五爻都是刚（阳）爻，并且它们居上、下卦的中间，表明诚信是从内心发出来的，既柔顺又刚健自信。"说而巽"，下卦的兑卦是喜悦，上卦的巽卦是谦逊，这样上下都喜悦、和顺。"孚乃化邦也"，这就是诚信之德教化百姓所带来的好结果。

"豚鱼吉，信及豚鱼也"，为什么诚信能感化猪和鱼呢？因为诚信遍及了猪和鱼。"利涉大川，乘木舟虚也"，为什么有利于渡过大江大河呢？因为乘着大船行在水上，畅通无阻。中孚卦上面的巽卦是木，也就是木舟；下面的兑卦是泽，泽中有水。所以这个卦象好比是一条船行走在水上，是畅通无阻的。

"中孚以利贞，乃应乎天也"，心中的诚信为什么有利于守正道呢？因为顺应了天道，天道是最真实、诚信、公平的，人也要应和这种美德以达到天人相应，这样就会"利贞"。曾国藩曾对中孚卦做过一番非常好的解释，他说："人必中虚，不著一物，而后能真实无妄。"意思是人必须内心空虚，不执着于一点私心杂念，才能真实、诚信。什么是"实"呢？"实"就是"不欺之谓也"，也就是不欺骗人。曾国藩说："人之所以欺人，所以自欺者，以心中别著私物也。"人们之所以去欺骗别人、欺骗自己，就是因为心中太执着，有私心杂念；而"不欺"，就是真实，没有私心杂念，这就是"天下之至诚"，也就是"天下之至虚"，真实就是空虚。什么是"虚"呢？曾国藩又说："灵明无着，物来顺应，未来不迎，当下不杂，既过不恋。"这就是至虚、至诚。这几句非常有名，意思是心中要非常明亮、虚空，没有牵挂，事情没有来的时候不要主动去寻求它，事情来的时候就顺应它，当下要一心一意、心无杂念，事情过去的时候就不要再去想它，这就是空虚、真诚。

《象》曰：泽上有风，中孚。君子以议狱缓死。

"泽上有风，中孚"，下面的兑卦是沼泽，上面的巽卦是刮风，沼泽上刮着和风或风吹在沼泽上，肯定是无所不至的。好比中孚卦所讲的诚信，也要遍及万事万物、无所不至，这就是中孚卦的卦象。

因为巽卦为木，春天为木，所以这个风是春风。"野火烧不尽，春风吹又生"，春风能使万事万物复苏。所以"君子以议狱缓死"，君子看到这种卦象，也要使万物复活。在审判案件的时候要从宽处理，对死刑要暂缓执行，这也是宽容、随春天而生的意思。中孚卦有诚信、真实的意思，这也是指在断案的时候要秉公执法，不能徇私情。这两者是不矛盾的，宽容和公正相辅相成。

初九，虞吉，有它不燕。
《象》曰：初九虞吉，志未变也。
要安稳地守住诚信，如果有别的要求的话，就不得安宁了。
爻辞里的"虞"和"燕"都是"安"的意思，所以初九爻是要全心全意地、没有一点私心地、平安地守住诚信，做到心安理得，这样就是好的开端、诚信的开端。它呼应的第四根爻是阴爻，这样阴阳呼应，就能大吉。

九二，鸣鹤在阴，其子和之。我有好爵，吾与尔靡之。
《象》曰：其子和之，中心愿也。

"九二，鸣鹤在阴"，"阴"指山的北面，山的北面为阴，山的南面为阳。也有人说"阴"通"荫"，我认为应该是山的北面。为什么要在山的北面鸣叫呢？因为九二爻刚好处在两根阴爻的下面。所以"其子和之"，"子"不是指它的孩子，而是指它的同类——九五爻，两者是相应的。这根爻展现的场景非常美，就像仙鹤一唱一和，靠的是诚信，所以这个声音不能有虚妄。

"我有好爵，吾与尔靡之"，好比我有了美酒，要与你共享。在一起喝酒时的快乐，也是源于诚信；如果没有诚信，那还有什么快乐呢？

"其子和之"，这样的应和叫"至诚感通之理"，这是北宋理学家程颐解释的，是一种到了极点的真诚之心互相感应而体悟到的道理。

"阴"字在六十四卦的卦爻辞中只出现了这一次，而且六十四卦的卦爻辞中没有出现"阳"字，"阴阳"这个词在六十四卦的卦爻辞中并没有出现，所以很多人就说《易经》不讲阴阳，这个说法是不对的。《易经》虽然没有明确指出阴阳，但阴阳是两个符号——一长线和两短线，后人把它叫作阳爻、阴爻，也可以叫刚爻、柔爻，这两个符号就反映了阴阳相合、相应、相冲、相磨的关系。所以阴阳的思维是《易经》开创的，这一点是毫无疑问的。

六三，得敌，或鼓或罢，或泣或歌。
《象》曰：或鼓或罢，位不当也。

前面遇到强敌了，有时候击鼓进攻，有时候停止前进，有时候失败了哭泣，有时候胜利了放声高歌。"罢"通"疲"，"罢"是停止，"疲"是疲劳后退，也指停止。

为什么这根爻会出现截然相反的景象呢？因为六三爻是阴爻居于下卦的最

高位，不正也不中。在这个卦里，因为缺乏诚信，所以导致这种犹豫不决、不稳定的心理状态，进而导致言语、行动的无常。

六四，月几望，马匹亡，无咎。
《象》曰：马匹亡，绝类上也。
月亮接近圆满的时候，良马失去了原配，最终没有灾祸。
第四根爻已经进入了上卦，以月亮将近圆满来比喻，说明马上就要进入到第五根爻。九五爻是最圆满的时刻，这时它要怎么做呢？要失去它的原配。它的原配是谁呢？是初九爻，要断绝与原配的关系，它才能无咎。
六四爻只有去顺从上面的九五爻，才不会有灾祸。因为六四爻是阴爻居阴位，位置是正的，但是不中，所以应该上承九五爻这根阳爻，这样才能得中。它应该怎么做呢？第一，不能太满足，要虚心；第二，不能三心二意，要专心致志去侍奉九五爻，它不可以分心去和初九爻匹配。只有与初九爻断绝了关系，它才能无咎。

九五，有孚挛如，无咎。
《象》曰：有孚挛如，位正当也。
九五爻能用诚信来维系着天下人，所以没有灾祸。
九五爻是中孚卦中地位最高、权势最重的一根爻，是至尊之爻。君王如果品德很高尚，有中正之德，能用一种至诚至信之心去维系天下人的心，当然会得到天下人心的归顺。

上九，翰音登于天，贞，凶。
《象》曰：翰音登于天，何可长也。
飞鸟的鸣叫声响彻天际，还坚持这样做，就会有凶险。
"翰音"有两种解释。一种是指鸟儿的叫声。因为"翰"字里有羽毛，指鸟儿高飞，可以理解为大声高喊自己有多么诚信，这是一种比喻。实际上，只是口头上拼命说自己诚信的人，他的诚信就很值得怀疑，因为诚信不是说的，而是要做的。另一种是指鸡。鸡都飞到天上去了，肯定越位了，所以是凶象。

中孚卦说明了诚信对于做人做事的重要性。真正的诚信是内心没有一点私心杂念，也就是内心是空虚的，就像中孚卦的卦象，中间是两根阴爻。只要心中还存有一点杂念，或者不专心、只说不做，都是有凶险的。所以孔子反复强调"信"："人而无信，不知其可也"，要"敬事而信"。后来儒家就提出了五常——仁、义、礼、智、信，把"仁"排在第一位，把"信"排在最后一位。这是什么意思？不是说"信"排在最后一位就不重要，而是说"信"是做人的底线。"信"字是人言为信，人说的话必须要诚信真实，否则就是没有底线的人，所以这是做人的底线，不可逾越。我们当代最大的危机，就是信仰危机，所以"信"应该进一步提升为信仰，中孚卦在今天仍有非常重大的意义。

六十二　小过卦——小处入手，小事可为

下艮上震，雷山小过

小过，亨，利贞。可小事，不可大事。飞鸟遗之音，不宜上宜下，大吉。

上六，弗遇过之，飞鸟离之，凶，是谓灾眚。

六五，密云不雨，自我西郊，公弋取彼在穴。

九四，无咎，弗过，遇之，往厉必戒，勿用永贞。

九三，弗过防之，从或戕之，凶。

六二，过其祖，遇其妣，不及其君，遇其臣，无咎。

初六，飞鸟以凶。

　　小过卦是《易经》的第六十二卦。小过就是有小小的过错。北宋理学家程颐说："小者，过其常也。"意思是小过卦是超过了正常。小过卦是前面中孚卦的对卦，也叫错卦，两卦的阴爻和阳爻恰好相反。六十四卦分三十二组，每一组前后两卦中后一卦是前一卦的反卦，也叫复卦、综卦。前面中孚卦颠倒之后还是中孚卦，这时候怎么办呢？变！它的六根爻全部变成阴阳相对的爻，也就是阳爻变阴爻，阴爻变阳爻，就构成了小过卦。所以卦与卦之间有错综复杂的关系，包括错卦、综卦、复卦、杂卦等。

　　我们再看小过卦的卦象，中间两根阳爻，上下各有两根阴爻，一共有两根阳爻、四根阴爻。阴爻超过了阳爻，一般是阳为大阴为小，这就说明小的超过大的，所以它是小过。一说到小过卦，我们马上会联想到大过卦，中间四根阳爻，上下各一根阴爻，阳刚过盛，阳刚为大，所以叫大过。大过卦是第二十八

卦，是上经的倒数第三卦；很有意思，小过卦是第六十二卦，是下经的倒数第三卦。相比较而言，大过卦讲的是大的过错，小过卦讲的是小的过错。小过卦好比是一只鸟，中间两根阳爻是鸟的身体，上下各两根阴爻是鸟的翅膀，所以小过卦的卦爻辞大多是用飞鸟作比喻的。

小过，亨，利贞。可小事，不可大事。飞鸟遗之音，不宜上宜下，大吉。

"小过，亨，利贞。可小事，不可大事"，小过卦总的来说是亨通的，有利于守持正道。可以做小事情，但不要做大事。小过卦是小小的过错，当然是不好的，但是卦辞全是吉的，有"亨""利贞""大吉"。是什么原因呢？这是强调了"小"，"可小事，不可大事"，态度十分明朗，也就是说要从普普通通的日常小事入手，而不要想一下子就干惊天动地的大事。

"飞鸟遗之音，不宜上宜下，大吉"，就像一只飞鸟留下了哀鸣，它不适合往上飞，而适合往下飞，会有大的吉祥。小过卦以飞鸟作比喻，又用了两个"宜"——"不宜上宜下"。所以卦辞是告诉我们在有小过错的时候，要居下、柔弱、谦虚，而且一定要从小处入手。这一点为老子所发挥，《道德经》五十二章说"见小曰明，守柔曰强"，抓住小的、柔弱的东西，才是有智慧、强大的人。老子也一再说"天下难事必作于易，天下大事必作于细"，"细"就是小，天下的大事一定要从小处入手，一点一点来做，这样反而能成就天下的大事。老子又说"是以圣人终不为大，故能成其大"，不是从大处入手，而是从小处入手，结果反而能成就丰功伟业。可以说老子的这些话都是对小过卦最好的诠释。

《彖》曰：小过，小者过而亨也。过以利贞，与时行也。柔得中，是以小事吉也。刚失位而不中，是以不可大事也。有飞鸟之象焉。飞鸟遗之音，不宜上宜下，大吉，上逆而下顺也。

"小过，小者过而亨也。过以利贞，与时行也"，小过卦说的是一些小事有点过度反而能够亨通。因为它与时偕行。

"柔得中，是以小事吉也。刚失位而不中，是以不可大事也"，柔弱处在中位，所以做寻常的小事就能吉祥。而阳刚迷失了位置，居位又不正中，所以不可以干大事。"柔"代表小，处在中位上，第二位和第五位这两个中位都是阴爻，所以有利于做柔小的事情；反之，"刚失位而不中"，九三爻和九四爻这两根阳爻都不在中位上，所以不可以干大事。

"有飞鸟之象焉。飞鸟遗之音，不宜上宜下，大吉，上逆而下顺也"，小过卦就像一只飞鸟。飞鸟飞过之后，留下了哀鸣，不适合往上飞而适合往下飞，为什么呢？因为往上走违背了大道，往下走才能顺应大道。"上"和"下"，我们也可以看作是两根爻。上爻主要指上卦中间那根爻，也就是第五爻。这里的第五爻是阴爻，它下面是阳爻，阴踩在了阳的头上，这是不符合正道的，所以说"上逆"；"下顺也"，下为什么顺呢？下爻是第二爻，也就是下卦中间那根阴爻。这根阴爻踩在初六阴爻上，又在九三阳爻的下面，这是阴爻上承阳爻、下踩阴爻，同时它在第二个位置，又中又正，是符合常道的。所以说要往下行，不要往上行；要做小事，不要做大事。

《象》曰：山上有雷，小过。君子以行过乎恭，丧过乎哀，用过乎俭。

"山上有雷，小过"，山上打雷，这就是小过卦的卦象。小过卦的下卦是艮卦，是一座山；上卦是震卦，是打雷。雷本来应该在天上，现在却在山上了，说明雷声非常大，已经超过常规，也就是"小过"——小小地超过了。

"君子以行过乎恭，丧过乎哀，用过乎俭"，君子按照这个卦象，他的行动要超过一般的恭敬，丧事要超过一般的悲哀，花费也要比一般的更加节俭。这里连续用了三个"过乎"（超过）：一是日常的行动，二是办丧事，三是日常的消费，都比平时要超过一些，具体就是要更加恭敬、悲哀、节俭一些。

初六，飞鸟以凶。

《象》曰：飞鸟以凶，不可如何也。

飞鸟一直往上飞，就会有凶险。

初六爻是小过卦的开始，好比一只小鸟，如果这时想横空出世一直往上飞，肯定会遇到凶险。因为这个时候力量还太弱，是阴爻处在第一个位置，刚刚开始，一定不能用力过猛。这其实也就是小过卦的卦辞里说的"不宜上宜下"，应该先在下面磨炼，从低处开始慢慢练习飞行。

六二，过其祖，遇其妣，不及其君，遇其臣，无咎。

《象》曰：不及其君，臣不可过也。

到了第二个时位，超过了祖父，遇到了祖母，没有超过君主，遇到了大臣，没有灾祸。

六二爻以祖父、祖母、君主、大臣作比喻。爻辞的"妣"原指母亲，"考妣"就是父亲母亲，这里可以理解为祖母。祖母是哪一根爻呢？六五爻。祖父是哪一根爻呢？九四爻。君主是哪一根爻呢？也是六五爻。大臣是哪一根爻呢？九三爻、九四爻。因为六二爻又中又正，柔顺适中，所以这时做事情是最合适的。只有超过了九四爻，才能遇到六五爻，因为第二位和第五位是相应的，所以是得到了祖母的庇护。

六五爻同时又是君主，不能超过君主，而要和大臣相互遇合。

历代对于哪一根爻是祖父、祖母、君主、大臣有很大的分歧，其实我们了解它的意思就行了，不必太拘泥。它的意思就是六二爻这个时候一定要守住自己又柔、又中、又正的位置，要安于本分。

九三，弗过防之，从或戕之，凶。

《象》曰：从或戕之，凶如何也。

再看第三根爻，是根阳爻，小过卦只有中间的九三爻、九四爻是阳爻。

不注意过分防备，随从不当之人，就会受到迫害，有凶险。

九三爻是下卦的最高位，又是阳爻，所以这时它容易逞强。小过卦是说要从小事做起，从小处入手，可是到了九三爻往往就想去做大事了，跟随的对象又错了，九三爻跟随谁呢？从第三爻和第六爻相互呼应的原则来看，九三爻追随的肯定是上六爻，而上六爻居于最高的位置，是根阴爻，也可以看作阴险的小人。九三爻是阳刚之爻，它在追随上六爻这个小人的过程中，依靠的是自己的强盛、阳刚、实力，往往会对上六爻疏于防范。这样一来，上六爻稍微用些手段，九三爻就会遇到戕害。

九四，无咎，弗过，遇之，往厉必戒，勿用永贞。

《象》曰：弗过，遇之，位不当也。往厉必戒，终不可长也。

九四这个时候没有灾祸，不过分刚强，就能遇到相合的人，前进会有危险，所以这时要戒备，不可以随便施展才能，而要永远守持正道。

九四爻也是阳爻，阳爻往往会冒失、逞强，但好在它处在阴位上，说明它不过分刚强，所以它能遇到初六这根阴爻，跟初六爻相呼应，能得到阴柔之人的支持。但是如果这个时候它想继续前进，越过最尊贵的、居于君位的六五爻，就过分了，就会有危险。所以这时一定要谨慎、警惕，不能过分施展自己的才华，这样就能守持住自己的正道，化凶为吉。

六五，密云不雨，自我西郊，公弋取彼在穴。

《象》曰：密云不雨，已上也。

乌云密布，从西郊而来，但雨又没有下下来，所以王公这时用弓箭射杀了藏在洞里的野兽。

"密云不雨，自我西郊"，跟小畜卦的卦辞是相同的。六五爻处在最尊贵的位置，但它是一根阴爻，代表阴气，与它相应的六二爻也是阴爻，乌云也是属阴的，就从西边升起来了。天空已经乌云密布，为什么雨下不来呢？因为这时阴阳还没调和，也就是说这根六五爻还没有阳刚的人来和它相应。这种场景表明了一种危险，这时应该怎么做呢？应该像王公（六五爻是尊位，代表王）用弓箭去射躲在洞里的野兽。这是一种比喻，洞里的野兽比喻隐藏很深的弊端。在小过的时候，不可以去做大事，但可以做一些小事。什么小事呢？比如发现自己的不足，然后去改正，做一些防备的事情，哪怕自己的弊病藏得很深，也要努力把它挖掘出来，然后消除掉，六五爻最适合做这样的事。

上六，弗遇过之，飞鸟离之，凶，是谓灾眚。
《象》曰：弗遇过之，已亢也。

上六这个时候不愿意去和别人相遇、相合，反而想超过它，就像飞鸟遭到射杀，这是凶险的，这就叫灾祸。

上六爻本来要跟谁相应呢？九三爻这个阳刚之爻。一阴一阳是相合的，但是上六爻要去超过这个阳刚之爻，它是高高在上的，就像鸟儿飞得太高，反而会遭到射杀。所以上六爻实际是告诫我们不能一味地往上飞。

小过卦实际上是在说有小小过错的时候，最适合做阴柔的、小的事情，不可以做重大的事情，只有以柔小、居下的心态才可以改变小过的局面。从小过卦我们可以看出以柔克刚、以小见大、以弱胜强的智慧。

六十三　既济卦——沉稳冷静，谨慎守成

下离上坎，水火既济

既济，亨小，利贞，初吉，终乱。

上六，濡其首，厉。

九五，东邻杀牛，不如西邻之禴祭，实受其福。

六四，繻有衣袽，终日戒。

九三，高宗伐鬼方，三年克之，小人勿用。

六二，妇丧其茀，勿逐，七日得。

初九，曳其轮，濡其尾，无咎。

既济卦是《易经》的第六十三卦，也是整部《易经》的倒数第二卦。"既"是已经，"济"是渡河，"既济"是已经渡河的意思，表示已经成功了，这个阶段已经完成了。

既济卦的卦象是，上面是水，下面是火，意思是水把火浇灭了，表示成功完成了灭火这件事。再看六根爻的位置，既济卦是六十四卦中唯一的六爻皆当位的卦，三根阳爻刚好居三个阳位上，三根阴爻居三个阴位上，所以位置全部摆得很正，构成了一幅和谐的卦形，表明矛盾已经全部得到解决，事物发展到头了，一切都定下来了。六十四卦从乾坤二卦开始，到既济卦结束，表明一个周期的结束，而它后面的未济卦表示没有真正的结束，下一个周期又开始了，周而复始。

既济卦和未济卦在很多方面有非常大的用处。比如在中医上，如果是水火

既济，表明心肾相交，这个人就是健康的；如果是火水未济，表明心肾不交，这个人就是得病的。又比如在管理上，如果是水火既济，表明上下能沟通，事情就能成功；如果是火水未济，表示上下不能沟通，不能互相帮助，就是事情还没有成功。所以，既济卦讲怎么成功，以及成功之后怎么守住成功。

既济，亨小，利贞，初吉，终乱。

既济卦能使小事亨通，有利于守持正道，开始的时候吉祥，最终会有祸乱。

"亨小，利贞"，主要是讲怎样取得成功。怎么做呢？要从小处入手，上下沟通，并且要守持正道，六根爻的位置全摆正了，就能取得成功。但是取得成功之后，"初吉，终乱"，起初的时候是吉的，为什么终究会乱呢？这是强调保住成功的艰难，也是告诫人们成功之后要谨慎守成，否则就会走向反面，这就是说创业难，守成更难。

大家都知道，唐太宗在贞观年间经常和大臣们讨论是创业难还是守成难的问题。有一天他问房玄龄和魏徵等人，房玄龄的回答是"创业更难"，天下大乱的时候，群雄并起，攻城略地，所以创业的艰难是显而易见的；但魏徵却说"守成更难"，他说君主打天下是在混乱当中歼灭敌人，能得到百姓的拥护，因此并不是太难，但守成的时候君主得到了天下，容易骄傲自满、享乐腐化，国家的衰败由此开始，所以守成更难。唐太宗说，房玄龄跟随自己打天下，出生入死，所以知道创业的艰难；而魏徵跟随自己安定天下，所以他明白"骄奢生于富贵，祸乱生于所忽"，知道守成的艰难，而现在创业的时期已经过去了，主要是守成了，所以诸公必须谨慎对待守成。魏徵还说过一句非常有名的话："善始者实繁，克终者盖寡。"善于开始的人实在很多，但能坚持到最后的人实在太少。

我们一般都说"失败是成功之母"，殊不知"成功也是失败之母"，所以这时应该怎么做呢？要居安思危，才能避免"初吉，终乱"的结局。孔夫子说过"人无远虑，必有近忧"，我说"人有近忧，必无远虑"。我们要时刻保持忧患意识，避免骄傲，做到"吾日三省吾身"，就不会有大的灾祸发生，不会像洪秀全、李自成那样能速成却不能守成。

《彖》曰：既济亨，小者亨也。利贞，刚柔正而位当也。初吉，柔得中也。终止则乱，其道穷也。

"既济亨，小者亨也。利贞，刚柔正而位当也"，既济卦的亨通，是从小处入手就能够亨通。为什么有利于守正道呢？因为它的刚爻和柔爻（阳爻和阴爻）全都居在正当的位置上。其实这点说得非常明白，我们想取得大成功，一定要从小事入手，这也就是老子说的"天下大事必作于细"，"细"就是小，前面在小过卦里也说过，这是一条真理。

为什么"初吉"呢？《彖传》解释"柔得中也"，开始的时候吉祥，因为柔小的时候能守持中道。这是针对六二爻说的，它是阴爻居阴位，是正的；而且又处在下卦的中间，是中位，所以又中又正。为什么"终乱"呢？《彖传》的解释是"其道穷也"，做事要取得最后的成功，必须自始至终都守持正道。如果中止了，就会出现混乱的局面，会穷困。这句话实际上是告诫我们，当六根爻全部处于正当的位置，也就是取得巨大的成功时，就预示着道路走到头了，物极必反，一定会有危机存在。

《象》曰：水在火上，既济。君子以思患而豫防之。

"水在火上，既济"，水在火的上面，可以把火浇灭，这就是既济卦的卦象。水在火上，一方面水能浇灭火，另一方面火也能把水烧开、把饭煮熟，这两件事都表明事情能够成功，这就是既济卦的卦象。《象传》偏于前者——水把火浇灭，所以这个卦象是让我们防微杜渐、防患于未然，"君子以思患而豫防之"，君子这个时候要时刻考虑灾祸即将发生，并且要预先防备。

初九，曳其轮，濡其尾，无咎。
《象》曰：曳其轮，义无咎也。

"曳其轮",拖着车轮缓缓而行。刚刚成功之后,就像拖着车轮,不能让它跑太快。"濡其尾,无咎",尾巴被沾湿了,没有灾祸。是什么的尾巴呢?我看这里是小狐狸的尾巴,为什么呢?我们看一下未济卦就明白了,未济卦就是以小狐狸的尾巴来说的,既济卦和未济卦要参照来看。那这里沾湿了尾巴是什么意思?沾湿了尾巴,它就不可能跑得太快。这是两个景象:一是要拽着车轮,这样跑不快;二是狐狸尾巴一般是翘起来的,跑得很快,现在要把它的尾巴放下去,沾到水里去,这样它也跑不快。这就说明成功以后要防止急躁,要缓慢、谦虚、稳重。

六二,妇丧其茀,勿逐,七日得。

《象》曰:七日得,以中道也。

妇人丢失了车帘子,这时不要去追寻,七天之后自然会失而复得。

"妇丧其茀","茀"是草字头,原指路上的野草,这里指古代车上的遮蔽物——车帘子,是用来挡住车窗的。古时这种装饰非常重要,没有它妇人是不敢乘车的,因为会被人看到脸,只有设了这道帘子妇人才能出行,这是当时的一种礼节。六二爻这个时候妇人把车帘子丢了,不敢出行,她心中肯定很着急,要去追寻。

"勿逐,七日得",但这个时候不要去追寻,七天之后会复得。这里又说了"七",我们在前面已经说过多次了,"七"是一个周期,这里就是讲成功、得失都具有周期性,所以在失去的时候不要急躁,而要反思。

因为六二爻处在中位,又是阴爻,又中又正,所以这时按照中正之道等待就可以了,到了一定的周期自然会成功。

九三,高宗伐鬼方,三年克之,小人勿用。

《象》曰:三年克之,惫也。

"高宗伐鬼方,三年克之",这是商朝的一个故事。"高宗"是殷高宗武丁,是商朝的一位明君;"鬼方"是西北方的一个部落,武丁曾经去讨伐鬼方这个部落,但他打了三年之久才取得胜利。这个故事告诉我们想取得成功,就不能太急躁,要像高宗讨伐鬼方那样沉稳冷静,打持久战。

"小人勿用",用人也是非常重要的,小人是千万不能用的,否则肯定不会取得成功。武丁是一位中兴之祖,在他之前商朝已经出现衰败了,于是商朝周边的诸侯纷纷反叛,武丁继承王位以后,励精图治,扭转了商朝衰败的局势,所以叫"武丁中兴"。武丁攻打鬼方的时候,因为时间长,国民也都觉得疲惫了。有一些"小人"就来怂恿武丁进攻,所以他也吃了一些亏,后来武丁意识到不能冒进,还是要沉稳冷静,最终用了三年时间把鬼方打败了。

九三爻是下卦的最高一爻,是阳爻处在阳位上,容易急躁;而且下卦是离卦,为火,火本身也是容易急躁、冒进的,所以这时候一定要警惕。

六四,繻有衣袽,终日戒。

《象》曰:终日戒,有所疑也。

"繻"指华丽的衣服,丝绸一样的衣服;"袽"指破旧的衣服,"繻有衣袽",华美的衣服将要变成破旧的衣服,说明这时即将有危险发生。六四爻进入了上卦的坎卦,坎卦是危险,说明成功之后往往会有失败,应该怎么办呢?"终日戒",终日提高警惕。六四爻作为坎卦的开始,也就是危险开始了,这时要守住正位,防止"终乱"局面的形成。

九五,东邻杀牛,不如西邻之禴祭,实受其福。

《象》曰:东邻杀牛,不如西邻之时也。实受其福,吉大来也。

东边邻国杀牛的祭祀,比不上西边微薄的祭祀,(西边)更能实实在在地受到神灵的保佑。

"禴祭",在前面萃卦的六二爻和升卦的九二爻里都出现过,这里既济卦的九五爻又出现了。"禴祭"就是"薄祭"——微薄的祭祀。祭祀在古代是一件非常重大的事情，比如要用三牲——牛、羊、猪，这叫牺牲。这种祭祀是非常隆重的，东边杀牛的祭祀是一种盛大的祭祀，而西边不杀牛的祭祀属于"禴祭"。这里的意思是，最关键的不在于仪式是否隆重，而是要看祭祀者心中是否虔诚。这里说了东边和西边的比较，东边为阳，西边为阴。九五爻居于尊位，已经达到了最好的时位，所以不必用外在的、盛大的祭祀。这时不能再逞强，而要像西边那样阴柔一些，表明要谦卑，而且心中要虔诚，这样就能受到神明的福佑。

上六，濡其首，厉。

《象》曰：濡其道，厉，何可久也。

小狐狸渡河已经沾湿了自己的头，有危险。

上六爻是既济卦最高的一爻，也就是最后一爻，说明成功已经到头了，不能保持太久，马上就要走向失败了。所以用了"濡其首"作比喻，小狐狸的头被沾湿了，这是非常危险的事情。我们来比较一下，初九爻是"濡其尾，无咎"，小狐狸的尾巴沾在水里，这是好事；而上六爻头也被沾湿了，这是不好的事，这也就是卦辞所说的"初吉，终乱"。

最后我们用欧阳修对既济卦的解释做一下总结，欧阳修曾经说："人情处危则虑深，居安则意怠，而患常生于怠忽也，是以君子既济，则思患而豫防之也。"意思是人处于危险的时候往往思虑很深，会提高警惕；但人处在平安的时候，已经成功了，反而会懈怠，这样祸患就会发生。所以一定要居安思危，提高防范意识。既济卦主要是讲成功之后，"打江山易，守江山难"的道理。

六十四　未济卦——事业未竟，周而复始

下坎上离，火水未济

未济，亨，小狐汔济，濡其尾，无攸利。

上九，有孚于饮酒，无咎。濡其首，有孚失是。

六五，贞吉，无悔，君子之光，有孚，吉。

九四，贞吉，悔亡，震用伐鬼方，三年有赏于大国。

六三，未济，征凶，利涉大川。

九二，曳其轮，贞，吉。

初六，濡其尾，吝。

未济卦是《易经》的最后一卦，正好和既济卦相反，既济卦是已经渡过了河，而未济卦是还没有渡过河。很多人认为是不是搞错了，应该未济卦在前，既济卦在后。其实不然，这正是《易经》的高明之处：前面的既济卦表示事物发展的一个周期的结束，最后的未济卦表示下一个周期重新开始，这就是《易经》——周期变化，前一个周期的终点恰好是下一个周期的始点，万事万物都遵循周而复始、变动不居的大规律。

未济卦的卦象刚好是既济卦的颠倒，既济卦是水火既济，未济卦是火水未济。既济卦是六十四卦中唯一的六根爻都当位的卦，未济卦是六十四卦中唯一的六根爻皆不当位的卦，这意味着一切事物都有待重新开始。未济卦的卦象是火在上、水在下，也就是水还没把火浇灭，象征着事物还没成功，所以未济卦告诉我们在事物还没成功时如何取得成功。

我想起龚自珍的一首诗："未济终焉心缥缈，百事翻从阙陷好。吟到夕阳山外山，古今谁免余情绕。"（《己亥杂诗》）这首诗看起来有点失意，有点忧伤，实际上这是从未济卦中体会到的哲理：从未济当中求既济，夕阳也可以变成朝阳。未济卦和既济卦是相对的，失败和成功是相对的，缺陷和完美也是相对的，只要是相对的事物，都可以转化。

未济，亨，小狐汔济，濡其尾，无攸利。

未济卦是亨通的，小狐狸渡河快要成功的时候，尾巴被沾湿了，所以没有什么好处。

未济卦的卦辞说得非常清楚，"尾"是小狐狸的尾巴，这是形象的比喻，指事物还没有成功。为什么呢？因为小狐狸渡河的时候，快走上河岸了，但尾巴还拖在水里，说明还没有成功。我们再看看既济卦就明白了，既济卦说的"尾"就是指狐狸的尾巴，未济卦中狐狸尾巴还没有出水时应该怎么做呢？有两种可能：一是小狐狸继续努力，尾巴就可以从水里出来了，也就是能成功渡河；二是它懈怠了，反正尾巴挂在水里被沾湿了，拖不动它就不拖了，这样就会功亏一篑，以失败告终。这只狐狸不仅尾巴浸在水里，它的身子、头也会慢慢沉到水里，结果就是凶险的。

从既济卦和未济卦的这两条卦辞中，我们可以看出既济卦主要讲怎么守住成功，避免"初吉，终乱"；未济卦讲怎样坚持到底，取得最终的成功，避免功亏一篑。

《象》曰：未济亨，柔得中也。小狐汔济，未出中也。濡其尾，无攸利，不续终也。虽不当位，刚柔应也。

"未济亨，柔得中也"，未济卦是亨通的，为什么呢？因为它的柔顺守住了中道。这是指六五爻，六五爻是阴爻守在上卦的中位上。"小狐汔济，未出中也"，小狐狸渡河快成功时，还没从水里游出来。"未出中"可以理解为下面的九二爻，因为下卦是坎卦，是水，九二爻是下卦的中间一爻。"濡其尾，无攸利，不续终也"，还有尾巴就像挂在水中，由于尾巴还拖在水里面，也就谈不上有利，说明它不能坚持到终爻，它的努力不能自始至终地保持。"虽不当位，刚柔应也"，虽然六根爻的位置都不当，但是上下爻之间相对应的位置是阴阳相应的，所以也能成功。

《象》曰：火在水上，未济。君子以慎辨物居方。

"火在水上，未济"，火还在水的上面，火水还没相交，这就是未济卦的卦象。未济卦的上卦是火，火是往上冒的，"火曰炎上"；下卦是水，"水曰润下"，是往低处走的。这样水跟火就不能相交了，火不能煮熟食物，水也浇灭不了火，比喻没有成功。

"君子以慎辨物居方"，君子看到这个卦象，要谨慎地分辨事物，找到合适的位置。这里强调"慎"字，要谨慎，看出当位的和不当位的，改变各自的位置，让它们各居其所，这样就能成功，从未济达到既济。

初六，濡其尾，吝。
《象》曰：濡其尾，亦不知极也。
小狐狸在渡河的时候，尾巴沾湿了，这是有遗憾的。

因为这时还没成功，如果小狐狸的尾巴还在水里不拖出来，表明它不去勉励自己，不想着摆脱艰难的局面，那是遗憾的。既济卦的"濡其尾"是"无咎"，因为既济卦是已经成功了，所以要用"濡其尾"来降低速度，表明不要冒进，要谨慎守成，是吉利的；而未济卦还没有成功，还需要努力，不能把尾巴继续拖在水里面，这样会影响前进的速度，是遗憾的。

尾巴往往被比喻成不好的东西，比如割尾巴，就是要忍痛割舍掉自己长期养成的坏思想、坏习惯。后世关于尾巴的说法，实际上源头都在既济卦、未济卦的"濡其尾"。

九二，曳其轮，贞，吉。

《象》曰：九二贞吉，中以行正也。

拖住车轮，缓慢地前进，坚守正道就是吉祥的。

九二爻处在下卦的中间，下卦是坎卦，表示有危险。九二爻处在危险当中，这时要谨慎小心，不能使车轮快速前进，要量力而行，把握时机，也就是要守住中道。因为这是一个中位，这样才能避免危险的发生，才能取得成功。

六三，未济，征凶，利涉大川。

《象》曰：未济，征凶，位不当也。

事情还没有成功，激进就会有凶险，有利于渡过大江大河。

六三爻处在下卦（坎卦）的最上面，坎卦是危险，所以它还没有摆脱危险，加上它自己又是一根阴爻，力量比较弱，所以不能冒进。但是不冒进不代表不前进，六三爻即将走出坎卦，要继续往前走，才能渡过大江大河。

九四，贞吉，悔亡，震用伐鬼方，三年有赏于大国。

《象》曰：贞吉，悔亡，志行也。

守持正道就吉祥，悔恨就消亡了，以雷霆万钧之势讨伐鬼方部落，三年之后取得胜利，被封赏为大国的诸侯。

这里又提到了殷高宗武丁讨伐鬼方部落的故事，意思是说要像武丁那样以雷霆万钧之势去讨伐鬼方。此时九四爻已经开始进入离卦，离卦表示打雷，力量非常大，同时它又是一根阳爻，表明要继续奋进才能取得最后的成功。但是也不能太冒进，它毕竟还是上卦刚刚开始，要等三年之久才能取得成功。

六五，贞吉，无悔，君子之光，有孚，吉。

《象》曰：君子之光，其晖吉也。

守持正道就会吉祥，没有悔恨，这是君子的光辉，心中有诚信，所以大吉。

六五爻是上卦的中间一爻，处于中位，是君子。

上卦是离卦，离卦是光明的意思，表明这位君子心地善良，而且光明正大，他可以用光明的心照耀人间，使人间充满正气，这当然是大吉的状态。

上九，有孚于饮酒，无咎。濡其首，有孚失是。

《象》曰：饮酒濡首，亦不知节也。

"上九，有孚于饮酒，无咎"，在和别人喝酒的时候，一定要坚守诚信，这样就没有灾祸。上九爻代表未济到头，马上就要成功了，这时举杯庆贺是人之常情，不应该责怪，但是关键要看是不是"有孚"，也就是说是不是真诚地和别人喝酒，表达感情要真挚，这样是不至于造成危害的。但是另外一方面，"濡其首，有孚失是"，如果像狐狸那样头沾在水里，没有抬起来，就表明太沉湎在酒肉的享乐当中，没有节制，就像把自己的头埋在酒里一样，这样有失正道，会乐极生悲。即使有一定的诚信，也会失去正道，成功了也会走向失败。

"不知节"，不知道节制，所以灾祸会发生。

未济卦告诉我们在还没成功时应该怎样去努力。未济卦和既济卦是可以互相转化的，关键就在于自己能否守住中道、诚信、节制，是否谨慎、光明。如果能做到这些，未济卦就可以转化为既济卦；反之，即使既济了，也会成为未济。这个辩证关系值得我们去体悟、深思。

从甲骨奇刻文字，分黄人类范围

天喜文化